과 학 논 술 의 새 로 운 패 러 다 임

아우라 과학논술

💡 『아우라 과학논술』에서 읽기 자료로 활용되는 이인식 과학문화연구소장의 칼럼은 이미 수많은 지식인에게 검증된 과학 지식이다. 지식과 정보의 홍수 속에서 우리 수험생들이 엄선된 과학 지식을 배울 수 있다는 점만으로도 『아우라 과학논술』은 이미 훌륭한 논술 교재이다. _김병식 동국대학교 부총장, 생명·화학공학과 교수

💡 이 책에는 앞으로 대학 입시에 도입되거나 확대되는 통합교과논술이나 과학논술에 대한 기본 개념과 전략이 담겨 있다. 잘 알려진 여러 지문들로부터 필요한 글을 어떻게 써야 하는지 방향을 가르쳐 주는 안내서라고도 할 수 있다. 이 책의 저자들은 본보기 글의 사례를 분석하고 약점과 강점을 자세히 설명해 주고 있으며, 학생들이 써야 하는 글을 쓰도록 도와주고 있어서 이 책을 바로 '과학 글쓰기 방법에 관한 책'이라고 말하고 싶다. _김성원 이화여자대학교 교육대학원장, 과학교육과 교수

💡 요즈음 젊은이들은 과학기술 없이 살아간다는 것을 상상하지도 못할 것이다. 우리의 삶은 하루하루 변하는 과학기술의 영향을 받는다는 것이 옳은 표현이리라. 이 책은 급변하는 과학기술의 현장과 이론에서부터 최근 들어 중요해지고 있는 과학윤리의 문제에 이르기까지 과학저술 분야에서 전문성을 인정받은 이인식 선생의 글을 바탕으로 짜여 있다. 생생한 과학논술 교육의 현장을 담은 이 책은 과학논술의 진수를 보여 주고 있다고 판단된다. 이 책을 통해 과학논술에 대한 이해를 증진하고, 깊은 생각을 드러내는 글을 쓸 수 있는 능력을 갖춤으로써 여러분의 미래를 활짝 열어 가기 바란다.
_김수삼 한양대학교 부총장, 토목환경공학과 교수, 한국공학한림원 부회장

💡 통합교과논술이 눈앞에 다가왔지만 막상 무엇을 읽고 어떻게 대비할 것인지 학생들은 갈피를 잡지 못하고 있다. 『아우라 과학논술』은 똑같은 답안을 양산하는 학원형 교육과는 달리 과학 글쓰기 접근으로 폭넓은 주제의 과학 배경지식도 함께 담고 있어, 실질적인 과학논술 준비에 큰 도움을 주고 있다. 특히 대표적인 과학저술가인 이인식 선생님의 원전에 충실하고 독창성 있는 글들이 책을 읽고 과학논술을 준비하는 즐거움을 배가시켜 준다. _김승환 포항공과대학 물리학과 교수

💡 통합교과논술이라는 새로운 제도 시행을 앞둔 상황에서 다른 누구보다도 큰 혼란을 느끼는 존재가 고등학교의 논술 담당교사이리라 짐작된다. 이 책은 현직 고교 교사들의 논술지도 경험을 바탕으로 구체적인 사례 위주로 구성되었다는 면에서 논술교육 현장의 교사들에게 많은 도움이 될 것으로 보인다. 과학논술의 종류를 나누어 접근하면서 다양한 주제를 다루었다는 점, 학생들의 논술 사례와 그에 대한 첨삭 사례를 모두 제시했다는 점, 학생의 논술이 수정 보완되는 과정을 보여주었다는 점 등은 이 책만이 가진 장점이다.
_이상원 서울대학교 기초교육원 글쓰기 담당 교수

💡 자연계 논술 문제를 출제하는 대학의 고민은 교과 지식을 서술형으로 답하는 문제(이른바 본고사형 문제)를 피하면서도 학생들의 과학적 사고력은 정확히 변별해 내는 문제를 개발해야 하는 데 있다. 놀랍게도 이 책은 미리 앞서 그러한 자연계 논술 문항의 비전을 제시하고 있다. 사교육이 주도하는 파행적인 논술 열풍에 맞서 열악한 공교육 현장에서 이러한 수준 높은 성과물을 이뤄 냈다는 데 박수를 보낸다. _최규홍 연세대학교 천문우주학과 교수

논술시험에 대비하는 최선의 방법은 스스로 많이 써보는 것이다. 그러나 무턱대고 쓰는 것은 시간과 노력의 낭비일 뿐이다. 높은 산을 오를 경우 경험이 많은 길잡이가 필요하듯이 좋은 글을 쓰기 위해서는 훌륭한 스승이 있어야 한다. 이 책은 과학논술을 공부하는 학생들에게는 좋은 스승이 될 만한 책이다. 우선 논술의 기본 개념을 자세히 제시하여 처음 공부하는 학생들이라도 논술이 무엇인지 알 수 있게 하였고, 각 대학의 기출 문제를 꼼꼼히 분석하여 공부할 방향과 방법을 알려 주었다. 또 다양한 논제들을 제시하여 실전에 대비할 수 있게 하였다.

그러나 이 책의 가장 큰 장점을 꼽으라면 과학 분야만을 전문적으로 다루었다는 것이다. 과학교사의 과학에 대한 지식과 국어교사의 논리적인 글쓰기에 대한 지식을 합하여 현장에서 학생들을 가르치면서 문제마다 정성을 들인 것이야말로 이 책만이 갖는 장점이라고 생각한다. 이처럼 과학교사와 국어교사 혹은 철학교사 등이 함께 참여하여 논술을 가르치는 것은 학교 논술교육이 지향하는 바이다. 이 책은 논술을 공부하는 수험생 여러분의 진정한 안내자가 될 수 있을 것이다. _이대욱 정신여자고등학교 국어교사

대부분의 자연계 학생들은 풀이과정과 답이 명시된 본고사 방식에 익숙하여 2008년부터 본격적으로 실시될 통합논술이 크게 부담된다. 이 책은 막연한 설명이나 잘 된 글만을 제시한 것이 아니라, 실제 학생의 글을 예시문으로 넣어 구체적으로 잘 된 점과 잘못된 점을 지적해 주고 있다. 마치 개인적으로 첨삭 지도를 받고 있는 친구의 비밀 노트를 보고 있는 듯한 느낌이다. 이 책에서 보인 것처럼, 논술을 쓰고 나서 친구들끼리 서로 첨삭을 해보면 어떨까? 강추~~ _송승아 숭의여자고등학교 과학교사

논술에 대한 부담감은 비단 학생들만의 문제가 아닐 것이다. 사교육에만 의존하고 있는 학생들을 그저 바라볼 수밖에 없는 교사에게도 논술의 '부담감'은 '무기력감'으로 전해진다. 이 책은 이런 교사들에게 적극 추천해 주고 싶다. 막연했던 '과학논술'의 개념과 특징이 명쾌하게 정리되고, 군더더기 없는 내용들을 끝까지 재밌게 읽을 수 있도록 해주었다. 무엇보다 논술지도에 대한 방향과 틀을 잡아 준다는 것이 이 책의 최대 장점이라 하겠다. _김기숙 경기 대안중학교 과학교사

이 책은 최근 강조되고 있는 통합교과형 논술에 대한 철저한 분석을 바탕으로 과학논술 쓰기의 방법을 제시하고 있다. 학생들의 논술에 나타나는 문제점을 정확하게 진단하고 학생 글을 직접 첨삭 지도한 결과를 자료로 활용한 점에서 현장 교사들의 전문성과 실용성이 돋보인다. 특히 국어교사와 과학교사가 팀티칭의 방법으로 과학논술 지도에 접근한 점은 이 책의 가장 큰 장점이자 매력이다. _김유미 서울대학교 부설 여자중학교 국어교사

이 책은 과학문화연구소 소장인 이인식의 글을 읽기 자료로 하여 과학논술을 어떻게 써야 하는지 친절하게 안내해 주고 있다. 특히 학생이 직접 쓴 논술문이 풍부하게 제시되어 있어 과학논술에 대하여 막연한 두려움을 가지고 있는 학생에게 좋은 길라잡이가 될 것이다. _임혁 서울대학교 부설 여자중학교 과학교사

이 책을 지은 선생님들

김평원

고려대학교 사범대학 국어교육과 졸업

서울대학교 대학원 국어교육과 박사과정(현재)

서울시 마포고등학교 교사(현재)

서울시교육청 꿀맛사이버논술교실 방송원고 집필(현재)

오세진

이화여자대학교 사범대학 과학교육과 졸업

서울시 마포고등학교 교사(현재)

서울시교육청 주최 〈과학중심학교〉 프로그램 담당교사(현재)

이지선

성균관대학교 국어국문학과 졸업

서울대학교 대학원 국어교육과 졸업(석사)

부천시 원종고등학교 교사(현재)

KBS한국방송 9시뉴스 원고 자문위원(현재)

아우라 과학논술

AURA Upgrade Program Writing on Science

김평원 오세진 이지선 지음

해나무

2008학년도부터 강조되는 통합교과논술이 필요하다는 당위성은 모두가 알고 있는 상식이지만 이를 분석하여 효과적으로 대비하는 전략을 제시하는 것은 말처럼 그리 쉬운 일이 아니다. 통합교과논술을 실시한다고 선언한 대학들도 '완제품'을 결정한 상태가 아니라 여론과 수험생들의 수준을 고려하여 계속 '제품'을 수정하는 형태를 취하고 있기 때문이다.

더군다나 2008학년도부터 자연계열까지 논술시험이 확대됨에 따라 글쓰기에 부담을 느끼는 자연계열 학생들의 불안감은 더욱 가중되고 있다. 글쓰기 능력보다는 물리, 화학, 생물, 지구과학의 교과 지식이 당락을 좌우했던 이전의 논술시험이나 구술시험과는 다른 대비를 해야 하지만 구체적으로 무엇을 어떻게 해야 할지 막막하기 때문이다.

최근 교육부에서 발표한 지침과 서울대학교의 통합교과논술 지침을 보면 앞으로 자연계 논술은 풀이과정과 답이 어느 정도 정해져 있는 본고사 방식이 아니라 추론의 논리성이나 과학적 타당성을 중심으로 한 문제 해결능력을 평가하는 유형으로 변모할 것으로 예상된다. 이제 과학논술 시험을 논술 형태로 치르는 수학이나 과학 과목 시험을 준비하던 방식으로 접근해서는 곤란한 시대가 된 것이다.

시중에 나와 있는 대부분의 과학논술 교재는 이공계 출신 저자들이 기출 문제를 중심으로 물리, 화학, 생물, 지구과학 교과와 관련된 내용을 제시하고, 연습 문제를 워크북의 형태로 제시한 다음, 예시 답안과 관련 자료를 제시하는 전형적인 형태를 취하고 있다. 원칙적으로 교과내용과 글쓰기 원리를 모르면 논술 답안을 잘 쓸 수 없다. 하지만 글쓰기에 대한 우리 학생들의 고민은 다른 데에 있다. 특히 자연계열 학생들이 괴로워하는 것은 '몰라서 못 쓰는 것'이 아니라 '알면서도 안 써진다는 것'이다.

이 책은 이러한 문제의식을 바탕으로 검증된 과학저술가 이인식(李仁植) 선생의 글을 토대로 기획된 과학논술 프로그램을 공교육 현장에서 직접 운영한 결과를 정리한 것이다. 프로그램을 운영하고 그 결과를 기술하는 과정에서 저자들은 단순히 논술 답안을 작성하는 기교를 나열하거나 상식적인 학습 방법을 정리하는 차원에 머물지 않고자 노력했다. 대신 과학논술 문제에 적응해 가는 평범한 자연계열 학생들의 성취과정을 체계적으로 기술하여 과학논술을 대비하는 학생들에게 하나의 전범을 제시하는 데 중점을 두었다. 이를 위해 국어교사와 과학교사가 한 팀이 되어 과학논술 프로그램을 실시했다. 이 책에 소개된 것은 지난 1년 동안 많은 시행착오를 겪으면서 이루어 낸 성과물들이다.

학원이 아닌 공교육 현장에서 국어교사와 과학교사가 한 팀이 되어 강의와 첨삭 지도를 병행한다는 것이 말처럼 쉽지만은 않았다. 학생은 물론 교사들에게도 이러한 형태의 방과 후 학습 모형은 매우 낯설었기 때문이다. 하지만 다니던 학원을 그만두고 열정적으로 프로그램에 참여했던 학생들의 글쓰기 능력이 엄청난 속도로 향상하는 모습에서 우리는 공교육의 새로운 희망을 엿볼 수 있었다.

다양한 과학논술 답안 쓰기 방법이 있지만 이 책에는 창의력과 과학적 사고과정을 모두 드러낼 수 있는 글쓰기 전략으로 과학문화연구소 소장 이인식의 글쓰기 방식에 주목했다. 과학 저술 및 과학 칼럼 분야를 개척하고 다양한 글들을 꾸준하게 발표하고 있는 이인식의 다양한 과학 관련 저술들은 우리 청소년들의 과학적 추론과정의 논리성, 그리고 종합적인 문제 해결능력을 활성화시켜 줌은 물론 그의 글 자체가 과학 글쓰기의 전범이 되고 있다. 다시 말하면 이인식의 글은 양질의 읽기 자료이자 동시에 과학논술 답안의 글쓰기 방식에 적합한 텍스트인 것이다.

교과의 벽을 넘어 열린 시각으로 논술교육 프로그램을 운영할 수 있도록 많은 조언과 배려를 아끼지 않은 마포고등학교 국어과, 과학과 선생님들과 본인의 글에 대한 저작권 사용 문제를 위임해 주신 이인식 과학문화연구소 소장님께 감사의 뜻을 전한다.

저자 대표 김평원

■ 아우라 과학논술의 특징

이 책은 자연계열까지 논술시험을 확대 시행하는 2008학년도 통합교과논술에 대비하기 위하여 검증된 과학저술가 이인식의 글을 바탕으로, 지난 1년간 일선 학교에서 운영한 과학논술 프로그램의 성과를 정리한 것이다. 이 책의 특징을 자세히 살펴보면 다음과 같다.

첫째, 검증된 과학저술가의 글을 제시문으로 활용한 교재이다.

과학 저술 및 과학 칼럼 분야를 개척하고 다양한 글들을 꾸준하게 발표하고 있는 이인식 과학문화연구소 소장의 다양한 과학 저술들은 청소년들의 과학적 추론과정의 논리성, 그리고 종합적인 문제해결 능력을 활성화시켜 주는 촉매제가 될 것이다. 이 책은 여기저기에서 짜깁기한 쪼가리 글 대신 검증된 이인식의 글들을 제시문으로 썼다.

둘째, 공교육을 통해 실천할 수 있는 통합교과논술 교육의 성과물이다.

통합교과논술이 활성화되면서 일선 학교에서 가장 우려하는 것은 학생들을 학원으로 내몰거나 학원 강사들을 방과 후 학교 강사로 초빙하여 파행적인 형태의 논술 교육이 자리 잡을 것이라는 점이다. 과학논술과 과학 글쓰기가 올바르게 뿌리내리기 위해서는 공교육이 주도하는 올바른 논술 교육 프로그램이 활성화되어야 한다. 이 책은 공교육 논술 교육의 전범을 제시하고 있다.

셋째, 제시문, 교사, 학생 모두가 실명으로 살아 숨쉬는 '소통'을 표방한 교재이다.

출처 불명의 제시문, 임의적으로 작성한 모범 답안, 구체적인 분석이 결여된 상투적인 첨삭 지도 등은 붕어빵과 같은 논술 답안을 찍어 내는 주범이다. 이 책은 이인식 과학문화연구소 소장의 과학 칼럼을 활용하여 일선 고등학교 현장에서 국어교사와 과학교사가 협동수업으로 이뤄 낸 결과물 모두를 실명으로 공개하였다.

넷째, 평범한 학생들을 대상으로 하였다.

이 책에 소개된 학생들은 특목고, 자립형 사립고, 과학고 등에 재학 중인 엘리트 학생들이 아니라 평범한 인문계 고등학교 학생들이다. 이 책은 과학논술 지도를 통해 부족한 답안이 모범 답안으로 거듭나는 과정을 상세하게 보여 주고 있다. 그리고 이 책에서는 모의고사는 서울 소재 중하위권 대학의 수준에 못 미쳤던 학생들이 논술 비중이 높은 수시 전형을 통해 상위권 대학에 진학한 사례와 그 학생들의 살아 숨쉬는 실제 답안을 살펴볼 수 있다.

다섯째, 향후 과학논술의 전범을 제시한 교재이다.

이 책의 실전편에 해당하는 셋째 마당과 넷째 마당에서는 교과지식을 묻는 문제(셋째 마당)에서 과학 에세이(넷째 마당)에 이르기까지 현재는 물론 향후 출제 가능한 과학논술의 다양한 층위를 모두 아우를 수 있는 주제를 소개하였다.

■ 아 우 라 과 학 논 술 의 구 성

이 책은 모두 네 개의 마당으로 구성되어 있다. 첫째 마당에서는 과학논술의 기본 개념을, 둘째 마당에서는 과학논술을 위한 구체적인 학습법을 정리하였다. 실전편에 해당하는 셋째 마당과 넷째 마당은 논술 문제를 중심으로 교사와 학생의 상호작용을 모두 소개하는 방식으로 구성하였다.

첫째 마당 : 과학논술이란?

바뀌고 있는 과학논술의 현재와 미래를 분석하여 그 해결 방안을 제시한 장이다. 다양한 논술과 과학논술 유형의 특징과 변화를 살펴보고, 새로 도입된 통합논술의 특징과 대응 방법을 소개하고 있다.

둘째 마당 : 과학논술 학습

논술은 읽기와 쓰기가 결합된 상호작용임을 개관하고, 제시문 독해 연습과 특성, 대응책을 논의한 다음 이인식 소장의 글이 교육적으로 어떠한 의의가 있는지 소개하고 있다.
또 새로운 과학논술 프로그램의 특징을 소개하고, 학생들의 논술 답안을 분석하여 정리한 구체적인 9가지 논술 작성 전략을 구체적인 사례를 들어 가며 설명한다.

셋째 마당 : 응답 제한 서술형 과학논술

물리, 화학, 생물, 지구과학 등 기본적인 교과 내용을 중심으로 선별된 문제를 새로운 과학논술 프로그램에 의해 지도한다. 문제 해설을 통하여 수험생이 출제 의도를 정확히 파악하도록 돕고, 학생의 실제 답안과 첨삭 지도, 첨삭 지도 후 학생의 소감, 수정 답안, 수정 답안 지도 등을 자세하게 제시하여 독자들도 이를 따라하면서 자신의 답안을 지도받는 효과를 볼 수 있도록 하였다. 잘 된 모범 답안만 보여 주는 것이 아니라 내용이 부족한 학생과 표현이 부족한 학생으로 나누어 다양한 지도의 예를 제시하였다. 나아가 심화 문제를 별도로 제시하여 첨삭 지도를 통해 배운 내용을 바탕으로 높은 수준의 문제까지 도전해 보는 경험을 맛볼 수 있게 하였다.

문제 → 문제 해설 → 학생 답안 → 첨삭 지도 → 지도 후 소감 → 수정 답안 → 수정 답안 지도 → 원문 읽기 →

심화 문제 → 예시 답안 → 예시 답안 지도 → 좀더 자세히

넷째 마당 : 에세이형 과학논술

문·이과 계열구분 없이 풀 수 있는 미래 지향적인 에세이형 통합과학논술 문제를 새로운 과학논술 프로그램에 의해 지도한다. 통합논술 문제의 난이도를 감안하여 수험자의 장점과 단점, 구성의 특징, 표현 등을 철저히 분석해 주고, 보다 완벽하게 쓰기 위한 제언을 한다. 지도 후 수정 답안과 첨삭을 통해 통합논술 프로그램으로 발전된 답안을 볼 수 있으며, 더 나아가 한 문단씩 짚어 가며 깊이 있는 추가 지도를 제시한다.

문제 → 문제 해설 → 학생 답안 → 첨삭 지도 → 지도 후 소감 → 수정 답안 → 수정 답안 지도 → 좀더 자세히

- 〔아우라한수지도〕 논술을 공부하는 데 필요한 중요한 이야기, 본문에서 할 수 없는 간단한 이야기, 중요한 요약, 놓치면 안 되는 힌트 등

- 〔키워드〕 논술에서 중요한 단어, 첨단 용어 등 논술에 도움이 되는 용어의 자세한 해설

- 〔관련 단원〕 지문의 내용과 관련된 교과 단원을 제시함으로써 학교 수업 내용을 확인할 수 있도록 하였다.

- 〔실마리〕 논술을 풀어 가는 실마리나 힌트를 제시하였다.

- 〔이런 것이 중요〕 중요한 내용, 오개념, 또는 실수할 수 있는 것, 꼭 들어가야 할 것 등을 알려 준다.

- 〔구조 분석 및 특징〕 글의 구조 또는 내용, 특징을 분석하여 글쓰기에 장단점을 알고 이해할 수 있도록 한다.

- 〔첨삭 지도〕 논술 지도의 핵심이자 꽃인 첨삭 지도는 교사들이 학생들과 어떻게 상호작용하는지 그 세세한 과정을 모두 실명으로 자세하게 보여 줌으로써 독자들도 자신의 글을 평가할 수 있는 안목을 기를 수 있도록 하였다.

- 〔첨삭 지도 후 소감〕 첨삭 지도를 받은 학생이 어떤 생각을 갖고 제시문을 독해했는지, 또 실제 답안에 대한 자신의 평가는 어떻게 변화하는 지를 자세히 제시했다.

- 〔수정 답안〕 첨삭 지도에 의해 변화한 답안을 다시 한 번 점검해 볼 수 있다. 특히 여전히 고쳐지지 않은 학생들의 단점은 독사늘에게 반산지석이 될 것이다.

- 〔좀더 자세히〕 해당 논술 주제에 대한 보다 심층적인 자료를 제시히여 시고력을 배양하여 유사 주제가 나왔을 때 수준 높은 논술 답안을 쓸 수 있도록 하였다.

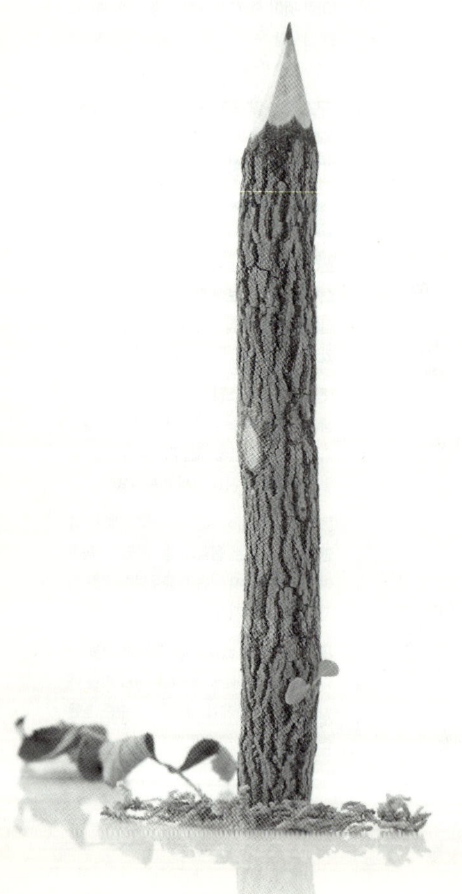

과학 논술의 새로운 패러다임 **아우라 과학논술**

차례

01

AURA Upgrade Program Writing on Science

『아우라 과학논술』은

새로운 과학논술과 통합교과논술을 완전히 분석하여 그 해결 방안을 제시한다.

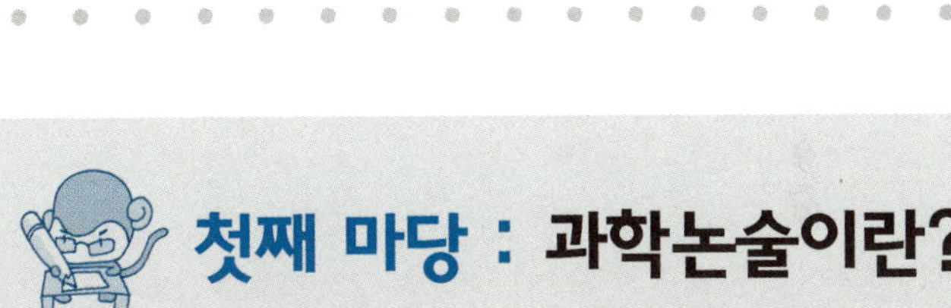

첫째 마당 : 과학논술이란?

논술고사의 새로운 패러다임

2008학년도부터 수학능력시험은 과목별 등급만 제공하는 형태로 바뀌어 현행 표준점수와 백분위를 반영할 수 없게 된다. 이렇게 되면 1등급 인원과 주요 상위권 10개 대학 정원이 유사해져, 이들 대학 지원자들에게 학생부와 수학능력시험 성적의 변별력은 사실상 없어지게 된다. 이제 상위권 대학은 논술과 심층면접 등 논술고사에 의해 수험생을 변별할 수밖에 없는 상황에 직면하게 된 것이다.

┃ 대학수학능력시험의 변화와 논술의 중요성

아우라 한수지도

2007년은 교육 분야에 큰 변화가 일어나는 해이다. 2008학년도 대학 입시 제도의 틀이 크게 변하는 것을 필두로, 제7차 교육과정 개정안이 발표되어 개정 교과서(8차)의 개발을 시작하기 때문이다.

2008학년도 이후 대학 입시는 ①수학능력시험의 영향력이 줄고, ②학생부의 반영 비중이 늘어나며, ③입학사정관제 도입으로 대입전형의 전문화 체제가 강화되고, ④특수목적고 동일계 특별전형이 도입되며, ⑤사회적 소외계층이 대학 진학 기회를 가질 수 있도록 정원 내 특별전형을 활성화하는 것 등으로 요약할 수 있다.

수학능력시험 성적 9등급제 실시

2008학년도부터 수학능력시험은 과목별 등급만 제공하는 형태로 바뀌게 된다. 2006학년도 수능 응시 인원(554,345명)을 기준으로 등급별 인원을 추정해보면 1등급 22,173명, 2등급 38,804명, 3등급 66,521명, 4등급 94,238명, 5등급 110,869명에 이른다. 이렇게 되면 1등급 인원과 주요 상위권 대학 정원이 비슷해져 학생부와 수학능력시험 성적의 변별력은 사실상 없어지게 된다.

이러한 수학능력시험의 변별력 상실 현상은 2,3등급 인원이 몰려 있는 중위권 대학들도 마찬가지일 것으로 보인다. 이로 인해 각 대학들은 성적이 우수한 학생을 선발하기 위해 논술, 구술, 심층면접, 적성검사와 같은 다양한 전형 방법을 총동원할 것으로 예상된다.

■ 수학능력시험 성적 9등급 등급 비율과 누적 인원

등급	비율(%)	누적(%)	누적 인원(명)
1	4	4	22,000
2	7	11	60,500
3	12	23	126,000
4	17	40	220,000
5	20	60	330,000
6	17	77	423,500
7	12	89	489,500
8	7	96	528,000
9	4	100	550,000

※ 누적 인원은 수험생 55만 명 기준

■ **수학능력시험의 변화**

현행

- 표준점수, 백분위, 등급(9등급) 제공
- 통합교과적 출제-교육과정과 연계 미흡
- 폐쇄형 출제방식

변경

- 영역별(과목별) 등급(9등급)만 제공
- 고교 교육과정 출제 강화
- 문제은행식 출제로 전환

| 붕어빵 제조식 논술교육의 한계

　바야흐로 글쓰기 및 논술교육의 춘추전국시대가 되었다. 하루가 다르게 다양한 논술서적과 논술교육 프로그램들이 쏟아져 나오고 있으며, 국어국문학은 물론 철학 전공자까지 가세하여 이미 엄청난 사교육 시장이 형성되어 있음은 주지의 사실이다. 논술시험이 수학능력시험의 한계를 보완하고 창의력과 논리력이 뛰어난 학생들을 선발할 수 있는 형식의 시험이라는 데에는 이견이 없다. 하지만 창의적인 사고를 펼쳐야 하는 논술시험이 과열된 사교육 시장에 의해 구조화되어 판에 박은

아우라 한수 지도

붕어빵식 학원 논술은 이제 통하지 않는다. 대학은 사교육 시장의 논리대로 움직이지 않기 때문이다.

■ **이런 것이 학원식 논술**

❶ 도입부를 일상생활 에피소드나 널리 알려진 속담으로 시작
  학원 측 "채점자의 시선을 끌기 위해"
  대학 측 "그런 답안지가 너무 많아 식상"

❷ 전개부에서 지문의 주요 문장이나 아리스토텔레스, 소크라테스 등의 명언을 이용
  학원 측 "지적 수준을 보여줌"
  대학 측 "다수의 학생이 동일한 구절을 인용. 주제별 인용 리스트 있어 문맥에 맞지도 않게 거론"

❸ 중도적 입장에서 지식만 나열
  학원 측 "자기 주장이 뚜렷하면 관점에 따라 감점 요인이 될 수 있음"
  대학 측 "자기 목소리 없어 신선하지 않아"
  ―자료 출처 : 중앙일보, 2006년 1월 20일자―

유사한 답안만 양산한다면, 우리는 무엇이 창의적이고 논리적인 논술 답안인지에 대한 본질적인 의문을 갖게 된다. 주요 대학들이 수능시험이 변별력을 상실하는 2008학년도부터 기존의 논술시험을 이른바 '통합교과형 논술'로 바꾸려는 이유 또한 이러한 문제와 무관하지 않다.

2006년 1월 19일 서강대학교에서 공론화한 바와 같이, 사교육 시장의 선전과 학부모들의 기대와는 달리 각 대학의 훈련된 채점자는 학원에서 연습한 논술 답안과 학생이 창의적으로 생각한 답안을 정확하게 구별하고 있다. 서강대학교 입학처장은 특정 대학 논술을 일주일 만에 완성한다고 하는 건 지금 시스템에선 '사기'라고 비판한 다음, 학원에 다녀야 논술을 잘할 수 있다는 건 100% 장사 수법이며 오히려 학원에서 배운 대로 작성한 논술 답안은 특출한 경우가 아니면 점수를 제대로 받기 어렵다고 언급한 바 있다.

학부모와 수험생들에게 서강대학교 입학처장의 언급은 충격이었다. 서강대학교를 비롯한 상위권 대학들이 2008학년부터 논술시험의 유형을 '통합교과형 논술'로 바꾸려는 것을 염두에 둔다면 이러한 언급은 반드시 귀담아들어야 한다.

2006년 11월, 서강대학교는 2007학년도 1학기 수시 답안 3,700여 장 중 2,000장가량의 결론이 판박이였음을 밝혔다. 사교육에서 배운 대로 결론을 낸 것으로 보이는 뻔한 답안은 대부분 불합격 처리했음도 명확히 했다. 이제는 논제를 제대로 안 읽고 학원에서 미리 정리한 난해한 어록을 인용하는 등 학원 냄새가 나는 답안은 감점을 피할 수 없게 되었다. 서울대학교 역시 서강대학교와 같은 취지에서 서울대학교 합격자의 논술 성적을 발표했다. 서울대학교 발표에 따르면 지역별 논술 평균 점수가 통상적인 생각과는 상당히 다르게 나왔음을 알 수 있다. 즉, 16개 광역 단체 중 경남이 가장 높게 나온 반면 사교육이 가장 심한 서울은 6위에 머물렀고, 특히 강원도가 경기, 대구와 함께 공동 2위를 기록한 것이다. 이는 사교육에 접근하기 쉬운 서울 등 대도시 지역이 다른 지역에 비해 월등히 높은 성적을 보일 것이라는 일반인들의 상식에서 크게 벗어난 결과이다.

통합교과논술이 활성화되면서 일선 학교에서 가장 우려되는 현상은 학생들을 학원으로 내몰거나 학원 강사들을 방과 후 학교 강사로 초빙하는 방식의 파행적인 논술 교육이 자리 잡을 것이라는 점이다. 전자는 공교육이 붕괴되는 현상을 초래할 것이며, 후자는 공교육이 사교육 시장에 종속되는 현상을 피할 수 없다.

통합교과논술이 올바르게 뿌리내리기 위해서는 공교육이 주도하는 올바른 논술 교육 프로그램이 활성화되어야 한다. 교육부에서도 교사 논술 연수를 강화하고 다양한 재정지원을 통해 논술교육의 중심을 공교육으로 옮기고자 고심하고 있다. 사교육에서 가르친 내용에서는 단 한 문제도 출제하지 않겠다는 서울대 이장무 총장의 발언과 유명한 논술교육 전문가들을 학교로 직접 초빙하여 맞춤형 교사 연수를 실시하려는 단위학교가 늘어나는 등 현재 우리 교육계는 논술교육 혁명을 치르고 있다고 해도 과언이 아니다.

다음 기사는 이러한 논술에 대한 높은 관심과 우려를 드러내 준다.

이미 마포고등학교는 겨울 방학 방과 후 학교 프로그램을 운영하기 위해 서울특별시 교육청의 지원을 받아 통합논술지도 연수를 실시한 바 있다.

朝鮮 인터뷰 　　　서울大 '논술 전문가' 윤희원 교수

"좋은 논술은 高3수준 체험서 우러난 글"

"철학자 들먹이고 표현만 달달외는 논술 사교육은 헛돈만 쓰는 셈"

자료 출처: 조선일보

서울대 이장무 총장 '논술' 발언 파장

교사들 "다른 대학도 동참을" 환영
학부모 "실현 가능할까" 반신반의
학원가 "사교육만 원흉인가" 반발

자료 출처: 중앙일보 11월 7일자

통합교과형 논술과 과학논술

1994년부터 실시한 수능 시대의 논술고사는 크게 세 단계의 변화를 겪어 왔다. 첫 번째 시기는 '시사논술'로서 초창기 논술시험은 대부분 시사적인 쟁점에 대한 학생의 견해를 묻는 문제가 주를 이루었다. 두 번째 단계는 1997학년도부터 본고사가 폐지됨에 따라 실시한 이른바 '고전논술'로서 동서양 고전에서 발췌한 제시문에 대한 분석능력을 묻는 문제가 주를 이루었다. 세 번째 단계가 바로 2008학년부터 실시할 '통합교과형 논술'이다.

| '통합교과형 논술'의 등장

'통합교과형 논술'은 서울대학교를 비롯한 상위권 대학에서 자격 고사화된 수학능력시험의 변별력을 보완하고 학생의 실력을 제대로 판가름하기 위해 새롭게 도입되었다. 2008학년도 이후에 실시하는 대부분의 논술고사는 고등학교 교육과정에 기초한 통합교과 형태를 취할 것으로 전망된다.

이처럼 서울대학교를 비롯한 주요 상위권 대학들이 2008년부터 대학별 고사로 '통합교과형 논술고사'를 실시하겠다고 발표한 이래 사교육 및 중등 교육 현장의 관심은 단연 '통합교과형 논술'에 집중되었다. 이미 언급한 바와 같이 기존의 논술시험은 훌륭한 취지를 가지고 있었음에도 불구하고, 학교 교육을 통해서라기보다는 주로 사교육의 예상 주제 학습 및 첨삭지도 프로그램을 통해 이루어진다는 현실적 한계를 드러냈기 때문이다.

서울대학교가 통합교과형 논술고사를 도입한 목적은 크게 두 가지로 요약할 수 있다. 첫째는 지식기반 사회가 요구하는 비판적이고 창의적인 사고력을 가진 인재를 선발하기 위함이며, 둘째는 교과 지식의 단순 반복 학습과 암기 위주의 교육에서 벗어나 학생 스스로 탐구하는 자기 주도적 학습능력과 독서·토론을 통한 사고능력을 배양하기 위함이다. 이는 궁극적으로 입시 위주의 교육으로 왜곡되어 있는

■ 2008학년도 대학별 전형 내용

(단위 %)

구분	수시 2학기 모집	정시 모집
건국대	인문계 : 학생부 70, 논술 30 이공계 : 학생부 70, 면접 30	인문계 : 학생부 50, 수능 40, 논술 10 이공계 : 학생부 50, 수능 50
경희대	2-1 : 학생부 50, 논술 50 2-2 : 학생부 100	학생부 50, 수능 40, 논술 10
고려대	학생부 50, 논술 50	학생부 50, 수능 40, 논술 10 * 자연계 논술 신설
국민대	학생부 80, 논술 20	학생부 40, 수능 50, 논술 10 * 인문 · 자연계 논술 확대
서강대	1단계 : 학생부 40, 논술 60 2단계 : 1단계 성적 80, 전공구술 20	학생부 40, 수능, 50, 논술 10 * 자연계 논술 신설
서울대	**특기자** 1단계 : 학생부 100(2배수) 2단계 : 서류 50, 면접 30, 논술 20(인문), 　　　　서류 50, 면접 50(자연)	1단계 : 학생부 50(교과 40, 비교과 10), 　　　　논술 30, 면접 20 * 수능은 모집단위 3배수 선발을 위한 자격 　기준으로 활용
성균관대	일반 : 학생부 50, 논술 40, 서류 10 학업우수자 : 학생부 60, 면접 30, 서류 10	학생부 50, 수능 45, 논술 5 * 자연계 논술 신설
아주대	1단계 : 적성검사 2단계 : 학생부 50, 강의테스트 50	1단계 : 학생부 50, 수능 50 2단계 : 1단계 성적 80, 논술 20
연세대	학생부 50, 논술 50 조기졸업자 · 글로벌리더 전형은 심층면접유지	학생부 50, 수능 40, 논술 10 * 자연계 논술 신설
인하대	학생부 70, 논술 30	학생부 40, 수능 40, 논술 20
중앙대	인문계 : 학생부 60, 논술 40 자연계 : 학생부 70, 논술 30	정원의 절반 : 학생부＋수능 100 나머지 정원 : 학생부＋수능 90, 논술 10 * 자연계 논술 신설
한양대	학생부 50, 논술 50	학생부 50, 수능 40, 논술 10

2008년 이후 논술의 가장 큰 특징은 통합교과논술이 주류를 이루면서, 과학논술이 본격적으로 출제된다는 점이다.

중등학교 교육의 정상화를 유도하기 위함이다.

　이러한 통합교과형 논술은 인문계 학생에게만 적용되는 것이 아니다. 2008학년도부터 실시되는 통합교과형 논술시험의 가장 큰 특징은 기존에 인문계열에서만 실시하던 논술을 자연계열로 확대 실시하려는 경향이 뚜렷해졌다는 점이다.

　논술은 제시문을 비판적으로 읽고 이를 창의적인 문제 해결방식으로 접근하여 논리적으로 글을 쓰는 일련의 사고과정을 평가하는 것이지만, 기출 문제와 유사한 유형을 많이 익히고 모범 답안을 잘 암기하면 어느 정도 점수를 받는 것이 가능한

기존 고전논술의 대비 방법
● 지원 대학 기출 문제 분석
↓
● 예상 주제 추출과 내용 정리
↓
● 예상 문제와 모범 답안 숙지

것 또한 사실이다. 하지만 통합교과형 논술에서는 단순히 암기해서 적은 답안으로는 점수를 제대로 받을 수 없다. 논리적이며 창의적인 사고과정 자체를 답안에 드러내야만 좋은 평가를 받을 수 있기 때문이다. 통합교과형 논술 문제는 중간 사고 과정까지 확인할 수 있도록 세부 논제를 포함해 여러 논제를 함께 출제하는 방식을 채택할 가능성이 높다. 서울대학교는 2005년 11월에 공개한 보도자료를 통해 통합교과형 논술의 기대 효과와 준비 방법을 다음과 같이 발표했다.

2008년 이후 논술에서는 창의력, 사고력이 더욱 강조된다.

기대 효과

- 논술고사에 대한 준비가 내신과 대학수학능력시험에 대한 준비의 연장선 상에서 이루어 질 수 있도록 연계
- 일방적인 주입식 교육과 기계적인 문제풀이식 반복 학습을 통한 입시 교육으로부터 탈피
- 학생의 자기 주도적 학습과 토론 위주의 수요자 중심 교육으로 전환
- 교육과정의 정상적인 운영을 통한 공교육의 질적인 향상
- 지식기반 사회가 요구하는 창의적인 인재 육성

논술고사 준비 방법

- 고등학교 전 과정의 교과서가 논술 준비의 가장 기본적인 교재이며, 논술 주제는 국어나 작문에 한정되는 것이 아니라 전 과목에 걸쳐 도출될 수 있음
- 교과서의 내용을 단순 암기하는 것이 아니라 그 내용에 대한 비판적 성찰과 교과서가 다루는 주제와 관련된 독서를 통해 다양한 시각과 깊이 있는 사고력을 배양할 수 있음
- 학생들은 책을 읽고 생각하고 쓰고 토론하는 과정을 주도적으로 진행하고, 교사는 그 과정이 보다 다각적이고 심층적이 될 수 있도록 도움을 주는 것이 논술을 준비하는 효과적인 방법임

사실 이러한 통합교과형 논술은 전혀 새로운 방식이 아니다. 암기보다는 창의적인 사고력을 중시하고, 결과보다는 과정을 중시하며, 다양한 교과를 넘나들며 자기 주도적으로 학습하는 것을 강조하는 것은 통합교과논술뿐만 아니라 모든 교과의

가장 이상적인 교육 방식이기 때문이다.

이러한 취지를 염두에 둔다면 통합교과논술은 단일한 주제의 문항을 주고 분량을 제한하는 형태로는 출제되지 않을 것이며, 다양한 성격의 지문과 자료를 복합적으로 제시하는 형태를 취할 것으로 전망된다. 예컨대 인문계열의 경우 역사와 사회, 언어와 문학, 철학과 예술, 자연과학 등 복합적인 영역에서 제시문이 주어질 것이며, 자연계열도 인문과 사회과학, 수리, 과학 등 다양한 영역에서 문항이 출제될 것이다. 이렇게 되면 심화된 교과 지식이나 공식을 활용해 답을 도출할 수 있는 기존의 본고사 형태의 문제는 더 이상 설 자리를 잃을 것이다.

 | '통합교과형 과학논술'의 유형

최근 '통합교과형 논술' 유형의 변화와 다각화를 모색하는 과정에서 자연계열 논술인 과학논술에 대한 관심이 커지고 있다. 과학논술은 과학 교과 안팎의 다양한 과학지식에 대한 정확한 이해를 요구할 뿐만 아니라 이를 기반으로 한 과학기술에 대한 폭넓은 시사적, 철학적 관심사까지 모두 포함하기 때문에 이에 대한 대비 역시 철저하게 기본에 충실해야 한다.

교육부에서 발표한 논술 가이드라인과 주요 대학의 통합교과논술 지침을 보면 차후 자연계 논술은 풀이과정과 답이 어느 정도 정해져 있는 본고사 방식이 아니라 추론의 논리성이나 과학적 타당성을 중심으로 한 문제 해결능력을 평가하는 유형으로 변모할 것으로 예상된다. 이는 기존의 본고사와 유사한 형태의 과학 구술시험을 빠르게 대체할 것으로 보인다. 서울대학교 측은 2005년 11월에 공개한 보도자료를 통해 자연계열의 논술시험에 대해 다음과 같이 언급했다.

아우라 한수 지도

통합교과형 과학논술은 추론의 논리성이나 과학적 타당성이 밑바탕이 된 문제 해결능력을 평가한다.

· 자연계열에서는 단순 지식의 암기가 아니라 수리적, 과학적 사고력을 묻는 문항을 출제하며, 문항에 따라 필요한 경우 관련된 공식이나 참고 자료를 제시함. 관련된 공식이나 참고 자료를 제시하는 것은 지식의 유무가 아니라 개념과 원리를 적용하고 스스로 문제를 해결

할 수 있는 사고력을 평가하기 위함임

· 과학적 사고력은 자연현상을 과학적 원리에 근거하여 해석하고 유추하는 논증 과정을 의미하며, 주어진 문항과 관련된 여러 자료를 제시하여 이를 토대로 주변 사물과 현상에 대한 의문을 합리적으로 해결하도록 함

· 우리가 경험하는 대부분의 자연현상은 물리, 화학, 생물, 지구과학 등 전통적인 과학 중 어느 한 분야로 명확히 나눌 수 있는 것이 아니며, 각 학문 분야가 복합적으로 얽혀 있으므로 가능한 통합적인 사고력을 필요로 하는 문항을 출제함

이처럼 자연계열 논술이 교과와 관련된 심화 내용을 묻는 유형에서 교과의 개념과 원리를 창의적으로 사고할 수 있는지를 묻는 유형으로 변화한다면 학생들 또한 새로운 방법으로 논술을 준비해야 한다. 이제 더 이상 '논술 형태로 치르는 수학이나 과학 과목' 방식으로 접근해서는 곤란한 시대가 도래한 것이다. 따라서 통합교과형 논술 준비는 심화된 교과 지식 위주의 학습보다는 문제 해결방식이나 절차적 지식에 대한 학습이 강조되어야 한다.

과학논술은 그 유형에 따라 '교과 지식형', '응답 제한 서술형', '에세이형'으로 구분할 수 있다. 2008학년도 이후 자연계열 논술시험은 기본적으로 '응답 제한 서술형'의 형식을 취하면서 일부 문항은 불가피하게 '기존의 교과 지식형' 문제를 포함하여 출제할 것으로 보인다. '에세이형'에 해당하는 과학논술은 과학논술의 가장 이상적인 형태로서 객관적인 채점 기준과 출제 시스템이 갖추어진다면 향후 2009학년부터 과학논술의 전형으로 자리 잡을 전망이다. 각각의 특징을 자세히 살펴보면 다음과 같다.

아우라 한수지도
프랑스 대학입학 자격시험인 '바칼로레아 (baccalauréat)'는 100% 논술이며, 에세이 유형으로 출제된다. 논술 평가에 대한 사회적 합의와 신뢰도가 검증된 높은 평가 시스템이 어우러져 논술을 프랑스 교육을 대표하는 키워드로 자리 잡게 했다.

■ 과학논술의 세 가지 유형

	교과 지식형 과학논술	응답 제한 서술형 과학논술	에세이형 과학논술
특징	물리, 화학, 생물, 지구과학 교과의 심화된 교과 지식을 물음	과학적 사고력을 기반으로 주어진 문제를 해결할 수 있는 능력을 물음	교과의 벽을 넘어 과학철학과 같은 큰 문제에 대한 견해를 물음
정답의 용인성	출제자가 요구하는 정답이 어느 정도 정해져 있음	수험생의 시각에 따라 다양한 정답이 가능	정답의 개념이 모호함 수험생의 사고의 깊이에 따라 다양한 답안이 가능
우수 답안	문제가 요구하는 교과 지식을 정확하게 언급한 답안	자신의 견해를 뒷받침하는 논거가 과학적인 타당성을 가지고 있는 답안	과학적 사고력에 기반한 창의적이고 논리적인 답안

1. 교과 지식형 과학논술

'교과 지식형 과학논술'은 '논술의 형식을 빌린 과학 교과 시험'으로서 이미 여러 대학에서 전통적으로 실시해 온 유형이다. 이러한 유형은 출제도 비교적 용이하고 출제자가 요구하는 교과 지식을 정확하게 언급한 답안에 높은 점수를 부여하기 때문에 신뢰도 또한 높은 편이다. 사실 대학의 입장에서는 수학능력시험이 변별력을 상실하는 2008학년부터는 이러한 교과 지식형 과학논술이 우수한 학생을 선발하는 데 가장 효과적일 수 있다.

서울대학교 등 일부 상위권 대학은 구술시험의 형식을 빌리기도 하지만, 교과 지식이 부족하면 손댈 수 없을 정도로 깊이 있는 내용을 다룬다는 점에서 그 성격은 논술과 같다. 2008학년도부터 실시되는 통합교과형 과학논술이 완전히 자리 잡을 때까지 이러한 유형도 당분간 함께 출제될 것으로 보인다.

아우라 한수 지도

교육인적자원부의 강력한 견제가 없다면 상위권 대학들은 출제와 채점이 용이한 '교과 지식형' 과학논술 문제를 출제하려 할 것이다. 그동안 서울대학교에서 실시해 온 기존의 구술면접시험은 사실 '구술면접시험을 위장한 교과 지식형 문제'로서 이를 대비하기 위해 고교생들이 대학 교양서적을 학습하는 부작용을 초래하기도 했다.

서울대학교 2005학년도 수시 2 특기자 전형 구술면접 문제

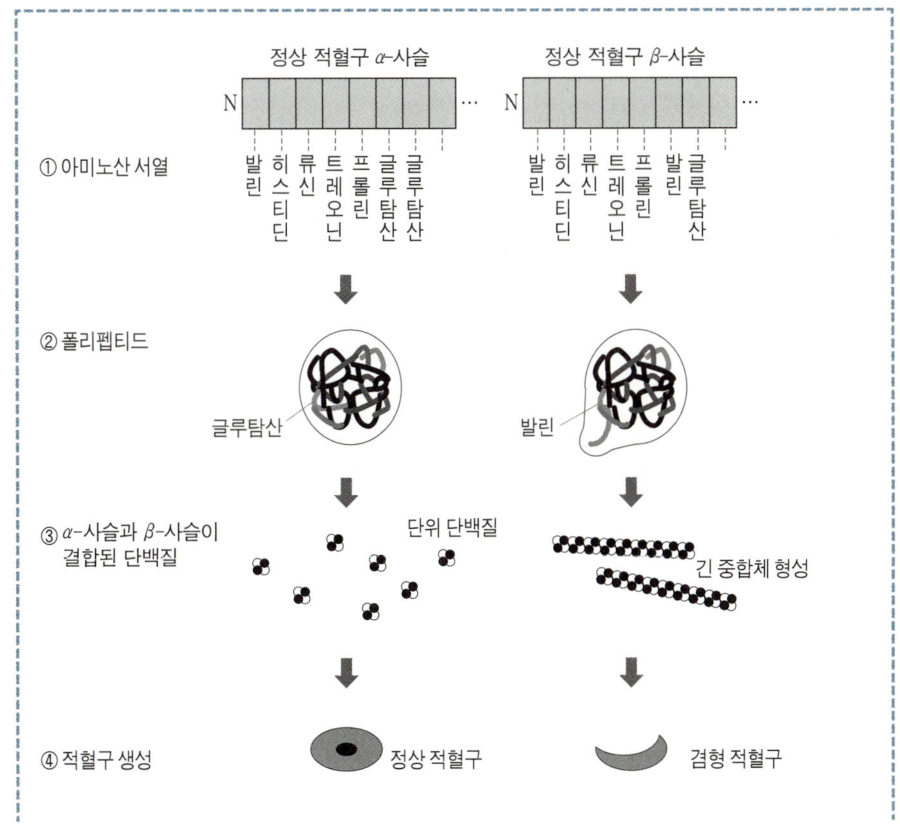

아우라 한수지도

교과 지식형 논술은 본고사를 금지하려는 교
육인적자원부의 강력한 조치에 의해 점차 사
라질 것이다. 그러나 사교육 기관에서 출판하
는 논술 교재는 이미 학원 강의를 통해 많이
노출된 자료들을 모아 출판하는 경우가 대부
분이기 때문에 교과 지식형 과학논술 문제를
다룬 참고서가 대부분일 것이다.

교과과정 내의 과학지식을 묻는 '교과 지식형 과학논술'은 정답이 어느 정도 정
해져 있는 주제를 택하는 경우가 많고, 또 교과내용에 대한 심층적인 이해 없이는
답안을 작성하기 어렵기 때문에 엄밀히 말해서 이러한 유형은 교육인적자원부에
서 배부한 '논술 가이드라인'에 위배된다고 볼 수 있다. 교육인적자원부에서도 이
러한 유형의 문제를 '본고사'로 규정하기 때문에 이러한 '교과 지식형 과학논술'은
점차 설자리를 잃을 것으로 보인다.

실제로 2005년 11월 28일 발표된 2008학년도 서울대학교 논술 1차 예시 문항도
본고사 논란을 피하려 한 흔적이 엿보였지만, 일부 문제는 교과 지식을 알지 못하
면 풀 수 없는 문제가 출제되어 교육당국과 학부모 단체의 비난을 받은 바 있다. 이
처럼 풀이과정이나 근거를 논리적으로 기술할 것을 요구하는 형식을 취한다고 해
서 무조건 과학논술로 치부하기도 어렵게 되었다.

교과 지식형 과학논술 답안 예시

■ 글 개요 분석 및 특징

1. 겸형 적혈구의 생성 원인
2. 글루탐산이 발린으로 치환되는 과정과 헤
   모글로빈의 소수성의 증가
3. 발린으로 치환된 헤모글로빈이 낫 모양으
   로 변화하는 과정

송민우(마포고)
2007학년도 인하대학교
공과대학 수시1 전형 합격

겸형 적혈구는 주로 헤모글로빈 내의 DNA 배열 중
6번째 아미노산을 지정하는 염기배열이 잘못되어 생긴
다. 6번째 아미노산을 지정하는 주형 DNA의 염기서
열이 전사과정을 거쳐 지정된 코돈이 GAA나 GAG가 된다면 글루탐산이 지정되어 정상
적혈구가 발현된다. 하지만 주형 DNA의 염기배열에 이상이 생겨 전사과정을 거친 코돈
이 GUA나 GUG가 된다면 글루탐산이 아닌 발린이 지정되어 잘못된 아미노산이 생성
된다. 이처럼 아미노산의 변화는 단백질의 3차 구조에 영향을 주게 되어 전혀 다른 구조
의 단백질을 생성하게 된다.

이처럼 글루탐산이 발린으로 치환되면, 중성 상태에서 음전하를 띠어 친수성을 가지는
글루탐산과 달리 발린은 전하를 띠지 않아 소수성을 지니게 된다. 이 때문에 헤모글로빈

의 소수성도 증가하게 된다.

    이렇게 발린으로 치환된 헤모글로빈이 산소분압이 낮은 곳에 있게 되면 서로 달라붙으면서 선형 구조를 가지게 된다. 그 후 이들은 다발로 뭉쳐서 적혈구를 단단하고 길게 늘어진 낫 모양으로 변형시킨다.

2. 응답 제한 서술형 과학논술

    '응답 제한 서술형 과학논술' 문제는 관점에 따라 다양한 기술이 가능한 주제를 택하여 '이유를 설명하시오', '견해를 기술하시오'로 끝나는 형식을 취한다. '에세이형'처럼 논의의 대상이 큰 문제가 아니기 때문에 응답의 폭을 어느 정도 제약한다고 볼 수 있다. 대체로 '정답'이 명확했던 '교과 지식형 과학논술'과는 달리 '응답 제한형 과학논술'은 명확한 정답이 있는 것이 아니다. "개미가 코끼리만 해질 수 있는가"를 물었던 서울대학교 자연계열 통합교과논술 예시 문항이 이에 해당한다. 그러나 정답은 여러 개일 수 있지만 그것을 뒷받침하는 각각의 모범 답안을 정리해 낼 수 있다는 점에서 '에세이형 과학논술'과는 달리 출제자가 요구하는 정답이 존재한다고 볼 수 있다.

    언어논술이 학생의 논리력과 창의력을 높게 평가한다면 과학논술은 자신의 견해를 뒷받침하는 논리가 과학적인 타당성을 가지고 있느냐가 더 중요하다. 서울대학교에서 2006년 6월에 발표한 자연계열 통합교과논술 예시 문항 4번을 보면 이러한 '응답 제한 서술형 과학논술'의 특징을 잘 파악할 수 있다.

2008학년도 서울대학교 논술고사 2차 예시 문항

〔가〕 자동차는 휘발유를 연소시켜 발생하는 에너지를 운동 에너지로 변환하여 사용한다. 자동차의 에너지 효율(연비)은 보통 10km/L 정도로, 1L의 휘발유가 연소될 때 나오는 열량과 자동차가 한 역학적 일을 비교하면 자동차가 한 역학적 일의 양이 훨씬 적다는 것을 알 수 있다. 사람도 섭취한 음식을 산화·분해하여 살아가는 데 필요한 에너지를 공급받는다. 일반적으로 생물체는 자동차에 비해 높은 에너지 효율을 보이며,

생산한 에너지를 효과적으로 사용한다. 그 이유는 생물체의 경우 생산한 에너지를 ATP 형태의 작은 에너지 단위(약 7.3kcal/ATP)로 변환하여 사용하기 때문이다.

〔나〕 근력운동 중 하나인 역기를 드는 운동은 역학적 일을 하는 것인데 여기서 일의 양은 다음과 같이 계산할 수 있다. 질량이 25kg인 역기를 1m 높이로 들면 $25\text{kg} \times 9.8\text{m/s}^2 \times 1\text{m} \div 4.2\text{J/cal} ≒ 60\text{cal}$에 해당하는 일을 하게 된다. 따라서 역기를 100번 들면 $60\text{cal} \times 100 = 6\text{kcal}$에 해당하는 일을 한 것이다.

〔다〕 평소에 햄버거를 즐겨 먹던 철수는 2개월 전 동네에 햄버거 가게가 생긴 이후 간식으로 햄버거를 매일 1개씩 먹게 되었다. 그리고 식사 이외에 간식으로 햄버거를 먹기 시작한 이후 체중이 증가할 것을 우려하여, 역기 들기를 매일 아침과 저녁에 각각 50번씩 총 100번을 꾸준히 해오고 있었다. 그 결과 철수의 체중은 두 달 전과 비교할 때 별 차이가 없었고 오히려 조금 감소했다. 그러던 중 철수는 우연히 자신이 간식으로 즐겨 먹던 햄버거의 열량이 500kcal인 것을 알고는 크게 놀랐다. 그동안 식사 이외에 섭취한 햄버거의 열량을 소비하기 위하여 매일 역기를 100번씩 든 것이 실제로는 500kcal를 소비하는 데는 큰 도움이 되지 않았을 것 같은데도 자신의 체중이 늘지 않았기 때문이었다.

문제 | 에너지(열량) 관점에서 보면 철수가 역기를 100번 드는 데 사용된 운동 에너지는 식사 이외에 간식으로 섭취한 에너지의 극히 일부에 지나지 않는다. 그럼에도 불구하고 철수의 체중이 증가하지 않은 이유를 설명하시오.

응답 제한 서술형 과학논술 답안 예시 1

송재현(마포고)
2007학년도 고려대학교
공과대학 수시 1 전형 합격

제시문 〔가〕를 보면 자동차보다 인간이 높은 에너지 효율을 가지고 있음을 알 수 있다. 기계와는 달리 생명체는 생산한 에너지를 ATP로 변환하여 사용할 수 있는 메커니즘을 가지고 있으며 여기에 철수가 체중이 증가하지 않은 해답이 있다.

철수가 하루에 세끼 먹는 식사의 열량을 제외한다고 가정해도, 섭취한 햄버거의 열량은 500kcal에 달하지만 역기를 100번 드는 데에는 고작 6kcal의 열량밖에 사용하지 않는다. 얼핏 투입과 산출만을 따져 보면 철수의 체중이 증가할 수밖에 없다고 생각할 수 있다. 하지만 이것은 잘못된 생각이다.

500kcal의 햄버거를 섭취하면 인체는 ATP의 형태로 에너지를 변화시키는데, 자동차보다는 높은 에너지 효율이라고 하지만 사람의 에너지 효율 역시 약 40%인 점을 감안하면 실제 사람이 사용가능한 에너지는 200kcal 정도에 불과하다. 즉, 200kcal의 ATP를 매 순간 사용하게 되는 것이다.

인간이 24시간 동안 소비하는 에너지 총량은 기초 대사량과 운동 대사량 등등에서 소모되는 에너지를 합한 양이다. 그렇기 때문에 철수가 체중이 증가하지 않은 이유는, 하루 세끼 먹는 식사와 간식으로 먹은 햄버거의 열량이, 철수의 생명 활동을 유지해 나가는 데 필요한 기초 대사량과 운동을 통해 사용한 운동 대사량을 넘지 않았기 때문이다.

■ **글 개요 분석 및 특징**

1. 제시문과 문제의 전제 요약
2. ATP 형태로 변환하는 메커니즘과 에너지 효율
3. 섭취 열량과 기초 대사량과 운동 대사량의 관계

응답 제한 서술형 과학논술 답안 예시 2

문제 | 2000년 5월 5일에 행성 직렬현상이 일어났음에도 아무 일이 생기지 않은 이유를 행성이 지구에 미치는 기조력을 중심으로 설명하시오.(400자)

전세홍(마포고)
2007학년도 성균관대학교
공과대학 수시 1 전형 합격

기조력은 지구의 원심력과 물체와 달 사이의 인력의 합력이다. 원심력은 행성 직렬현상이 일어나도 크게 변하지는 않을 것이므로 기조력의

■ **글개요 분석 및 특징**

· 서론: 기조력은 행성 직렬현상이 일어나도 큰 변화가 없다.
· 본론: 기조력은 원심력과 만유인력의 합으로 행성들은 거리가 멀어 영향이 적다.
· 결론: 행성 직렬현상에 대한 우려는 일어나지 않은 것이다.

크기에 큰 영향을 주지 못할 것이다. 또 만유인력의 법칙에 의해 보았을 때 기조력의 크기는 물체와 행성의 질량의 곱에 비례하고 물체와 행성 중심의 거리의 세제곱에 반비례한다. 그렇기 때문에 다른 행성에 의한 기조력은 각 행성들의 질량이 아무리 달에 비해 크다고 하더라도 지구와의 거리가 달에 비해 멀리 있고, 이 거리의 세제곱 값에 비해 작으므로 오히려 달에 의한 기조력보다 작게 된다. 결과적으로 행성 직렬현상 시에 행성들에 의한 기조력은 지구와 달 사이의 기조력에 비해 별 문제가 되지 않으며, 이러한 이유로 2000년 5월에 우리가 우려하던 일은 일어나지 않은 것이다.

3. 에세이형 과학논술

'에세이형 과학논술'은 문제의 형식과 내용이 개방적이어서 객관적인 채점 기준을 만드는 데 어려움이 있지만 타당도는 매우 높은 시험이다. 에세이 형식으로 논술 답안을 작성하면 수험생의 창의력과 과학적 사고의 깊이가 적나라하게 드러나게 된다. 이러한 '에세이형 과학논술'에서 다룰 수 있는 주제는 과학이론 또는 과학적 논리에 대한 철학적 접근, 과학과 기술의 사회적 측면, 과학자의 사회적 책임, 연구윤리, 생명윤리 등으로 매우 다양하다.

이러한 에세이형 과학논술 문제는 이미 과학 관련 단체에서 운영하는 경시대회에서 출제되거나 인문계열 논술에서 과학철학과 관련된 문제를 다루는 형식으로 출제된 바 있다. 2008학년도 이후 통합교과논술에서는 인문계와 자연계 모두 논술시험을 치르는 만큼 에세이 형식의 열린 문제가 공통 문항으로 출제될 가능성이 매우 높아졌다.

로봇과 미래사회를 다룬 2006학년도 한양대학교 정시 논술 문제가 에세이형 과학논술 문제에 해당하며, 서울대학교에서도 존 캐리의 『지식의 원전』을 상당 부분 제시문으로 발췌하여 인문과학을 공부하는 학생에게도 자연과학의 지식이 필요한 이유를 논술하라는 '에세이형 과학논술' 문항을 새로운 통합교과논술 유형으로 제시한 바 있다.

2006학년도 한양대학교 정시 논술 문제

문제 | 다음 그림과 설명이 의미하는 바를 요약하고, 미래사회에서 새롭게 설정될 인간의 정체성 및 인간과 기계의 상호 관계에 대하여 논술하시오.

그림 1은 한국에서 개발한 '휴보'라고 하는 초기 단계의 컴봇이다. 컴봇은 컴퓨터와 로봇을 결합한 것이다. 이렇게 하면 컴퓨터는 사람처럼 움직일 수 있는 몸을 가지게 된다. 컴봇은 인간과 비슷한 수준의 사고능력을 가진 존재로 진화할 것이다. 사고능력을 가진 컴봇은 학습이 가능하며, 사람과 협동하여 새로운 세상을 만들어 갈 수 있다. 소형화 기술과 컴퓨터 설계기술의 눈부신 발전으로 컴봇은 병렬 계산을 통해 일반적인 사고를 더 빨리 처리할 수 있다. 이 점은 예를 들어 체스 시합 중에 게임의 규칙이 바뀌어도 그에 대해 유연하게 대처할 수 있다는 것을 의미한다. 오늘날 컴봇은 체스 세계 챔피언과 경쟁한다.

허버트 사이먼과 앨런 뉴웰과 같은 뛰어난 인공지능 과학자들은, 컴봇은 인간이 할 수 있는 것을 모두 다 할 수 있다고 말한다. 그들에 따르면 컴봇은 어떤 문제에 대해서도 그 나름의 해결책을 고안할 수 있고, 따라서 일반화된 사고를 할 수 있으며, 인간과 마찬가지로 끊임없이 진화를 계속할 수 있다는 것이다. 또한 그들은 이런 맥락에서 컴봇이 인간의 모든 행태를 흉내 낼 정도로 진화한다면 그것은 인간과 동등하다고 주장한다.

그림 1
소녀와 컴봇

그림 2
미래의 휴머노이드

아우라 한수 지도

평소 로봇 관련 교양 과학서적을 읽었던 학생들은 2006학년도 한양대학교 정시 논술 문제를 본 순간 어느 정도 합격을 예감했을 것이다. 실제로 필자의 권유에 의해 2005년 3월에 출간된 이인식의 『나는 멋진 로봇 친구가 좋다』를 읽었던 한 학생은 그대로 적중했다는 느낌을 받아 즐거운 마음으로 답안을 작성했다고 회고한 바 있다. 『나는 멋진 로봇 친구가 좋다』는 로봇이 발전해 온 과정과 현대 로봇의 쓰임새, 인간의 지혜를 뛰어넘는 미래의 로보사피엔스까지 로봇공학 전반을 조망하고 있으며, 마포고등학교에서는 2006년 10월 필독서로 지정하여 독서교육 프로그램을 진행한 바 있다.

key word

■ **휴머노이드** : 인간형 로봇이 사람처럼 움직일 뿐만 아니라 지능적인 행동을 자율적으로 연출함에 따라 로봇공학 전문가들은 21세기 후반에 사람보다 영리한 휴머노이드, 즉 로보사피엔스(Robo sapiens)가 지구를 누비게 될 것이라고 전망한다.
– 『미래교양사전』–

그림 2는 미래 휴머노이드의 가상적인 이미지이다. 휴머노이드란 그 모습 뿐만 아니라 사고와 행동까지도 인간과 구별하기 힘들 정도로 진화된 컴봇이다. 미래의 휴머노이드는 고도로 상호작용적이고 다양한 임무를 효율적으로 수행할 것이다.

그런데 미래 우리 삶에 중요한 문제는 우리가 휴머노이드를 어떻게 바라보게 될 것인가와 인간은 무엇인가에 대한 궁극적 물음이다. 우리가 과연 휴머노이드를 존중해야 할 독립적인 사회적 존재로 생각하게 될 것인가? 또는 휴머노이드가 인간처럼 그들만의 사적인 세계를 갖게 될지, 내면적이고 주관적인 의식 상태를 즐기게 될 것인지에 대해서도 끊임없는 성찰이 필요할 것이다.

에세이형 과학논술 답안 예시 1

■ 구조적 분석 및 특징

서론 : 제시문 요약 및 논의 방향 제시
본론 : 새로운 인간 정체성 확립의 필요성
　　　'이성'과 '감성'을 통해 본 '인간', '생
　　　명', '로봇'
결론 : 핵무기 패러독스 – 인간과 휴머노이드
　　　의 공존

■ 자연계 학생임에도 뛰어난 문장력이 돋보이는 송재현 학생은 새롭게 선보인 고려대 통합교과논술 유형에 빠르게 적응했으며, 뛰어난 논술 실력을 바탕으로 2007학년도 고려대학교 1학기 수시 전형에 합격했다.

고려대학교 수시 1학기 합격 기념 - 오세진 선생님과 함께

송재현(마포고)
2007학년도 고려대학교
공과대학 수시 1 전형 합격

컴퓨터와 로봇의 합성인 '컴봇'은 컴퓨터가 인간과 같은 형태의 육체를 얻게 되는 것 이상의 의미가 있다. 기술의 발달로 컴봇이 인간의 모든 모습들을 흉내 낼 정도로 진화한다면, 결국 인간과 동등하게 될 것이기 때문이다. 사고능력을 통해 학습이 가능하며 병렬 계산을 통해 생각의 속도를 증진시킬 수 있기 때문에 이는 결코 허무맹랑한 이야기만은 아니다. 미래사회에서는 외관상 인간과 구별하기 힘들 정도로 진화한 컴봇인 이른바 '휴머노이드'가 등장할 것이며, 이쯤에 이르러서는 그들을 인간처럼 존중해야 할 사회적 존재로 생각해야 하는가에 대한 성찰이 필요하게 될지도 모른다.

현재 컴봇은 끊임없이 진화하고 있다. 특히 사고능력에 있어서 발전은 눈부시다. 로봇공학이 지금과 같은 발전을 거듭한다면 미래에는 정말 인간과 거의 차이가 없는 컴봇인 휴머노이드가 탄생할지도 모른다. 따라서 인간과 유사한 개체로 발전한 휴머노이드의 사회적 의미를 예견하는 것은 흥미로운 상상 이상의 의의가 있다. 인간이 기계와 다른 본질적인 특성은 '이성을 가진 존재'라는 점이다. 물론 모든 현재 이성을 가진 존재는 인간밖에 없지만 미래의 컴봇이 인간의 이성과 유사한 메커니즘을 갖추게 된다면 이는 자연스럽게 인간 정체성의 혼란으로 이어지게 된다. 결국 인간의 정체성은 이성뿐만 아니라 또 다른 특성으로 규정되어야 할 것이다.

미래사회에서는 이성적인 판단이 가능한 휴머노이드와 인간을 구별할 수 있는 새로운 특성으로서 '감성'을 규정해야 한다. 어미의 죽음을 슬퍼하는 코끼리처럼 비록 인간과 같은 이성은 지니고 있지 않지만 감성을 지니고 있는 생명체가 존재한다. 따라서 감성은 휴머노이드가 흉내 낼 수 없는 생명체만의 특성이 될 수 있다. 휴머노이드는 이성은 있지만 감성은 없다. 타인을 사랑하거나 싫어하는 마음을 가질 수 없기 때문이다. 결국 생명체와 휴머노이드는 감성과 이성을 기준으로 상호 배타적인 집합 관계를 형성하지만, 인간은 둘 모두의 특성을 공유하면서 자신만의 독특한 정체성을 확립할 수 있다. 따라서 미래 사회에서는 인간을 '이성과 더불어 감성을 가진 존재'라고 새롭게 정의해야 할 것이다.

인간과 휴머노이드의 대립을 그린 영화 〈블레이드 러너〉 이후 미래 사회의 로봇과 인간의 공존은 부정적인 전망과 우려가 압도적으로 많았다. 핵무기가 인류를 파멸로 치닫게 할 것이라는 부정적인 전망에도 불구하고, 현재 핵무기는 오히려 전쟁을 억제하는 힘을 가지고 있다. 이러한 패러독스가 휴머노이드와 인간이 공존하게 될 미래사회에서도 적용될 수 있다고 본다. 인간과 같은 수준의 이성적인 판단을 할 수 있는 휴머노이드와 인간의 따뜻한 감성이 공존하며 펼쳐갈 새로운 유토피아는 바로 지금 이 순간에도 진행되고 있다.

에세이형 과학논술 답안 예시 2

문제 | 첨단과학 시대, 투명인간은 등장할까?

함성식(마포고 2006년 졸업)
서울대학교 화학생명공학부

작년 인터넷에서 흥미로운 글을 보았다. 동경대에서 투명인간을 만들어 냈다는 것이다. 믿을 수 없는 일이다. 장난 삼아 글을 읽어 갔다. 간단한 설명과 함께 동경대 홈페이지에 연결된 동영상이 있었는데, 놀랍게도 그것은 정말 투명인간이었다. 희뿌연 망토 비슷한 것을 두르고 있었는데 완전한 투명은 아니었지만 얼핏 봐서 그곳에 사람이 있다는 것을 알아채지 못할 정도는 되었다. 알고 보니 간단한 원리였다. 동경대의 수수무 타치(Susumu Tachi) 교수팀이 개발한 발명품으로, 물체의 뒷부분에 장착된 카메라가 촬영하는 영상을 앞쪽에

■ **글 개요 분석 및 특징**

서론 : 동경대에서 카메라를 이용한 투명인간 시스템을 개발했다.
본론 : 완전한 투명인간은 과학적으로 성립할 수 없다.
결론 : 제한적인 투명인간은 한계가 있다.

■ 투명인간이 과학적으로 성립할 수 없는 이유를 논리적으로 잘 정리한 것이 이 글의 장점이다. 개인적인 에피소드로 시작하는 서론을 다듬고 창의적인 사고를 반영하여 답안을 정리한다면 더 좋은 답안으로 거듭날 것이다.

AURA UPGRADE PROGRAM WRITING ON SCIENCE

투사해 그 물체가 투명한 것처럼 보이게 하는 것이었다.

수많은 상상들이 현실로 바뀌어 가고 있다. 비록 눈속임일망정 투명인간이 등장했고, 이제 말 그대로 눈에 보이지 않는 인간의 출현 또한 시간문제인 것처럼 보인다. 하지만 투명인간은 상상 속에만 머무르게 될 듯하다. 투명인간은 비현실적이다. 모든 세포와 그 소기관들을 투명하게 만들고 그 상태에서 제 기능을 유지하게 하는 것부터도 불가능해 보이지만 백보 양보해서 그것이 가능하다 치더라도 투명인간의 삶은 매우 불행할 수밖에 없다. 어린 시절 '내가 투명인간이 된다면?' 하면서 떠올렸던 은밀한 즐거움 따위는 엄두도 낼 수 없을 것이다.

우선 잘 알려져 있듯이 투명인간은 장님일 수밖에 없다. 이것은 우리가 물체를 시각적으로 인식하는 과정을 생각하면 쉽게 알 수 있다. 우리가 상을 인식하기 위해서는 먼저 수정체를 통해 빛이 들어오고, 그 상이 망막에 맺힌 뒤 그 자극이 시신경에 의해 시각중추인 대뇌로 전달되어야 한다. 수정체는 원래 투명하고, 시신경과 대뇌도 어찌하여 투명하게 만들 수 있다고 하더라도 망막만은 투명하게 만들 수가 없다. 몸이 투명한 일부 심해어종도 눈[眼]만큼은 투명하지 않은 것은 이런 사실을 잘 보여 준다. 상이 맺혀야 할 망막이 투명하다면 상이 맺힐 수 없다. 영화관에 유리로 된 스크린이 달려 있다면 그것은 스크린의 기능을 할 수 없는 것이다. 또한 눈꺼풀이 빛을 차단해 줄 수도 없기 때문에 계속 눈을 뜨고 있는 꼴이 된다. 눈을 이용해 빛으로 물체를 인식하려는 시도는 불가능하다고 보아도 무방할 것이다.

식사시간 또한 상당히 불편해질 것이다. 가끔 길거리에서 눈살을 찌푸리게 하는 구토물이 비닐주머니에 담겨 있는 듯한 모습을 식사시간에 보아야 한다는 것은 누구에게도 유쾌한 일일 수 없다. 만약 투명한 모습으로 외출하고 싶다면 수 시간, 또는 수일의 배고픔을 참아야 할 것이다.

물론 투명인간이 개발되었다면 그 조직에 있는 영양물질들 또한 투명하게 할 수 있는 기술의 개발이 선행되었겠지만 결국 투명인간에게 우리가 생각하는 정상적인 범위의 식생활은 불가능한 것이다. 뿐만 아니라 헌신적인 과학자가 투명한 대변, 소변의 개발에 힘써 주지 않는다면 투명인간은 대소변이 허공에 둥둥 떠다니는 모습을 감수해야 한다.

앞에서 말한 투명인간을 만들어 낸대도 그 투명인간은 빛의 영역에 한해 자유로울 뿐, 열을 이용한 시야에서는 투명인간일 수 없다. 인간의 정상적인 체온은 이른바 '상온'과 뚜렷이 구분된다. 이미 경비업체 등에서 이용하고 있는 적외선 탐지 기술로 아직 나오지도 않은 투명인간을 잡아 낼 수 있다.

환경에 따른 온도는 매번 다를뿐더러 대부분 정상적인 인간의 체온보다는 낮기 때문에, 투명인간을 만드는 것 이전에 주변 온도에 맞춰 변화하는 인간을 만들어 내는 것이 먼저 이루어져야 한다. 그러면 문제되는 것이 효소의 작용이다. 약 36.5℃에 최적화되어 있는 체내 효소들을 어떻게 재창조해 낼 것인가. 이것은 투명인간을 만드는 것이기보다는 새로운 종을 만들어 내는 과정일 것이다.

군이 적외선 장치가 아니더라도 우리가 평소에 느끼지 못하는 수많은 미세먼지들 또한 투명인간을 진짜 투명하게 하는 데 장애가 될 것이다. 작은 먼지 때문에 투명인간은 허무하게 발각될 수 있다. 미세한 먼지들을 계속 털어 내지 않는다면 유령처럼 희미하게나마 그 형상이 보이게 될 것이기 때문이다.

이렇듯 우리가 흔히 생각해 왔던 투명인간은 수많은 모순을 가지고 있다. 하지만 무섭게 발달하는 과학기술은 그동안 불가능해 보였던 것들을 하나하나 정복해 왔고, 투명물질, 투명인간 또한 영원히 불가능할 것이라고 단언할 수는 없다. 하지만 살갗은 차갑고 음식을 먹지 못하며 앞을 볼 수 없는 투명인간이라면, 그것은 '투명'할 뿐 '인간'은 아닐 것이다. 결국 투명한 인간의 삶은 존재할 수 없다.

〈 동아 사이언스 주최 제4회 전국 학생 과학논술대회 응모작 〉

02

『아우라 과학논술』은
검증된 과학저술가의 글을 이용한 수준 높은 논술지도 프로그램이다.

둘째 마당 : 과학논술 학습

1. 무엇을 읽을 것인가?
2. 어떻게 쓸 것인가?

무엇을 읽을 것인가?

 | **'논술답안 작성의 원리 및 방법'에 대한 반성**

아우라 한수지도

전공 관련 의사소통 능력을 기르는 것이 매우 중요하다.

앞으로 과학논술은 과학 교과의 지식을 서술형으로 평가하는 전통적인 교과 지식형 문제에서 벗어나 새로운 유형으로 변화할 것이 분명해졌다. 이미 여러 대학에서 공개한 통합교과형 논술 유형을 살펴보면 과학논술은 정답이 어느 정도 정해져 있는 '교과 지식형'에서 결론을 이끌어 내는 과정을 중시하는 '응답 제한 서술형'과 '에세이형'으로 바뀔 것이 확실해졌다. 이제 자연계 수험생들도 독창적인 사고와 논리적인 사고 과정을 글로써 보여 주어야만 하는 상황에 직면한 것이다.

각 대학에서 발표한 통합교과형 논술고사의 도입 취지를 염두에 둔다면 자연스럽게 통합교과형 논술고사에 효과적으로 대비하기 위한 방법을 찾을 수 있다. 이제 수험생들은 물리, 화학, 생물, 지구과학 등 별개의 과목으로 나누어 교과 내용을 심화 학습했던 기존의 학습 방법을 수정하여 과학 개념에 대한 배경지식을 천천히 곱씹어야 하며, 자연현상을 다양한 각도에서 분석 정리하는 습관을 키워야 한다.

언어논술과는 달리 과학논술 쓰기는 과학 글쓰기 방식으로 접근해야 한다. 대학이 앞 다투어 자연계열 학생들에게도 논술시험을 도입하는 이유는 최근 이공계 학생들의 글쓰기 능력이 도마에 오른 것과도 무관하지 않다. 과학논술을 대비하기 위해서가 아니더라도, 미래 지식기반 사회에서는 이공계 관련 지식을 쉽고 정확히 전달할 수 있는 글쓰기나 말하기와 같은 전공 관련 의사소통 능력이 매우 중요하게 부각될 것이기 때문이다.

논술 교재에 대한 생각도 바꾸어야 한다. 원칙적으로 자연계열의 통합교과형 논술고사는 과학논술을 주제로 한 특정 교재를 여러 번 학습한다고 해서 완전하게 대비할 수 있는 시험이 아니다(그것은 이 책도 마찬가지이다). 대부분의 과학논술 교재는 일단 기출 문제를 중심으로 논술의 원리와 방법을 제시하고, 연습 문제를 워크북의 형태로 제시한 다음, 예시 답안과 배경지식 관련 자료를 제시하는 전형적인 형태를 취하고 있기 때문이다.

기존 논술 교재나 논술 프로그램에서 제시한 논술 답안 작성의 원리와 방법에 대한 생각도 바꾸어야 한다. 원칙적으로는 논술 답안 작성의 원리를 모르면 잘 쓸 수 없다. 하지만 논술 답안 작성에 대한 자연계 학생들의 고민은 의외로 다른 데 있다. 과학고와 특목고 학생들과는 달리 대부분의 평범한 고등학생들이 괴로워하는 것은 놀랍게도 '몰라서 못 쓰는 것'이 아니라 '알면서도 안 써진다는 것'이다.

그동안 학생들은 다양한 교재와 사교육을 통해 논술 답안 작성의 원리와 방법인 '방법적 지식'만을 익혀 왔다. 하지만 이러한 방법적 지식과 실제 글쓰기 능력은 차이가 있다. '논술 작성의 원리를 아는 것'과 '실제 글쓰기 능력'의 관계를 고려하면 학생들을 다음과 같이 크게 네 가지 유형으로 구분할 수 있다.

k e y w o r d

■ **방법적 지식** : 명제적 지식이란 '~라는 것을 안다(Know that)'로 표현되는 지식을 말하며 방법적 지식은 '~할 줄 안다(know how)'의 형태로 표현되는 지식을 말한다. 방법적 지식은 기능에 관한 것이기 때문에, 명제적 지식의 형태로 글쓰기의 원리를 숙지하고 있다고 해서 좋은 글을 쓸 수 있는 것은 아니다.

아우라 한수 지도

우리 학생들의 고민은 '몰라서 못 쓰는 것'이 아니라 '알면서도 안 써지는 것'이다. 즉, 좋은 글쓰기의 원리와 같은 명제적 지식은 숙지하고 있지만 방법적 지식의 습득에는 실패하고 있는 것이다.

■ '논술 답안 작성의 원리'의 이해와 '실제 글쓰기 능력'의 관계

유형	논술 작성 원리의 이해	실제 글쓰기 능력	설 명
A	논술 답안 작성의	논술문 작성능력이 뛰어나다	논술의 원리와 방법을 잘 알고 실제 글쓰기도 잘하는 이상적인 경우
B	원리를 안다	논술문 작성능력이 떨어진다	논술의 원리와 방법을 잘 알지만 실제 글쓰기 능력이 떨어지는 경우
C	논술 답안 작성의	논술문 작성능력이 뛰어나다	논술의 원리와 방법을 모르지만 실제 글쓰기는 잘하는 경우
D	원리를 모른다	논술문 작성능력이 떨어진다	논술의 원리와 방법을 모르고 실제 글쓰기 능력도 떨어지는 경우

기존의 논술 교재 및 논술교육 프로그램은 학생들을 '유형 D'로 규정하고 '유형 A'를 이상적인 학습 목표로 상정하고 있다. 이에 대한 교육적 처방도 방대한 양의 배경지식과 정형화된 모범 답안을 제시하는 것이 주종을 이루고 있다. 하지만 일선 교육 현장에서는 '유형 B'에 해당하는 학생들이 문제시된다. '유형 D'에 해당하는 학생들은 논술을 보지 않는 대학으로 진학하려 하고, '유형 A'와 '유형 C'는 이미 글쓰기 수준이 높기 때문에 논술 교재 학습이나 논술교육 프로그램보다는 첨삭 지도를 병행해주는 논술 모의고사를 활용하기 때문이다.

특히 '유형 B'는 자연계 학생들에게서 두드러지게 나타난다. 자연계 학생이라서 논술답안 쓰기가 어렵다기보다는 과학논술 쓰기를 언어논술 쓰기 전략으로 접근해서 '안 써지는 것'이다. '몰라서 못 쓰는 것'이 아니라 '알면서도 안 써진다'는 자연계 학생들을 위해서는 언어논술의 답안 작성 원리를 익히기보다는 과학 글쓰기에 대한 생각 자체를 바꾸어 주는 것이 선행되어야 한다.

 논술—읽기와 쓰기가 복합된 커뮤니케이션

논술에서 선행되어야 하는 중요한 과제는 논제의 분석이다. 즉 제시문과 논제를 분석하여 출제 의도를 파악하고 논술 문항이 요구하는 사항들을 정확하게 이해해야 한다. 논제를 바르게 파악해야 논술의 방향을 제대로 설정할 수 있다. 논제 속에는 출제 의도가 담겨 있기 마련이고, 제시문 속에는 논술을 펼쳐 나가는 데 바탕이 될 수 있는 기본 내용이나 정보가 담겨 있기 때문이다. 따라서 출제 의도에 맞게 논제를 해석해야 한다.

과학논술은 쓰기 평가인가? 일단 논술은 답안을 원고지에 적어 내기 때문에 맞는 말처럼 들릴지 모른다. 하지만 모든 논술고사는 제시문의 독해로부터 시작된다. 제시문의 내용을 분석하거나 내용을 참조해서 자신의 견해를 피력하라는 형식이 많기 때문에 제시문에 나타나는 핵심은 곧 논술 답안의 핵심이 될 수밖에 없다. 따라서 과학논술을 대비하기 위해서는 읽기 훈련과 쓰기 훈련을 동시에 병행해야 한다. 과학논술을 위한 읽기 훈련과 쓰기 훈련 방법은 다음과 같이 정리할 수 있다.

방법	연습 내용
읽기	· 다양한 관점의 글로부터 하나의 단일 주제를 파악하는 연습
	· 다양한 관점의 글을 일정한 기준에 따라 비교 · 분석하는 연습
	· 글에서 말하고자 하는 내용을 정확히 이해하는 독해 훈련
쓰기	· 독창적이면서도 타당한 근거를 통해 자신의 주장을 펼쳐 나가는 연습
	· 추상적인 개념을 실생활 속에서 찾을 수 있는 사례로 설명하는 연습

언어논술과 마찬가지로 과학논술도 주어진 제시문을 바탕으로 이루어진다. 논술에는 정답이 없다고 해서 단지 자신의 생각을 자유롭게 쓰는 것이라고 생각하는 것은 잘못된 판단이다. 제시문에 나타난 문제의식을 충분하게 이해하는 것이 논술 답안의 성패를 좌우하는 첫걸음이다. 많은 학생들이 과학논술의 제시문은 뭔가 굉장할 것이라고 생각한다. 그러나 제시문은 '두루 읽힐 만한 좋은 내용'으로서 학생들의 시야를 넓혀 주는 것으로 선정된다. 그러므로 시험을 본다는 느낌으로 제시문을 대하기보다는 좋은 정보를 얻는다는 마음으로 내용을 음미한다면 제시문은 편하게 다가올 수 있다.

아우라 한수 지도

과학논술이 '읽기와 쓰기가 복합된 커뮤니케이션'이라는 속성을 고려한다면 언어영역 과학 분야 독해 지문 역시 훌륭한 과학논술 문제로 거듭날 수 있다. 지문을 읽고 객관식 독해 문제를 모두 푼 다음, 에세이 형태로 쟁점을 정리하는 글을 써보도록 하자. 수능 언어영역 공부와 과학논술을 동시에 준비하는 시너지 효과를 거둘 수 있을 것이다.

이인식 과학 저술의 교육적 의의

과학논술에서는 읽기 능력이나 추론 능력 못지않게 배경지식이 중요하다. 한 번쯤 과학 교양서적 등을 통해 정리해 본 경험이 있는 주제가 출제된다면 답안을 작성하기가 한결 수월해지기 때문이다. 통합교과논술 시대에는 고등학교 전 과정의 교과서를 논술 준비의 가장 기본적인 교재로 삼아야 하며, 논술 주제는 전 교과에 걸쳐 도출될 수 있다는 것을 염두에 두어야 한다. 그리고 교과서의 내용을 이해하는 단계를 넘어 교과서가 다루는 주제와 관련된 다양한 교과서 이외의 텍스트를 읽고 토론하며 이것을 자연스럽게 글쓰기와 연계시키는 학습과정이 있어야 한다.

교과서 이외의 폭넓은 학습을 강조하는 통합교과논술의 첫걸음은 과학을 주제로 한 다양한 글을 많이 읽는 것이지만, 현실적으로 우리 학생들에겐 그럴 만한 시간

아우라 한수지도

적독은 띄엄띄엄 가려서 읽는 것을 말하며, 통독(通讀)보다 효율적이긴 하지만 자칫하면 중요한 부분을 놓칠 수 있다. 입시를 대비하면서 검증되지 않은 저술가에 의한 2차 저작물을 임의로 적독하는 것은 절대 금물이다.

아우라 한수지도

브루너의 두 가지 핵심 가설
■ 지식의 최전선에서 새로운 지식을 만들어내는 학자들이 하는 것이나 초등학교 3학년 학생이 하는 것이나 모든 지적 활동은 근본적으로 동일하다.
■ 어떤 교과든지 지적으로 올바른 형식으로 표현하면 어떤 발달 단계에 있는 어떤 아동에게도 효과적으로 가르칠 수 있다.

적 여유가 없다. 내신과 수학능력시험 준비와 더불어 논술 준비까지 해야 하는 학생들에게 과학 관련 고전을 천천히 음미하면서 읽기를 요구하는 것은 처음부터 무리인지 모른다. 이 때문에 불가피하게 '적독(摘讀)'을 해야 한다. '적독'이란 발췌독(拔萃讀)으로 한 권의 책 가운데서 자기에게 꼭 필요한 부분만 골라 읽는 방법이다. 과학논술을 대비하기 위해서는 토머스 쿤의 『과학혁명의 구조』나 베르너 하이젠베르크의 『부분과 전체』라는 원본(1차 텍스트)을 읽는 것도 좋지만 현실적으로 검증된 과학저술가에 의해 분석된 2차 텍스트를 많이 읽는 것이 보다 현실적이다.

교육 현장에서 과학을 주제로 한 다양한 글(2차 텍스트)을 많이 읽으라고 권유하면 대부분의 학생들은 MBC 〈느낌표〉에 선정되었던 『정재승의 과학 콘서트』와 같은 베스트셀러를 읽으라는 말로 잘못 이해한다. 하지만 일선 현장에서 독서 감상문을 받아본 결과 언론의 호평과는 달리, 재미없고 이해가 안 되는 내용을 필독서라는 이유만으로 '감동 있게 읽기'를 강요당하는 불만을 토로하는 학생들이 의외로 많았다. 이처럼 대다수의 과학 분야 베스트셀러들은 학생들이 많이 선택했다기보다는 선택하기를 강요당하는 문화 속에서 나온 결과이다. 베스트셀러도 좋지만 과학과 관련된 다양한 쟁점들을 아우를 수 있는 양질의 글을 읽는 것이 더 중요하다.

양질의 학습용 읽기 자료는 교육학에선 상식으로 통하는 '나선형 교육과정'의 철학을 실현한 텍스트이다. 교육학자 제롬 브루너가 제안한 '나선형 교육과정'이란 동일한 교육 내용을 계속적으로 단순히 반복하는 것이 아니라 점진적으로 심화시켜 확대함으로써 완전학습에 이를 수 있다는 논리를 핵심으로 한다. 이러한 논리에 따라 학생의 수준에 맞게 표현 방법을 달리하면 어떤 발달 단계에 있는 학생에게도 어떤 교과든지 그 지적 성격에 충실하게 이해시킬 수 있다. 중학교에서 배우는 1차 함수의 개념을 초등학교 1학년 학생들에게 이해시키기 위해서는 다음과 같은 숫자 상자를 활용하면 된다.

초등학교 교과서나 학습지에서 흔히 볼 수 있는 숫자 상자에 카드를 넣는 메커니즘은 문제를 재미있게 내려고 한 장치가 아니라, $f(x)=x+3$이라는 1차 함수의 개념을 초등학생의 수준에 맞게 변형한 것에 해당한다. 신기하게도 함수의 한자 역시 이러한 개념을 담고 있다. 함수(函數)의 '함(函)'은 상자라는 뜻이다. 즉 어떤 숫자를 입력받아 상자 안에서 처리한 다음 그 결과를 상자 밖으로 내보내는 시스템을 의미하는 것이다. 단 하나의 입력에 단 하나의 결과만을 내놓을 수밖에 없다는 이

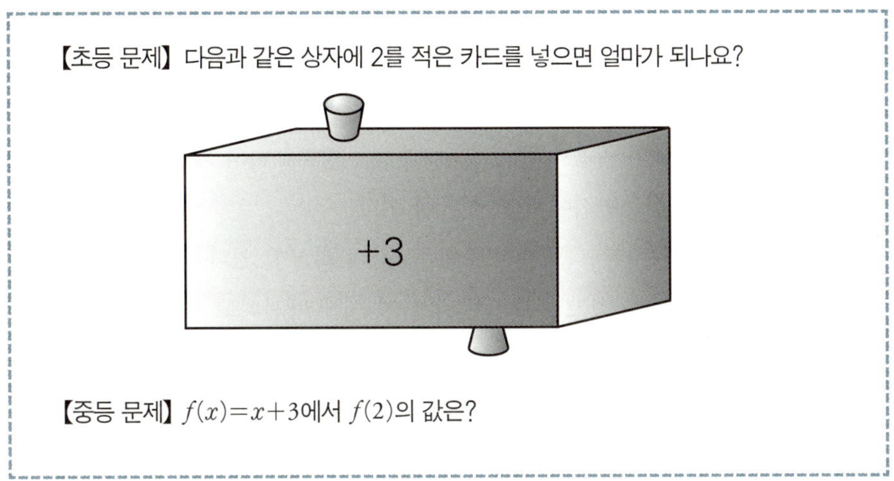

숫자 상자의 메커니즘을 초등학생들이 이해했다면 중학교 수학의 내용을 이해한 것과 다를 바 없는 것이다.

이것은 교양과학 서적의 질(質)을 논의하는 데 시사하는 바가 매우 크다.

교양과학 서적 역시 난해한 과학 개념을 일반인이 알기 쉽도록 변형한 내용의 수준이 그 가치를 결정하기 때문이다. 이러한 변형은 본질과 전혀 상관 없는 비유를 동원하거나 개인적인 에피소드를 나열하는 방식을 지양해야 한다. 과학 개념의 본질을 호도하거나 저자의 일상을 소개하는 텍스트로 학생들의 귀중한 시간을 빼앗아서는 곤란하기 때문이다.

열역학은 앞서 언급한 나선형 교육과정을 구성할 수 있는 핵심적인 개념이다. 하나의 개념이 각 학년에 맞게 심화 발전하는 것이 나선형 교육과정의 핵심이라면, 열역학은 중학교에서 고등학교에 이르는 일련의 과정에서 그 수준이 해당 학년의

k e y w o r d

■ **나선형 교육과정(Spiral Curriculum)** : 교육내용으로서의 지식의 구조는 수준에 관계없이 그 성격이 동일하며, 이러한 동일한 성격의 교육 내용이 학년이 높아짐에 따라 더 폭넓게, 또 깊이 있게 가르쳐져야 한다는 것을 강조하는 교육이론이다. 이러한 교육과정이 마치 달팽이 껍질 모양과 같다고 하여 '나선형(螺旋形) 교육과정'이라 부른다.

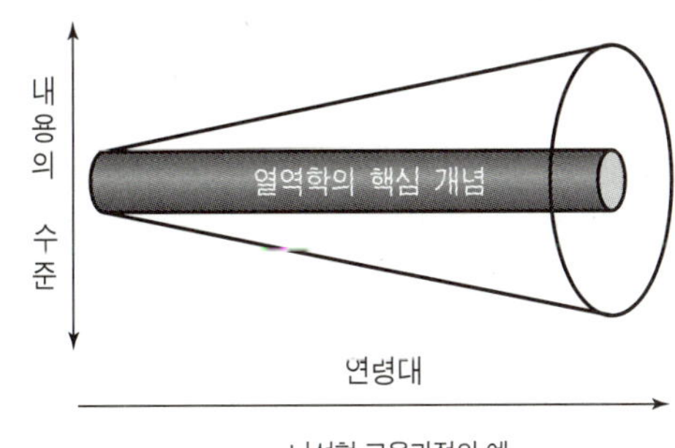

나선형 교육과정의 예

수준에 맞게 심화 발전하고 있기 때문이다. 대학에서 배우는 열역학은 통계학적으로 접근할 때 보다 심화 발전하게 된다. 서울대학교에서도 이미 엔트로피를 통계학적으로 설명하는 문제와 얼음이 물에 녹는 과정을 엔트로피의 개념을 통해 설명하는 문제를 자연계열 심층면접에서 출제한 바 있다.

이인식의 『미래교양사전』 중 「엔트로피, 시간에 화살이 있다」는 열역학 법칙과 관련된 사항을 기초부터 최고급 수준까지 알기 쉽게 개관하고 있는데, 그 수준은 단순히 교양 수준에 머물지 않고 '닫힌 계'와 '열린 계'를 언급하는 대학교 교양물리 수준까지 발전하고 있다. 자신의 배경지식과 연령대에 따라 다양하게 수용되는 『미래교양사전』은 바로 교양과학책의 '나선형 교육과정'을 실현했다고 평가할 수 있다. 즉 다음의 「엔트로피, 시간에 화살이 있다」는 열역학과 관련된 나선형 교육과정의 '핵심 축'에 해당하는 글이라고 하겠다.

열역학의 제2법칙이 제시됨에 따라 관심의 초점이 된 것은 시간의 방향성에 관한 개념이었다. 아이작 뉴턴의 동역학에 의해 확립된 기계론적 세계관이 17세기와 18세기에 걸쳐 과학을 지배했기 때문이다. 우주를 하나의 거대한 기계로 보는 견지에서 뉴턴의 운동법칙으로 우주의 미래를 예측할 수 있을 뿐만 아니라 과거까지 되살려낼 수 있다고 확신한 것이다. 요컨대 뉴턴의 동역학 체계에서는 땅 위에서 튀는 공이 순간적인 속도의 반전에 따라 초기의 위치로 되돌아가는 것처럼 이전에 겪어 왔던 모든 상태를 다시 밟아가게 된다. 시간은 앞으로 나아갈 수 있을 뿐만 아니라 뒤로 되돌아갈 수도 있는 것이다. 시간은 가역적이다. 말하자면 고전 물리학은 시간에 방향이 없다는 입장을 취했다.

그러나 엔트로피의 법칙에 따르면 시간이 흐를수록 세상은 질서로부터 무질서의 상태로 접근하기 때문에 한순간이라는 것은 바로 전의 순간과 더 이상 아주 똑같지 않다. 물과 알코올 같은 액체를 접촉시키면 서로 섞이게 되지만, 그 반대의 과정, 즉 혼합물이 자발적으로 물과 알코올로 분리되는 과정은 볼 수 없다. 열역학적으로 모든 것은 한 방향으로만 진행되므로 시간은 비가역적이다. 말하자면 시간은 화살을 가지고 있다. 열역학은 고전 물리학의 신봉자들이 영원한 것으로 보았던 우주에 시간을 도입한 것이다.

시간의 비가역성에 대해서는 두 종류의 상반된 견해가 있다. 먼저 비관론은 우주의 에너지는 일정하고 시간이 흐를수록 엔트로피가 증대되므로 우주는 서서히 쇠약해지면서 궁극적으로 사용 가능한 에너지가 모두 소멸되어버린 열사망 상태가 될지 모른다고 본다. 이러한 비관론은 우주를 외부의 영향으로부터 격리되어 있는 닫힌 계로 전제한다. 그러나 우주가 아직까지 열사망의 운명에 도달하지 않았다는 사실로부터 우주를 닫힌 계로 보는 세계관에 모순이 있음을 확인하게 된다.

한편 낙관론은 단순한 것으로부터 복잡한 것으로 진화되는 사회적 현상이나 저급 형태의 생물에서 고급 형태의 생물로 진화되는 생물학적 현상에서처럼, 시간이 흐를수록 무질서로부터 새로운 질서가 생겨난다고 본다. 대부분의 자연 및 사회현상은 그 주위 환경으로부터 끊임없이 에너지를 받아들이고 그 구조 내부에서 생산되는 엔트로피를 환경으로 내보내는 열린 계이다.

자료 출처 : 이인식, 『미래교양사전』 중 「엔트로피, 시간에 화살이 있다」

위 글은 다양한 연령층이 이해할 수 있는 쉬운 언어로 다음과 같은 핵심적인 개념을 깔끔하게 한편의 완성도 높은 글로 풀어 내고 있다. 이처럼 이인식의 글은 쉽지만 내공이 매우 깊다.

■ 「엔트로피, 시간에 화살이 있다」의 핵심 구조

엔트로피	엑스트로피
닫힌 계	열린 계
질서 → 혼돈	혼돈 → 질서

전술한 바와 같이 과학 관련 원전을 읽을 시간이 없는 학생들에게 권할 양질의 적독(摘讀) 교재는 원전을 천착한 권위 있는 저술가에 의한 것임을 전제해야 한다. 이 책에서는 이러한 문제의식을 바탕으로 우리 시대의 대표적인 교양과학 저술가인 이인식의 글을 학생들에게 추천하고 이를 과학논술 프로그램에 적극 활용했다. 과학논술 교육에 활용할 수 있는 이인식의 과학 저술들을 소개하면 다음과 같다.

keyword

■ **천착(穿鑿)** : 구멍을 뚫는다는 의미로 한 분야를 깊이 파서 연구하는 것을 말함.

아우라 한수지도

초급에서 종합에 이르는 이인식의 교양과학 도서들은 동일한 과학적 쟁점을 학년이 높아짐에 따라 더 폭넓게, 또 깊이 있게 논의한다는 측면에서 일종의 나선형 교육과정을 실현하고 있다. 독자의 눈높이에 맞게 이야기를 풀어 나가는 이인식의 과학 글쓰기 전략은 본인이 의식을 했든 안 했든 나선형 교육과정이라 칭할 만하다.

수 준	서 명	특 징
초급		이 책은 과학이 복잡한 사회현상과 얽혀 어떻게 우리 삶과 문화를 움직이고 있는지를 흥미진진하게 풀어 내고 있다. 복잡한 사회현상 속에 숨겨진 과학의 법칙과 최신 과학정보, 논쟁을 중점적으로 소개하는 이 책은 대중을 위한 교양과학서로서 과학논술에 입문하는 학생들이 가벼운 마음으로 읽기에 적합하다.
중급		이 책은 한겨레 신문에 매주 한 번씩 151회, 3년 동안 연재한 칼럼을 모은 것으로 대한민국 과학 칼럼사상 최장기 연재 기록을 가지고 있는 역작이다. 과학 교과 내용과 일상생활을 연결짓는 저자의 날카로운 분석력이 돋보이며, '응답 제한 서술형 과학논술' 문제를 대비하는 데 가장 적합한 책이다.
고급	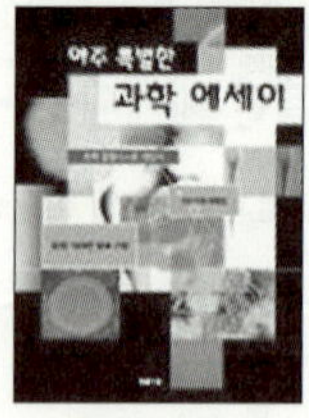	200자 원고지 35장 분량의 글을 모은 교양과학서로 '에세이형 과학논술' 문제를 대비하는 데 유용한 교재이다. 『이인식의 과학생각』이나 『이인식의 과학나라』에 비해 논증 수준이 높아 창의적인 과학적 사고력을 증진시키는 데 많은 도움을 준다.
최고급	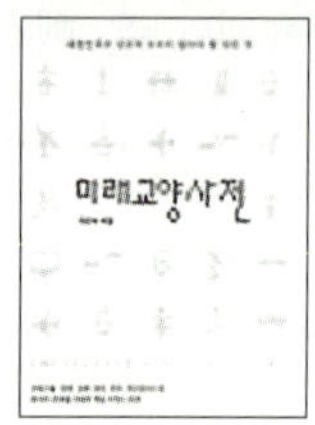	이 책은 2050년까지 인류사회를 크게 변화시킬 것으로 예상되는 이론, 아이디어, 지식을 369개의 표제어로 집약한 과학교양 사전으로 과학논술 제시문이나 언어영역 독해 지문으로 바로 활용할 수 있을 정도로 완성도가 높은 핵심적인 교양을 압축하여 담고 있다. 상위권 대학을 지원하는 학생들이나 논술교육 프로그램을 운영하는 교사들에게 유용한 책이다.
종합	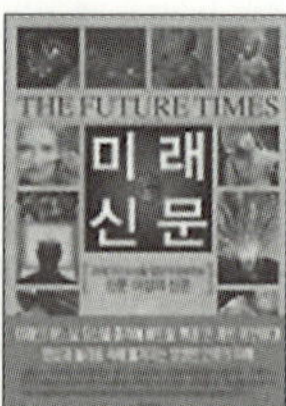	21세기의 소식을 앞당겨 전해 주는 가상의 신문으로 의료, 교통, 에너지, 환경, 사생활, 섹스, 전쟁 등 과학기술의 키워드를 통해 미래사회를 들여다보고 있다. 또한 이 책은 과학기술의 진보에 따른 인류의 삶에 드리울 빛과 그림자에 대해 이야기한다는 점에서 창의적인 과학논술 답안 작성을 위해서는 반드시 읽어 두어야 할 필독서이다. 자연계뿐만 아니라 인문계 학생들도 읽어 두면 언어논술을 준비하는 데 큰 도움을 받을 수 있다.

이인식 과학 글쓰기의 특징

2004년 대통령 자문 국가과학기술 자문회의 위원 중에 석사학위조차 없는 일반인이 한 명 있었다. 바로 '국내 과학 전문 저술가 1호'로 통하는 이인식 씨. 이씨는 교수도 아니고 박사학위도 없지만 가장 대중적인 과학저술가로 자리를 굳건히 하고 있다. 많은 이공계 교수들도 학사 출신 과학저술가인 그와 의견을 주고받으며 친분을 유지하고 있다. 마치 조선 중기 조광조가 신분에 구애받지 않고 갖바치와 허심탄회하게 지내며 의견을 주고받은 것처럼.

우리 시대의 대표적인 과학 논객으로 평가받고 있는 그의 글은 다양한 연령층을 아우를 수 있는 힘을 지니고 있다. 이인식 과학 저술의 특징은 크게 네 가지로 정리할 수 있다.

첫째는 독창성이다. 이인식은 유명한 주제나 소재보다는 지금 현재 과학계의 살아 있는 이슈나 기술 문제를 다룬다. 많은 교양과학서들이 대부분 기초 과학을 중심으로 다루면서 과거 지향적으로 흐르는 것과는 대조적으로 이인식은 학문 간 경계를 넘나들면서 미래 지향적인 비전을 제시하고 있다.

둘째는 자신의 개인적 이야기를 섞지 않는다는 점이다. 이인식의 글은 철저하게 사적 경험담을 배제함으로써 수필로 흐르는 것을 막고 있다. 꼭 필요한 경우를 제외하고는 불필요한 유추나 비유적인 표현을 삼가지만 그의 글은 오히려 부드러운 감성으로 넘쳐난다.

셋째는 스스로 공부해서 정리한 소화된 지식이라는 점이다. 번역본에 의존하지 않고 철저히 원전을 찾아 원저자의 의도를 면밀히 검토하는 편집증에 가까운 그의 꼼꼼함은 그의 글에 내공을 불어넣는다. 비록 지식 습득의 대부분을 독학에 의존했지만 인지과학이나 나노기술 분야처럼 전공 교수보다 더 깊은 내공을 가지고 있는 경우도 많다.

넷째는 글이 너무나도 쉽다는 점이다. 하지만 내용은 얕지 않다. 이는 천착을 통해서 나온 결과이기에 가능한 것이다. 과학계의 최근 이슈를 다룬 「유비쿼터스 컴퓨팅 시대 온다」를 예로 들면 그의 글은 일반인을 대상으로 유비쿼터스를 소개하는 그 어떤 글보다도 쉽다.

국내 과학 전문 저술가 1호로 통하는 이인식 소장
- 서울대학교 전자공학과 졸업
- 과학문화연구소 소장(1995년~현재)
- 국가과학기술 자문위원 역임(2004~2006)
- 제1회 한국공학한림원 해동상 수상(2005)

■ 편집증(偏執症) : 특정 대상에 대해 집요하게 의심하고 매달리는 병.

유비쿼터스 컴퓨팅 시대 온다

제3의 컴퓨터 물결이 밀려온다. 메인 프레임, 퍼스널 컴퓨터에 이어 유비쿼터스 컴퓨팅 시대가 다가오고 있다. 영어를 줄여 유비컴이라 불러도 무방할 성싶다. 유비컴은 말 그대로 컴퓨터가 어디에나 퍼져 있다는 뜻에서 편재 컴퓨팅이라고 한다.

편재 컴퓨팅은 한마디로 컴퓨터를 눈앞에서 사라지게 하는 기술이다. 실로 천을 짜듯 컴퓨터가 의식주의 모든 수단에 파고들기 때문에 사람들은 컴퓨터를 더 이상 컴퓨터로 생각하지 않게 되는 것이다. 요컨대 편재 컴퓨팅 시대에는 컴퓨터가 도처에 존재하면서 동시에 보이지 않게 된다.

유비컴 기술의 성패는 신발, 옷감, 손목시계 등 필수품을 비롯해서 커피잔이나 돼지고기 조각에까지 장착이 가능할 정도로 작은, 태그(꼬리표)처럼 생긴 컴퓨터의 개발 여부에 달려 있다.

유비컴 시대가 되면 주변의 모든 물건이 지능을 갖는다. 영리한 물건들은 스스로 생각하고 사람의 도움 없이 임무를 수행한다. 이를테면 돼지고기에 숨겨둔 컴퓨터 태그는 오븐 안에서 스스로 온도를 조절해 고기가 알맞게 익도록 한다. 피하주사 바늘은 환자 손목에 달린 태그로부터 신원을 확인해 알레르기가 있다면 바늘 끝을 붉게 물들여 의사에게 알린다.

유비컴의 세계에서는 지능을 가진 물건과 사람 사이의 정보 교환이 무엇보다 중요하다. 따라서 사람은 컴퓨터가 내장된 옷을 입게 된다. 이른바 입는 컴퓨터가 필요한 것이다. 사람이 착용한 시계, 혁대 장식, 운동화 따위에 컴퓨터가 장착되면 주변 환경에 설치된 컴퓨터와 통신하여 일상생활을 더욱 편리하게 해줄 것으로 기대된다. 예컨대 손목시계에 내장된 컴퓨터의 고유 정보를 사용하여 출입문, 캐비닛, 서랍을 자동으로 여닫을 수 있다.

유비컴은 사람과 물건 사이뿐만 아니라 사람과 사람 사이의 의사소통을 원활하게 해줄 것 같다. 가령 입는 컴퓨터를 걸친 사람끼리 악수하면 손을 통해 정보가 건네지므로 피차간에 직장 이름, 사무실 전화번호, 취미 따위를 즉시 교환할 수 있다.

유비컴 기술의 최대 골칫거리는 사생활 보호 문제이다. 당신이 이른 새벽 컴퓨터에게 커피 두 잔을 주문하면 컴퓨터는 밤을 함께 보낸 손님이 있음을 눈치채고 집 앞에 주차된 자동차 번호로 손님의 신분을 파악한다. 만일 당신이 기혼자이고 손님이 묘령의 아가씨라면 당신은 컴퓨터가 알고 있는 정보를 비밀로 하고 싶을 터이다.

자료 출처 : 이인식, 『이인식의 과학나라』

「유비쿼터스 컴퓨팅 시대 온다」의 도입부만 보아도 이인식 글쓰기의 특징이 잘 드러난다. 이 글 역시 유비쿼터스를 다루는 다른 글과 마찬가지로 도입 문단에서는 유비쿼터스의 개념을 소개하면서 시작한다. 하지만 이인식의 글은 작가가 이해한 언어로 개념을 풀어서 설명하기 때문에 할 말은 다 하면서도 정리된 형태의 깔끔한 정보를 제공한다.

그의 글은 안정된 구조를 가지고 있다. 아래의 ①번처럼 '컴퓨터를 눈앞에서 사라지게 하는 기술'로 유비쿼터스를 규정하고, ②번처럼 실로 천을 짜듯이 컴퓨터가 일상으로 파고든다는 표현으로 발전시킨 다음, ③번과 같은 선문답에 가까운 표현으로 앞서 나열한 개념을 종합시킨다. 다른 과학 저술이 ④번과 같이 외래어와 전문 용어를 남발하면서 독자를 어리둥절하게 만드는 것과는 대조적이다.

k e y w o r d

■ **선문답(禪問答)** : 참선하는 사람들끼리 진리를 찾기 위해 주고받는 대화를 지칭하며 언뜻 보아서는 주어진 문제와는 전혀 상관없는 이야기를 하는 것 같지만, 한가로이 주고받는 이야기 속에 놀라운 진리를 숨기고 있는 경우를 일컫는 말.

제3의 컴퓨터 물결이 밀려온다. 메인 프레임, 퍼스널 컴퓨터에 이어 유비쿼터스 컴퓨팅 시대가 다가오고 있다. 영어를 줄여 유비컴이라 불러도 무방할 성싶다. 유비컴은 말 그대로 컴퓨터가 어디에나 퍼져 있다는 뜻에서 편재 컴퓨팅이라고 한다.

편재 컴퓨팅은 한마디로 ①컴퓨터를 눈앞에서 사라지게 하는 기술이다. ②실로 천을 짜듯 컴퓨터가 의식주의 모든 수단에 파고들기 때문에 사람들은 컴퓨터를 더 이상 컴퓨터로 생각하지 않게 되는 것이다. ③요컨대 편재 컴퓨팅 시대에는 컴퓨터가 도처에 존재하면서 동시에 보이지 않게 된다.

-이인식, 『이인식의 과학나라』의 도입부-

> '유비쿼터스(Ubiquitous)'란 언제 어디서나 존재한다는 라틴어에서 유래한 말로 '유비쿼터스 컴퓨팅'를 줄인 것이다. 이는 언제 어디서나 어떤 것을 이용해서라도 온라인 네트워크 서비스를 받는 환경 내지 공간을 의미하는데, '유비쿼터스'는 우리가 보는 모든 사물에 1cm³ 이하의 크기로 만들어지는 저전력 칩인 RFID가 깃드는 것을 전제로 삼는다. 칩이 깃들게 되는 사물은 모두 컴퓨터가 되며 그 순간부터 우리는 컴퓨터 속에서 살게 되는 것이다. ④유비쿼터스 시대가 도래하면서 디바이스(전기적 장치)는 이제 디바이스 그 자체로 끝나지 않고 사용자와의 인터페이스를 더욱 간편하게 하는 방식으로 변모하기 시작했다. 이를 통해 모든 사물을 디바이스화하고 있다.
>
> -신문 기사, 「유비쿼터스 네트워크 시대」의 도입부-

아우라 한수지도

과학·기술 분야의 글쓰기에서 외래어가 남발하는 이유는 신기술이나 외국에서 사용하는 용어를 그대로 차용하는 경우가 많기 때문이다. 하지만 고유명사를 제외한 표현까지 외래어를 남발하는 것은 문제가 있다.

일반인을 대상으로 하는 글의 후반부는 ⑤번과 같이 쟁점을 정리하고 전망과 문제점을 언급하면서 끝을 맺는 경우가 대부분이다. 하지만 이인식의 글은 가상의 상황을 제시하면서 세련되게 끝을 맺는 경우가 많다. 텍스트는 그것을 에피소드로 구조화할 수 있는 정도에 따라 이해하고 회상하기가 쉬워지는데 오랜 저술 활동을 통해 이인식은 이를 체득하고 있다. 「유비쿼터스 컴퓨팅 시대 온다」에서도 개인적인 경험이나 억지스러운 비유 대신 ⑥번과 같이 묘한 여운을 남기는 가상의 일화로 끝을 맺는다. 이러한 열린 결말은 독자에게 잔잔한 여운으로 다가온다. 과학지식이 결국은 우리 삶의 영역으로 다가와 독자의 기대지평이 확대되는 순간이다.

k e y w o r d

■**기대지평** : 문학 작품의 독자는 작품을 읽을 때 무엇인가를 기대하고 작품을 읽으면서 작품 속에 있는 미완성적인 요소들을 나름대로 완성해 나간다는 개념.

> 이러한 경향이 지속된다면 미래에는 몸 속에 칩이 장착되어 인간이 사이보그로서 활동하게 될 날이 도래하게 될지도 모른다는 전망까지 나오고 있다. 이 경우 인간이 활용하는 ⑤모든 디바이스는 칩 형태로 인체에 장착돼 인간의 사고를 도와주고 나아가 이를 대체하는 역할까지 하게 될지도 모른다.
>
> - 신문 기사, 「유비쿼터스 네트워크 시대」의 후반부 -

> 유비컴 기술의 최대 골칫거리는 사생활 보호 문제이다. ⑥당신이 이른 새벽 컴퓨터에게 커피 두 잔을 주문하면 컴퓨터는 밤을 함께 보낸 손님이 있음을 눈치채고 집 앞에 주차된 자동차 번호로 손님의 신분을 파악한다. 만일 당신이 기혼자이고 손님이 묘령의 아가씨라면 당신은 컴퓨터가 알고 있는 정보를 비밀로 하고 싶을 터이다.
>
> – 이인식, 『이인식의 과학나라』의 후반부 –

모범적인 글만큼 완벽한 논술 교재는 없다. 하지만 '모범적인 글이 곧 좋은 논술 답안이 된다' 고 생각해서는 곤란하다. 물론 좋은 글을 쓰기 위해서는 좋은 글의 구조를 파악하는 것이 중요하다. 하지만 일반 독자와 논술 답안의 독자는 전혀 다르기 때문에 검증되지 않은 저술가의 '과학 수필' 을 따라하다 보면 논술 답안에서 피해야 하는 방식으로 글을 쓰는 습관을 들일 수 있다. 이인식의 글은 과학적 개념을 철저하게 분석한 다음 이를 자신이 이해한 언어로 깔끔하게 풀어 내는 방식이기 때문에 모범적인 글인 동시에 모범적인 과학논술 답안이 될 수 있다. 다음 장에서는 이러한 내용을 자세히 논의하겠다.

어떻게 쓸 것인가?

아우라 한수지도

과학문화연구소 이인식 소장의 글쓰기에 주목하는 이유는 과학 글쓰기의 전범이 되고 있기 때문이다.

다양한 과학논술 답안 쓰기 방법이 있지만 이 책에는 창의력과 과학적 사고과정을 모두 드러낼 수 있는 글쓰기 전략으로 과학문화연구소 소장인 이인식의 글쓰기 방식에 주목했다. 과학 저술 및 과학 칼럼 분야를 개척하고 다양한 글들을 꾸준하게 발표하고 있는 이인식의 저술들은 우리 청소년들의 과학적 추론과정의 논리성 그리고 종합적인 문제 해결능력을 활성화시켜 줌은 물론, 글 자체가 과학 글쓰기의 전범이 되고 있다. 이인식의 글은 본질과 전혀 관계 없는 비유를 동원하거나 개인적인 에피소드를 나열하는 식의 교양과학서들이 감히 흉내 낼 수 없는 품격인 '아우라'를 지니고 있다. 다시 말하면 이인식의 글은 양질의 읽기 자료이자 동시에 과학논술 답안의 글쓰기 방식에 적합한 텍스트인 것이다.

keyword

- **아우라(Aura)** : 독일의 철학가이자 문예평론가인 발터 벤야민의 예술 이론에서 나온 말로 예술 작품에서, 흉내 낼 수 없는 고고한 분위기를 지칭한다.

- **팀티칭(team teaching)** : 여러 명의 교사가 팀을 이루어 학생의 학습지도를 담당하는 교수조직 형태. 공교육 현장에서 통합교과형 논술을 효과적으로 대비하기 위해서는 팀티칭 방식이 불가피하다.

이인식의 과학 저술을 활용한 과학논술 프로그램

과학논술의 고수가 되기 위해서는 우선 평소에 독서로 내공을 쌓고 이를 바탕으로 토론과 실제 글쓰기를 병행해야 한다. 이 책은 과학고나 특목고 학생들이 아닌 평범한 일반고 학생들을 대상으로 이인식의 과학 서적을 토대로 운영한 과학논술 프로그램의 성과를 정리한 것이다. 이 책의 저자들이 기획한 과학논술 프로그램은 출제, 첨삭, 면담, 토론 전반에 국어교사와 과학교사가 동시에 참여하는 '팀티칭'

방식으로 운영되었으며, 학원이 아닌 공교육 현장에서 색다른 프로그램을 경험한 학생들의 열의 또한 대단했다. 논술에 전혀 신경을 쓰지 않았던 일반고 학생들이 한 학기 동안 다음과 같은 6단계 프로그램을 통해 점차 과학논술에 익숙해지게 되었으며, 과학논술을 높은 비율로 반영하는 성균관대학교 1학기 수시에 합격하는 등 대부분의 학생들이 상당한 수준의 성취도를 보였다. 저자들이 운영한 과학논술 프로그램을 소개하면 다음과 같다.

제1단계 : 논술문제 풀이

제시문과 출제 의도를 강의식으로 미리 해설한 다음, 학생들로 하여금 직접 논술 답안을 작성하게 하는 전통적인 방식이 아니라, 처음부터 이인식의 과학 저술에서 발췌한 자료를 토대로 출제된 과학논술 문제를 직접 풀게 한다. 과학교사와 국어교사는 함께 학생들의 문제 해결과정을 관찰한다.

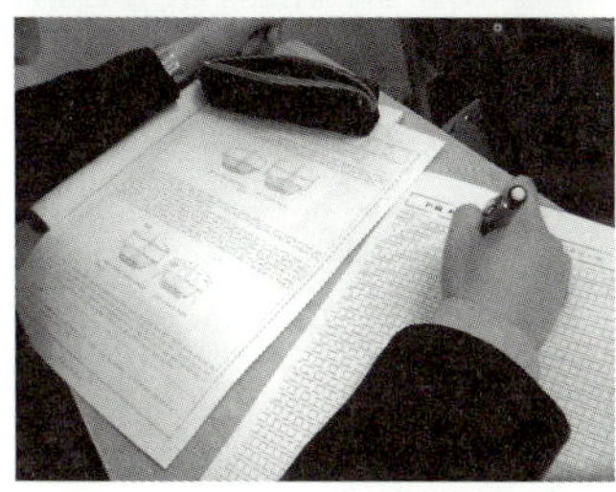

출제된 과학논술 문제를 직접 풀고 있는 학생들

제2단계 : 답안 첨삭 지도 및 면담

학생들의 답안을 일일이 첨삭하여 되돌려 준 다음, 직접 학생을 대면하여 답안을 평가해 준다. 먼저 제시문을 읽고 답안의 개요를 작성하기까지의 과정을 거슬러 회상하면서 '쓰기 전 단계'를 점검한다. 이때는 제시문을 올바로 이해했는지를 점검하고 출제 의도를 어떻게 파악하고 답안을 작성했는가를 파악하는 것이 핵심이다.

이때 국어교사는 답안의 논리 전개 방식과 구성을 중점적으로 분석해 주어야 하며, 과학교사는 과학적 오개념을 집중적으로 바로잡아 주어야 한다. 학생들은 교사와 대화하면서 개요를 짜고 답안을 완성하는 동안 머릿속에 일어나는 모든 과정을 솔직하게 표현해야만 한다. 이처럼 제시문을 읽으면서 머릿속에 떠오르는 생각을 말로 표현하도록 한 다음 이를 토대로 학생의 사고를 분석하는 방법이 이른바 '프로토콜 분석법(protocol analysis)'이다. 학생 입장에서도 글을 읽어 가면서 머릿속에 일어나는 사고과정을 언어로 표현하게 되면 사고의 유연성이 발달하고, 주어진 과제를 해결하기 위해 다양한 방법을 사용하는 능력을 키울 수 있다. 지면 첨삭 지도와는 별도로 학생 면담을 통한 프로토콜 분석을 활용해야 하는 이유가 여기에 있다. 사교육 시장의 유명 논

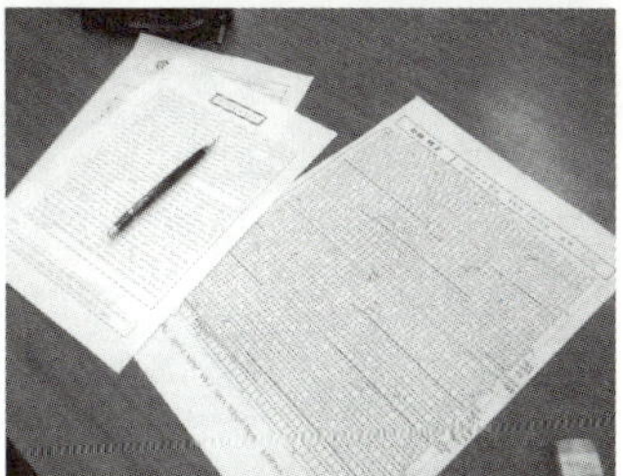

첨삭 답안지를 돌려받아 자신의 답안을 분석하는 학생들

유명 논술학원은 이른바 대면 첨삭단을 별도로 운영하는 경우가 일반적이다. 고시생, 회사원, 대학생, 대학원생 등으로 구성된 이들은 학원 측에서 제공하는 모범 답안을 숙지한 다음 학생의 답안을 직접 대면하여 지도하는 역할을 담당한다. 이러한 대면 첨삭은 학생을 정확하게 파악하지 못한 상태에서 이루어지는 일방적인 커뮤니케이션이 되기 십상이며 이러한 과정을 통해 학생들의 답안은 점차 획일화되어 간다.

학생 면담을 통하여 프로토콜 분석을 하는 선생님

술학원도 저마다 '대면 첨삭'을 강조하고 있지만 평상시 수업시간을 통해 학생의 특성을 파악하고 있는 교과 담당 교사에 의한 프로토콜 분석이 가장 효과적이다.

● 학생 면담을 통한 프로토콜 분석

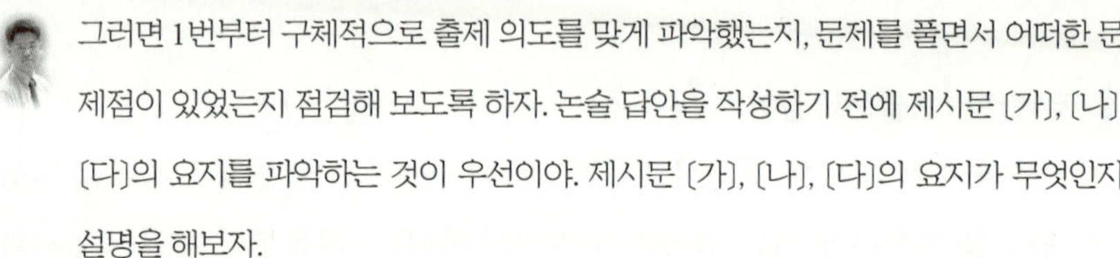

그러면 1번부터 구체적으로 출제 의도를 맞게 파악했는지, 문제를 풀면서 어떠한 문제점이 있었는지 점검해 보도록 하자. 논술 답안을 작성하기 전에 제시문 [가], [나], [다]의 요지를 파악하는 것이 우선이야. 제시문 [가], [나], [다]의 요지가 무엇인지 설명을 해보자.

제시문 [가]는 미토콘드리아의 역할에 관한 것이구요…….

부담 갖지 말고, 정해진 정답이 있는 게 아니니까.

제시문 [나]는 정자와 난자의 크기에 관한 것이구요,

그 다음 제시문 [다]는?

음…… 인류의 조상? 미토콘드리아를 통한 인류의 조상?

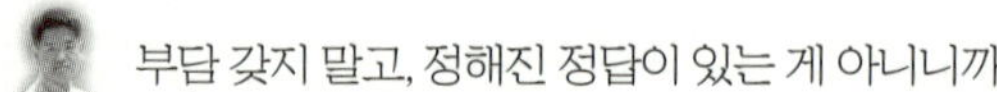

제시문 [가], [나], [다]에 대한 내용 정리를 끝내지 않고 답안의 개요를 짰다는 것을 알 수 있네요. 제시문 [가]는 첫번 째부터 두번 째 줄까지만 미토콘드리아의 역할에 대한 내용이에요. 미토콘드리아의 역할에 대해 설명한 이유는 '미토콘드리아가 우월해서, 세포가 탐낼 만한 또 다른 생명체였다'는 것을 강조하기 위해서였어요. 즉, 세포 공생설에 대해 언급하고 있는 것이죠. 세포 안의 다른 유전자를 가지고. 그걸 설명하려는 것이었어요.

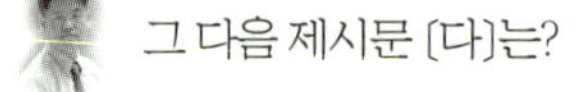

한진이가 문제를 처음 받았을 때, '이것은 이러한 문제니까 어떻게 풀어야겠다'고 생

각을 했겠지? 그것이 무엇이었지?

우선은 어머니에 의해서만 후손에 전달된다고 하니, 그에 대한 까닭을 설명해야 한다고 보았어요. 어머니가 난자를 배출하니까, 난자가 정자보다 우월하다는 것을 써야 한다고 생각하고 썼어요.

제3단계 : 소감문 작성 및 수정 답안 작성

국어교사와 과학교사의 첨삭과 면담 지도를 받은 학생은 자신의 최초 답안에 대한 자평과 함께 수정 답안 작성에 대한 계획을 피력한 소감문을 작성해야 한다. 이러한 과정을 통해 학생들에게 자신의 문제 해결능력과 논술 답안 작성전략에 대해 고민할 수 있는 기회를 제공할 수 있으며, 교사 입장에서 이러한 소감문은 추후 수정 답안을 지도하는 데 중요한 진단 자료가 될 수 있다.

이러한 소감문 작성은 일종의 '자기 평가(self-appraisal)'로서 학생 스스로 논술 과제를 처리하는 자신의 전략을 점검하도록 유도할 수 있는 유용한 방법이다. 첨삭 지도와 면담 지도를 거친 학생은 주어진 과제의 난이도, 자신이 사용한 문제 해결전략, 예측 가능한 문제점 등을 스스로에게 질문하면서 소감문을 작성할 수 있다. 이러한 과정을 통하여 제시문을 읽을 때 자신을 효과적으로 조절하는 방법을 배우고, 스스로 문제를 해결할 수 있는 능력을 키워 줄 수 있다.

소감문 작성은 스스로 전략을 점검하도록 유도한다.

🔵 소감문 사례

전세흥(마포고)

이번 첨삭 지도를 통해 나의 문제점이 적나라하게 드러났다. 문장이 유기적으로 연결되지 못하고 따로따로 놀고 있다는 것이 나의 결정적인 문제점이다. 문장으로 자연스럽게 구성하는 능력을 키워야겠다.

완벽한 과학지식을 바탕으로 출제자가 의도한 정확한 답안을 작성하는 사람은 거의 없다는 선생님의 말씀에 힘을 얻었다. 앞으로는 교과서에 없는 내

■ 제4단계

최초 답안의 오개념이 개선되지 않았다면 바로잡아 주어야 한다.

용이라고 주눅이 들거나 소심하게 쓰지 않으리라 다짐해 본다. 과감히 자신 있게 답안을 작성하되 어설프게 아는 지식을 마치 다 알고 있는 것처럼 착각하지 말아야겠다.

과학 용어의 뜻을 명확히 알고 지식과 나의 견해를 구분하여 쓰는 능력을 키워야겠다. 생명공학 분야의 지식을 충분히 소화하고 다양한 상황에 적용할 수 있도록 노력해야겠다. 이번 첨삭 지도를 통해 논술 답안을 작성하는 감각을 얻은 것 같아 보람을 느낀다.

제4단계 : 수정 답안 평가 및 첨삭 지도

제4단계에서는 특히 과학교사의 역할이 중요하다. 수정 답안을 작성한 다음에도 최초 답안의 과학적 오개념이 개선되지 않았다면 과학교사는 다시 한 번 완벽한 피드백을 제공해 주어야 하기 때문이다. 이미 한 번 첨삭과 면담을 끝낸 상태에서 과학적 오개념이 여전히 교정되지 않은 학생은 기초 개념부터 다시 정립해 주어야 하기 때문이다.

제5단계 : 제시문의 원문 읽기(이인식의 과학 저술)

첨삭 지도를 받은 후에 제시문으로 소개된 내용의 원문을 찾아 읽는 경험은 색다르다. 과학 서적을 무조건 읽는 것보다 논술 문제를 통해 나름대로 고민한 다음에 원문을 읽도록 동기를 부여하는 것도 과학 독서 지도의 한 방법이다. 이는 학생들에게 소화된 지식의 형태로 남기 때문에 마음으로 읽는 독서가 가능하다.

■ 제5단계

논술 문제로 고민한 다음 원문을 읽는 것도 과학 독서 지도의 한 방법이다.

제6단계 : 토론 및 정리

제2단계에서 제5단계에 걸쳐 개별적으로 운영했던 첨삭 지도를 끝내고 다시 한 강의실에 모여 다른 학생들의 답안과 자신의 답안을 비교하면서 토론할 수 있는 기회를 제공한다. 정답 개념이 없는 논술시험의 특성상 다른 학생들의 답안을 살펴보고 자신의 답안과 비교하고 토론해 보는 경험은 논술 주제와 관련된 과학 교과 내용을 다시 한 번 확실하게 정리할 수 있는 기회를 제공함은 물론, 자신의 글쓰기 전략을 점검할 수 있는 색다른 경험을 제공한다.

비교와 토론을 통해 과학 내용을 정리하고, 글쓰기 전략을 점검한다.

과학논술 답안의 작성전략

과학논술 답안의 질은 자신의 견해를 뒷받침하는 논리가 과학적인 타당성을 가지고 있느냐에 따라 결정된다. 어떻게 하면 논리적이고 깔끔한 답안을 작성할 수 있을까? 답변은 의외로 간단하다. 가장 원칙적인 것이 정답이기 때문이다. 바로 어릴 때부터 책을 많이 읽은 사람과 글을 많이 써본 사람이 좋은 결과를 얻는다는 것이다. 따라서 독서와 글쓰기를 병행하면서 과학적 사고력을 키우는 데 힘쓰는 것이 가장 정직하게 실력을 키울 수 있는 방법이다.

하지만 우리 학생들은 어릴 때부터 책을 많이 읽지 못했고, 많은 글을 써볼 시간도 없다. 그렇다면 어떻게 해야 하는가? 시간이 부족한 수험생들은 불가피하게 좋은 글을 선별해서 읽은 다음 직접 글을 써보며 첨삭 지도를 받아야 한다. 더불어 다음과 같은 과학논술 글쓰기 전략을 염두에 둔다면 깔끔한 논술 답안을 작성하는 데 큰 도움이 될 것이다. 다음에 제시하는 9가지 전략은 다른 논술 교과서에서 늘 언급하는 좋은 글쓰기의 요건과 관련된 내용을 제외한 나머지 것들이다.

1. 과학적 논거 사용하기

과학논술 답안에서 가장 치명적인 것은 비유적인 표현을 논거로 활용하는 것이다. 이러한 문제점은 학생 답안에서 그리 어렵지 않게 발견할 수 있다. 논술은 궁극적으로 창의적인 능력을 평가하는 것이지만, 논거를 마음대로 창조하라는 말은 아니다. 많은 학생들이 비유적인 표현에 집착하여 본질을 간과하는 실수를 범하고 있다. 다음 학생 납안을 보면 '영구기관은 무(無)에서 유(有)를 창조하는 것'이라는 식의 비유적 표현을 열역학 제1법칙에 위배된다는 주장의 논거로 삼고 있다.

발명품 A는 지구의 중력 에너지를 이용하여 에너지를 무한히 생성해 낼 수 있는 구조이다. 이는 일종의 영구 운동 장치로서 무에서 유를 창조하려는 기계이다. 그러나 이것은 열역학 제1법칙, 에너지는 생성되지 않으며 소멸되지 않는다는 것에 위배된다. 뿐만 아니라 쇠망치가 떨어지는 힘에 의해 바퀴가 회전할 때 공기와의 마찰력이 발생하여 에너지의 손실이 일어날 수 있고, 회전을 하면서 소리 에너지나 열에너지의 발산으로 에너지 손실이 추가로 일어날 수 있다.

― 학생 답안 ―

이러한 현상의 원인은 대중적인 과학 서적들이 비유적인 표현을 통해 대중과의 벽을 허물려고 한 것과 무관하지 않다. 유명한 과학저술가들이 주로 사용하는 비유적 표현은 일반인의 이해를 돕기 위한 보조적인 수단에 불과하며, 이러한 방식을 과학적 논리를 전개하는 논거로 직접 활용해서는 곤란하다. 특히 조심해야 할 것은 유추적인 표현이다. 과학논술 답안을 채점해 보면 고등학교 국어 교과서에 실린 「황소개구리와 우리말」과 같은 논리로 답안을 작성하는 학생들을 의외로 많이 볼 수 있다. 국어 교과서에 실린 과학 에세이라고 해서 이를 과학논술 답안의 본보기로 삼아서는 곤란하다.

국어 교과서에 실린 최재천 교수의 「황소개구리와 우리말」은 우선 세계화의 진전과 우리말의 운명으로부터 시작하여, 외래종의 도입과 토종의 세력 약화를 황소개구리에 빗대어 유추적으로 설명한 다음, 외래 문명의 유입과 우리말을 바로 세우기 위한 주체적 태도를 강조하는 전형적인 3단 구성을 취하고 있다.

황소개구리와 우리말

세상이 좁아지고 있다. 비행기가 점점 빨라지면서 세상이 차츰 좁아지는가 싶더니, 이젠 정보 통신 기술의 발달로 지구 전체가 아예 한마을이 되었다. 그래서인지 언제부터인가 지구촌이라는 말이 그리 낯설지 않다. 그렇게 많은 이들이 우려하던 세계화가 바야흐로 우리 눈앞에서 적나라하게 펼쳐지고 있다. 세계는 진정 하나의 거대한 문화권으로 묶이고 말 것인가?

요사이 우리 사회는 터진 봇물처럼 마구 흘러드는 외래 문명에 정신을 차리지 못할 지경이다. 세계화가 미국이라는 한 나라의 주도 아래 이루어지고 있다. 일본은 얼마 전 영어를 아예 공용어로 채택하는 안을 검토하고 있다. 문화 인류학자들은 이번 세기가 끝나기 전에 대부분의 언어들이 이 지구 상에서 자취를 감출 것이라고 예측한다. 언어를 잃는다는 것은 곧 그 언어로 세운 문화도 사라진다는 것을 의미한다. 우리가 그토록 긍지를 갖고 있는 우리말의 운명은 과연 어떻게 될 것인가.

20세기가 막 시작될 무렵, 뉴욕 센트럴파크의 미국 자연사 박물관 앞 계단에서 몇 명의 영국인들이 자못 심각한 토의를 하고 있었다. 미 대륙을 어떻게 하면 제2의 영국으로 만들 수 있을 것인지를 논의하고 있는 것이었다. 그들은 이미 미국의 동북부를 뉴잉글랜드, 즉 '새로운 영국'이라 이름지었지만 그보다는 좀더 본질적인 영국화를 꿈꾸었다. 그들이 생각해 낸 계획은 참으로 기발하고도 지극히 영국적인 것이었다. 셰익스피어의 작품에 등장하는 영국의 새들을 몽땅 미국 땅에 가져다 풀어놓자는 계획이었다. 그러면 미국은 자연스레 영국처럼 될 것이라는 믿음이었다.

그래서 그후 몇 차례에 걸쳐 그들은 영국 본토에서 셰익스피어의 새들을 암수로 쌍쌍이 잡아와 자연사 박물관 계단에서 날려 보내곤 했다. 셰익스피어의 작품에 등장하는 새들의 종류가 얼마나 다양한지는 모르지만 그 영국계 미국인들은 참으로 몹쓸 짓을 한 것이다. 그 많은 새들은 낯선 땅에서 비참하게 죽어 갔고, 극소수만이 겨우 살아남았다. 그런데 그들 중 유럽산 찌르레기는 마치 제 세상이라도 만난 듯 퍼져 나가 불과 100년도 채 안 되는 사이에 참새를 앞지르고 미국에서 가장 흔한 새가 되었다.

우리나라에도 몇몇 도입종들이 활개를 치고 있다. 예전엔 청개구리가 울던 연못에 요즘은 미국에서 건너온 황소개구리가 들어앉아 이것저것 닥치는 대로 삼키고 있다. 어쩌나 먹성이 좋은지 심지어는 우리 토종 개구리들을 먹고 살던 뱀까지 잡아먹는다. 토종 물고기들 역시 미국에서 들여온 블루길에게 물길을 빼앗기고 있다. 이들은 어떻게 자기 나라보다 남의 나라에서 더 잘 살게 된 것일까?

도입종들이 모두 잘 적응하는 것은 결코 아니다. 사실, 절대 다수는 낯선 땅에 발도 제대로 붙여보지 못하고 사라진다. 정말 아주 가끔 남의 땅에서 들풀에 붙은 불길처럼 무섭게 번져 나가는 것들이 있어 우리의 주목을 받을 뿐이다. 그렇게 남의 땅에서 의외의 성공을 거두는 종들은 대개 그 땅의 특정 서식지에 마땅히 버티고 있어야 할 종들이 쇠약해진 틈새를 비집고 들어온 것들이다. 토종이 제자리를 당당히 지키고 있는 곳에 쉽사리 뿌리내릴 수 있는 외래종은 거의 없다.

제아무리 대원군이 살아 돌아온다 하더라도 더 이상 타 문명의 유입을 막을 길은 없다. 어떤 문명들은 서로 만났을 때 충돌을 면치 못할 것이고, 어떤 것들은 비교적 평화롭게 공존하게 될 것이다. 결코 일반화할 수 있는 문제는 아니겠지만 스스로 아끼지 못한 문명은 외래 문명에 텃밭을 빼앗기고 말 것이라는 예측을 해도 큰 무리는 없을 듯싶다. 내가 당당해야 남을 수용할 수 있다.

영어만 잘 하면 성공한다는 믿음에 온 나라가 야단법석이다. 한술 더 떠 일본을 따라 영어를 공용어로 하자는 주장이 심심찮게 들리고 있다. 영어는 배워서 나쁠 것 없고, 국제 경쟁력을 키우는 차원에서 반드시 배워야 한다. 하지만 영어보다 더 중요한 것은 우리말이다. 우리말을 제대로 세우지 않고 영어를 들여오는 일은 우리 개구리들을 돌보지 않은 채 황소개구리를 들여온 우를 또다시 범하는 것이다.

영어를 자유롭게 구사하는 일은 새 시대를 살아가는 필수 조건이다. 하지만 우리말을 바로 세우는 일에도 소홀해서는 절대 안 된다. 황소개구리의 황소 울음 같은 소리에 익숙해져 청개구리의 소리를 잊어서는 안 되는 것처럼.

자료 출처 : 최재천, 『생명이 있는 것은 다 아름답다』

「황소개구리와 우리말」은 설득적 성격이 강한 수필로서 언뜻 보기에는 우리나라에 도입된 황소개구리, 블루길 등 외래 동물들에 의한 폐해를 지적하고 경각심을 논하는 글이지만 실제로는 영어를 배워야 한다고 들썩이면서도 우리말에 대해서는 관심이 없는 세태를 비판하고, '영어를 배우기에 앞서 우리말에 관심을 갖고 우리말을 사랑하자'는 주장을 피력하는 글이다.

「황소개구리와 우리말」에서 최재천 교수는 자신의 전공과는 거리가 있는 쟁점을 이야기하면서 자신의 전공과 관련된 지식을 효과적으로 활용하고 있다. 이와 같은 최재천 글쓰기의 특징인 유추는 일종의 확장된 비교로서, 생소한 개념이나 추상적인 주제를 보다 잘 알고 있는 친근하고 단순한 개념, 주제들과 비교하여 설명하는 방법이다. 유추는 언어를 참신하고 풍부하게 만든다. 이러한 비유를 잘 활용한 글에서 우리는 신선함을 얻을 수 있고, 글쓴이의 의도를 효과적으로 파악할 수 있다. 인생과 같은 추상적 개념을 마라톤과 같은 구체적 개념에 빗대어 설명하는 경우가 대표적인 유추에 해당한다. 「황소개구리와 우리말」은 황소개구리, 블루길 등 외래 생물종이 우리의 기존 생태계를 교란시키는 환경 문제로부터 외래어가 들어와 우리말을 오염시키는 문화적 현상을 유추하여 글쓴이의 생각을 효과적으로 전달하고 있다.

하지만 응답 제한형 과학논술에서 이러한 유추에 의한 기술 방식이 논거로서의 타당성이 있는지에 대해서는 좀더 생각해 보아야 한다. 유추는 궁극적으로 두 개의 상이한 대상이나 사물이 몇 가지 성질들을 공유할 때, 이것에 의해 한쪽에서 볼 수 있는 성질을 다른 쪽도 역시 갖고 있으리라고 추리하는 방식이기 때문에 유추에 의한 결론은 개연성을 가질 뿐 확실성을 보장할 수 없기 때문이다.

'황소개구리의 무분별한 도입으로 인해 토종 개구리가 전멸했다'는 사례 1과 '영어의 무분별한 도입 및 사용으로 인해 우리말이 위기를 맞고 있다'는 사례 2는 유사한 상황이지만 사실 황소개구리와 외래어는 논리적으로 아무런 연관성을 지니고 있지 못하다. 따라서 사례 1은 사례 2를 주장하기 위한 과학적 논거가 될 수 없는 것이다.

생태학자로서 자연을 바라보는 시각을 논거로 사회현상을 분석하는 방식도 마찬가지이다. '인간도 포유류에 속하므로 포유류 행동 양식이 과학적으로 옳다'는 논리는 상당히 위험하다. 따라서 과학논술이 가벼운 에세이 수준의 글이 아닌 이상 이러한 유추적 논거를 활용하여 답안을 작성해서는 곤란하다.

이처럼 유추적 글쓰기는 개인의 생각을 자유롭게 풀어가는 수필에 적합한 방식이지 과학적 엄밀성을 요구하는 논의의 상에서는 재고해야 할 글쓰기 전략임을 알 수 있다. 과학논술에서도 마찬가지이다. 유추적 표현은 문장을 아름답게 만들어 줄

■ 「황소개구리와 우리말」의 핵심 구조

	원인	결과
사례 1	황소개구리의 무분별한 도입	토종 개구리의 전멸
사례 2	영어의 무분별한 도입 및 사용	우리말의 위기

수는 있겠지만 학생의 주장을 뒷받침하는 과학적인 논거로 사용되어서는 절대 안된다.

2. '나의 이야기' 숨기기

그림 1

슬기로운 생활

옆집 아주머니께서 사과를 주셨습니다.
뭐라고 인사해야 할까요?

뭐 이런걸 다

왼쪽 그림 1의 초등학교 시험 문제에 대한 초등학생의 답변이 시사하는 바는 무엇일까? 물론 '뭐 이런 걸 다'라고 적은 초등학생의 답안도 실제 많이 쓰이는 표현이기 때문에 반드시 틀렸다고 볼 수만은 없다. 하지만 이 답안을 본 채점자는 박장대소할 수밖에 없다. 이 문제의 핵심은 감사의 표시를 해야만 하는 상황에서 가장 보편적으로 사용하는 표현을 적으라는 것이지, 학생이 주변에서 많이 사용하는 표현을 적으라는 것이 아니기 때문이다. '뭐 이런 걸 다' 역시 '고맙습니다', '잘 먹겠습니다'와 마찬가지로 감사하는 마음을 내포하고 있지만 정답으로 인정하기에는 무리가 있다.

이러한 상황은 과학논술 답안에서도 일어난다. 일상에서 겪은 에피소드를 소개하거나 이를 근거로 과학적인 논증을 시도하는 경우를 학생 답안에서 쉽게 찾아볼 수 있기 때문이다. 이 역시 유추적 표현을 논거로 사용하는 것과 마찬가지로 과학논술에서는 치명적이다.

다음 학생 답안을 보면 자신의 감정을 그대로 드러내면서 수필을 적듯이 답안을 작성하거나, 자신의 느낌과 생각을 논거로 과학적 논리를 펼치는 잘못된 접근을 하고 있음을 알 수 있다.

과학자분들 중에서는 과학의 정도를 걸으시는 자신의 분야에 대한 연구에만 충실하신 분들도 많다. 하지만 가끔 사회적으로 불거지는 비윤리적인 연구를 하거나 연구에 있어 그 과정이나 결과를 자신의 목적대로 조작하는 행태가 드러날 때마다 <u>참으로 안타깝지 않을 수 없다.</u> 　　　　　　　　 – 학생 답안 –

작년 이 시기 때에 경찰청에서는 불치병인 에이즈와 국민들의 정신을 혹하게

하는 창녀촌을 폐지시킨 일이 있었다. 모든 고위 관료직과 여성단체에서는 앞으로 건전한 문화와 윤락가 여성들에게 새로운 삶이 생긴다고 생각했었다. 그러나 그 후, 남성들이 이러한 제도에 반기를 든 것이 아니라 오히려 윤락가 여성들이 시위를 하게 되었고, 개방적인 윤락이 폐쇄적으로 발달되기 시작했다. 또한 여성들에 대한 강간이 더 심하게 되었다. 이런 현상이 창발성에 해당한다고 설명할 수 있다. 이 제도 때문에 예상하지 못했던 성폭행 사건이 크게 늘어났으며, 더 크게 생각하면 여성 실업이 돌연히 출현되었기 때문이다.

– 학생 답안 –

　작년 인터넷에서 흥미로운 글을 보았다. 동경대에서 투명인간을 만들어 냈다는 것이다. 믿을 수 없는 일이다. 장난 삼아 글을 읽어 갔다. 간단한 설명과 함께 동경대 홈페이지에 연결된 동영상이 있었는데, 놀랍게도 그것은 정말 투명인간이었다. 희뿌연 망토 비슷한 것을 두르고 있었는데 완전한 투명은 아니었지만 얼핏 봐서 그곳에 사람이 있다는 것을 알아채지 못할 정도는 되었다. 알고 보니 간단한 원리였다. 동경대의 수수무 타치(Susumu Tachi) 교수팀이 개발한 발명품으로, 물체의 뒷부분에 장착된 카메라가 촬영하는 영상을 앞쪽에 투사해 그 물체가 투명한 것처럼 보이게 하는 것이었다.

– 학생 답안 –

이처럼 자신의 느낌이나 일상을 논술 답안에 노출시키는 학생들을 면담한 결과 이러한 현상의 원인은 일상에서 겪는 에피소드를 소개하면서 과학적인 현상을 해설하는 교양과학 서적들이 봇물을 이루게 된 것과 무관하지 않았다. 『정재승의 과학 콘서트』가 이러한 유형의 과학책을 대표한다. 하지만 유명한 교양과학 서적과 논술 답안의 독자는 다르기 때문에 글쓴이의 일상과 과학 개념이 동시에 드러나는 에피소드 중심의 과학 글쓰기 전략을 과학논술 답안을 작성하는 데 그대로 끌어와서는 곤란하다.

교양과학 분야의 베스트셀러를 펴낸 한국과학기술원 바이오시스템학과 정재승 교수는 '과학 대중화의 전사'로 일컫는 차세대의 과학저술가다. 정재승의 글쓰기는 한마디로 '과학을 매개로 세상과 소통한다'는 점이다. 다양한 현상에 담긴 과학

아우라 한수 지도

교양과학서의 독자	논술 답안의 독자
학생을 비롯한 일반인	대학 교수

원리를 소개하는 글은 전혀 새로운 형식이 아니지만 흥미로운 주제를 선택하는 능력과 그것을 감각적으로 구성하는 능력이 뛰어난 그는 대표적인 청년 과학저술가임이 틀림없다. 정재승의 글은 우리 시대의 문화 코드를 정확히 반영하여 독자와의 소통을 추구하고 있다. 과학 이야기를 한 편의 콘서트에 비유하고 각각의 주제를 네 개의 악장에 담아 전개하는 방식은 최재천 교수의 유추적 글쓰기 전략과 동일하다. 여기에 덧붙여 독자가 쉽게 이해하도록 적절한 사례를 제시하고 적절한 인용과 더 읽을거리를 제시하는 등 그의 글은 독자를 고려한 세심한 배려가 곳곳에 녹아 있다.

프랙탈 음악

미국에서 박사 후 연구원으로 일하고 있을 때 얘기다. 연구실에서 신승훈의 〈가잖아〉를 틀어놓고 있으면, 지나가던 미국인 친구들이 하나같이 노래가 좋다며 한마디씩 건넨다. 미국 사람들의 귀에도 신승훈의 노래는 감미로운 모양이다. 그런데 재미있는 것은 그들에게서 〈널 사랑하니까〉, 〈그후로 오랫동안〉, 〈오랜 이별 뒤에〉 등 신승훈의 예전 히트곡들을 들려주면 모두들 너무 비슷해서 구별하기 힘들다고 말한다는 사실이다. 어떤 경우에는 같은 노래로 착각하기도 한다. 우리들이 듣기에도 정말 신승훈의 노래는 신승훈만의 스타일이 있다. 신승훈의 음반이 매번 100만 장 이상 팔렸던 이유도 신승훈만의 독특한 음악 스타일을 대중들이 좋아했기 때문일 것이다.

클래식 음악을 잘 모르는 사람들도 모차르트의 음악을 들으면 이 음악이 모차르트의 음악이라는 것 정도는 짐작할 수 있다. 하이든의 교향곡은 말러의 교향곡과 다르며, 쇼팽의 피아노곡은 베토벤의 피아노곡과 확연히 다르다. 설령 곡을 모른다 해도 작곡자의 이름을 맞히는 것은 그다지 어려운 일이 아니다. 그들에게도 뭐라 설명하기 힘든 그들만의 색깔과 스타일, 이른바 풍이라는 것이 있다.

그렇다면 그들의 음악에는 어떤 공통점이 있으며, 다른 사람들의 음악과는 어떻게 구별되는 특징이 존재하는 것일까? 이 문제는 1970년대 물리학자들 사이에서 중요한 관심거리 중의 하나였다. 만약 대중적으로 사랑받는 곡들의 음악적 특징을 객관적으로 기술할 수 있다면, 그래서 이들 히트곡과 대중들에게 잊혀져 간 수많은 곡들 간의 차이를 객관적인 물리량으로 비교할 수만 있다면 얼마나 좋을까? 그럴 수 있다면, 우리는 음악의 '무엇'이 사람들을 그토록 감동시키는가에 대해 해답을 얻게 될 것이다. 그리고 더 나아가 그 원리를 이용하여 히트곡을 무수히 만들어 낼 수도 있을 것이다.

자료 출처 : 정재승, 『과학 콘서트』

이와 같이 정재승의 글에서는 필자가 살아 숨쉰다. 딱딱한 과학 이야기가 아니라 글 속에 정재승이 있다. 「프랙탈 음악」과 마찬가지로 『과학 콘서트』에 실린 다양한 글 속에는 필자인 정재승의 일상과 과학이 함께 녹아 있으며, 바로 이 점이 독자와 자연스럽게 소통하는 통로가 된다. 독자들은 우리 주변의 일상이 곧 세련된 과학적 분석으로 거듭나는 과정을 지켜보면서 과학과 일상이 소통하는 경험을 맛보게 된다.

하지만 과학논술 답안에서 이러한 필자의 에피소드를 소개하는 방식이 효과가 있느냐는 좀더 생각해보아야 한다. 교양과학 서적에서 필자의 에피소드를 소개하는 이유는 독자와 친근하게 소통하면서 생활 속에 과학이 늘 함께하고 있음을 효과적으로 전달하기 위한 것이지 이런 식으로 과학논술 답안을 작성하라는 것은 절대 아니기 때문이다.

3. '용두사미'와 '사족' 피하기

출제자가 요구하는 분량에 현저하게 미달되었을 때는 치명적인 감점을 당한다. 하지만 논술에 익숙지 않은 자연계 학생들은 분량을 채우는 것 자체가 큰 고통이다. 이 때문인지 많은 학생들은 제시문의 내용을 상당 부분 다시 인용하면서 거창하게 진반부를 작성하나가 성삭 본인의 생각은 한 줄에 불과한 '용두사미(龍頭蛇尾)'식 답안을 작성하거나, 분량을 채우기 위해 고심하다가 결국은 후반부에 엉뚱

AURA UPGRADE PROGRAM WRITING ON SCIENCE

keyword

■용두사미(龍頭蛇尾) : '용의 머리와 뱀의 꼬리'란 뜻으로 '처음은 좋고 나중은 언짢고, 처음은 성하고 나중은 쇠하여, 끝으로 갈수록 점점 나빠지는 현상'을 비유하는 말.
■사족(蛇足) : '화사첨족(畵蛇添足)'의 준말로 쓸데없이 군짓을 하다가 도리어 실패함을 비유하는 말.

한 '사족(蛇足)'을 다는 경우가 많다.

아래 학생 답안을 보면 전반부에서 제시문의 내용을 끌어와 장황하게 설명하면서 분량의 대부분을 채워 넣었지만 결국 학생의 생각은 '거리가 멀다면 인력의 크기는 많이 증가하지 않아서'라는 한 문장뿐이다. 학생들의 논술 답안을 채점해 보면 이러한 '용두사미'식 답안을 작성하는 학생들이 의외로 많다는 사실에 놀란다.

> 기조력은 지구의 원심력과 물체와 달 사이의 인력의 합력이다. 원심력은 회전 반지름에 비례하므로 적도에서 가장 크고, 위도가 올라갈수록 감소하며, 극지방에서는 작용하지 않는다. 이러한 원심력은 지구 외부의 힘과는 관계없으므로 행성 직렬현상이 일어나도 변하지는 않을 것이다. 이에 비해 행성과 물체 사이의 인력은 행성 직렬현상이 일어나게 되면 이 직렬선 상에 있는 지역에서 가장 커지게 되고, 다른 지역도 증가하게 될 것이다.
>
> 이러한 인력은 만유인력의 법칙에 의해 물체와 행성의 질량에 비례하고 물체와 행성 중심의 거리의 세제곱에 반비례한다. 그렇기 때문에 아무리 행성의 질량이 커도 거리가 멀다면 인력의 크기는 많이 증가하지 않아서 기조력은 크게 증가하지 않을 것이다. 이러한 이유로 2000년에 우리가 우려하던 일이 일어나지 않은 것이다.
>
> – 학생 답안 –

다음 학생 답안은 전반부는 무난하게 진술하고 있지만 후반부에서 치명적인 논리적 모순을 드러내고 말았다. 즉 전반부에서는 크기를 설명하면서 우열을 논의하다가 후반부에서는 '크기는 그다지 중요하지 않다'고 사족을 달아버린 것이다. 학생 면담 결과 억지로 분량을 채우기 위해 무리수를 둔 것이 이러한 결과를 초래한 것으로 드러났다. 이처럼 논리적으로 모순이 되는 사족을 다느니 차라리 글자 수가 부족한 채로 두는 것이 더 낫다.

아우라 한수지도

■ 논술 답안의 사족
①앞에 논의한 내용을 모두 뒤집는 내용을 덧붙임.
②답안의 핵심과 전혀 상관이 없는 엉뚱한 내용을 끼워 넣음.
③제시문의 내용을 상당 부분 그대로 끌어옴.

> 정자와 난자가 융합할 때 난자의 크기가 더 크다는 것으로부터 난자의 세포소기관이 정자의 세포소기관보다 우위에 있어서 융합된 세포는 우위에 있는 난자의 세포질만을 받는다. 따라서 세포질에 있는 미토콘드리아도 난자의 세포질만을 물려받기 때문에 미토콘드리아 DNA도 여자, 즉 어머니의 난자로부터 물

> 려받는다고 생각한다. 실제로 난자와 정자가 결합할 때 정자는 DNA만을 전달
> 하기 위해 <u>크기는 그다지 중요하지 않지만</u> 난자는 세포질을 제공해야 하기 때문
> 에 크다.
>   – 학생 답안 –

전반부의 논리를 뒤집는 사족뿐만 아니라 전혀 엉뚱한 내용을 끼워 넣은 사족도
많다. 다음 학생 답안을 보면 미토콘드리아 DNA의 염기서열을 분석하는 과정을
기술하면서 뜬금없이 지층의 연대를 추정하는 반감기를 언급했다. 이처럼 문제에
서 요구하는 것과 관련이 없는 배경지식을 나열하는 것은 도움을 주기는커녕 오히
려 감점의 빌미를 제공한다. 생명체의 유전자를 분석하는 내용에 지층의 연대를 측
정하는 방법이 튀어나온 답안을 본 채점자가 좋은 점수를 줄 리 없기 때문이다.

> 가설 : 인류는 어느 한 여인에 의해 출현했다.
>
> 탐구설계 : 무작위로 미토콘드리아 DNA 150개를 추출한다. 그 개개인의 미
> 토콘드리아 DNA 염기서열을 분석해본다. 어느 한 여인으로부터 비롯되었다면
> 그 150명의 미토콘드리아 DNA 염기서열이 일정한 규칙을 가질 것이다. 그것의
> 가장 시초가 되는 염기가 바로 처음 인류의 조상일 것이다. <u>따라서 그 염기를 추
> 출하여 방사성 동위원소를 추적하여 연대를 알아낸다.</u>
>   – 학생 답안 –

4. 개념과 용어 명확하게 사용하기

과학논술에서는 개념과 용어 등을 자의적으로 해석하면서 논리를 펴는 답안은
높은 점수를 받을 수 없다. 현장에서 자연계 학생들을 대상으로 첨삭 지도를 해보
면 과학논술은 주어진 제시문을 부담 없이 읽고 그 쟁점에 대한 자신의 생각을 자
유롭게 적으면 된다고 착각하고 있는 학생들을 상당히 많이 발견한다.

다음 학생 답안을 보면 '에너지 보존'을 '두 물질이 충돌을 일으켰다고 했을 때
생기는 마찰력이나 열손실을 모두 더한 값'으로 정의하면서 새로운 '학설'을 펴고
있다. 특정 개념의 정의를 내리려면 그 개념의 종차, 즉 그 개념이 속한 대상의 본

k e y w o r d

■ **정의(定義)** : 어떤 말이나 사물의 뜻을 규
정하는 것으로, 논리적으로 완벽한 정의를
내리려면 정의하려는 개념이 속하는 가장
가까운 '유(類)개념'을 그것이 체계 가운데
차지하는 속성인 '종차(種差)'와 함께 설면
해야 한다.

피정의항	정의항	
사람은	이성적인	동물이다
종개념	종차	유개념

질적 속성을 밝혀야 한다. 이 답안을 작성한 학생의 의도는 '에너지가 보존되려면 열손실이나 마찰력이 없어야 가능하다'는 것을 표현한 것 같은데, 이를 개념을 정의하는 문장에 담아 오해를 사버리고 말았다.

> 첫째로, 물리학에서의 <u>에너지 보존은 두 물질이 충돌을 일으켰다고 했을 때 생기는 마찰력이나 열손실을 모두 더한 값을 의미한다.</u> 즉 제2법칙에 의해 에너지의 변환이 이루어졌을 때, 변환 전과 후의 값을 모두 더한 값을 의미하는 것이다.
>
> – 학생 답안 –

다음 학생 답안도 개념이나 용어를 학생 나름대로 해석해서 사용하고 있는 오류를 범하고 있다. '전기 에너지는 엔트로피가 낮은 에너지에 속한다'는 명확한 과학적 오개념(誤槪念)이다. '전기 에너지는 엔트로피가 낮고 빛에너지와 열에너지는 엔트로피가 높다'는 식의 진술은 과학적 근거가 없는 단정이다.

> 형광등은 전기 에너지를 빛에너지나 열에너지로 전환시켜 주는 대표적인 기구이다. 여기서 <u>전기 에너지는 형광등뿐만 아니라 각종 가전 기구에 우리가 원하는 대로 사용 가능하므로 엔트로피가 낮은 에너지에 속한다. 반면에 빛에너지나 열에너지는 우리가 원하는 대로 활용할 수 없으므로 엔트로피가 높은 에너지에 속한다.</u> 여기서 비록 에너지의 총량은 일정하지만 사용 가능한 에너지는 소모되게 된다.
>
> – 학생 답안 –

똑같은 교재로 수업을 받아도 학생들은 과학 개념을 나름대로 이해하고 넘어가는 경우가 많다. 이러한 과정은 나름대로 지식을 재구성한다는 측면에서는 바람직한 것이지만 문제는 이 중 상당 부분이 과학적 오개념이라는 점이다. 과학적 오개념은 엉뚱한 논술 답안을 작성하게 만드는 원인이되기 때문에 반드시 교정되어야 한다.

아우라 한수지도

과학적 오개념(誤槪念)은 무조건 나쁜 것이 아니다. 오개념이 정개념으로 거듭나는 과정이 곧 학생중심 과학교육의 본질에 부합하기 때문이다.

5. 내용을 압축적으로 표현하기

자신이 알고 있는 내용은 확실하게 부각시켜 논의하고 혼동되는 내용은 뒤로 숨기는 것이 답안 작성의 한 요령이다. 하지만 자신 있는 내용이라고 해서 관련된 배경지식을 모두 답안에 드러내는 것은 좋지 않다. 구술면접이나 논술시험에 임하는 수험생들은 엉뚱한 걱정을 한다. 바로 '겨우 한두 문제로 내가 알고 있는 많은 지식을 어떻게 보여 줄 수 있을까?'라는 생각이다. 결론부터 이야기하면 이는 쓸데없는 걱정이다. 관련 분야를 전공한 전문가는 한두 문제에 답변하는 한정된 분량의 답안에서 학생의 능력과 잠재력을 충분히 평가할 수 있기 때문이다.

다음 학생 답안을 보면 문제와 직접적인 관련이 없는 지식을 모두 쓰려는 욕심에 글이 산만해졌음을 알 수 있다. 답안의 전반부에서 문제에서 물어보는 핵심으로 바로 들어가지 못하고 관련 교과 지식에서 맴돌고 있다. 결국 이미 제시문에 제공된 기조력과 관련된 지식을 풀어서 다시 쓰기를 하고 있는 것이다. 즉 분량은 상당하지만 첫째 문단은 제시문을 요약한 것이고, 둘째 문단은 예상되는 오개념을 설명한 것으로 모두 부수적인 내용에 불과하다. 이러한 성격의 내용은 간단하게 언급하고 지나가는 것이 좋다.

지구는 태양 또는 달로부터 육안으로 보이는 다섯 행성의 세 번째 위치에 있다. 또한 기조력은 만유인력의 법칙에 따라, 힘은 행성과 행성이 있을 때, 그것들의 질량곱에 비례하고, 행성 중심 사이의 거리의 세제곱에 반비례한다. 그리고 [다]의 기조력의 분포를 보면 달로만 작용하는 것이 아니라, 반대 방향으로도 동시에 작용하고 있다. 이는 달 또는 태양, 수성, 금성, 지구, 화성, 목성, 토성의 순서로 늘어선 태양계의 배열에서도 한 행성이 다른 양쪽의 행성과 각각 기조력을 가짐을 의미한다.

기조력은 행성과 행성 사이의 두 개의 작용점을 가지기 때문에 지구가 여러 행성들의 가운데에 존재한다는 가정을 하여 하나의 작용점에서의 힘의 평형인 힘의 상쇄 논리를 펴는 것은 옳지 못하다.

따라서 그것보다는 뉴턴의 제3법칙인 작용·반작용의 법칙에 따라 이해하는 편이 옳다고 본다. 따라서 결론적으로, 지구에서 떨어진 두 행성들 사이의 거리

아우라 한수 지도

문제에서 요구하는 핵심으로 바로 치고 들어가지 못하고 그 주변에서 맴도는 경우를 빗대어 흔히 '변죽을 울린다'고 한다. 변죽은 가장자리를 뜻하는 한자어 '변(邊)'과 같은 뜻을 담고 있는 순우리말인 '죽'이 합쳐진 것으로 그릇이나 어떤 물건의 가장자리를 의미한다. 따라서 '변죽을 울린다'는 그릇의 가장자리를 쳐서 소리가 나게 하듯 핵심적인 말이나 내용을 비켜서 표현하는 것을 이르는 말이다.

문제와 관련된 쟁점을 배경지식을 활용하여 논증하는 것이 핵심이지 위 답안처럼 관련된 배경지식을 모두 과시하는 것이 주가 되어서는 안 된다. 논거를 명확하게 제시했다면 채점자는 그와 관련된 다른 지식도 미루어 파악할 수 있다.

일부 학생들은 채점자가 대학 교수라는 점을 의식하고 제시문에서 다루는 개념이 너무 식상하다고 판단, 꼭 언급해야 할 개념보다는 좀 거리가 있는 유사 개념을 끌어다가 사용해 사서 고생을 하는 경우도 많다. 논술 답안을 채점하는 사람은 교수이지만 논술 답안은 평범한 일반인을 상정하고 기술해야 한다.

6. 과학적 사고과정 드러내기

아우라 한수지도

데이터 분석능력은 과학 탐구능력과 직결된다. 과학기술 분야의 가설 검증과 이론 정립이 모두 실험 데이터를 기반으로 이루어지기 때문이다. 데이터를 올바르게 분석하는 능력과 더불어 필요한 것은 데이터와 관련된 윤리의식이다. 한 예로 황우석 박사팀의 김선종 연구원의 행동은 가히 충격적이었다. 검찰 조사에 따르면 그는 줄기세포 DNA 분석 데이터 및 세포 사진을 조작했으며, 줄기세포 배양과정에서 엉뚱한 수정란을 섞기까지 했다. 이는 데이터의 중요성과 더불어 데이터를 다루는 과학자의 윤리 문제에 대해 많은 점을 시사한다.

드러내지 않으면 속내를 모른다. 글을 너무 압축적으로 크게 쓰다 보면 분량을 못 채워 감점을 당할 수 있으며, 동시에 학생의 실제 과학적 사고능력에 비해 낮게 평가되는 억울함을 당할 수 있다. 따라서 과학논술 답안을 작성하는 학생이 과학적으로 사고하고 있다는 것을 어느 정도 드러내는 테크닉이 필요하다. 실제로 학생들은 제시문에 많은 데이터를 주었음에도 불구하고 데이터를 활용해서 논증하는 모든 과정을 생략하고 결론만 언급하는 경우가 많다. 강화 지역의 '조석 예보표'를 주고 만조나 간조의 발생 시간이 전날에 차이가 생기는 이유를 설명하라는 문제에 대한 다음 학생의 답안을 보면 이러한 현상을 파악할 수 있다.

이 문제는 교과 지식에 해당하는 문제이기 때문에 정답은 비교적 쉽게 적을 수 있다. 하지만 과학논술은 제시문에 주어진 데이터를 기술하면서 논증하는 과정 자체도 평가하기 때문에 밑줄 친 부분을 구체적으로 풀어서 자료를 기술하는 것이 중요하다. 제시문에 구체적인 수치를 정리한 데이터가 있으면 이를 적극 활용하여 기술해야 한다. 구체적인 데이터가 제공되었는데 막연하게 '일정 시간'이라고 할 이유가 없다. 이 학생의 경우처럼 한 문장으로 모든 과학적 논증을 끝내 버리면 본고사형 문제와 별다를 바 없기 때문이다.

다음 학생 답안 역시 핵심 사항은 모두 기술했지만 구체적인 논증과정을 생략해 버렸다는 느낌을 강하게 받는다.

> 왜냐하면 쇠망치가 떨어질 때와 바퀴가 돌 때 공기 저항을 받고 쇠망치가 바퀴와 부딪치면 소리가 발생한다. 또한 바퀴와 축 사이에서 마찰이 발생한다. 그러므로 위치 및 운동 에너지가 서로 온전히 전환되지 못하고 결국 0이 된다.
>
> – 학생 답안 –

밑줄 친 것처럼 답안의 핵심을 너무 간략하게 기술하면 곤란하다. 면담 결과 이 학생이 답안을 이렇게 작성한 까닭은 엔트로피와 관련된 사항을 채점자가 이미 다 알고 있는 주지의 사실이라고 판단했기 때문이었다. 하지만 학생이 판단할 때 다분히 상식적인 내용이라도 과학적 논증과정에서 생략해서는 안 되는 내용을 생략해 버리면 논리적 비약을 피할 수 없게 된다. 이러한 답안은 당연히 높은 점수를 받을 수 없다. 채점자는 교수님이기 때문에 다 알고 있을 것이라고 치부해서도 안 된다. 논술 답안의 독자는 일반인을 상정하고 작성하는 것이 좋다.

과학논술 답안을 작성할 때는 내용의 깊이를 잘 판단해야 한다. 이미 다 알고 있는 주지의 사실이라고 생략해야 할 것인지 아니면 상식적인 내용이지만 논증과정에서 생략해서는 안 되는 내용인지를 잘 판단해야 한다. 그러한 판단이 서지 않으면 일단 분량의 제한을 넘지 않는 선에서 최대한 자세하게 상술하는 것이 유리하다.

아우라 한수 지도

논술에서 모범 답안은 없다. 원로 문학평론가인 이어령 씨는 '세상에 글쓰기의 전범이 어디에 있느냐. 글쓰기의 틀은 또 무엇이냐. 백 사람이 글을 쓰면 백 개의 글이 다 달라야 하는 것 아니냐'며 획일화된 글쓰기 교육을 비판한 바 있다. – 중앙일보 2006년 10월 30일자 –

7. 자신만의 답안 구조 개발하기

학원이나 다양한 논술 교재에 제시한 답안 작성전략을 숙지한다고 해서 좋은 답안을 작성할 수 있는 능력이 키워지는 것은 아니다. 대다수 학생들은 '몰라서 못 쓰는 것'이 아니라 '알면서도 안 써지는 것' 때문에 괴로워하고 있다. 양질의 읽기 자료를 많이 접하고 논술 첨삭 지도를 꾸준하게 받다 보면 학생들은 나름대로의 답안 작성전략을 터득하게 된다. 이러한 자신만의 비법을 빨리 터득하면 어떠한 주제가 나와도 자신의 틀에 자연스럽게 담아 낼 수 있다.

다음 학생 답안을 보면 '전제＋이유＋논거(사례)'를 다음과 같은 문장 유형에 담아 내고 있다. '<u>요인 중에서 더 큰 영향력을 갖는 것은 ～이다. 왜냐하면 ～이기 때문이다. 이것은 ～보면 더 명확히 이해할 수 있다.</u>' 면담 결과 이 학생은 오랜 연습 끝에 학생 스스로 자신에게 맞는 과학논술 답안 구조를 파악하고 있었다.

> 기조력에 영향을 미치는 요인에는 크게 두 가지가 있는데, 그것은 행성의 질량과 행성까지의 거리이다. 즉, 기조력은 행성의 질량에 비례하고 행성까지 거리의 세제곱에 반비례한다.
>
> <u>그런데 그 두 가지 요인 중에서 더 큰 영향력을 갖는 것은 바로 행성까지의 거리이다. 왜냐하면 기조력이 거리의 세제곱에 반비례하기 때문이다. 이것은 달과 태양을 살펴보면 더 명확히 이해할 수 있다.</u> 달의 질량은 태양의 수천만분의 일에 불과하지만 지구까지의 거리는 달이 태양에 비해 훨씬 가깝다. 그래서 지구까지 거리의 세제곱을 하게 되면 달에 의한 기조력이 태양에 의한 기조력보다 크게 된다.
>
> – 학생 답안 –

keyword

■ **수미쌍관법(首尾雙關法)** : 시가(詩歌)에서 첫 연을 끝 연에 다시 반복하는 문학적 구성법으로 운율을 중시하고, 의미를 강조할 때 쓰는 주요 표현수법의 하나이다. 소설 · 수필 · 영화 등 다양한 장르에서도 활용된다.

다음 학생 답안은 두괄식 논지 전개와 수미쌍관(首尾雙關) 구조를 활용하고 있다. 특히 밑줄 친 문장과 같은 두괄식 문장 전개가 압권이다. 이는 자연스럽게 마지막에서 다시 한 번 강조되면서 시가(詩歌)에서 많이 쓰는 문학적 구성법인 이른바 '수미쌍관' 식 답안이 되었다.

케쿨레와 스몰리는 각각 벤젠의 구조와 풀러린의 구조를 밝힌 주역이다. <u>하지만 두 사람이 각 분자의 구조를 밝혀 내는 과정에는 큰 차이점이 있다. 바로 자신의 과학적 추론능력의 반영 여부가 그것이다.</u>

먼저 케쿨레는 꿈 속에서 자신의 꼬리를 물고 빙글빙글 도는 뱀으로부터 벤젠의 구조를 밝혀 냈다. 그런데 이 과정에서 중요한 점이 있는데 그것은 케쿨레가 꿈 속에서 얻은 영감을 바탕으로 과학적 추론을 했다는 것이다. 케쿨레에 의해 밝혀진 벤젠의 구조는 단일 결합과 이중 결합이 혼합된 정육각형의 공명 구조이다. 케쿨레는 뱀의 동그란 모습에서 정육각형을 고안하고, 뱀의 빙글빙글 도는 모습에서 단일 결합과 이중 결합이 혼합된 공명 구조라는 것을 밝혀 낸 것이다. 이처럼 케쿨레는 자신의 과학적 추론능력을 사용하여 영감을 완성시켰다.

반면에 스몰리는 자신이 우연히 떠올린 영감을 그대로 반영하여 풀러린의 구조를 밝혀 냈다. 케쿨레와는 다르게 자신의 과학적 추론능력이 반영되지 않은 것이다. 축구공의 꼭지점 개수가 풀러린을 구성하는 탄소 수와 일치하여 쉽게 답을 낼 수 있었다.

<u>결과적으로, 케쿨레는 과학적 추론능력을 사용했지만 스몰리는 그렇지 않았다는 것이 두 사람의 차이점이다.</u>

    – 학생 답안 –

8. 창의적인 논거 활용하기

2008학년도 이후에 실시되는 통합교과논술에서 강조하는 것은 다면적이고 창의적인 사고력이다. 특히 연세대학교에서는 이를 '다면사고형 논술'이라고 강조하며 창의적이고 다면적인 사고를 하는 우수한 학생을 선발할 것임을 밝힌 바 있다. 논술은 정해진 정답이 없기 때문에 창의적인 논거를 과학적으로 논증하는 수준에 따라 답안의 질이 결정된다. 특히 대다수의 대학들이 창의적인 사고력을 갖춘 학생을 선발하는 데 논술시험의 의의를 두고 있기 때문에 창의적인 사고과정을 논술 답안에 표현하는 일은 모든 수험생의 당면 과제이자 당락을 좌우하는 중요한 변수가 된다. 하지만 창의성은 출제자가 요구하는 내용의 테두리 안에서 발휘되어야 하는 것

아우라 **한수** 지도

2008학년도 이후에 실시되는 통합교과논술에서 강조하는 것은 교과 지식에 대한 이해력이 아니라 다면적이고 창의적인 사고력이다. 특히 연세대학교에서는 이를 '다면사고형 논술'이라 명명하여, 문제를 푸는 과정에서 창의력과 수리력, 논리력 등을 다각도로 동원하는 우수한 학생을 선발할 것임을 밝힌 바 있다. 이제는 튀는 의견을 제시하기보다는 생각의 다면성을 보여주어야 하는 것이다.

임을 명심해야 한다. 너무 창의적인 답안을 작성하려고 욕심을 부리면 논제에서 벗어난 엉뚱한 답안이 될 수도 있다.

창의력은 한마디로 언급할 수 있는 간단한 개념이 아니다. 창의력에 대한 학자들의 정의는 다양하지만 창의적인 사고에 대한 학자들 간에 일치된 개념은 창의력이 무엇인가 새롭고 다른 것을 만들어 내야 한다는 결과 중심의 생각보다는 새로운 것을 만들어 내는 과정 자체를 강조하고 있다는 점이다. 즉 창의적인 결과물보다는 창의적인 사고과정 자체가 중요한 것이다.

언어적 창의성은 창의적으로 느끼거나 생각한 것을 말하거나 글로 표현하는 것을 의미하지만 과학적 창의성은 과학적 오개념을 극복한 한정된 테두리 내에서 발휘된다는 특징이 있다. 주어진 문제에 전혀 예상치 못한 답을 하는 학생들을 보면 창의력이 있다고 생각하기 쉽다.

하지만 모든 영역이 다 이러한 열린 생각을 수용할 수 있는 것은 아니다. 과학적 창의성은 고정관념을 깨는 열린 생각을 가치 있게 평가하는 문학적 창의성과는 차이가 있다. 즉 '열린 창의성'이 아니라 '닫힌 창의성'이다. 닫힌 창의성의 핵심은 엉뚱한 답변을 무조건 수용해 줄 수 없다는 데 있다. 배경지식이 부족한 초등학생들을 대상으로 한 수학이나 과학 과목의 단답형 답안을 살펴보면 이러한 양상을 쉽게 이해할 수 있다.

그림 2와 같이 '사각형의 조건'을 숙지하지 못한 상태에서는 '원래는 사각형인데 찢어져서'라는 답변이 자연스러울 수 있다. 이러한 답변을 창의적이라고 볼 수 있을까? 전혀 예상치 못한 답변을 통해 신선한 충격을 주었을 뿐 이러한 답변은 웃음으로 끝나 버릴 수 있는 에피소드에 불과하다. 과학논술은 문제의 전제를 충족한 선에서 논의가 시작되어야 하며, 전제 자체를 무시한 상태에서 기술한 답안은 그 수준이 아무리 심오해도 좋은 점수를 받을 수 없음은 자명한 일이다.

출제자의 의도를 자의적으로 해석한 답안은 그림 3의 초등학생 답안과 같은 오류를 범하게 된다. 만유인력의 법칙을 발견한 사람은 물론 죽었다. 이 학생의 관심은 만유인력이 아니라 '오래전에 위대한 법칙을 만든 사람은 이미 세상 사람이 아니다'라는 사실을 새삼스럽게 언급했을 뿐이다. 이처럼 출제자의 의도를 무시하고 자신만의 논리로 엉뚱한 답안을 기술하는 학생들이 의외로 많다.

다음 그림 4와 같이 사슴이 거울을 보는 상황은 있을 수 없다. 따라서 미쳤다고

- 문학적 창의성 : 열린 창의성 - 고정관념을 깨는 기발한 사고.
- 과학적 창의성 : 닫힌 창의성 - 주어진 과학적 개념 내에서 발휘하는 사고.

명확한 논증 과정을 생략한 채 과학적 개념만을 언급하고 끝내는 답안은 본고사형 단답형과 다를 바 없다. 이는 과학적 오개념을 나름대로의 창의성으로 잘 풀어가는 답안보다 더 못할 수 있다. 가장 이상적인 과학논술 답안을 작성하기 위해서는 과학적 사고과정을 보여주면서 개념을 기술하는 방법을 체득해야 한다.

그림 2

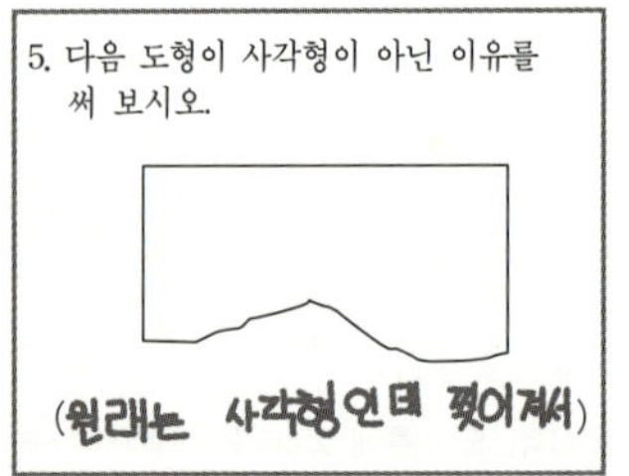

그림 3

쓴 답안이 틀렸다고 볼 수는 없다. 하지만 이 문제의 핵심은 사슴이 아니라 조사 '을'과 '를'의 차이점을 파악하는 것이다. 마찬가지로 과학논술에서도 출제자의 의도를 엉뚱하게 해석하여 자기만의 논리를 펴면 '사슴이 미쳤다'는 답안을 적어 내는 초등학생과 다를 바가 없다.

다음은 과학 교과 내용을 창의적으로 적용해 답안을 작성하도록 출제한 '응답 제한형 과학논술' 문제로서 이에 대한 자연계 학생들의 답안을 분석해 보면 학생 개개인의 과학적 사고력의 수준이 적나라하게 드러난다.

그림 4

문제 │ 다음 자료를 참조하여, 1층설과 2층설, 반2층설 중에서 본인이 지지하는 가설을 하나 선택하고, 그 이유에 대한 근거를 과학적으로 기술하시오.

〈마포고등학교 논술경시대회 문제〉

1934년, 언더우드가 최초로 거북선을 연구한 이래, 지금까지 최석남, 김재근, 이원식, 남천우, 정광수, 최두환 등 10여 명의 연구가들이 거북선을 연구해 오고 있다. 거북선은 대체로 판옥선에 지붕을 씌운 배라는 점, 거북선도 다른 많은 한국 전통 배와 마찬가지로 한국식 노를 사용한다는 점에 대해서는 의견이 일치하고 있다. 그러나 거북선의 구체적인 구조에 대해서는 아직도 의견이 분분한 실정이다.

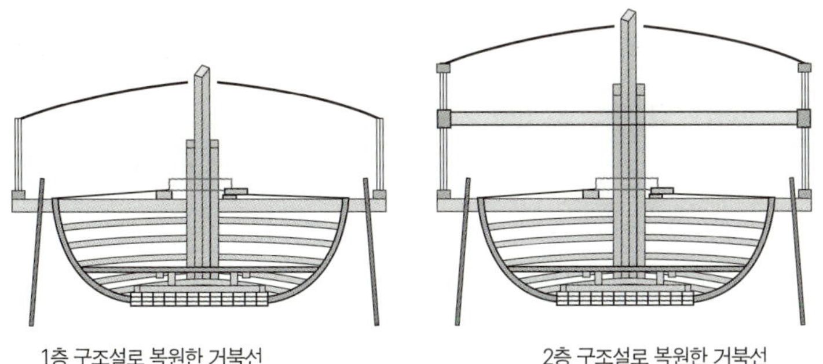

1층 구조설로 복원한 거북선　　　　　2층 구조설로 복원한 거북선

이충무공전서는 통제영 거북선이 이순신 장군이 개발한 거북선의 원형에

아우라 한수 지도

이 논술 문제는 KBS 드라마 〈불멸의 이순신〉으로 인해 우리 배의 종류와 특성, 발달 과정, 제작방법, 해전 등과 관련된 내용이 화제가 되었던 2005년 출제한 과학논술 문제이다. 여기에 소개한 기본 문제와 더불어 바닥이 평평한 평저선과 뾰족한 첨저선을 마찰력과 관련지어 논술하라는 심화 문제도 함께 출제하였다.

k e y w o r d

■**마찰저항(摩擦抵抗)** : 주로 배에서 물에 잠기는 부분이 물과 마찰하면서 생기는 속력 저하를 발함.

■**조파저항(造波抵抗)** : 주로 배 앞부분의 파도에 의한 속력 저하를 말함.

일선 고등학교에서는 창의적인 교수-학습 자료와 교육 프로그램을 구안하기 위한 교과 단위 연수가 활성화되어 있다. 사진은 방학 기간을 활용해 KBS 드라마 〈불멸의 이순신〉 촬영장을 방문한 마포고등학교 국어과 교사들의 모습이다. 이 교과 연수를 바탕으로 이순신을 주제로 한 다양한 교수-학습 및 평가 자료가 구축되었다. 거북선 구조설과 관련된 과학논술 문제 역시 그 중 일부이다.

가깝다고 설명하고 있다. 그러나 이충무공전서에서도 통제영 거북선의 내부 구조에 대해서는 구체적인 설명이 부족하다. 이 때문에 통제영 거북선의 갑판 구조에 대해서 1층 구조였다는 주장, 반2층 구조였다는 주장, 2층 구조였다는 주장이 대립하고 있다.

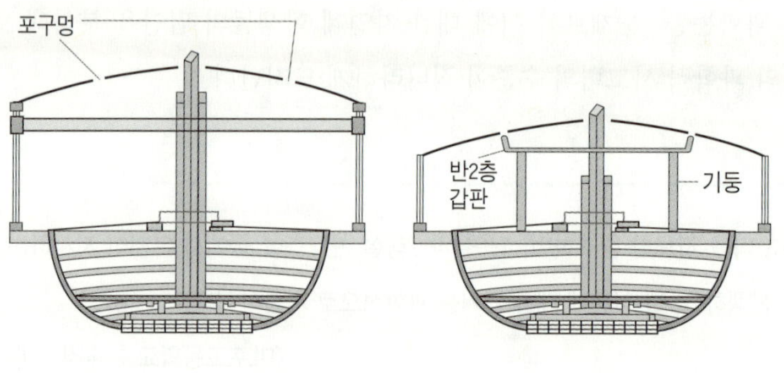

반2층 구조설로 복원한 거북선 ①　　　　　　　반2층 구조설로 복원한 거북선 ②

　1층 구조일 경우 판옥선에서 2층 갑판을 완전 제거하고 그 위에 개판(지붕)을 씌운 셈이 되며, 2층 구조일 경우 판옥선 구조를 그대로 두고 그 위에 지붕을 씌운 셈이 된다. 판옥선의 상층 갑판을 그대로 둔 경우(①)에는, 판옥선에서 개조하기에는 간편하나, 지붕의 높이가 낮아서 사람이 설 수 있는 공간은 상층 갑판을 제거한 경우(②)와 별 차이가 없으므로 별 실익은 없다. 일부 연구가들은 판옥선에서 상층 갑판을 제거하는 식의 개조는 조선학적으로 불가능하다고 주장하고 있다. 그러나 나무못으로 제작한 판옥선은 필요할 경우 해체, 재조립이 가능하다는 것은 상식에 속하는 문제이다. 채광이나 활동의 편의성을 고려한다면 상층 갑판을 제거하고 반2층 갑판을 설치한 경우가 좀더 합리적이라고 생각된다. 이 경우 이렇게 좁은 반2층 공간에서 대형 총통 특히 대장군전 등을 발사하기는 어려울 것이며, 소형의 승자총통이나 활을 사격할 수 있었다고 보는 것이 현실적이다.

　일부 연구가들은 거북선의 원형이 1층 구조나 반2층 구조일 경우, 사실상 2층 구조의 판옥선에서 퇴보한 것이며, 판옥선의 2층 갑판을 단순히 지붕으로 개조한 것일 뿐이라고 비판하고 있다. 또한 만약 1층 구조나 반 2층 구조일 경우 노를 젓는 격군과 대부분의 전투 요원이 같은 층에 있게 되므로, 운용하기에 상당히 불편할 것이라고 주장하고 있다. 그러나 실물 복원 거북선을 타본 사람들은 다소 불편하기는 해도, 같은 층에서 노를 젓고 전투를 수행하는 것이 불가능하지는 않다고 말하기도 한다.

과학적 창의성이 떨어지는 학생의 답안

출제자의 의도에 맞지 않게 제시문을 다른 시각에서 분석하는 과학적 창의력이 떨어지는 답안의 전형적인 유형이다. '압박감', '위엄'이라는 모호한 용어를 사용하면서 동시에 '너무 복잡하면 침몰한다'는 비과학적인 진술을 논거로 들고 있다.

일단 거북선은 튼튼하고 위엄 있게 지어야 적군들에게 압박감을 줄 것이다. 만약 너무 복잡하거나 간단하게 짓고 위엄 있지 않게 짓는다면 어떻게 되겠는가? 바로 침몰할지도 모르겠다. 그래서 내가 제일 적당하다고 생각하는 구조는 2층 구조인 것 같다.　　　　　　　　　　　　　　　　　　　　－ 학생 답안 －

이 학생은 '빠르게 돌진하면 불리하다'는 납득이 안 가는 견해를 제시한 다음 이에 대한 논거로 사무라이가 칼을 전문적으로 사용하는 병사들이 많아 우리 군사들이 불리하다는 것을 들고 있다. 이처럼 일일이 설명하지 않아도 과학논술 답안에는 학생의 과학적 사고력의 수준이 적나라하게 드러난다.

만약 1층 구조가 거북선이었다면 가벼워서 일본군과 같이 빠르게 돌진하면 되지 않겠는가? 그러나 만약 돌진해서 작전이라도 한다면 우리 군사들이 불리하게 될 것이다. 일본은 그 당시 사무라이라는 칼을 전문적으로 사용하는 병사들이 많아 작전에 유리할 것이다.　　　　　　　　　　　　　　　　－ 학생 답안 －

디음의 글은 논리도 엉망이지만 문장력도 엉망이다. 한 번 읽어서는 무슨 소리를 하는지 모르는 답안이다. 과학적으로 상황을 분석하거나 창의적인 논거를 활용하지 못하고 생각나는 대로 분량을 채우기에 급급했다는 것이 적나라하게 드러나고

아우라 한수 지도
■ 교사와 학생의 동상이몽(同床異夢)
장기간의 논술 교육에도 불구하고 수준이 많이 떨어지는 답안을 계속해서 작성하는 학생과 교사는 나름대로 서로 다른 생각을 하고 있다.
· 학생 : 수능과 내신의 열세를 논술로 극복할 수 있으니 상위권 대학에 지원할 수 있도록 기회를 주십시오.
· 교사 : 논술 수준이 높지 않으니 논술을 보는 상위권 대학을 피해서 지원하는 것이 좋겠다.

있다.

> 또 1층 구조는 2층 발판이 없어서 튼튼하지 않을 것이다. 작은 충격에도 구멍이 나 가라앉을 것 같다. 그리고 또한 반2층 구조에서는 위 설명에서 나왔던 것처럼, 대형 총통을 발사하기는 어려울 것이며 승자총통이나 활을 사격할 수 있었다라고 하는데 거북선의 특성상 그 자리에서 180도로 회전이 가능해서 바로 쏠 수 있게 된다라는데 승자총통이나 활을 사용하면 될 것을, 그리고 1층이나 반2층 구조는 작아서 격군과 전투 요원이 같은 층을 이용하게 된다라고 하는데 만약 한 사람이 실수해서 엎어져서 도미노와 같이 엎어진다면 되겠는가! 다 쓰러져 일본군의 침입에 당할 수도 있을 것이다. 그래서 구조나 외형 모양으로 적당한 것은 2층 구조인 듯싶다.

과학적 창의성이 뛰어난 학생의 답안

과학적 창의성이 부족한 학생의 답안이 총체적으로 부실한 것과는 대조적으로 다음 학생의 답안은 응답 제한 서술형 과학논술의 특징을 간파하고 출제자가 요구하는 핵심을 정확하게 언급하고 있다. 먼저 논의의 '전제'를 정리하면서 서론을 시작하고 있으며 이는 자연스럽게 자신의 창의적인 의견을 과학적인 논거를 들면서 기술하는 본론과 이어지게 된다. 교과내용을 활용해서 풀 수 없는 창의적인 문제임에도 불구하고 뛰어난 창의성으로 답안을 기술한 점이 돋보인다.

아 우라 한 수 지도

당연하다고 치부하는 것을 의심하는 자세와 과학 현상의 새로운 면을 찾으려는 창의적 사고는 과학논술 답안에 힘을 불어넣는다. 기본기가 갖추어진 과학 교과 실력과 창의력 그리고 탄탄한 문장력이 만나면 답안의 격은 한층 더 높아진다.

> 거북선의 구조를 추측하는 데 있어서 가장 중요한 것은, 우리가 알고 있는 거북선의 특징에 대한 정리가 필요하다. 잘 알고 있는 급회전(180도 방향 전환), 직접 적 군함과 충돌하는 공격 방법, 포병과 노를 젓는 격군이 동시에 한 배 안에 있어야 한다는 점, 철갑선으로 적이 지붕을 공격하지 못하도록 철못을 박아두었다는 점, 거북선 탑승 신장 제한이 약 130~140cm 이하라는 점 등이 일반적으로 우리가 알고 있는 거북선의 특징이다.
>
> 이에 대해 각 구조설을 대입해 보면 가장 이상적인 구조가 나오는 것이다. 첫째로 거북선의 가장 큰 장점인 급회전의 경우 배의 높이가 높다면 절대적으로

<u>불리하다.</u> 이는 조선배에 비해 높이가 높고 배 밑면이 좁았던 일본배를 보면 알 수 있다. 그들은 회전이 빠르지 못했기 때문에 방향 전환이 힘들어 거북선에 늘 패하고 말았다. 만약 거북선이 2층 구조처럼 높을 경우 적이 기어오르는 데 힘들기 때문에 굳이 철못으로 뒤덮을 필요가 없을 것이다.

또한 적과 직접 충돌하는 상황에서도 <u>배의 높이가 낮아야 무게중심이 좀더 아래에 있게 되므로 훨씬 안정감을 주는 구조이다.</u> 만약 배가 2층으로 분리되어 있을 경우, 포병과 격군의 구분이 쉬워 자기 맡은 역할만 할 수 있다고는 하나, 전쟁 시 격군이 만약 적의 총에 맞는다든지 하는 예상치 못한 상황에 유연하게 대처하기 위해선, 포병과 격군이 한자리에 유연성을 갖고 위치해 있는 것이 더 좋을 것이다.

마지막으로, 1층 구조설의 약점이라 할 수 있는 공간 부족은 거북선 신장 제한에서 어느 정도 해결될 수 있을 것이다. 130cm의 신장은 당시에도 상당히 작은 키였기 때문에 낮은 1층 구조 안에서도 큰 불편 없이 생활할 수 있었을 것이다. 이런 여러 가지 근거들로 미루어 볼 때 거북선은 1층 구조였을 것이다.

9. 논리적 연결고리 갖추기

문법적으로 정확한 문장은 의미 전달에서도 효과적이다. 문장의 호응, 지시어·접속어의 적절한 사용, 수식 관계, 모호한 표현 배제, 적절한 어휘 사용 등을 포함한 맞춤법 전반에 대한 점검은 필수적이다. 하지만 이보다 더 중요한 것은 논술 답안을 구성하는 각각의 문단이 일관된 논조로 하나의 논지를 향해 기술되어야 한다는 원칙이다. 이를 위해 한 문단을 구성하는 문장들 간의 관계는 유기적으로 연결되어야 한다. 이를 어기면 문장들이 겉돌게 되어, 단락의 핵심 내용이 흐려짐은 물론 전체 내용의 일관성까지 해칠 수 있다.

아래 학생의 답안을 살펴보면 밑줄 친 문장이 논리적인 인과관계가 성립하지 않음을 알 수 있다. 다음 문장부터 논리가 급격하게 무너지는 까닭이 바로 여기에 있다. 인과관계를 포함하는 진술을 할 때에는 정말 그런지 다시 한 번 심사숙고해야

아우라 한수 지도

논리적 연결고리를 갖추기 위해서는 글 전체의 통일성과 일관성을 고려하여 글의 내용을 구성해야 한다.
- 통일성 : 논술 답안의 문장은 글 전체의 핵심을 뒷받침하는 것으로 구성해야 함
- 일관성 : 여러 개의 뒷받침 문장을 논리적 순서로 배열해야 함

한다.

전기 에너지는 형광등뿐만 아니라 각종 가전 기구에 우리가 원하는 대로 사용 가능하므로 엔트로피가 낮은 에너지에 속한다. 반면에 빛에너지나 열에너지는 우리가 원하는 대로 활용할 수 없으므로 엔트로피가 높은 에너지에 속한다.

– 학생 답안 –

■ 지면 첨삭과 대면 첨삭

학생의 답안에 논리적인 비약이 있다고 지적하는 것만으론 부족하다. 왜 그러한 오류를 범했는지 대화를 통해 파악하고 그 오류를 교정해 주어야만 완벽한 논술 지도가 이루어지는 것이다. 원고지를 매개로 이루어지는 지면 첨삭과 얼굴을 맞대고 면담하는 대면 첨삭을 동시에 해야 하는 까닭이 여기에 있다.

면담(대면 첨삭) 결과 위 학생의 원래 의도는 '일을 할 수 있는 능력이 있는 에너지는 엔트로피가 낮다'는 개념을 설명하려고 했는데 본인의 의도대로 답안을 작성하지 못했던 것이다. 이처럼 머릿속에 맴도는 생각을 글로 풀어서 설명하는 능력은 하루아침에 이루어지지 않는다.

다음 답안의 경우도 <u>정지해 있을 수밖에 없다. 또한 동력 에너지를 생성할 수 있다 하더라도</u>'라고 언급하는 부분에서 치명적인 논리적 모순이 드러난다. 절대 회전할 수 없음을 중력을 통해 설명했는데, 이 전제를 뒤엎는 진술을 바로 다음 문장에서 하기 때문이다. '~와 같은 이유로 사망에 이를 수밖에 없다. 죽지 않는다 하더라도~'는 식의 진술은 일상에서 많이 쓰는 표현이지만 과학논술 답안에서는 성립할 수 없는 모순임을 명심해야 한다.

무한 회전 동력 발생기 A는 중력 에너지를 동력 에너지로 전환시키는 기계이다. 그러나 발생기 A는 중력 에너지의 활용에 있어서 문제가 있다. 발생기 A의 그림을 보면 좌우 대칭인 모양을 하고 있다. 중력은 모든 방향으로 작용하므로 발생기 A는 평형을 이루게 되어 <u>정지해 있을 수밖에 없다. 또한 동력 에너지를 생성할 수 있다 하더라도,</u> 그 동력 에너지는 우리가 인위적으로 사용 가능한 것이 아니므로 엔트로피가 높아 실용성에서도 문제가 된다. 따라서 발생기 A는 특허품이 될 수 없다.

– 학생 답안 –

다음 학생 답안도 밑줄 친 문장을 '이와 같은 이유로'로 시작하면서 논리가 흔들리고 있다. 위도에 따라 기조력의 크기가 차이가 있다는 것과 '지구와 다른 행성 사이의 만유인력이 세지면 기조력은 더 커진다'는 사실은 인과관계가 성립하지 않기 때문이다. 논리적인 연결고리에 해당하는 내용을 추가하거나 접속어를 바꾸어야 답안의 논리 구조가 견고해질 것이다.

기조력이란 지구에 작용하는 다른 행성의 인력과 지구의 가속도 운동에 의한 원심력의 합성력이다. 그런데 적도에서 극쪽으로 갈수록 다른 행성과의 거리가 증가하기 때문에 만유인력의 크기가 감소한다. 그 결과 위도가 높아질수록 기조력의 크기는 감소하고 방향은 원심력과의 합성에 의해 적도 쪽을 향하게 된다. 이 때문에 지구의 바다는 적도 쪽에서 돌출된 형태를 띠게 된다.

이와 같은 이유로 지구와 다른 행성 사이의 만유인력이 세지면 기조력은 더 세진다고 할 수 있다. 그래서 만약 다섯 개의 행성들이 지구와 일렬로 늘어서게 되면 만유인력이 증가하여 기조력이 세진다고 생각할 수도 있다. 그러나 다섯 개의 행성 사이에 지구가 위치하기 때문에 만유인력은 서로 반대 방향으로 작용하고 결국 상쇄된다. 따라서 지구의 기조력이 크게 증가하지 않는다.

- 학생 답안 -

논리적인 연결 구조를 갖춘 답안을 작성하기 위해서는 평소 논리적인 구조가 명확한 좋은 글을 많이 읽어야 한다. 논의하는 개념과 직접적인 관련이 없는 비유를 남발하거나 신변잡기를 나열하는 쪼가리 글들에 많이 노출된 학생들은 자기도 모르게 이러한 논리적으로 결함이 있는 글에 무감각해지기 쉽다. 글을 읽을 때나 글을 쓸 때 모두 논리적인 연결고리를 제대로 갖추었는지 점검하는 습관을 들이도록 해야 한다.

『아우라 과학논술』은

고등학교 현장에서 국어교사와 과학교사가 협동수업으로 이루어 낸 효과가 확인된 논술지도 프로그램이다.

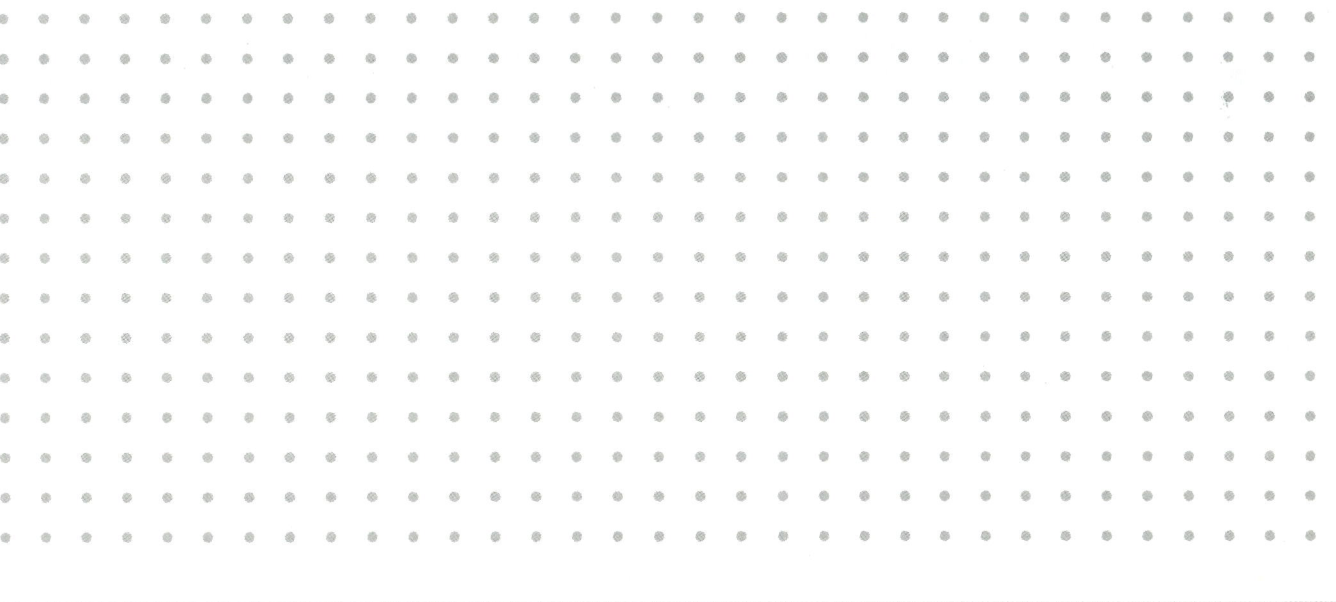

셋째 마당 : 응답 제한 서술형 과학논술

미토콘드리아 DNA

이 문제는 서울대학교에서 공개한 2008학년도 통합교과논술 유형을 반영하여 『이인식의 과학나라』에서 발췌한 칼럼을 제시문으로 구성하여 출제한 것이다. 기본 문제는 생물 I의 〈생식〉, 〈임신과 발생〉 단원과 생물 II의 〈세포의 구조와 기능〉 단원과 관련 있는 내용을 출제했으며, 심화 문제는 고교 1학년 과학 교과서의 〈과학의 탐구〉 단원과 생물 I의 〈유전〉, 생물 II의 〈유전자의 본질〉 단원을 염두에 두고 미토콘드리아 DNA의 염기서열을 분석하는 구체적인 탐구 절차를 설계하도록 출제했다.

│ 논술 기본 문제

■ 제시문 자료 출처

• 이인식, 『이인식의 과학나라』 중 「미토콘드리아는 자연의 타임캡슐」, 「사람이 암수로 발전한 까닭은」

■ 관련 단원

과학	과학의 탐구, 호흡과 생물 에너지, 세포의 형성
생물 I	생식, 임신과 발생, 유전
생물 II	세포의 구조와 기능, 염색체와 세포분열, 유전자의 본질

〔가〕 미토콘드리아는 산소 호흡의 장소로 사용되어 사람의 활동에 필요한 에너지의 90% 이상을 생산하는 역할을 한다. 이런 월등한 기능을 가진 미토콘드리아가 고유의 유전자를 갖고 있다는 것은 미국 생물학자 린 마굴리스의 세포 공생설로 설명할 수 있다. 마굴리스에 따르면 약 20억 년 전 우리 몸 안에 들어온 박테리아가 미토콘드리아로 자리를 잡게 된다. 세포는 미토콘드리아로부터 에너지를 제공받고, 미토콘드리아는 먹이와 서식처를 제공받는 공생관계가 형성되는 것이다.

〔나〕 성별의 진화에 관한 가설 중 눈여겨볼 만한 것으로 1992년 영국의 생물학자 로렌스 허스트가 발표한 가설이 있다. 허스트에 따르면, 생식을 통한 융합에서 두 세포의 핵 DNA는 염색체 쌍을 이루어 핵 안으로 들어가기 때문에 별다른 문제가 없지만, 두 세포의 세포소기관들은 세포질을 놓고 대립하게 될 것이라고 한다. 이러한 세포질을 둘러싼 갈등을 해소하는 과정에서 하나의 세포가 우위를 나타내게 되고 그 결과 한쪽의 세포질만을 제공받는 형식을 취하게 된다는 것이다. 정자와 난자의

크기와 기능이 서로 다르게 진화된 것도 이런 과정에 의해서라고 주장한다.

〔다〕 모계를 통해서만 유전되는 미토콘드리아의 특성에 착안하여 현생 인류의 기원을 찾아 나선 인물은 뉴질랜드 태생으로 미국에서 활약한 앨런 윌슨 교수이다. 윌슨은 세계 곳곳에서 수집한 미토콘드리아의 DNA 분석을 통해 모계 가계도를 완성하였다. 그 결과 인류의 조상이라고 불릴 만한 이 여인은 20만 년 전에 아프리카에 생존했던 것으로 추측되었다.

문제 1 | 미토콘드리아 DNA가 오로지 어머니에 의해서만 후손에 전달되는 까닭에 대한 자신의 견해를 과학적으로 설명하시오.(400자)

문제 2 | 미국의 윌슨 교수는 무작위로 뽑은 150명의 미토콘드리아 DNA 염기서열을 비교하여 그 조상을 추적했다. 이 조사에 사용될 수 있는 탐구 수행과정을 기술하시오.(400자)

 | **문제 해설**

1. 출제 의도

이 문제는 학생들의 과학정보 분석능력과 과학적 탐구 절차를 활용한 응용능력을 평가하고자 출제한 문항으로 무엇보다도 미토콘드리아 DNA의 유전정보와 관련된 특징을 파악하는 것이 문제의 핵심이다. 『이인식의 과학나라』에서 발췌한 제시문과 배경지식에 해당하는 고등학교 과학과 교육 내용을 연계시킬 수 있는 능력이 답안 작성의 첫걸음이며, 제시문에 대한 정확한 이해와 배경지식, 과학적 사고가 결합되어야 수준 높은 답안 작성이 가능할 것이다.

2. 제시문 분석

제시문 〔가〕는 미토콘드리아의 역할과 기원(세포 공생설)에 관한 사실적 정보를 제공하고 있으며 학생들은 여기서 두 가지 핵심정보를 파악해야만 한다. 첫째는 미토콘드리아가 세포 내 에너지 생산을 담당한다는 것이며, 둘째는 핵 DNA와 마찬가지로 고유한 유전자를 가진다는 것이다. 여기서 놓쳐서는 안 되는 핵심은 '미토콘드리아가 세포질에 존재한다'는 사실이다. 결국 제시문 〔가〕는 고등학교 과학 교과의 수준을 넘지 않는 기초적인 정보에 해당하지만 제시문 〔나〕와 연결되면서 미토콘드리아 DNA와 관련된 쟁점을 파악하는 중요한 단서를 제공하고 있는 셈이다.

제시문 〔나〕는 난자와 정자의 기능과 크기에 대해 설명하는 글이다. 제시문의 주된 내용과는 별도로 이 글에서 눈여겨봐야 하는 정보는 첫째, 두 세포의 융합에서 핵 DNA는 각각의 세포의 절반씩 쌍을 이루게 된다는 것이며, 둘째는 이때 세포소기관은 핵 DNA와 다르게 한쪽의 것만을 제공받게 된다는 것이다. 학생들은 제시문 〔나〕를 통해 핵과 세포질 유전의 차이점을 파악해야 하는데 유전 시에 세포질은 부계 또는 모계 한쪽으로부터 제공받는다는 사실을 새롭게 인식해야 한다.

제시문 〔다〕는 미토콘드리아 DNA를 통하여 인류의 기원을 찾는 내용이다. 제시문에서 드러나는 정보는 미토콘드리아가 모계를 통하여 유전된다는 것이며, 미토콘드리아 DNA 분석을 통하여 가계도를 만들 수 있다는 정도뿐이다.

3. 문제 1번 해설

문제 1번은 당연한 것을 묻는 듯 보이나 제시문의 정확한 분석 없이는 논리적인 답안 작성이 쉽지 않다. 우선 제시문에 충실한 논술을 하기 위해서는 미토콘드리아가 세포질에 존재하는 세포소기관이라는 언급이 반드시 필요하다. 제시문 〔나〕를 보았을 경우 미토콘드리아 DNA가 핵 DNA의 일부라면 모계 또는 부계의 유전이 가능하지 않기 때문이다.

제시문 〔가〕에는 미토콘드리아에 대한 언급이 있지만 제시문 〔나〕에는 미토콘드리아에 대한 언급이 없다. 따라서 제시문 〔나〕에서 언급하지 않은 정보는 제시문 〔가〕를 통해서 보완해야 하며 이 둘을 연결해 하나의 완성된 논리를 세운 다음 답안을 작성해야 한다. 자칫 잘못하면 문제 1번은 제시문 〔나〕만을 적용해서 제한된 답안을 작성하기 쉽다.

논술 답안에 과학적이고 논리적인 사고를 반영하기 위해서는 미토콘드리아가 세포 공생설에 의해 세포질에 자리 잡게 된 세포소기관임을 언급하고 그로 인해 핵 DNA와는 달리 한쪽의 세포질을 제공받는 형태의 유전이 이루어지면서 모계유전이 되었음을 설명하는 방식이 가장 무난하다. 답안의 분량은 정자와 난자의 세포질 분할에 대한 설명과 미토콘드리아 DNA에 대한 설명을 비슷한 비중으로 언급해야 하며, 어느 한쪽으로 치우치면 채점자에게 초점이 흐려지는 느낌을 줄 수 있다.

4. 문제 2번 해설

문제 2번은 고교 1학년 과학 교과서의 〈과학의 탐구〉 단원에서 다루고 있는 과학 연구방법론에 근거해서 직접 실험을 설계하도록 출제한 문항이다. 결국 탐구 수행 과정을 기술하는 문제로 과학적 탐구과정 중 탐구 절차에 대한 명확한 개념이 있어야 출제 의도에 적합한 핵심 답안을 작성할 수 있다. 이 문제는 열려 있는 문제로 답안이 과학적 사고에 기반하고 있을 경우는 모두 정답 처리가 가능하다. 학생들에게는 약간 생소할 수도 있기 때문에 '미토콘드리아 DNA 염기서열을 비교했다'고 문제 안에 명확한 힌트를 주었다. 학생들은 과학시간에 학습한 DNA 염기서열과 관련된 배경지식을 바탕으로 제시문 〔다〕를 참조하여 탐구과정을 설계하면 된다. 예를 들어 설명하는 방식을 취해도 좋을 것이다.

■ **이것이 중요**
- 세포소기관으로서의 미토콘드리아
- 핵 DNA와 미토콘드리아 DNA의 차이점

■ **이것이 중요**
- 과학적 탐구 절차
  문제 인식 → 가설 설정 → 탐구의 설계 및 수행 → 자료의 분석 및 해석 → 결론 도출

학생 답안과 첨삭 지도의 실제(1)

최초 답안 1

■ 글 개요 분석 및 특징

1. 미토콘드리아의 특징과 기능
2. 난자와 정자의 이동성
3. 핵 DNA와 미토콘드리아 DNA
4. 미토콘드리아 DNA와 관련된 난자의 우월성

■ 이 학생은 '내용'보다는 '표현' 측면이 더 우수한 답안을 작성했습니다.

전세홍(마포고)
2007학년도 성균관대학교
공과대학 수시1 전형 합격

①미토콘드리아는 고유한 유전자를 가지며 ②세포 내에서 사람 활동에 필요한 에너지를 생산한다. ③그렇기 때문에 ④사람은 생식 시에 에너지 효율 면에서 더 좋은 미토콘드리아를 유전시킬 수 있도록 발전했을 것이다. ⑤사람의 생식세포 중 정자는 이동성을 갖추기 위해 핵 DNA를 제외한 다른 부분들을 축소시켰고, ⑥난자는 수정란이 되어 발생하기 위해 주체를 생성함으로써 한쪽에 에너지를 집중시켜 크기가 크고, 이동성이 없게 된다. 이런 생식 과정 중 세포소기관의 양을 축소시킨 정자보다 그렇지 않은 ⑦난자의 미토콘드리아의 DNA가 더 효율적일 것이고, ⑧세포 크기에서 우위인 난자가 세포질을 차지하게 되었고, 유능한 미토콘드리아의 DNA가 택해지는 것이다. 이를 통해 미토콘드리아의 DNA는 오직 어머니에 의해서 후손에 전달됨을 알 수 있다.

첨삭 지도

김평원 선생님

③ : ①, ②번 문장과 다음 ④번 문장을 볼 때 논리적인 인과관계가 성립한다고 보기 어렵습니다. 따라서 '그렇기 때문에'와 같은 인과관계를 나타내는 연결어는 재고해야 합니다.

⑤ : 단정적인 진술입니다. 이동성 때문에 오히려 정자의 미토콘드리아는 머리와 꼬리 사이에 집중하게 됩니다.

⑥ : 에너지를 집중시키기 위해서 커진 것은 아닙니다.

⑦ : 효율성과 크기가 직접 관련이 있을까요?

오세진 선생님

문장력은 좋지만 답안의 상당 부분이 출제 의도에서 벗어나 있습니다. 뛰어난 표현능력에 걸맞은 내용을 갖출 수 있도록 노력해야 합니다. 결국 이 학생의 답안은 ⑤번 문장으로 끝내는 것이 더 낫습니다. ⑧번 문장과 같이 미토콘드리아가 유전자를 가지고 있는 까닭이 모계유전 및 부계유전과 직접적인 연관성이 있는 것은 아니기 때문입니다.

평가항목	등급	총평
이해 · 분석력	C	잘못된 방향으로 접근했습니다.
논증력	C	논리적인 인과관계가 성립하지 않는 곳이 있습니다.
창의력	C⁺	독창적인 관점이 아쉽습니다.
표현력	A	어법에 맞게 문장을 구사했습니다.

최초 답안 2

전세홍(마포고)
2007학년도 성균관대학교
공과대학 수시1 전형 합격

미토콘드리아의 DNA가 어머니를 통해서 유전되기 때문에 각 사람마다의 미토콘드리아 DNA의 염기서열을 조사한다면 ①다를 수도 같을 수도 있다. ②다른 경우 ③그 사람들은 같은 미토콘드리아의 DNA를 가진 이들끼리 같은 조상을 공유하고 있는 것이다. ④같은 경우 ⑤적어도 이 실험에 참여한 150명은 같은 조상을 공유하고 있는 것이며 그 사람은 제시문 〔다〕에서 제시한 20만 년 전의 아프리카 여인일 수도 있다. 그리고 ⑥그녀의 미토콘드리아가 가장 유능하다고 할 수 있다.

■ 글 개요 분석 및 특징

1. 미토콘드리아 DNA의 모계유전
2. 미토콘드리아 DNA의 염기서열 분석
3. 동일한 염기서열은 동일한 모계
4. 모계를 분석하여 조상을 추적하면 가장 우월한 미토콘드리아 DNA를 소유한 여성이 밝혀짐.

첨삭 지도

김평원 선생님

①번 문장은 불필요한 진술입니다. 이처럼 자신감이 없이 뒤로 물러서는 진술은 높은 점수를 받기 어렵습니다. ②번과 ④번 문장은 서로 상반된 가정임에도 불구하고, 결과는 ③, ⑤번 문장과 같이 같은 조상을 공유하고 있다고 결론을 내리고 있습니다. 학생의 의도를 분명하게 설명하지 못한 상태에서 이러한 문장은 논리적으로 모순입니다.

오세진 선생님

제시문의 내용을 상당 부분 그대로 끌어와 분량을 채우기 위해 고심한 흔적이 엿보입니다. 이는 DNA의 돌연변이와 관련된 기본적인 과학지식이 부족하기 때문입니다. 제시문을 통해 주어진 문제를 풀어야 하는 과학논술의 특성상 과학 교과의 지식이 답안의 수준을 결정한다고 할 수 있습니다. ⑥번 문장은 결국 답안의 결론이 우열의 법칙으로 회귀하고 있음을 의미합니다. 이 문제의 핵심은 구체적인 탐구과정을 설명하는 것이지, 명확한 결론을 언급하라는 것은 아닙니다.

평가항목	등급	총평
이해·분석력	C	잘못된 방향으로 접근했습니다.
논증력	C	구성을 잘 못하여 핵심 주변에서 맴돌고 있습니다.
창의력	C	제시문을 그대로 끌어온 부분이 많습니다.
표현력	B⁺	뒤로 물러서는 진술을 하고 있습니다.

첨삭 지도 후 소감 | 전세홍

　이번에 국어 선생님과 과학 선생님께서 함께 운영하는 과학논술 프로그램을 통해 얻은 것이 많다. 답안을 작성할 때는 나름대로 깔끔한 문장으로 수준 높은 답안을 작성했다고 착각을 한 것 같다. 빨간색으로 가득 찬 첨삭 답안지를 받는 순간 정신이 하나도 없었다.

　과학논술은 문장력이 중요한 것이 아니라 과학지식이 기본이 되어 격식을 갖추어 남을 설득하는 것임을 새삼 실감했다. 첨삭 답안지를 읽고 제시문의 원문인 『이인식의 과학나라』를 읽어 보니 나의 문제점이 무엇인지 분명히 알 수 있었다.

수정 답안 | 전세홍

■ **글 개요 분석 및 특징**

1. 미토콘드리아의 기능과 특성
2. 정자와 난자의 특징
3. 미토콘드리아 DNA에 의한 모계유전

〔1번 답안〕

　미토콘드리아는 공생관계를 통해 우리 몸에 들어온 박테리아의 일종으로 세포소기관에 속하며, 세포질을 통해 유전된다. 또한 미토콘드리아는 자기복제를 하기 때문에 핵 DNA처럼 융합을 통한 유전을 할 필요가 없다. 사람의 생식세포 중 정자는 세포질 양을 줄이고 다량 생산함으로써 이동성을 높였고, 이런 이동을 위한 에너지로 미토콘드리아가 쓰인다. 이에 비해 난자는 이동하지는 못하나 수정란이 되어 태아의 발생을 위한 에너지를 갖기 위해 소량 생산되며, 극체를 생성함으로써 세포질 양을 난자로 집중시킬 수 있게 되고, 크기가 커진다.

　이런 생식과정 중에 세포질 양을 줄인 정자보다 그렇지 않은 난자의 세포질이 선택될 것이고, 자식에게 유전될 것이다. 세포소기관에 속하는 미토콘드리아 DNA 역시 이 과정 중에 난자로부터 유전되고, 결과적으로 미토콘드리아 DNA는 오직 어머니에 의해 후손에 전달됨을 알 수 있다.

〔2번 답안〕

우선, 미토콘드리아 DNA가 한 여인에게서 유전되었다고 가정한다. 그 뒤 연구를 시작한다. 첫째, 150명을 지역별로 나눠 그룹을 정한다. 둘째, 지역별로 나눈 그룹에서 각 사람들의 미토콘드리아 DNA 염기서열을 조사한다. 셋째, 피실험자들의 부모의 미토콘드리아 DNA 염기서열을 조사한 뒤, 부계와 모계 중 어느 쪽으로부터 유전되었는지 조사한다. 이 조사를 통해 미토콘드리아 DNA는 어머니를 통해 유전됨을 알 수 있다. 넷째, 돌연변이가 발생한다는 가정하에 DNA 염기서열이 유사한 사람들을 모은 뒤에 그들의 모계 가계도를 작성한다. 다섯째, 모계 가계도를 조사해서 대가 올라갈수록 공통된 미토콘드리아 DNA를 보유한 조상이 어느 지역으로 집중되는지를 조사한다. 이런 실험과정을 통해 미토콘드리아 DNA는 아프리카의 한 여인으로부터 모든 인류에게 유전되었고, 가정이 옳았음을 알 수 있다.

■ **글 개요 분석 및 특징**

1. 가설 설정
2. 연구 대상 설정
3. 염기서열 조사
4. 가계도 작성
5. 공통 조상 추적

수정 답안 지도

개요를 작성하고 답안을 작성한 것으로 보이며 전체적으로 체계적이고 균형 잡힌 답안입니다. 논지 전개가 아주 좋습니다. '미토콘드리아에 대한 간략한 설명 → 정자와 난자의 특징 → 모계유전 식의 전개'는 출제자가 의도한 순서입니다.

우선 첫째 단락의 내용을 보면 미토콘드리아가 외부에서 들어온 박테리아라고 단정하는 말투를 쓰고 있습니다. 실제 기원이 공생에 의해 이루어졌을 가능성이 많지만 단정보다는 '~로 볼 수 있다' 등의 표현으로 학설임을 제시하는 것이 더 좋겠습니다.

두 번째 줄의 '자기 복제를 하기 때문에 ~융합을 통한 유전을 할 필요가 없다'는 잘못된 표현입니다. 자기 복제가 가능한 DNA가 있다는 것은 세포 공생설의 근거로 사용하는 것이 옳고, 생식에서의 핵 DNA와 미토콘드리아 DNA의 비교를 따로 해주는 것이 좋습니다. 첫째 단락은 요약하여 설명하면 분량을 맞출 수 있습니다. 둘째 단락의 정자의 미토콘드리아에 관한 언급은 빼는 것이 더 좋겠습니다.

학생 답안과 첨삭 지도의 실제(2)

최초 답안 1

■ 글 개요 분석 및 특징

1. 세포질 – 난자의 우월성
2. 세포소기관 중 하나인 미토콘드리아 DNA
3. 미토콘드리아 DNA의 모계유전

■ 이 학생은 '표현' 보다는 '내용' 측면이 더 우수한 답안을 작성했습니다.

송민우(마포고)
2007학년도 인하대학교
공과대학 수시2 전형 합격

정자와 난자가 수정할 때 정자가 ①난자만으로 들어옴으로서 수정이 이루어진다. 이때 정자와 난자의 크기를 비교해 보아도 그렇고, 수정과정을 살펴보아도 수정란의 세포질 중 대부분이 난자의 것이라는 것을 알 수 있다.

세포질에는 세포소기관이 ②있다. 이 세포소기관 중에 하나가 미토콘드리아가 ③있다. 미토콘드리아는 유전물질인 DNA를 가지고 있어서 자기 증식이 가능한 세포소기관④이다.

따라서 ⑤수정란의 세포질 중 대부분이 난자의 것이라는 걸 앎으로서 세포질 안에 들어 있는 미토콘드리아도 난자의 것이었음을 알 수 있다. 이렇게 유전된 미토콘드리아를 포함한 세포질이 세포분열을 하므로 결국엔 모든 세포의 미토콘드리아의 DNA가 모체에 의해서만 전달되었음을 알 수 있다.

첨삭 지도

김평원 선생님

①:보조사 '–만' 을 이렇게 사용하면 어색한 문장이 됩니다. 그리고 '–로서'는 '–로써'로 고쳐 써야 합니다. 첫 문장이 어색하면 글 전체의 이미지를 흐리게 만듭니다. 논술 답안의 첫 문장은 더욱 신경을 써서 작성하도록 합시다.

오세진 선생님

②, ③, ④ : '있다', '–이다' 라는 표현이 연속해서 세 번 나오고 있습니다. 다른 표현으로 고쳐 봅시다. 답안의 대부분이 제시문의 내용을 반복하고 있다는 느낌을 받습니다. 제시문을 정확하게 읽고 문제가 요구하는 답안을 학생이 이해한 말로 바꾸어 표현하는 연습을 해봅시다.

필요한 내용은 거의 다 언급했지만 답안의 완성도는 크게 떨어집니다. '주장＋논거'가 명확해야 함에도 불구하고 주장과 논거가 유기적으로 연결되지 못하고 있습니다. 이러한 답안이 채점자들 사이에서 점수 편차가 큰 답안이 될 소지가 큰데, 그 이유는 행간에 담긴 학생의 의도를 파악하는 정도에 따라 각기 다른 점수를 부과할 수 있기 때문입니다. ⑤번 문장의 경우 근거는 부족하지만 출제자가 요구하는 정확한 내용입니다. ⑤번 문장을 기준으로 답안 전체를 재구성하면 모범 답안으로 거듭날 수 있다고 봅니다.

평가항목	등급	총평
이해 · 분석력	A	출제자의 의도를 정확히 파악했습니다.
논증력	B	논거가 잘 연결되지 못하고 있습니다.
창의력	C	제시문의 정보를 창의적인 시각으로 접근해 보도록 합시다.
표현력	C	문장 구성력과 표현력이 부족합니다.

최초 답안 2

송민우(마포고)
2007학년도 인하대학교
공과대학 수시2 전형 합격

■ 글 개요 분석 및 특징

1. 가설 설정
2. 무작위에 의한 연구 대상 추출
3. 미토콘드리아 DNA의 염기서열 분석
4. 가설 수정
5. 결론 도출

이 실험에서 미토콘드리아 ①DNA는 어머니와 아버지에게서 골고루 전달되었을 것이라는 가설을 세울 수 있다. 그 다음에 ②무작위로 150명을 선택하여 각각의 미토콘드리아 DNA를 채취한다. 선택한 150명의 아버지와 어머니의 미토콘드리아 DNA가 일치하는지 조사한다. 실험 결과 150명의 미토콘드리아 DNA는 각자의 어머니의 미토콘드리아 DNA와 일치함을 알 수 있다.

여기서 처음에 세운 가설이 틀렸다는 것을 알고, ③미토콘드리아 DNA는 어머니의 것과 일치한다고 가설을 수정한다. ④실험 결과는 다시 해도 같을 것이므로 미토콘드리아 DNA는 모체로부터 유전되었다고 결론을 내린다. 그 후 ⑤미토콘드리아 DNA를 가지고 어느 모체로부터 유전되었는지 조상을 거꾸로 추적해 나간다.

첨삭 지도

김평원 선생님

문제의 특성상 이 답안은 '과정'을 기술해야 합니다. 학생의 답안은 일련의 실험 절차에 대해 거의 완벽에 가까운 기술을 하고 있습니다. 과정은 어떤 특정한 결말이나 결과를 가져오는 일련의 행동, 변화, 기능 또는 단계들을 밝히는 내용이 주가 되는 글의 전개방식입니다. 따라서 과정방식으로 글을 전개할 때는 '무엇이'보다 '어떻게'가 중시됩니다.

하지만 이 학생의 답안은 실험을 다 마친 과학자가 자신의 실험을 회고하는 형식을 취하고 있습니다. 과학적 시뮬레이션*과 회고는 다릅니다. 이 점에 대해 좀더 깊이 생각해 보시기 바랍니다. '무엇이 어찌하다'라는 진술보다 중요한 것은 바로 '어떻게'입니다.

염기서열을 비교하는 수행과정을 구체적으로 언급하는 것이 이 문제의 핵심입니다. 따라서 전반적인 수행절차는 간략하게 언급하고 염기서열을 분석해서 조상을 추적하는 메커니즘을 구체적으로 언급한 답안이 높은 평가를 받을 수 있음을 명심하기 바랍니다.

  * 시뮬레이션(Simulation)은 복잡한 문제를 해석하기 위해 모델에 의한 실험을 하거나, 사회현상 등을 해결할 때 실제와 비슷한 상태를 수식 등으로 만들어 모의적으로 연산을 되풀이하여 그 특성을 파악하는 일을 지칭한다. 즉 실제 또는 가상의 동적 시스템 모형을 컴퓨터를 사용하여 연구하는 것을 말한다.

오세진 선생님

①→③ : 가설을 설정하고 수정하는 일련의 과학적 탐구 절차를 잘 기술했습니다. 과학 첫 단원인 〈과학의 탐구〉에서 기본적으로 다루는 내용을 주어진 상황에 잘 적용한 점이 돋보입니다. 특히 ②번 표본의 랜덤 추출과 ④번 재현성*을 언급한 내용이 아주 좋았습니다. 이는 과학적 검증의 신뢰도와 직결된 사항으로 이를 놓치지 않고 간결하게 언급한 점이 돋보입니다. 과학의 탐구에서 다루는 내용은 절차적 지식과 응용력이 복합된 지식입니다. 단순히 절차만 나열해서는 높은 사고력이 반영된 답안을 작성할 수 없습니다. 이 문제의 핵심은 ④번 문장을 구체적으로 설명하라는 것입니다. 결국 학생의 답안은 변죽만 울리다가 급하게 끝을 맺었다는 아쉬움이 듭니다. 정작 중요한 내용은 대충 넘어가 버린 것입니다.

  * 제3자가 다시 실험을 해도 똑같은 결과를 얻을 수 있는 성질을 '재현성'이라고 한다.

평가항목	등급	총평
이해 · 분석력	A	출제자의 의도를 정확히 파악했습니다.
논증력	B	과학적 사고력이 잘 반영되었습니다.
창의력	C	독창적인 시각이 아쉽습니다.
표현력	C	자신의 생각을 구체적으로 진술해야 합니다.

이번 첨삭 지도를 통해 나의 문제점이 적나라하게 드러났다. 문장이 유기적으로 연결되지 못하고 따로따로 놀고 있다는 것이 나의 결정적인 문제점이다. 문장을 자연스럽게 구성하는 능력을 키워야겠다.

완벽한 과학지식을 바탕으로 출제자가 의도한 정확한 답안을 작성하는 사람은 거의 없다는 선생님의 말씀에 힘을 얻었다. 앞으로는 교과서에 없는 내용이라고 주눅이 들거나 소심하게 쓰지 않으리라 다짐해 본다. 과감히 자신감 있게 답안을 작성하되 어설프게 아는 지식을 마치 다 알고 있는 것처럼 착각하지 말아야겠다.

과학 용어의 뜻을 명확히 알고 지식과 나의 견해를 구분하여 쓰는 능력을 키워야겠다. 생명공학 분야의 지식을 충분히 소화하고 다양한 상황에 적용할 수 있도록 노력해야겠다. 이번 첨삭 지도를 통해 논술 답안을 작성하는 감각을 얻은 것 같아 보람을 느낀다.

첨삭 지도 후 소감 | 송민우

수정 답안 | 송민우

■ 글 개요 분석 및 특징

1. 세포소기관 중 하나인 미토콘드리아 DNA는 세포질에 존재
2. 세포질은 모계유전이므로 미토콘드리아 DNA는 100% 모계유전

〔1번 답안〕

세포질에는 세포소기관이 있다. 이 세포소기관 중에 하나가 미토콘드리아이다. 미토콘드리아는 유전물질인 DNA를 가지고 있어서 자기 증식이 가능하다. 이런 미토콘드리아를 포함한 세포질이 모계로부터 전달된 것이라는 것은 정자와 난자의 수정과정에서 알 수 있다.

정자와 난자가 수정할 때 정자가 난자와 결합함으로써 수정이 이루어진다. 정자와 난자의 크기를 비교해 봐도 난자가 더 크고, 수정과정에서 핵을 포함한 정자의 머리 부분만 난자 안으로 들어와 난자의 핵과 융합하는 것을 보면 수정란의 세포질이 난자의 것이라는 것을 알 수 있다. 따라서 세포질 안에 들어 있는 미토콘드리아도 난자의 것이라는 것을 알 수 있다. 이렇게 유전된 미토콘드리아를 포함한 세포질이 세포분열을 하므로 결국에는 모든 세포의 미토콘드리아 DNA는 모체로부터 유전된 것이다.

〔2번 답안〕

먼저 미토콘드리아의 DNA는 어머니와 아버지에게서 골고루 전달되었을

■ 글 개요 분석 및 특징

1. 가설 설정(미토콘드리아 DNA는 양쪽 부모로부터 전달되었다.)
2. 무작위에 의한 연구 대상 추출
3. 미토콘드리아 DNA의 염기서열 분석
4. 가설 수정
5. 결론 도출

것이라는 가설을 세운다. 그 다음에 무작위로 150명을 선택하여 각각의 미토콘드리아 DNA를 채취한다. 선택한 150명의 아버지와 어머니의 미토콘드리아 DNA도 채취하여 각각의 자식과 어머니, 아버지의 미토콘드리아 DNA가 일치하는지 조사한다. 실험 결과 150명의 미토콘드리아 DNA는 각자의 어머니의 것과 일치함을 알 수 있다. 여기서 처음에 세운 가설이 틀렸다는 것을 알고, 미토콘드리아 DNA는 어머니의 것과 일치한다고 가설을 수정한다. 실험 결과는 다시 해도 같으므로 미토콘드리아 DNA는 모체로부터 유전된다고 결론을 내린다. 그후 150명의 어머니의 미토콘드리아 DNA를 가지고 그 위의 어머니의 미토콘드리아 DNA를 추적하고, 이 과정을 계속해 나가서 결론적으로 미토콘드리아 DNA는 어느 한 모체로부터 유전되었음을 밝힌다.

수정 답안 지도

김명원 선생님

전체적으로 많이 발전한 답안입니다. 출제자의 의도에 많이 근접했고, 미토콘드리아 DNA가 주로 가계 분석에 사용되는 이유가 언급되어 있어 지식의 수준이 높아 보입니다.

1번 문제의 서술은 다소 장황합니다. 이를 방지하기 위해서는 좀더 자세히 개요를 작성하고 답안을 작성하는 습관을 들여야 합니다. 과학적 사고력과 논리력은 객관적인 수치로 드러나는 것이 아니기 때문에 답안 속에 그러한 사고력을 녹여서 표현해야 합니다. 현상을 피상적으로 언급하기보다는 왜 그래야만 하는지 또는 무엇에 근거한 것인지를 염두에 두고 문장을 기술하는 연습을 해보도록 하세요.

오세진 선생님

1번 답안은 다소 길지만 출제자가 의도한 내용을 거의 다 포함하고 있습니다. 첫 단락은 '미토콘드리아는 스스로의 DNA를 가지고 있어 자기 증식이 가능한 세포소기관이므로 세포질로 유전된다' 정도로 요약하여 설명하면 좋을 듯합니다. 중간에 '세포질 안에 들어 있는 미토콘드리아'라는 표현도 위에서 언급한 내용을 반복하지 않고 그냥 '미토콘드리아'라고만 써도 무방할 것입니다. 마지막 줄은 쓰지 않아도 될 것입니다.

2번 답안은 결국 최초 답안에서 크게 진척되지 못했습니다. 하지만 과학 탐구과정에 초점이 맞춰져 있는 답안임을 감안한다면 높은 점수를 받을 수 있습니다. 아쉬운 점은 첨삭 지도 과정을 통해 파악한 본인의 문제점을 수정 답안에 반영하지 못한 점입니다. 미토콘드리아 DNA가 가계의 추적에 유리한 면을 언급하되 구체적인 절차를 언급한다면 더 수준 높은 답안이 될 수 있을 것입니다.

학생 답안과 첨삭 지도의 실제(3)

최초 답안 1

차정민(마포고)

정자와 난자가 융합할 때 난자의 ①크기가 더 크다는 것으로부터 난자의 세포소기관이 정자의 세포소기관보다 우위에 있어서 융합된 세포는 우위에 있는 난자의 세포질만을 받는다. 따라서 세포질에 있는 미토콘드리아도 난자의 세포질만을 물려받기 때문에 미토콘드리아 DNA도 여자, 즉 어머니의 난자로부터 물려받는다고 생각한다.

실제로 난자와 정자가 결합할 때 정자는 DNA만을 전달하기 위해 ②크기는 그다지 중요하지 않지만 난자는 세포질을 제공해야 하기 때문에 크다.

■ 글 개요 분석 및 특징

1. 난자의 크기에 의해 세포질은 모계유전
2. 정자의 크기는 중요하지 않음(DNA 전달이 목적)

■ 이 학생은 '내용'과 '표현' 모두 다소 미흡한 답안을 작성했습니다.

첨삭 지도

김평원 선생님

전반부는 무난하게 진술하고 있지만 후반부에서 치명적인 논리적 모순을 드러내고 말았습니다. 전반부에서는 크기를 설명하면서 우열을 논의하고 후반부에서는 '크기는 그다지 중요하지 않다'고 사족을 달고 있습니다. 마지막에 억지로 분량을 채우기 위해서 무리수를 둔 것이 이러한 결과를 초래한 것으로 보입니다. 논리적 모순이 되는 사족을 다느니 차라리 글자 수가 부족한 채로 두는 것이 더 낫습니다.

오세진 선생님

난자의 세포질만이 전달되는 상황을 설명하면서 미토콘드리아 DNA의 모계유전을 잘 연결했습니다. 하지만 후반부에서 이러한 내용을 모두 뒤집어 버리고 있습니다. 분량이 다소 부족하더라도 전반부의 내용만을 적어냈다면 무난한 답이 되었을 것입니다. 이는 답안을 작성하기 전에 개요를 작성하지 않았다는 것을 의미합니다. 기본에 충실하게 답안을 작성하는 연습을 해봅시다.

평가항목	등급	총평
이해 · 분석력	B	모계유전의 핵심을 잘 파악하고 언급했습니다.
논증력	C	후반부에 사족을 날아 비논리적인 답안이 되었습니다.
창의력	C	제시문의 정보에서 더 나아가지 못했습니다.
표현력	C	논술 답안에 맞는 표현을 해야 합니다.

최초 답안 2

■ 글 개요 분석 및 특징

1. 가설(인류는 한 여인에 의해 출현했다.)
2. 무작위 추출 후 미토콘드리아 DNA의 염기서열 분석
3. 염기 추출 후 방사성 동위원소를 추적

차정민(마포고)

가설 : ①인류는 어느 한 여인에 의해 출현했다.

탐구설계 : 무작위로 미토콘드리아 DNA 150개를 추출한다. ②그 개개인의 미토콘드리아 DNA 염기서열을 분석해 본다. 어느 한 여인으로부터 비롯되었다면 그 150명의 ③미토콘드리아 DNA 염기서열이 일정한 규칙을 가질 것이다. 그것의 가장 시초가 되는 염기가 바로 처음 인류의 조상일 것이다. 따라서 ④그 염기를 추출하여 방사성 동위원소를 추적하여 연대를 알아낸다.

첨삭 지도

김평원 선생님

이 답안 역시 후반부에서 쓸데없는 사족을 달았습니다. 지층의 연대를 추정하는 반감기가 뜬금없이 등장한 것은 이 답안의 치명적인 약점입니다. 문제에서 요구하는 것과 관련이 없는 배경지식을 나열하는 것은 도움을 주기는커녕 오히려 감점의 빌미가 됩니다.

이 문제의 핵심은 ②번 문장을 상세하게 기술하는 것입니다. 정작 가장 중요한 내용은 빠져 있습니다. ③번 문장에서는 일정한 '규칙'보다 '유형(패턴)'이라는 용어가 더 적합합니다.

오세진 선생님

①번 문장과 같은 하향식 가설보다는 상향식 가설을 세우는 것이 좋습니다. '미토콘드리아의 DNA는 결국 한 여인으로부터 비롯됐을 것이다'라는 가설을 설정하는 것이 좋습니다. 가설은 실험에 의해 기각 또는 채택될 수 있는 내용을 기술해야 합니다.

평가항목	등급	총평
이해·분석력	B	출제자의 의도를 잘 파악했습니다.
논증력	C	후반부에서 논리적인 모순이 드러났습니다.
창의력	C	제시문에서 더 나아간 내용이 별로 없습니다.
표현력	C	탐구 절차가 구체적이지 못합니다.

정신없이 답안을 적을 때는 몰랐는데, 선생님께서 첨삭해 주신 나의 답안지를 되돌려 받았을 때는 뱀의 다리, 사족의 의미를 다시 한 번 깨닫게 되었다. 정말 민망하다. 쓸데없는 것을 써서 앞에 쓴 것들을 다 못 쓰게 만들었다. 또 억지로 분량을 채우기 위해 잘 알지도 못하는 내용을 너무 뭉뚱그려서 썼다. 앞으로는 내가 아는 것만을 명확하게 진술하는 연습을 해야겠다.

문제 2번은 윌슨 교수가 핵보다 더 빨리 돌연변이를 일으키는 미토콘드리아의 성질을 이용해 인류 조상을 추적했다는 답을 원했다. 그런데 이상하게 머릿속에서 맴돌기만 할 뿐 답안을 기술하기가 쉽지 않았다. 과학논술은 주어진 제시문을 읽고 그 쟁점에 대한 나의 생각을 자유롭게 적으면 된다고 생각했던 것이 큰 오산이었다. 답안은 다양하지만 각각 나름대로의 논리와 정답이 존재한다는 선생님의 말씀이 와 닿았다.

첨삭 지도 후 소감 | 차정민

수정 답안 | 차정민

〔1번 답안〕

미토콘드리아 DNA가 모계유전을 하는 이유는 첫 번째로는 모계 쪽 세포질이 더 우위에 있어서 정자와 난자가 결합할 때 더 우위에 있는 세포질을 ①선택하는 것이라고 생각된다.

두 번째로는 우선, 정자와 난자가 만날 때 정자가 난자로 가서 결합하기 위해 운동을 한다. 운동을 하려면 에너지가 필요한데 에너지를 내는 곳이 바로 미토콘드리아다. 즉, 정자의 미토콘드리아는 정자에게는 난자로 이동하는 데 필요한 기관일 ②뿐이라고 생각된다.

〔2번 답안〕

세계 각각의 사람의 미토콘드리아 DNA를 대륙별로 20~30명씩 무작위로 뽑는다. 미토콘드리아 DNA의 염기서열을 조사하여서 일정한 규칙을 찾아낸다. 150개 중 대부분이 ③어느 한 대륙의 사람들의 것과 비슷하다면 바로 그 대륙에서 인류의 조상이 나왔을 것으로 추정할 수 있다. ④그러한 대륙을 발견하였다면, 그 대륙 사람들의 미토콘드리아 DNA를 더 많이 추출하여서 가장 유사한 것을 찾아낸다.

■ 글 개요 분석 및 특징

● 미토콘드리아 DNA 모계유전 이유
 • 모계 세포질 우위
 • 정자의 미토콘드리아는 운동 기관에 불과함

■ 글 개요 분석 및 특징

1. 무작위에 의한 연구 대상 추출
2. 미토콘드리아 DNA의 염기서열 분석
3. 가장 많이 일치하는 특정 대륙 선정
4. 특정 대륙 사람들의 미토콘드리아 DNA를 많이 추출하여 검증

수정 답안 지도

김평원 선생님

최초 답안보다는 나아졌지만 문장력이 약해 학생이 머릿속에 가지고 있는 생각을 표현하지 못하고 있습니다. 앞으로는 제시문의 내용만을 중언부언하거나 문제와 관련이 없는 교과 지식을 나열하는 습관을 고치도록 합시다. 이렇게 되면 실제 과학적 사고능력보다 낮게 평가되어 불이익을 당할 수 있습니다. ①, ②번 문장처럼 주장이 불분명하고 뒤로 물러서는 진술을 피해야 합니다. 어정쩡한 절충식 답안보다는 한 가지 가설을 집중적으로 언급하는 것이 더 좋습니다. ③번과 ④번 문장은 '특정 대륙'으로 표현하는 것이 채점자의 혼동을 피할 수 있습니다.

많은 학생들이 이렇게 뒤로 물러서는 진술을 하거나 제시문을 중언부언하는 경우가 많습니다. 제시문의 내용을 그대로 옮겨와 자신의 생각이 어디까지인지 불분명한 답안은 합격권에 들어갈 수 없습니다. 논술 학원에서는 민감한 쟁점에 대한 자신의 주장이 너무 강한 답안은 감점을 당하기 쉽다고 하지만 대학에서는 정형화된 붕어빵 답안은 감점하고 있습니다. 절충안은 치열한 토론을 통해 도출되는 것이지 처음부터 존재하는 것은 아닙니다.

오세진 선생님

첨삭 지도를 통해 최초 답안의 치명적인 오류는 극복되었지만 답안의 수준이 모범 답안보다 여전히 부족함을 느낍니다. 첨삭 면담을 해보면 말로써 설명하는 수준은 최상위권 학생들과 별 차이가 없지만, 그 생각을 글로 풀어내는 측면에서 자신의 실력보다 낮게 평가되는 것 같습니다. 자신의 생각을 논리적으로 정리하여 글로 옮기는 연습을 많이 해야겠습니다.

이젠 이공계열도 말과 글로 표현하는 능력이 중요한 시대가 되었습니다. 단순히 '상위권 대학에서 논술시험을 요구하니 준비할 수밖에 없다'는 소극적인 자세에서 벗어나 이공계 학업 활동에서 필요한 의사소통 능력을 미리 키운다는 자세로 논술 연습에 임하길 바랍니다.

| 제시문 원문 읽기

1. 『이인식의 과학나라』 중 「미토콘드리아는 자연의 타임캡슐」

사람의 세포 안에 존재하는 소기관 중에서 미토콘드리아만큼 여러 분야에 활용되는 것은 드물다. 미토콘드리아는 산소를 호흡하여 사람의 활동에 필요한 에너지의 90%를 생산하는 세포의 발전소 구실을 한다.

모든 세포는 수백여 개의 미토콘드리아가 세포핵의 외부에 존재한다. 한 개의 미토콘드리아는 여러 개의 디옥시리보핵산(DNA)을 갖고 있다. 한 개의 미토콘드리아 DNA에는 37개의 유전자가 들어 있다. 미토콘드리아가 핵 밖에 존재하면서 세포핵처럼 고유의 유전자를 갖고 있음에 따라 그 기원에 대해 이론이 분분하다. 가장 설득력이 높은 것은 미국 생물학자 린 마굴리스가 진핵(眞核)세포의 기원을 독특하게 풀이한 세포공생설이다.

생물은 세포 안에 핵이 없는 원핵생물(박테리아)과 핵을 가진 진핵생물(박테리아를 제외한 모든 생물)로 구분된다. 마굴리스에 따르면, 약 20억 년 전 우리 몸 안에 들어온 박테리아가 미토콘드리아로 자리를 잡게 된다. 결국 세포는 박테리아로부터 에너지를 공급받고 그 대신에 박테리아는 먹이와 서식처를 제공받는 공생관계가 성립되어 진핵세포가 형성되었다는 것이다. 요컨대 미토콘드리아의 조상은 박테리아인 셈이다.

미토콘드리아 DNA는 핵 DNA와 다른 특성이 두 가지가 있다. 먼저 핵 DNA는 양친으로부터 자식에게 유전되지만 미토콘드리아 DNA는 오로지 어머니에 의해 후손에 전달된다. 또한 미토콘드리아 DNA는 핵 DNA보다 10배가량 빨리 돌연변이를 일으킨다. 이러한 미토콘드리아 특성에 착안하여 현생 인류의 기원을 찾아나선 인물은 뉴질랜드 태생으로 미국에서 활약한 앨런 윌슨 교수이다.

윌슨은 세계 곳곳에서 수집한 미토콘드리아 DNA를 분석하여 모계혈통의 가계도를 완성했다. 나무 모양의 가계도를 그린 까닭은 현생 인류의 조상이 되는 여자가 뿌리에 나타나게 되기 때문이다. 윌슨은 이 여인을 '이브'라고 불렀다.

이브는 대략 20만 년 전에 아프리카에 생존했던 여자로 추정된다. 아프리카가 에덴 동산인 셈이다. 현생 인류의 조상은 아프리카에서 시작된 흑인종이었으며, 나중에 세계 곳곳으로 퍼져 나가 지역에 따라 상이한 인종적 특성이 출현하면서 백인종도 되고 황인종도 되었다는 것이다.

미토콘드리아 DNA는 자연의 타임캡슐이다. 오래전에 사라진 세계의 소식을 전해 주는 우편배달부이므로.

2. 『이인식의 과학나라』 중 「사람이 암수로 발전한 까닭은」

사람의 성별이 하나나 셋이 아니고 왜 하필이면 남녀 둘일까? 가장 그럴듯한 설명은 1992년 영국 생물학자인 로렌스 허스트가 발표한 가설이다.

동물의 세포는 핵, 세포질, 미토콘드리아 등 각종 소기관으로 구성된다. 핵 속에는 유전자의 본체인 디옥시리보핵산(DNA)이 들어 있다. 세포질은 화학반응이 일어나는 용액이다. 미토콘드리아는 산소를 호흡하여 에너지를 생산하는 세포의 발전소이다.

인간의 성생활에서는 생식을 위해 감수분열과 세포융합의 두 가지 상보적 과정이 필요하다. 감수분열은 생식세포로 되는 세포가 염색체의 수를 절반으로 감소시키는 과정이다. 감수분열의 결과로 정자와 난자가 형성된다. 이들이 서로 만나 수정이 되면 세포융합이 일어난다. 새로 탄생한 세포에서 염색체의 수는 원래대로 돌아가고, 이 세포가 분열을 거듭하여 태아를 만든다.

허스트에 따르면, 세포융합 과정에서 큰 문제가 생길 수 있다. 왜냐하면 정자와 난자가 융합할 때 두 세포의 핵 DNA는 한 쌍의 염색체 안으로 함께 들어가므로 별다른 문제가 없지만, 두 세포의 소기관은 하나의 세포질을 서로 차지하기 위하여 싸울 수밖에 없기 때문이다. 예컨대 미토콘드리아

끼리 다툴 가능성이 높다.

세포소기관 사이의 분쟁을 해결하는 최선의 방법은 어느 한쪽이 양보를 하는 것이다. 정자와 난자 중 한쪽의 소기관만 다음 세대로 전달되는 방향으로 결론이 났다. 결국 정자가 난자에게 양보를 했다. 따라서 아버지 쪽의 세포소기관은 자식에게 전달되지 못하지만 어머니 쪽의 세포소기관은 제대로 전달되게 되었다. 허스트는 세포질을 둘러싼 갈등을 해소하는 과정에서 정자와 난자가 그 크기와 기능이 서로 다르게 진화된 것이라고 주장했다.

정자는 애초부터 미토콘드리아 등 소기관이 제거되므로 작고 운동성이 뛰어나며 대량으로 생산된다. 그러나 난자는 소기관을 갖고 있으므로 크고 운동성이 없으며 소량이다. 따라서 우리 몸 안의 세포소기관은 어머니로부터 물려받은 것이며 아버지의 것은 없다. 가령 미토콘드리아가 모계로만 유선되는 것도 오로지 정자가 희생을 치른 결과일 따름이다.

이러한 논리를 전개하며 허스트는 세포질을 둘러싼 분쟁이 불가피한 융합 성교에서는 반드시 암수 양성의 성별이 진화될 수밖에 없었다고 주장하여 폭넓은 지지를 받았다.

논술 심화 문제

〔가〕 DNA를 추출하여 얻은 타이핑

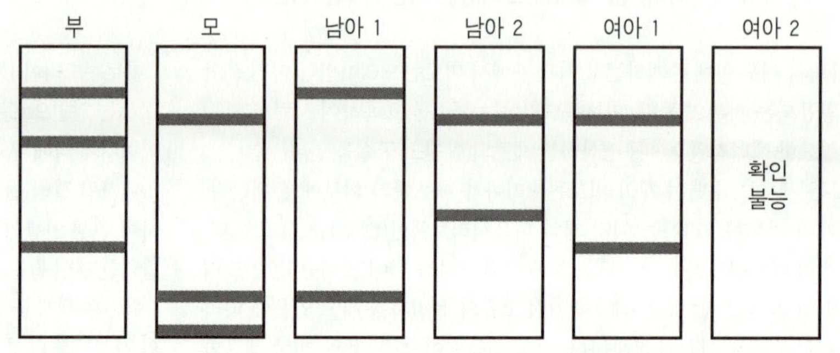

〔나〕 미토콘드리아 DNA 타이핑

	과변이 지역								
컨센서스	C	T	C	C	C	C	T	T	T
부	·	·	·	·	·	·	C	·	·
모	·	·	T	·	·	·	·	C	·
남아1	·	·	—	—	—	—	—	—	—
남아2	·	·	T	·	·	·	C	·	·
여아1	·	·	T	·	·	·	·	C	·
여아2	·	·	·	·	·	C	·	·	·

※ 컨센서스는 그 지역의 가장 대표적인 염기서열을 말한다.

※ 컨센서스의 염기서열과 같은 경우는 (·), 다른 경우만 표시, 미확인은 (—)

문제 | 어느 산부인과에서 성이 다른 이란성 쌍둥이 두 쌍이 서로 뒤바뀌게 되었다. 이들을 구별하기 위하여 부모와 아이들을 대상으로 유전자 검사를 실시했다. 〔가〕는 전기영동을 이용한 친자 확인 검사 결과이고, 〔나〕는 미토콘드리아 DNA의 타이핑이다. 위 자료들을 토대로 친자를 확인하는 과정을 500자 내외로 설명하시오.

| 심화 문제 해설

1. 출제 의도

기본 문제에서 'DNA 염기서열을 분석한다'고 언급한 부분을 구체적인 절차로 풀어낸 문제이다. 이 내용은 대학 교양과정에서 다루는 수준이지만 황우석 박사팀의 줄기세포 논란 과정에서 많이 쟁점화되었고 이미 모의 수학능력시험에서도 출제된 바 있다. 이 문제의 방법론적인 측면은 고교 1학년 과학 교과서의 〈과학의 탐구〉 단원과 관련이 있으며 세부적인 내용은 생물 Ⅱ 의 〈유전자의 본질〉 단원과 관련이 있다. 2007학년도 과학탐구 영역에서도 비중 있게 출제된 만큼 이 주제는 눈여겨보아야 할 것이다.

■ **문제 핵심분석**
- DNA 염기서열과 유전정보
- 구체적인 DNA 염기서열 분석 방법

2. 문제 해설

이 문제는 미토콘드리아 DNA의 염기서열을 분석하는 방법을 친자 확인에 적용하는 절차를 다루고 있다. 실제로 이러한 방법을 활용하여 모계를 중심으로 한 친자 확인에 응용하는 사례가 늘고 있다. 이 문제는 두 가지 자료를 통해 숨겨진 질서를 찾아가는 과정을 과학적으로 기술해야 좋은 점수를 받을 수 있다. 따라서 어느 한 자료에 치중해서 겉으로 드러난 결과를 기술하는 선에 그친 답안은 높은 점수를 받을 수 없다.

■ **실마리 찾기**
- DNA 염기서열 분석과 친자 확인
- 미토콘드리아 DNA를 활용한 친자 확인

3. 실제 분석 사례

모계 검사의 대표적인 사례는 일제 종군위안부 훈 할머니의 경우를 들 수 있다. 수년 전, 어릴 때 일제의 위안부로 붙들려가 생의 대부분을 캄보디아에서 보낸 훈 할머니가 가족을 찾는 사건이 있었는데, 당시 훈 할머니의 부모는 이미 작고했기 때문에 친자 검사는 불가능했다. 대검찰청에서는 훈 할머니의 친족이라고 생각되는 사람들과 미토콘드리아 DNA를 비교분석하는 방법으로 친자 확인을 했으나 일치하는 사람을 찾지 못했다.

■ **이것이 중요**
- 미토콘드리아 DNA를 활용한 친자 확인
- 핵 DNA와 미토콘드리아 DNA의 차이점

〔대검찰청 보도 자료〕 "훈 할머니-김남선 씨는 혈육 아니다" (1997.06.24)

캄보디아 '훈' 할머니와 일가족이라고 주장해온 부산의 김남선(72·여) 씨 가족은 유전자 감식 결과, 혈육일 가능성이 전혀 없는 것으로 밝혀졌다. 대검찰청 과학수사 지도과는 '훈' 할머니와 부산의 김남선 씨 가족 3명의 혈액을 지난 20일 채취, 10개 유전자 감식기법으로 분석한 결과, '훈' 할머니는 김씨의 부모인 김차봉 씨와 유문애(98) 씨의 친자식일 가능성이 전혀 없다고 24일 발표했다. 검찰은 그러나 '훈' 할머니가 한국인이 맞는지 여부는 유전자 감식기법을 통해서도 확인할 수 없다고 밝혔다. 검찰은 김남선 씨와 남동생 남조(62) 씨, 어머니 유문애 씨 등 일가족 3명의 유전자형을 판독, 그 결과를 토대로 사망한 아버지 김차봉 씨의 유전자형을 추출해 혈육 여부를 판정했으나 '훈' 할머니와는 유전자 염기서열이 전혀 맞지 않는 등 혈육일 가능성은 없다고 밝혔다.

또 유문애 씨와 자녀 2명의 혈액형은 모두 O형인 반면, '훈' 할머니의 혈액형은 A형인 것으로 밝혀졌으나 아버지 김씨의 혈액형은 확인하지 못했다고 밝혔다. 검찰은 이번 감식에서 ▲MCT118, YNZ22 등 통상 활용되는 5가지 기법 ▲D13S317, D19S253 등 대검이 단독 개발한 4가지 기법 ▲미토콘드리아 염기서열 분석기법 등 10가지 기법을 사용했다고 밝혔다.

지난 20일 양쪽의 혈액 등을 넘겨받은 검찰은 먼저 '훈' 할머니의 유전자를 분석하여 유전자형을 추출한 뒤 유문애 씨와 김남조·남선 씨 남매의 유전자형을 판독, 사망한 김씨 남매의 아버지 김차봉 씨의 유전자형을 추출했다.

이어 김차봉, 유문애 씨 부부로부터 자식이 물려받을 수 있는 유전자형과 '훈' 할머니의 유전자형을 서로 비교하여 혈육 여부를 판정했다. 판정 결과 YNZ22 등 7가지 기법에서 판독된 유전자형은 유문애 씨에게는 없는 것으로 '훈' 할머니가 물려받을 수 없는 형으로 분석됐다. 또 미토콘드리아 염기서열 분석법에서도 '훈' 할머니와 유문애 씨의 염기서열이 전혀 일치하지 않았다고 검찰은 밝혔다.

심화 문제 예시 답안

전세홍(마포고)
2007학년도 성균관대학교
공과대학 수시1 전형 합격

전기영동을 이용한 친자 확인 검사 결과를 볼 때, ①자식은 부모의 밴드와 일치하는 곳이 있어야 하므로 어머니의 밴드와는 일치하지만 아버지의 밴드와는 일치하는 곳이 없는 남아 2는 확실히 자식이 아니다. 때문에 남자 중에서는 남아 1이 자식이겠지만 여아 2의 밴드를 확인할 수 없으므로 여아 1과 여아 2는 누구 자식인지 확실히 하기가 어렵다. 때문에 미토콘드리아 DNA의 염기서열을 확인해야 한다.

미토콘드리아 DNA는 ②어머니를 통해서만 유전되므로, ③자식은 어머니의 염기서열과 같아야 할 것이다. ④어머니는 컨센서스에서 3번째와 8번째가 변이된 형태이기 ⑤때문에 특수하여, 이와 같은 염기서열을 가지고 있는 사람인 여아 1은 확실한 친자라고 할 수 있다. 또한 남아 1도 친자이기 때문에 확인되지 않은 염기서열이 어머니나 여아 1과 같을 것이라고 생각할 수 있다.

1. DNA 타이핑 해석
2. 부모의 DNA 타이핑과 자식의 타이핑 비교
3. 미토콘드리아 DNA의 염기서열 활용, 모친의 밴드와 일치하는지 여부 확인

예시 답안 지도

김평원 선생님

전반적으로 친자를 확인하는 절차를 잘 기술했습니다. 하지만 지칭하는 표현을 모호하게 처리한 곳이 많아 채점자가 학생의 의도를 오해할 수 있습니다. 다음 표현을 문맥에 맞게 정확히 표현하도록 합시다.

①자식은 → 자식의 DNA 밴드는

②어머니를 통해서만 → 모계를 통해서만

③자식은 → 자식의 미토콘드리아 DNA는

④어머니는 컨센서스에서 → 컨센서스에 나타난 어머니의 염기서열은

⑤때문에 특수하여 → 때문에 다른 염기와는 다른 특수성을 가지고 있으며

과학논술에서는 실험이나 연구절차를 글로 풀어서 설명해야 하는 경우가 많습니다. 이럴 때는 머릿속에 떠오르는 생각대로 절차를 나열해서는 곤란합니다. 답안을 읽는 채점자가 과정 전체를 이해할 수 있도록 지칭하는 표현을 명확하게 기술해야 합니다. 여러 단계를 설명할 때는 되도록 단계별 분량이 동일하도록 조절하는 것이 좋고, '첫째 단계에서는'과 같은 표제어를 나열하는 것도 좋은 방법입니다.

무난한 답안입니다. 하지만 답안을 작성하는 학생이 과학적으로 사고하고 있다는 것을 어느 정도 보여주는 테크닉이 부족한 것은 아쉽습니다. 이 문제는 두 가지 자료를 통해 숨겨진 질서를 찾아가는 과정을 과학적으로 기술해야 좋은 점수를 받을 수 있습니다. 따라서 미토콘드리아 DNA가 모계를 통해서 유전된다는 과학적 지식을 좀더 풀어서 설명해 주고 (가)를 통해서 파악할 수 있는 사실과 (나)를 통해서 파악할 수 있는 사실을 종합하여 잠정적인 결론을 유도하는 방식으로 서술하면 더 깔끔한 답안이 될 것 같습니다.

평가항목	등급	총평
이해 · 분석력	A	친자 확인 과정을 체계적으로 잘 기술했습니다.
논증력	B$^+$	문장이 길어 모호한 측면이 있지만 뛰어난 논증입니다.
창의력	A	과학적 사고과정이 무난합니다.
표현력	B	지칭 표현을 모호하게 처리한 곳이 많습니다.

| 좀더 자세히

1. 세포의 발전소 미토콘드리아

고등학교 과정에서 미토콘드리아는 '세포의 발전소' 역할을 하는 것으로 주로 소개되고 있다. 미토콘드리아의 핵심적인 기능은 유기물질을 세포가 사용하는 에너지 형태인 ATP로 전환하는 것이다. 과학의 〈호흡과 생물 에너지〉 단원과 생물 I의 〈호흡 운동과 가스 교환〉 단원에서는 비교적 기초적인 지식을 다루고 있지만, 생물 II의 〈유기호흡과 무기호흡〉 단원은 미토콘드리아의 기질에서 진행되는 'TCA회로'와 내막에서 진행되는 '전자 전달계'와 관련된 고급 지식까지 다루고 있다. 대학에서는 '생화학'이라는 과목에서 이를 중점적으로 다루고 있지만 고등학교 과정에서도 중요하게 다루고 있는 만큼 이 또한 과학논술에 출제될 수 있는 중요한 내용이기도 하다.

우리가 섭취하는 탄수화물은 대부분 에너지로 전환된다. 탄수화물은 소화효소에 의해 단당류로 분해되어 각 세포의 에너지원으로 사용된다. 한 분자의 포도당은 산소가 충분한 상황에서는 해당과정과 TCA회로, 전자전달계를 거쳐 이산화탄소와 물로 분해되며 38개의 ATP와 열에너지를 생산한다. 이처럼 미토콘드리아는 영양소를 산화시켜 생활에 필요한 에너지를 공급하는 중요한 기능을 담당하고 있는 것이다.

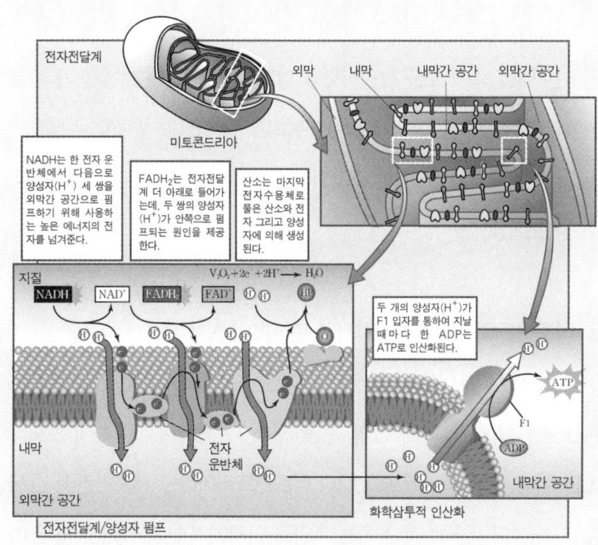

미토콘드리아의 대사 과정

2. DNA 염기서열이란?

방대한 정보와 생각을 모두 표현할 수 있는 우리의 문자 체계는 놀랍게도 겨우 수십 개의 자음과 모음의 조합으로 구성되어 있다. 그렇다면 생명의 신비를 담고 있는 복잡한 DNA 정보 체계는 몇 개의 글자로 쓸 수 있을까? 놀랍게도 단 네 글자이다. 그토록 복잡한 유전정보가 G, C, A, T와 같은 단 네 개의 글자, 즉 네 개의 염기로 구축된 것이라는 사실은 우리를 경이롭게 한다. 이 네 글자도 A(아데닌)과 T(티

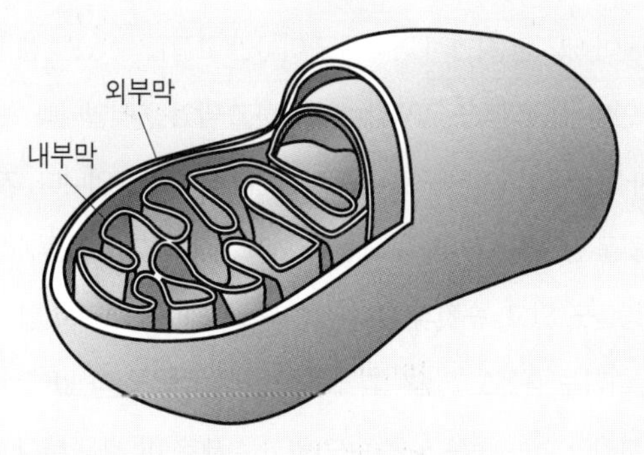

미토콘드리아의 구조

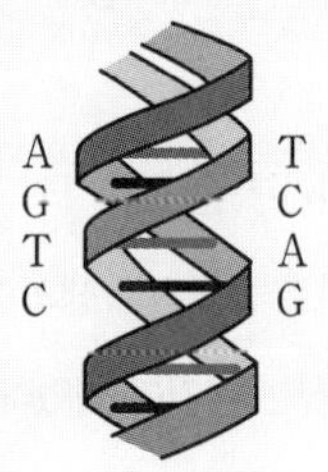

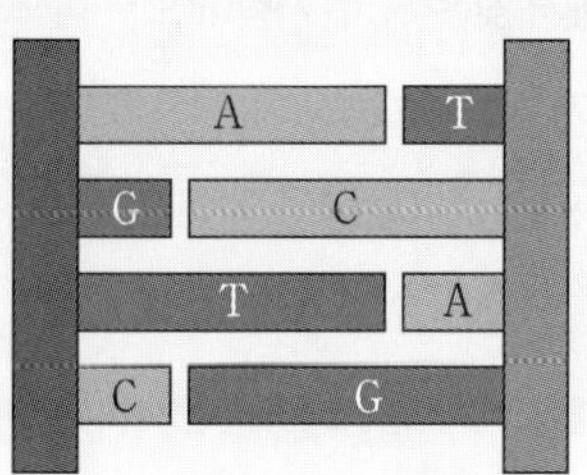

민), C(시토신)과 G(구아닌)끼리 움직이기 때문에 결국 두 글자의 끊임없는 나열 속에 모든 유전정보를 담고 있는 셈이다. 조물주가 설계한 생명의 설계도는 이렇게 간단한 원리로 펼쳐진다. 생물 II〈유전자의 본질〉 단원에서는 DNA의 구성과 복제과정에 대한 세부적인 내용을 소개하고 있다.

3. 미토콘드리아 DNA 염기서열 분석법의 활용

어머니만이 자식에게 물려주는 미토콘드리아 DNA를 이용하여 모계를 확인할 수 있다. 사람의 유전정보는 대부분 세포의 핵에 존재하지만 극히 일부분은 세포질 내의 미토콘드리아라는 세포기관에 존재한다. 수정이 일어날 때 정자는 핵만을 난자에게 옮겨 놓기 때문에 미토콘드리아 DNA는 모계로만 유전된다. 즉, 어머니의 미토콘드리아 유전자는 아들, 딸로 전해지지만 딸만 그 미토콘드리아의 유전자를 그 다음대의 손자 손녀에게 전해 주게 되는 것이다. 친손자, 친손녀들은 며느리의 미토콘드리아 DNA를 가지게 되지만 외손자, 외손녀들은 외할머니의 미토콘드리아 DNA를 가지게 된다. 다음 가계도에서 색칠이 되어 있는 사람들끼리는 같은 미토콘드리아 DNA를 가지기 때문에 모계 검사로 혈연임을 확인할 수 있다.

원은 여성, 네모는 남성, 원과 네모를 잇는 가로선은 부부관계, 부부의 아래로 뻗은 세로선은 자식들을 보여준다. 회색은 미토콘드리아 DNA가 전달되는 모습을 보여준다. 자신이 확인하고자 하는 관계를 그림에서 찾은 뒤 두 사람이 모두 회색이면 미토콘드리아 DNA에 의한 모계 검사가 가능하다.

모계 검사의 대표적인 사례로는 일제 종군위안부 훈 할머니의 경우를 들 수 있다. 수년 전, 어릴 때 일제의 위안부로 붙들려가 생의 대부분을 캄보디아에서 보낸 훈 할머니가 가족을 찾는 사건이 있었다. 당시 훈 할머니의 부모는 이미 작고했기 때문에 친자 검사는 불가능했

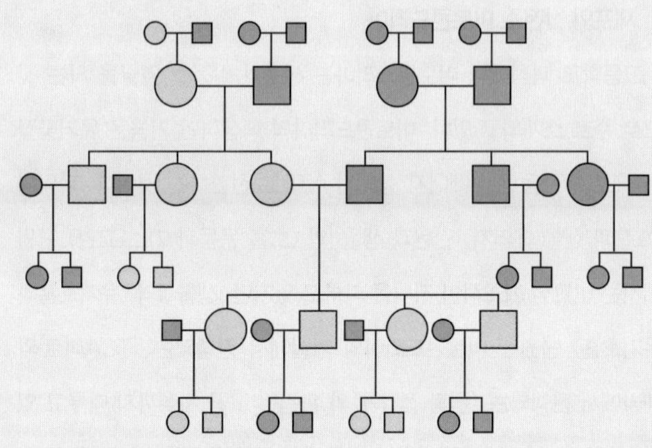

다. 대검찰청에서는 훈 할머니의 친족이라고 생각되는 사람들과 미토콘드리아 DNA를 비교 분석했으나 일치하는 사람을 찾지 못하였다고 발표했다. (1997년 6월 24일)

● 자료 출처 http://www.idgene.co.kr

4. 헌법재판소 제출 의견서 : 미토콘드리아 DNA를 통해 본 호주제의 생물학적 모순

호주제는 한마디로 전혀 생물학적이지 못한 제도입니다. 어쩌다 보니 인간 세계는 아들이 필수적인 존재가 될 수 있는 지극히 인위적인 제도를 만들어 냈지만 자연계 어디에도 아들만 고집할 수 있는 생물은 없습니다. 만일 있었더라도 일찌감치 멸종하고 말았을 것입니다. 누구나 아는 사실이지만 수컷만으로는 번식할 수 없기 때문입니다. 지구상에는 수컷을 만들어 내야 할 필요를 느끼지 못해 여태 암컷들끼리만 사는 생물종들도 있고, 수컷과 함께 살다가 결국 없애 버리고 암컷들만 남아 살아가는 종들도 있습니다. 하지만 암컷들을 죄다 없애 버리고 수컷들끼리만 사는 종은 있을 수도 없고 실제로 이 세상 어디에도 존재하지 않습니다.

우리 인간처럼 유성생식을 하는 생물들은 모두 난자와 정자가 결합

하는 수정이라는 과정을 거쳐 태어납니다. 암컷과 수컷이 각각 자기 유전자의 절반을 넣어 만든 난자와 정자가 만나 하나의 수정란이 되어야 그로부터 새로운 생명체가 탄생하는 것입니다. 우리가 흔히 유전자라고 부르는 것들은 대개 한데 뭉뚱그려 세포의 핵 속에 들어 있는 DNA를 의미합니다. 그러나 세포 안에는 핵뿐 아니라 많은 세포소기관들이 들어 있습니다. 그 중의 하나로 세포가 사용하는 에너지를 만들어내는 미토콘드리아라는 소기관이 있습니다. 그런데 신기하게도 이 미토콘드리아 안에는 핵의 DNA와 다른 그들만의 고유한 DNA가 들어 있습니다. 그 옛날 세포가 진화하던 초창기에는 미토콘드리아가 독립적으로 생활하던 박테리아였다는 결정적인 증거입니다. 이른바 '공생설'이라고 부르는 진화생물학 이론은 서로 다른 박테리아들이 공생과정을 통해 오늘날의 세포를 형성하게 되었다고 설명합니다.

따라서 핵이 융합하는 과정에서는 당연히 암수의 유전자가 공평하게 절반씩 결합하지만 핵을 제외한 세포질은 암컷이 홀로 제공하는 것이기 때문에 미토콘드리아의 DNA는 온전히 암컷으로부터 옵니다. 바로 이런 이유 때문에 생물의 계통을 밝히는 연구에서는 미토콘드리아의 DNA를 비교 분석합니다. 철저하게 암컷의 계보를 거슬러 올라가는 것입니다. 전통적으로 남자만 이름을 올릴 수 있는 우리 족보와는 달리 생물학적인 족보는 암컷 즉 여성의 혈통만을 기록합니다. 부계 혈통주의는 생물계 그 어디에도 존재하지 않을뿐더러 존재할 수도 없습니다.

수정과 발생과정에서 남성이 주도권을 쥐어야 한다는 강박관념 때문에 만들어진 억지스러운 일들이 인간 사회에는 심심찮게 존재합니다. 17~18세기 유럽의 생물학자들도 예외가 아니었습니다. DNA의 존재를 모르던 시절이긴 하지만 당시 생물학자들은 정자 안에 이미 작은 인간이 들어앉아 있다고 주장했습니다. '씨'는 이미 남성에 의해 결정되어 있고 이름하여 '씨받이'로 간주된 여성은 그저 영양분을 제공하여 씨를 싹 틔우는 밭에 불과하다고 설명하려 했습니다. 정자 속에 이미

작은 사람이 들어 있다는 이론을 받아들이면 실로 어처구니없는 모순에 빠질 수밖에 없습니다. 마치 러시아의 전통 인형처럼 그 작은 사람의 정자 속에는 더 작은 사람이 웅크리고 있어야 하고, 또 그 사람의 정자 속에는 더 작은 사람이 있어야 하고, 그 사람의 정자 속에 또 더 작은 사람이 들어 있어야 하는 식의 무한대의 모순을 범할 수밖에 없습니다. 그릇된 이념은 결국 과학의 객관성 앞에 무너지게 되어 있습니다.

수정과정에서 암수의 역할은 다분히 비대칭적입니다. 정자는 수컷의 유전물질을 난자에 전달하고 나면 그 소임을 다하지만 난자는 암컷의 유전물질은 물론 생명체의 초기 발생에 필요한 온갖 영양분을 다 갖추고 있어야 합니다. 핵 DNA는 정확하게 반씩 투자하지만 미토콘드리아 등 다른 세포소기관의 DNA는 암컷만이 홀로 제공하므로 유전물질만 비교해도 암컷의 기여도가 더 크다고 봐야 합니다. 많은 경우 유전물질이 일단 배달된 다음에 벌어지는 일에 대해서는 전혀 아는 바도 없는 수컷이 훗날 뒤늦게 정통성을 주장하는 것은 생물학자가 볼 때 어딘지 무리가 있어 보입니다. 지금 우리 여성계가 추구하고 있는 호주제 폐지는 이런 생물학적 불평등에도 불구하고 인본주의적 입장에서 그저 평등하게만 바로잡자는 것이고 보면 억지스러운 점이라곤 도무지 찾아볼 수 없는 지극히 합리적인 주장이라고 봐야 할 것입니다.

● 자료 출처 : 〈2001 헌가11, 12, 13, 14, 15 민법 제778조 위헌 제청〉건에 대한
　　최재천 교수가 제출한 의견서 중 일부 발췌

열역학과 엔트로피

이 문제는 서울대학교에서 공개한 2008학년도 통합교과논술 유형을 반영하여 『미래교양사전』과 『걸리버 과학 탐험기』에서 발췌한 칼럼을 제시문으로 구성하여 출제한 것이다. 기본 문제는 과학의 〈에너지의 흐름과 보존〉 단원, 물리 Ⅰ의 〈역학적 에너지의 보존〉, 물리 Ⅱ의 〈열역학의 법칙〉 단원 등과 관련 있는 기본적인 내용을 출제했으며, 발명품의 메커니즘을 분석하는 유형의 신유형 문제를 덧붙였다. '고립계'와 '열린 계'의 차이점을 구별하는 심화 문제는 화학 Ⅱ의 〈물질의 변화와 엔탈피〉, 물리 Ⅱ의 〈열역학의 법칙〉 단원을 심화한 것으로 서울대학교 구술면접시험에서도 이와 유사한 문제가 출제된 바 있다.

| 논술 기본 문제

■ 제시문 자료 출처

- 이인식, 『미래교양사전』 중 「엔트로피, 시간에 화살이 있다」
- 이인식, 『걸리버 과학 탐험기』 중 「영구기관은 불가능한가」

■ 관련 단원

과학	과학의 탐구, 에너지의 흐름과 보존
물리 Ⅰ	역학적 에너지 보존, 에너지 보존
물리 Ⅱ	열역학의 법칙
화학 Ⅱ	물질의 변화와 엔탈피

〔가〕 열역학은 열을 에너지로 보는 견지에서 열의 현상에 관한 근본 원칙과 그 응용을 연구하는 과학이다. 영국의 제임스 와트가 발명한 증기기관에 의해 열이 기계적 에너지로 변환되는 요인을 탐구하는 과정에서 탄생한 학문이다. 열역학은 제1법칙인 에너지 보존의 법칙과 제2법칙인 엔트로피(entropy)의 법칙이 발표됨에 따라 그 체계가 확립되었다. 우주에 있어서의 모든 에너지의 총합은 일정하며, 결코 새로 생겨나거나 소멸되는 일이 없다. 단지 그 형태만이 변화할 수 있을 뿐이다(제1법칙). 그리고 에너지는 한 방향으로만 변환된다. 즉 사용할 수 있는 것으로부터 사용할 수 없는 것으로, 또는 질서화된 것으로부터 무질서화된 것으로 변환될 수 있을 뿐이다(제2법칙).

〔나〕 제2법칙은 열역학의 선구자로 손꼽히는 프랑스 기술자인 사디 카르노의 연구를 바탕으로 독일 물리학자인 루돌프 클라우지우스에 의해 완성되었다. 1865년 클라우지우스는 제2법칙을 발표하면서 엔트로피의

개념을 처음으로 사용했다. 엔트로피는 사용할 수 없는 에너지의 양을 측정하는 수단이다. 사용 가능한 에너지가 가장 많고 가장 질서화된 상태는 엔트로피가 가장 적은 상태이며, 사용할 수 있는 에너지가 가장 적고 무질서화된 상태는 엔트로피가 가장 많은 상태이다.

〔다〕 영구기관은 외부로부터 에너지 공급을 받지 않고 영구히 운동을 계속하는 상상의 기관, 곧 영구 운동 장치이다. 영구기관은 무에서 에너지를 추출하려는 기계이므로 공짜 에너지 장치라고도 한다. 중세부터 기술자들은 외부로부터 에너지를 일절 주입받지 않은 채 끊임없이 에너지를 만들어 내는 영구기관을 설계하고 만들어 보기까지 했다.

문제 1 | 최근 에너지 고갈의 위기를 우려하는 목소리가 높다. 물리학에서는 에너지가 보존된다고 하는데 어째서 에너지가 고갈된다고 하는 것일까? '에너지가 고갈된다'는 표현이 의미하는 바는 무엇인지 자신의 견해를 과학적으로 설명하시오. (400자 내외)

문제 2 | 특허청 심의관은 다음과 같은 발명품의 특허 신청서를 기각했다. 제시문 〔가〕~〔다〕를 참조하여 다음 아이디어들이 특허를 받을 수 없는 이유를 과학적으로 설명하시오. (각각 200자 내외)

<table>
<tr><td>무한
회전
동력
발생
기 A</td><td></td><td>본 발명품은 쇠망치들이 일정한 간격으로 바퀴 테에 달려 있는 바퀴로 구성된다. 바퀴 한쪽에서 추가 달린 막대기(쇠망치)가 떨어지는 힘에 의해 바퀴가 회전하고, 그 힘을 받아 다른 망치가 다시 위로 올라가 떨어지는 구조이다. 이런 식으로 운동이 영구히 지속된다.</td></tr>
<tr><td>무한
회전
동력
발생
기 B</td><td>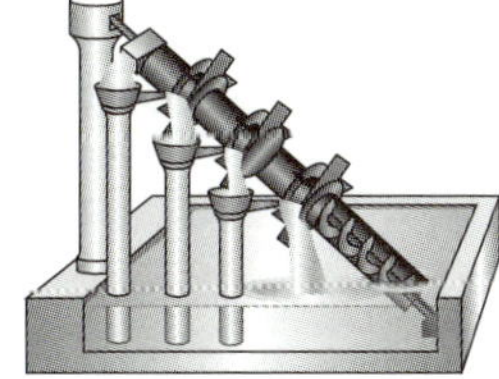</td><td>본 발명품은 나선식 물 펌프와 수차를 부착하고 있는 회전체로 구성된다. 수통 위에 놓인 물통 속의 물이 커다란 수차 위로 떨어져 바퀴가 나선식 물 펌프를 돌리면, 펌프는 물을 다시 위로 끌어올리는 구조이다. 이런 식으로 운동이 영구히 지속된다.</td></tr>
</table>

k e y w o r d

■ **열역학(熱力學, thermodynamics)** : 열과 역학적 일의 기본적인 관계를 바탕으로 열 현상을 비롯해 자연계에서의 에너지의 흐름을 통일적으로 다루는 물리학의 한 분야로 생물계나 무생물계를 막론하고 모든 자연현상을 에너지의 흐름이라는 관점에서 생각할 때 없어서는 안 될 학문 분야이다.

■ **영구기관** : 밖으로부터 에너지의 공급을 받지 않고도 영원히 일을 계속하는 가상의 기관으로 제1종 영구기관이라고도 한다. 그 밖에 열원에서 공급한 열을 100% 역학적인 일로 바꿀 수 있는 제2종 영구기관이 있다. 각각은 열역학 제1법칙, 열역학 제2법칙에 위배되므로 존재하지 않는다.

| 문제 해설

1. 출제 의도

이 문제는 고등학교 1학년 과학 〈에너지의 흐름과 보존〉 단원과 물리 I의 〈역학적 에너지 보존〉, 〈에너지 보존〉, 물리 II의 〈열역학의 법칙〉, 화학 II의 〈물질의 변화와 엔탈피〉 등과 관련된 내용으로 중학교 〈과학〉 교과부터 고등학교 심화과정으로 발전한 열역학의 기본 개념을 이해하고 있는지를 평가하고자 출제한 문항이다. 이 문제 역시 주어진 제시문과 다양한 과학 과목에 걸쳐 있는 배경지식을 잘 종합하여 과학적 사고과정을 드러내도록 기술하는 것이 답안 작성의 핵심이다.

2. 제시문 분석

열역학은 '나선형 교육과정'의 전형적인 사례에 해당한다. 하나의 개념을 각 학년에 맞게 심화 발전시키는 것이 나선형 교육과정의 핵심이라고 한다면 열역학은 중학교에서 고등학교에 이르는 과정에서 그 내용이 해당 학년의 수준에 맞게 심화 발전하고 있기 때문이다. 대학에서 배우는 열역학은 통계학적으로 접근하여 보다 심화 발전하게 된다. 열역학 문제는 특히 서울대학교에서 자주 출제되고 있는데, 이미 엔트로피를 통계학적으로 설명하는 문제와 얼음이 물에 녹는 과정을 엔트로피의 개념을 통해 설명하는 문제를 심층면접에서 출제한 바 있다.

제시문 〔가〕는 열역학 제1법칙을 개관한 글이고, 〔나〕는 열역학 제2법칙을 개관한 글이다. 제시문 〔가〕와 〔나〕는 이미 배웠던 교과 지식을 종합적으로 개관하는 역할을 하고, 제시문 〔다〕는 영구기관에 관한 개념적이고 사실적인 정보를 제공하고 있다.

3. 문제 1번 해설

'에너지가 고갈된다'는 표현은 일반인들이 흔히 쓰는 말이다. 이 문제는 이처럼 흔히 쓰는 표현을 엔트로피의 기본 개념을 통해 설명할 수 있는지를 묻는 문제이다. 비교적 쉬운 문제이지만 학생들의 배경지식과 과학적 사고의 깊이에 따라 다양한 답안이 가능하다. 이처럼 아주 어려운 문항보다는 비교적 상식적인 사항을 묻는 문항이 오히려 답변하기 힘든 경우가 더 많다. 이 문제 역시 엔트로피의 개념을 문

■ **문제 핵심분석**
- 열역학의 기본 개념
- 열역학과 관련된 배경지식

■ **실마리 찾기**
- 열과 에너지
- 열역학과 엔트로피
- 열역학 제1법칙과 제2법칙
- 영구기관

■ **이것이 중요**
- 에너지의 총량과 엔트로피의 관계
- 에너지 고갈과 엔트로피의 위기

장으로 풀어서 정리한 논술 답안을 통해 학생들의 과학적 사고력을 파악하고자 출제한 문항이다. 따라서 학생들의 답안은 '엔트로피가 증가하기 때문이다'라고 간단히 언급하는 수준에서부터 구체적인 열역학 법칙을 끌어다가 현상을 설명하고 동시에 구체적인 사례를 언급하는 수준까지 다양한 답안이 가능하다.

이 문제의 핵심은 '우주의 총 에너지는 일정하지만 시간이 흐름에 따라 에너지 고갈의 위기는 피할 수 없다'는 것이며, 이를 열역학 제2법칙에 의해 내부 에너지로 저장된 에너지를 100% 다른 형태의 에너지로 변환하는 것이 불가능함을 논증하면 된다. 결국 에너지 고갈이 문제가 아니라 다양한 에너지들이 여러 형태의 쓸모없는 내부 에너지로 저장되는 것이 문제인 것이다. 모든 에너지는 휘발유의 화학 에너지 같은 쓸모 있는 형태에서 배기가스와 같은 쓸모없는 에너지로 끊임없이 변환되고 있음을 드는 것과 같이 구체적인 사례를 드는 것도 고득점의 비결이다. 엄밀히 말해 에너지의 고갈은 엔트로피의 위기를 의미하는 것이다.

4. 문제 2번 해설

이 문제는 영원한 동력을 얻을 수 있다는 이른바 '영구기관'이 실현될 수 없음을 열역학에 입각해서 설명하는 문제이다. 실제로 시대와 장소를 가리지 않고 이러한 발명품의 특허출원이 폭주하고 있는데 이 문제는 이러한 상황을 구체적으로 다룬 문제이다. 즉 자신이 특허청 심의관이 되어 영구기관이 실현될 수 없음을 설명하는 판결문을 적어 보는 것이다.

'무한 회전 동력 발생기 A'에서 바퀴는 몇 번 돌지 못하고 멈추게 되어 있다. 쇠망치가 움직일 때 공기와 마찰이 일어나서 에너지가 손실되므로 쇠망치의 젖혀지는 힘이 온전히 바퀴에 전달되지 못하기 때문이다. 즉 열역학 제2법칙에 의해 영구기관이 성립할 수 없음을 논하면 된다. 실제로 이 발명품은 13세기에 프랑스의 기술자가 남긴 것으로 얼핏 보면 바퀴의 균형이 맞지 않아 한쪽으로 힘이 몰려 계속 멈추지 않고 회전할 것처럼 보인다. 그러나 바퀴는 몇 번 돌지 못하고 멈추게 되어 있다. 같은 이유에서 '무한 회전 동력 발생기 B' 역시 절대로 특허를 받을 수 없다. 이 아이디어는 실제로 17세기에 제작된 것이지만 수차가 돌아가면서 생기는 마찰력, 소리 등으로 에너지가 소실되어 영원히 운동을 계속하는 것은 불가능하다.

■ 이것이 중요

● 열역학 제1법칙과 영구기관
● 에너지 손실과 영구기관

k e y w o r d

■ **추체험** : 자신이 특허청 심의관이 되어 본다는 가정은 일종의 추체험(追體驗)이다. 추체험은 다양한 분야에서 사용하는 개념으로서 문학에서는 작품을 읽으면서 독자가 자신을 작중 인물과 같은 입장에서 그 작품 세계를 경험하는 것을 말한다. 심의관의 입장에서 의뢰인이 제출한 아이디어의 메커니즘을 분석하는 상황은 학생들에게 과학과 일상이 늘 함께하고 있음을 일깨워 줄 수 있다.

학생 답안과 첨삭 지도의 실제(1)

최초 답안 1

■ **글 개요 분석 및 특징**

1. 열역학 제2법칙과 엔트로피
2. 전기 에너지 : 엔트로피가 낮음
   열에너지, 빛에너지 : 엔트로피가 높음
3. 엔트로피의 고갈 – 사용 가능한 에너지의
   고갈

■ 이 학생은 '내용'보다는 '표현' 측면이 더
   우수한 답안을 작성했습니다.

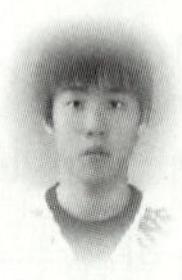

조정모(마포고)

에너지는 열역학 제2법칙에 따라 다른 에너지로 전환이 된다. 에너지는 전환되면서 엔트로피가 낮은 사용 가능한 에너지가 되거나 엔트로피가 높은 사용 불가능한 에너지로 변화한다. 우리가 흔히 접하는 형광등을 예로 들어 보자. 형광등은 전기 에너지를 빛에너지와 열에너지로 전환시켜 주는 대표적인 기구이다. 여기서 ①전기 에너지는 형광등뿐만 아니라 각종 가전 기구에 우리가 원하는 대로 사용 가능하므로 엔트로피가 낮은 에너지에 속한다. 반면에 ②빛에너지나 열에너지는 우리가 원하는 대로 활용할 수 없으므로 엔트로피가 높은 에너지에 속한다. 여기서 비록 에너지의 총량은 일정하지만 사용 가능한 에너지는 소모되게 된다. ③이처럼 에너지가 전환됨에 따라 사용 가능한 에너지가 줄어드는 경우를 '에너지가 고갈된다'고 표현한다.

첨삭 지도

김평원 선생님

내용의 옳고 그름을 떠나 문장 기술방식이 아주 좋습니다. '에너지는 전환되면서 엔트로피가 낮은 사용 가능한 에너지가 되거나 엔트로피가 높은 사용 불가능한 에너지로 변화한다'고 전제를 밝힌 다음, 흔히 접하는 형광등을 예로 들어 자신의 주장을 과학적으로 설명하는 방식으로 명쾌하게 논리를 진행하고 있습니다.

하지만 ①번 문장은 논리적인 인과관계가 성립하지 않습니다. ①번 문장 다음부터 논리가 급격하게 무너지는 까닭이 바로 여기에 있습니다. 인과관계를 포함하는 진술을 할 때에는 정말 그런지 다시 한 번 심사숙고하길 바랍니다. '엔트로피가 낮은 에너지에 속하는 이유가 우리가 원하는 대로 사용 가능하기 때문'이라는 진술을 한 까닭은 '일을 할 수 있는 능력이 있는 에너지는 엔트로피가 낮다'는 개념을 설명하려고 했던 것 같습니다. 머릿속에 맴도는 개념을 글로 풀어서 설명하는 능력은 하루 아침에 이루어지지 않습니다.

오세진 선생님

주장을 하고 그 근거를 자신감 있게 기술하는 방식이 돋보입니다. 하지만 개념을 학생 나름대로 해석해서 사용하고 있는 것은 문제입니다. '전기 에너지는 엔트로피가 낮은 에너지에 속한다'는 과학적 오개념입니다. 엔트로피가 전기 에너지는 낮고 빛에너지와 열에너지는 높다는 진술은 과학적 근거가 없는 '단정'이기 때문입니다. 학생의 의도는 전기 에너지가 빛에너지와 열에너지로 전환되어 쓰지 못한다는 것을 표현하려 했던 것 같습니다. ③번 문장이 핵심이니 다시 한 번 고민해 봅시다.

평가항목	등급	총평
이해·분석력	B⁺	논제의 핵심에서 약간 벗어나 있습니다.
논증력	C⁺	과학적 오개념을 논거로 사용하고 있습니다.
창의력	A	현상을 독창적으로 분석하고 있습니다.
표현력	A	'주장+논거'의 구조가 명확하게 드러나 있습니다.

최초 답안 2

조정모(마포고)

　　무한 회전 동력 발생기 A는 중력 에너지를 동력 에너지로 전환시키는 기계이다. 그러나 발생기 A는 중력 에너지의 활용에 있어서 문제가 있다. 발생기 A의 그림을 보면 ①좌우 대칭인 모양을 하고 있다. 중력은 모든 방향으로 작용하므로 발생기 A는 평형을 이루게 되어 정지해 있을 수밖에 없다. 또한 동력 에너지를 생성할 수 있다 하더라도, ②그 동력 에너지는 우리가 인위적으로 사용 가능한 것이 아니므로 엔트로피가 높아 실용성에서도 문제가 된다. 따라서 발생기 A는 특허품이 될 수 없다.

　　무한 회전 동력 발생기 B는 수자원과 중력 에너지를 이용하여 동력 에너지를 생성하는 장치이다. 그러나 이 장치는 큰 문제점이 있다. ③바로 물이 증발된다는 것이다. 물이 증발될 경우 이 장치는 무한히 작동할 수 없다. 뿐만 아니라 ④물이 떨어지면서 소리 에너지, 물의 흔들림으로 인한 운동 에너지 등의 손실이 있으므로 이 장치는 결코 현실적일 수 없다. 게다가 발생기 A와 마찬가지로 실용성 또한 떨어지므로 특허품이 되기에는 무리가 있다.

■ 글 개요 분석 및 특징

● 발생기 A
1. 좌우대칭 회전체 – 평형 상태 유지, 에너지 생성 불능
2. 인위적으로 사용 불능 – 실용성 없음
● 발생기 B
1. 물의 증발
2. 운동 에너지의 손실

■ 이 학생은 '내용'보다는 '표현' 측면이 더 우수한 답안을 작성했습니다.

첨삭 지도

김평원 선생님

역시 내용의 옳고 그름을 떠나 문장 기술방식이 아주 좋습니다. 각각의 발명품을 실용적 가치 측면과 역학적 에너지 보존 법칙에 위배되는 측면으로 나누어 나름대로 논리를 잘 전개하고 있습니다. 하지만 '정지해 있을 수밖에 없다. 또한 동력 에너지를 생성할 수 있다 하더라도'라고 언급하는 부분에서 치명적인 논리적 모순이 드러납니다. 절대 회전할 수 없음을 중력을 통해 설명한 다음 전제를 뒤엎는 진술을 바로 뒤에서 하기 때문입니다. '~와 같은 이유로 사망에 이를 수밖에 없다. 죽지 않는다 하더라도~' 식의 진술은 일상에서 많이 쓰는 표현이지만 과학논술 답안에서는 성립할 수 없는 모순임을 명심하십시오.

오세진 선생님

답안의 논리가 맞으려면 ①번 문장을 '중력이 모든 막대에 일정하게 작용한다'고 표현해야 합니다. 채점자는 학생의 의도를 고려해서 지칭하는 단어를 찾아 채점하지 않습니다. 첫 단락부터 채점자를 어리둥절하게 하는 답안은 좋은 점수를 받을 수 없습니다.

이 학생의 답안은 각각 두 가지 사례를 들어 발명품이 성립할 수 없음을 언급하고 있는데, ①번과 ③번 문장의 논리는 빼고, ②번과 ④번 문장만을 다듬어서 답안을 작성하는 것이 더 좋을 것 같습니다.

평가항목	등급	총평
이해 · 분석력	B	논제의 핵심에서 약간 벗어나 있습니다.
논증력	C	일부 논거가 적절하지 않습니다.
창의력	B⁺	다각적으로 현상을 분석하고 있습니다.
표현력	A	'주장+논거'의 구조가 명확하게 드러나 있습니다.

첨삭 지도 후 소감 | 조정모

엔트로피는 그동안 너무 많이 들어 본 용어라서 내가 이미 알고 있는 개념이라고 착각했던 것 같다. '엔트로피'라는 말은 중학교 때부터 지겹게 들어 왔지만 결국 그 본질은 파악하지 못한 채 용어만 귀에 익은 셈이다.

제시문을 꼼꼼하게 읽었다면 이러한 실수를 만회할 수도 있었는데, 다 아는 내용이라고 착각하고 제시문 〔가〕와 〔나〕를 건성으로 읽었던 것이 결정적인 실수였다. 내가 알고 있는 것이 진리인지 항상 고민하라는 선생님의 말씀이 가슴에 와 닿았다. 앞으로는 과학 용어를 학습할 때 내가 이해한 개념이 정말 맞는지 끊임없이 확인하는 습관을 키워야겠다. 그리고 사례는 무조건 많이 들면 좋다는 생각도 바꾸어야겠다. 엔트로피라는 개념을 다양한 분야에 차용해 쓰는 경우가 많은데 그 중에서도 많은 오류와 억지가 있을 것이라는 생각을 해보았다.

수정 답안 | 조정모

[1번 답안]

에너지는 사용 가능한 에너지에서 사용 불가능한 에너지로 전환이 된다. 이 과정에서 에너지의 총량은 보존되지만 엔트로피는 증가하게 된다. 자동차의 경우를 예로 들어 보자. 자동차의 에너지 효율은 매우 낮다. 이 말은 자동차의 화학 에너지가 우리가 원하는 동력 에너지뿐만 아니라 열에너지나 소리 에너지 등으로도 전환이 일어난다는 것을 의미한다. 형광등 또한 마찬가지이다. 형광등의 전기 에너지는 빛에너지뿐만 아니라 열에너지로도 전환이 일어난다. 이처럼 모든 에너지는 사용되면서 사용이 불가능한 에너지로 전환이 되고, 엔트로피는 증가하게 된다. 따라서 ① '에너지가 고갈된다'는 것은 비록 에너지의 총량은 일정하나, 엔트로피가 증가하여 사용 가능한 에너지가 줄어드는 경우를 말한다.

[2번 답안]

무한 회전 동력 발생기 A는 영구기관이 될 수 없다. 발생기 A가 영구기관이 되기 위해서는 ②에너지 손실이 있으면 안 된다. 하지만 발생기 A는 공기와의 마찰에 의한 에너지 손실과 소리 에너지의 ③손실등이 있다. 결국 엔트로피는 계속 증가하게 될 것이고 무한 회전 동력 발생기 A는 시간이 지나면 멈출 수밖에 없다.

무한 회전 동력 발생기 B 또한 A와 마찬가지로 다른 에너지로의 손실이 있기 때문에 영구기관이 될 수 없다. 우선 공기와의 마찰에 의한 에너지 손실이 있고, 물이 떨어지면서 발생하는 소리 에너지나 물의 흔들림으로 인한 운동 에너지 등 여러 에너지로 손실이 일어나게 된다. 결국 발생기 B 또한 엔트로피가 증가하게 될 것이고, A와 마찬가지로 멈추게 된다.

■ **글 개요 분석 및 특징**

1. 에너지 총량은 일정함.
2. 엔트로피의 증가 : 에너지는 사용 가능한 것에서 불가능한 것으로 바뀜
   사례 : 자동차, 형광등.

■ **글 개요 분석 및 특징**

● 발생기 A : 에너지 손실(소리, 마찰열)로 인해 결국은 정지함
● 발생기 B : 에너지 손실(공기 마찰, 소리)로 인해 결국은 정지함

수정 답안 지도

김평원 선생님

1번 답안에서 대전제와 두 가지 사례 그리고 결론에 이르기까지 논리가 명쾌하게 전개되고 있습니다. ①번 문장은 출제자가 요구하는 내용을 명확하게 종합한 것으로 군말이 없는 모범 답안에 해당합니다. '에너지가 고갈된다'는 것은 비록 에너지의 총량은 일정하나, 엔트로피가 증가하여 사용 가능한 에너지가 줄어드는 경우를 말합니다.

2번 답안에서 두 장치의 모순을 서로 연관성이 있는 두 개의 문단으로 구성해서 답안을 잘 작성했습니다. 답안의 논리도 '삼단 논법'에 의해 깔끔하게 전개하고 있습니다. 좀더 매끄러운 답안을 위해 다음 사항을 고려하길 바랍니다.

※ 표현 : ②번 문장 '에너지 손실이 있으면 안 된다'는 '에너지 손실이 전혀 없어야 한다'로 바꾸는 것이 좋습니다.

※ 띄어쓰기 : 자주 쓰는 말은 띄어쓰기에 주의해야 합니다. ③번 '손실등'은 '손실'이라는 회사에서 만든 등(램프)이라는 뜻이 됩니다. '손실 등'이 맞습니다.

오세진 선생님

수정 답안은 1번과 2번 모두 최초 답안의 문제점을 극복하여 더욱 발전된 모습으로 거듭난 느낌입니다. 첨삭 지도를 통해 자신의 단점을 냉철한 시각으로 받아들이고 이를 개선하고자 하는 학생다운 모습이 보기 좋습니다. 이처럼 과학논술 답안은 학생의 지식, 논리와 과학적 사고과정이 잘 정리된 표현을 통해 답안으로 실현될 때 빛을 발한다는 것을 명심하시기 바랍니다.

최초 답안과 수정 답안을 비교하면서 자신만의 답안 작성 구조를 파악하고, 과학적 논증을 글로 풀어 내는 연습을 계속하십시오.

학생 답안과 첨삭 지도의 실제(2)

최초 답안 1

■ 글 개요 분석 및 특징

1. 에너지의 고갈 = 사용 가능한 에너지의 고갈
2. 사례 : ATP 형태의 화학 에너지 사용 시 에너지 효율 문제

■ 이 학생은 '표현'보다는 '내용' 측면이 더 우수한 답안을 작성했습니다.

박한진(마포고)

① '에너지가 고갈된다'에서의 '에너지'는 엄밀히 말하면 인간이 사용할 수 있는 에너지만을 의미한다. ②다시 말하면 인간이 사용할 수 있는 에너지가 인간이 사용할 수 없는 에너지로 변환되어 그 양이 줄어드는 것을 의미하는 문구이다.

예를 들어 인체는 ATP의 형태로 저장된 화학 에너지를 사용한다. 그런데

③이 에너지 중에 40%만이 생명 활동에 사용되고, 나머지 60%는 생명 활동에 사용할 수 없는 열에너지로 방출돼 버린다.

이처럼 오늘날 인류는 석유의 화학 에너지를 통해 기계의 동력을 얻는다. 하지만 그 과정에서 마찰 등으로 인해 동력으로 사용할 수 없는 에너지로 전환되고, 다시 에너지를 얻기 위해서는 석유를 계속 사용할 수밖에 없게 된다. 그 결과 인간이 사용할 수 있는 에너지를 가진 석유의 양은 계속 줄어 결국엔 고갈되는 것이다. ④결과적으로 말하면 엔트로피가 증가하는 것을 '에너지가 고갈된다'고 표현한 것이다.

첨삭 지도

김평원 선생님

①번과 ②번 문장 사이에 엔트로피의 개념이 들어가야 완벽한 답안이 됩니다. 물론 ②번 문장이 엔트로피의 개념을 '함의(含意)'하고 있지만 제시문에서 이미 엔트로피에 대한 설명을 한 이상 이를 바탕으로 기술하는 것이 옳습니다. ④번 문장이 이 답안의 핵심인데 그 부분은 오히려 너무 간략하게 넘어가 버리고 말았습니다. ②번 문장과 ④번 문장을 종합하여 '에너지가 고갈된다는 의미는 사용 가능한 에너지의 감소를 의미하며 이는 곧 엔트로피의 증가를 의미한다'는 식으로 정리하면 보다 깔끔한 답안이 됩니다. 채점자는 답안에 드러난 정보만을 가지고 학생의 과학적 사고력을 평가하게 됩니다. 내용을 뒷받침하는 논리적인 형식도 중요함을 염두에 두기 바랍니다.

오세진 선생님

답안을 면밀하게 살펴보면 출제자의 의도를 잘 분석하고 그에 합당한 답을 했다고 볼 수 있습니다. 특히 ③번 문장 사례는 아주 좋습니다. 대부분의 학생이 2번 문제와 유사한 사례를 드는 것과는 달리 독창적인 사례를 잘 제시했습니다. 하지만 전반적으로 답안이 술술 읽힌다는 느낌이 들지 않습니다. 이 학생의 답안은 아쉽게도 구성이 조금 산만하여 견고하고 논리적인 면이 약해 보이는 단점이 있습니다. 이 점만 조심한다면 한결 수준 높은 답안으로 발전할 것입니다.

평가항목	등급	총평
이해 · 분석력	A	출제자의 의도를 잘 분석했습니다.
논증력	B	구성이 약간 산만하여 답안이 쉽게 읽히지 않습니다.
창의력	A	독창적인 사례를 잘 언급했습니다.
표현력	B	논리적인 측면이 약해 보이는 단점을 극복해야 합니다.

첨삭 지도 후 소감 | 박한진

모범 답안을 참조하고 선생님의 해설 강의를 들어도 내가 중요한 핵심을 놓쳤다는 생각이 들지 않는다. 다소 억울한 생각이 든다. 채점자는 답안에 드러난 정보만을 가지고 평가한다는 사실을 다시 한 번 되새겨 보았다. 어떻게 하면 내가 생각한 핵심을 채점자에게 온전하게 전달할 수 있을까? 사실 답안의 첫 부분을 작성하면서 엔트로피의 개념에 대해 다 언급했다는 생각을 했으며, 답안의 마지막을 간략하게 한 까닭은 앞에 이미 언급한 내용이라고 생각했기 때문이었다.

하지만 첨삭 지도를 받아 보니 이는 나만의 착각이었다. 선생님께서는 내용에 부합하는 논리적인 형식을 강조하셨는데, 맞고 틀렸는지를 판정하는 시험이 아니라 사고력을 측정하는 과학논술에서는 이러한 점을 늘 염두에 두어야겠다. 수정 답안은 후반부를 좀더 세밀하게 다듬고 '열역학 법칙'이나 '엔트로피'를 직접 언급하면서 자신 있게 써볼 생각이다.

수정 답안 | 박한진

■ 글 개요 분석 및 특징

1. 에너지의 구분 : 사용 가능한 에너지와 불가능한 에너지
2. 에너지의 고갈 = 사용 가능한 에너지의 고갈, 엔트로피의 증가
3. 사례 : ATP 형태의 화학 에너지 사용 시 에너지 효율 문제

'에너지가 고갈된다'에서의 '에너지'는 엄밀히 말하면 인간이 사용할 수 있는 에너지만을 의미한다. 다시 말하면 인간이 사용할 수 있는 에너지가 인간이 사용할 수 없는 에너지로 변환되어 그 양이 줄어드는 것을 의미하는 문구이다. ①이것은 열역학 제2법칙으로도 설명할 수 있다. 열역학 제2법칙에 의하면 사용 가능한 에너지는 엔트로피가 낮고 사용 불가능한 에너지는 엔트로피가 높다. 그래서 '에너지가 고갈된다'는 '엔트로피가 증가한다'라고 표현할 수 있다.

예를 들어 인체는 ATP의 형태로 저장된 화학 에너지를 사용한다. 그런데 이 에너지 중에 40%만이 생명 활동에 사용되고, 나머지 60%는 생명 활동에 사용할 수 없는 열에너지로 방출되어 버린다. ②여기서 화학 에너지는 엔트로피가 낮은 에너지이며, 열에너지는 엔트로피가 높은 에너지이다. 즉 엔트로피가 낮은 에너지에서 엔트로피가 높은 에너지로 변환되기 때문에 인체는 계속해서 영양소의 섭취를 필요로 하는 것이다.

수정 답안 지도

김평원 선생님

생략된 부분을 많이 다듬어 과학적 논증과정을 어느 정도 드러낸 답안이 되었습니다. 문장의 순서를 바꾸어 ①번 문장 뒤를 앞부분으로 빼는 것도 좋을 것 같습니다.

오세진 선생님

'열역학 법칙'이나 '엔트로피'를 직접 언급하면서 문장을 다듬어 한결 깔끔해진 답안이 되었습니다. ②번 문장은 주의를 요합니다. ②'여기서 화학 에너지는 엔트로피가 낮은 에너지이며, 열에너지는 엔트로피가 높은 에너지이다'에서 '여기서'라는 말을 생략하면 모든 화학 에너지는 엔트로피가 낮다는 극단적인 오개념으로 전락해 버리기 때문입니다.

최초 답안 2

송민우(마포고)
2007학년도 인하대학교
공과대학 수시2 전형 합격

발명품 A는 지구의 중력 에너지를 이용하여 에너지를 무한히 생성해 낼 수 있는 구조이다. 이는 일종의 영구 운동 장치로서 ①무에서 에너지를 추출하려는 기계이다. 그러나 이것은 열역학 제1법칙, 에너지는 생성되지 않으며 소멸되지 않는다는 것에 위배된다. ②뿐만 아니라 쇠망치가 떨어지는 힘에 의해 바퀴가 회전할 때 공기와의 마찰력이 발생하여 에너지의 손실이 일어날 수 있고, 회전을 하면서 소리 에너지나 열에너지의 발산으로 에너지 손실이 추가로 일어날 수 있다.

발명품 B의 경우 발명품 A와 마찬가지로 ③무에서 에너지를 추출해 내는 영구 운동 장치의 구조이다. 따라서 이 발명품도 열역학 제1법칙에 위배된다. 또한 수조에 잔잔히 채워지는 물은 물 펌프를 돌릴 수 있을 정도의 에너지를 가지지 않을 것이다. ④뿐만 아니라 높은 곳에서 낮은 곳으로 떨어질 때에 소리 에너지와 같은 다른 에너지로의 전환이 일부 일어나 이 역시 에너지 보존법칙에 위배된다.

■ **글 개요 분석 및 특징**

● 발명품 A
1. 열역학 제1법칙에 위배
2. 쇠망치 낙하에 따른 에너지 손실
● 발명품 B
1. 열역학 제1법칙에 위배
2. 물 낙하에 따른 에너지 손실

■ 이 학생은 '표현'보다는 '내용' 측면이 더 우수한 답안을 작성했습니다.

첨삭 지도

김평원 선생님

발명품의 개요를 확인하고 그 발명품이 작동할 수 없는 이유를 설명하는 논지 전개방식이 좋았습니다. 하지만 답안의 전반부가 비유적인 표현을 사용하여 매끄럽지 못하다는 느낌을 강하게 받았습니다. ②번 문장과 같은 접속어는 앞 문장 뒤에 다른 내용을 덧붙일 때 씁니다. 이 학생이 쓴 답안은 접속어 '뿐만 아니라'의 앞뒤 문장이 결국 같은 내용입니다. 따라서 접속어를 '즉' 정도로 바꾸어야 합니다. 사소한 접속어 하나가 답안의 흐름을 단절시킬 수 있음을 명심하기 바랍니다. ④번 문장 역시 마찬가지입니다.

오세진 선생님

이 학생은 정확하고 논리적인 사고를 하는 것 같지만 답안에 그것이 정확하게 반영되지 않는 것 같아 늘 아쉽습니다. 제시문을 보면 '영구기관은 무에서 에너지를 추출하려는 기계이므로 공짜 에너지 장치라고도 한다'는 표현과 '외부로부터 에너지를 일절 주입받지 않은 채 끊임없이 에너지를 만들어 내는 영구기관'이라는 표현이 나옵니다. 여기서 전자는 일반인의 이해를 돕기 위한 비유일 뿐 명확한 개념은 후자입니다.

이 학생은 '무에서 유'라는 표현에 집중하여 모든 문제를 열역학 제1법칙으로 풀었으나 열역학 제2법칙을 이용하여 에너지 효율을 언급하는 것이 이 문제의 출제 의도에 부합합니다.

평가항목	등급	총평
이해 · 분석력	C	비유적 표현을 논거로 활용했습니다.
논증력	B+	논지 전개가 무난합니다.
창의력	A	독창적인 시각과 상황 분석력이 뛰어납니다.
표현력	C+	학생의 논리적 사고를 다 표현하지 못했습니다.

첨삭 지도 후 소감 | 송민우

　이번 첨삭 지도에서도 나의 문제점이 크게 개선되지 못했음을 확인했다. 머릿속에 떠오르는 생각을 논리적으로 표현하는 일이 쉽지 않은 것 같다. 구술시험의 형태로는 어느 정도 자신이 있는데 말로 하는 것과 글로 직접 표현하는 것은 별개의 문제라는 생각이 든다.

　제시문에 간단히 언급한 은유적인 표현에 집중하여 본질을 간과하는 실수를 계속하고 있다. 이 문제의 경우 '계속 돌아가는 것'이 핵심인데 '첫 바퀴의 회전'에 집중해서 답안을 작성하고 말았다. 지엽적인 것에 치중하지 말고 유연한 사고력을 키우도록 노력해야겠다.

수정 답안 | 송민우

발명품 A는 외부 에너지의 유입 없이 영구히 동력을 생산해 내는 장치이다. 그러나 이는 열역학 법칙에 위배된다. ①우선 A에서 바퀴를 처음 돌릴 때 에너지가 필요한데 이는 영구 운동 장치의 정의에 위배된다. 또한 열역학 제2법칙을 따르면 바퀴는 계속 회전하면서 고유 에너지의 엔트로피가 증가할 것이다. 이렇게 에너지의 손실이 있음에도 ②외부 에너지의 유입 없이 영구히 회전하는 장치는 있을 수 없다.

발명품 B 역시 영구 운동 장치의 구조로서 이 또한 열역학 법칙에 위배된다. ③우선 제일 위의 수통에 물을 채우는 데에서 외부 에너지의 유입이 필요하다. 뿐만 아니라 커다란 수차 위로 떨어질 때마다 물의 고유 에너지에 대한 엔트로피가 증가하여 에너지 전환이 일어나므로 에너지 총량이 감소한다. 따라서 이 역시 ④외부 에너지의 유입 없이 영구히 지속될 수는 없다.

■ 글 개요 분석 및 특징

● 발생기 A
1. 첫 회전에 에너지 투입 : 영구기관 조건에 위배
2. 열역학 제2법칙에 따라 엔트로피 증가
● 발생기 B
1. 수조에 물을 투입 : 영구기관 조건에 위배
2. 낙하 운동 시 엔트로피 증가

수정 답안 지도

김평원 선생님

비유적인 표현을 삭제하고 많이 다듬어서 논리적인 답안의 형태를 어느 정도 갖추었습니다. ②번 문장 '외부 에너지의 유입 없이'처럼 명사화한 표현보다는 구체적으로 풀어서 표현하는 것이 좋습니다. '외부에서 에너지가 유입되지 않는 상태에서' 정도로 표현하는 것이 보다 명쾌한 문장입니다. ③번 문장은 ④번과 동일하므로 비슷한 의미를 담고 있는 다른 표현으로 바꾸어 기술하는 것이 좋습니다. 영구 운동 장치를 만들어 내는 데 들어간 에너지를 지나치게 염두에 둔 답안이 아닌지 생각해 봅시다.

오세진 선생님

최초 답안에 비해 문제의 핵심에 잘 접근했습니다. 하지만 최초 운동을 가능케 하는 힘을 언급하는 데 많은 분량을 할애하고 있습니다.

①번 문장을 잘 생각해 봅시다. 별도의 에너지 공급 없이 최초의 운동 상태를 영원히 지속하는 것도 영구 운동 장치에 해당합니다. 따라서 'A에서 바퀴를 처음 돌릴 때 에너지가 필요한데 이는 영구 운동 장치의 정의에 위배된다'는 문장은 과감히 빼버리십시오. 전반적으로 에너지 손실과 엔트로피의 관계에 대한 연결고리가 없어 답안이 겉돌고 있습니다. ③번 문장도 삭제하고 본질적인 내용을 강조해서 답안을 작성하는 연습을 계속하십시오.

학생 답안과 첨삭 지도의 실제(3)

최초 답안 1

어철(마포고)

우선 물리학에서의 에너지 보존은 물질의 이동이나 충돌과 같은 현상에서 찾아볼 수 있다. 마찬가지로 ①에너지의 고갈도 에너지의 사용에 의한 손실에 의해 나타난다.

첫째로, 물리학에서의 ②에너지 보존은 두 물질이 충돌을 일으켰다고 했을 때 생기는 마찰력이나 열손실을 모두 더한 값을 의미한다. 즉 제2법칙에 의해 에너지의 변환이 이루어졌을 때, 변환 전과 후의 값을 모두 더한 값을 의미하는 것이다. 하지만 에너지의 고갈에서는 에너지의 전환이 이루어졌을 때, 전환된 후 현재의 재고량을 의미하기 때문에, 그 값이 에너지 보존의 값보다 작다. 다시 말해, ③에너지가 고갈된다는 것은 엔트로피가 가장 적은 데서 가장 많은 상태의 변화, 즉 에너지의 사용으로 인해, 사용 가능한 에너지가 많은 상태에서 사용 가능한 에너지가 적은 상태로 변화하는 것을 의미한다.

첨삭 지도

김명원 선생님

'물리학에서의 에너지 보존은 물질의 이동이나 충돌과 같은 현상에서 찾아볼 수 있다'는 전제와 ①번 문장은 직접적인 관련이 없습니다. ②번 문장은 새로운 '학설'입니다. 에너지 보존 = 두 물질이 충돌을 일으켰다고 했을 때 생기는 마찰력이나 열손실을 모두 더한 값, 정말 그런가요? 개념의 정의를 내리려면 그 개념의 내포, 즉 그 개념에 반영되는 대상의 본질적 속성을 밝혀야 합니다. 개념에 반영되는 사물의 본질적 속성을 '종차(種差)'라 하는데, 정의란 정의받는 개념(피정의항)의 상위 개념(유개념)과 종차를 밝혀야 합니다. 학생의 의도는 '에너지가 보존되려면 열손실이나 마찰력이 없어야 가능하다' 또는 '에너지 보존은 역학적 에너지뿐만 아니라 마찰열에 의한 손실을 모두 포함한 값이 보존되는 것을 의미한다'는 것을 표현하려 했던 것 같은데, 이를 개념을 정의하는 문장 형식에 담아 버리면 곤란합니다.

이 답안의 핵심은 후반부 ③번 문장입니다. ③번 문장을 뒷받침하는 논거들로만 답안을 구성했으면 완벽한 답안이 되었을 것입니다. 전반부는 오개념(誤槪念)을 논증하고 있기 때문에 제시문에서 설명한 용어를 제대로 이해하지 못하고 있음을 출제자에게 고백하고 있는 셈입니다. 알고 있는 내용을 확실히 부각시키고 혼동되는 내용은 뒤로 숨기는 것이 답안 작성의 한 요령입니다.

평가항목	등급	총평
이해·분석력	A	출제 의도를 정확하게 파악하고 있습니다.
논증력	C	오개념을 논증하는 부분이 있습니다.
창의력	B	창의적인 분석력이 드러난 답안입니다.
표현력	B	잘 기술하고 있지만 전반적으로 더 다듬어야 합니다.

첨삭 지도 후 소감 | 어철

에너지 보존의 개념을 '두 물질이 충돌을 일으켰다고 했을 때 생기는 마찰력이나 열손실을 모두 더한 값으로 정의해 버리고 말았다. 정말 그런 의도는 아니었다. 정말 억울하지만 채점자는 답안지만을 보고 판단하기 때문에 내 답안은 결국 엄청난 감점을 피할 수 없을 것이다. 정의란 정의받는 개념(피정의항)의 상위 개념(유개념)과 종차를 밝혀야 하는 것인지 오늘에야 알았다. 국어시간에 언뜻 들은 것도 같은데, 수능에 안 나오니 별로 중요하게 생각지 않은 것 같다. '에너지가 보존되려면 열손실이나 마찰력이 없어야 가능하다'는 것이 의도가 아니었느냐는 선생님의 말씀을 듣고 할 말이 없었다. 내 글을 통해 내 머릿속을 다 내려다보고 계시는 고수(선생님) 앞에서 내가 대충 얼버무려 넘어가려고 했던 부분이 적나라하게 드러났기 때문이다. 자신의 생각을 읽은 사람이 오해가 없도록 쓴다는 것이 보통 일이 아니라는 것을 깨달았다. 과학논술이 기존의 과학 구술시험을 글로 쓰게 하는 것에 불과하다는 나의 생각이 착각이었다는 것을 오늘에야 깨달았다.

수정 답안 | 어철

물리학에서의 에너지 보존은 두 물질이 충돌을 일으켰다고 가정했을 때 생기는 마찰력이나 열손실, 소리 에너지로 인한 손실을 배제한 경우 가능하다.

■ 글 개요 분석 및 특징

1. 에너지 보존의 조건
2. 에너지 고갈의 개념
3. 엔트로피의 증가와 에너지의 고갈

즉 제2법칙에 의해 에너지의 변환이 이루어졌을 때, 변환 전의 사용 가능한 에너지는 변환 후엔 사용할 수 없는, 손실된 에너지가 되는 것이다. 이에 반해 에너지의 고갈의 경우 화석 연료로 예를 들면, 연료(에너지)가 인류에 의해 쓰여, 전환되어 산화물이 되었을 때, 즉 많은 상태의 변화, 산화되어 전환된 후 현재 남은 잔여물을 의미하기 때문에 그 값은 점차 줄어들어 고갈되고 마는 것이다. 다시 말해, 엔트로피의 개념으로 설명해 본다면 에너지가 고갈된다는 것은 엔트로피가 가장 적은 데서 가장 많은 상태의 변화, 즉 에너지의 사용으로 인해, 사용 가능한 에너지가 많은 상태에서 사용 가능한 에너지가 적은 상태로 변화하는 것을 의미한다.

수정 답안 지도

김평원 선생님

오해를 살 만한 표현을 잘 다듬어 최초 답안보다 진전되었습니다. 이 학생은 배경지식이 넓고 창의력이 뛰어난 만큼 이를 적재적소에 활용하여 표현하는 연습을 꾸준히 한다면 높은 수준의 과학논술 답안을 작성할 수 있을 것입니다.

오세진 선생님

다양한 시각에서 접근하는 것도 중요하지만 답안의 스케일을 너무 크게 잡으면 정작 중요한 핵심은 자세하게 다루지 못하는 경우가 많습니다. 주어진 상황에 맞는 핵심으로부터 바로 접근한다면 좋은 답안으로 거듭날 것입니다. 최초 답안보다는 많이 좋아졌지만 핵심적인 논의부터 답안을 기술하는 연습을 계속해야겠습니다.

최초 답안 2

■ 글 개요 분석 및 특징

● 발생기 A
1. 위치 및 운동 에너지 전환 불가능
2. 원인 : 공기 저항, 소리, 마찰
● 발생기 B
1. 위치 및 운동 에너지 전환 불가능
2. 원인 : 공기 저항, 소리, 물의 저항

■ 이 학생은 '내용'과 '표현' 모두 다소 미흡한 답안을 작성했습니다.

박한진(마포고)

A는 영원히 운동할 수 없다. 왜냐하면 쇠망치가 떨어질 때와 바퀴가 돌 때 공기 저항을 받고 쇠망치가 바퀴와 부딪치면 소리가 발생한다. 또한 바퀴와 축 사이에서 마찰이 발생한다. 그러므로 ①위치 및 운동 에너지가 서로 온전히 전환되지 못하고 결국 0이 된다.

B도 영원히 운동할 수 없다. 물이 떨어질 때 공기 저항을 받고 소리가 발생

한다. 그리고 수차가 돌 때도 공기 저항을 받으며, 물 속에 잠긴 부분의 회전 체는 물의 저항을 받는다. 결국 A와 같이 위치 및 운동 에너지가 0이 되어 운 동을 멈춘다.

첨삭 지도

김평원 선생님

답안의 핵심은 모두 들어갔지만 구체적인 논증과정을 생략해 버렸다는 느낌을 강하게 받았습니다. 단도직입적으로 ①번 문장처럼 너무 간략하게 결론을 언급하면 곤란합니다. 답안을 이렇게 너무 간 략하게 끝내 버린 까닭은 아마 이 학생 스스로 엔트로피와 관련된 사항을 채점자가 이미 다 알고 있 는 주지의 사실이라고 판단했기 때문인 것 같습니다. 제시문에 이미 언급한 상식적인 내용이라도 과학적 논증과정에서 생략해서는 안 되는 내용을 생략해 버리면 높은 점수를 받을 수 없습니다. 비 약이라는 말의 의미를 다시 한 번 되새겨 보기 바랍니다.

오세진 선생님

제시문과 문제를 잘 이해하고 어느 정도 모범 답안에 근접한 답을 했다고 볼 수도 있습니다. 하지만 이 학생의 답안은 어딘지 모르게 허전한 느낌을 받습니다. ①번 문장이 결국 답안의 핵심이라고 볼 수 있는데, 이 문제의 핵심은 '위치 에너지가 운동 에너지로 전환되어도 역학적 에너지는 보존된 다'는 데에 있다기보다는 열역학 법칙과 관련된 개념 속에 있습니다. 열역학 법칙이나 에너지 효율, 엔트로피 등의 개념을 활용하여 좀더 풍부한 문장을 만들어 보도록 고민해 봅시다.
이공계에서 사용하고 있는 수학이나 공식도 일종의 언어이지만 이는 특정 학문 공동체에서만 통용 되는 것이므로 학술적인 이론을 일반인을 비롯한 다른 전공자들에게 설명해야 하는 과정에서는 다 른 형식의 의사소통 방법이 필요합니다. 과학적 개념이나 수식을 문장으로 풀어 내는 능력은 타고 난 것이 아니라 부단한 노력을 계속해야 가능함을 명심하기 바랍니다.

평가항목	등급	총평
이해 · 분석력	A	출제 의도를 정확하게 파악했습니다.
논증력	B	구체적인 논증과정을 생략해 버렸습니다.
창의력	B	독창적인 답안은 아니지만 무난합니다.
표현력	C	구체적인 설명을 생략해 논리적인 비약이 되었습니다.

첨삭 지도 후 소감 | 박한진

이 문제를 통해 나만의 또 다른 문제점을 발견하게 되었다. 바로 제시문과 문제에서 다루는 개념이 너무 식상하다고 생각한 나머지, 꼭 언급해야 할 개념보다는 좀 거리가 있는 유사 개념을 끌어다가 사서 고생을 한다는 것. 그동안 스스로도 몰랐던 안 좋은 습관이었다. 채점자는 일반인들이 아니라 바로 대학 교수라는 점을 너무 의식했던 것 같다. 답안의 독자는 교수가 아니라 불특정 다수의 일반인을 전제하고 쓰라는 선생님의 말씀이 새삼스럽게 가슴에 와 닿았다.

수정 답안 | 박한진

■ **글 개요 분석 및 특징**

1. 영구운동의 조건 : 에너지 효율 100%
2. A의 에너지 손실 : 공기 저항, 소리, 마찰
3. B의 에너지 손실 : 공기 저항, 소리, 물의 저항

장치 A는 영원히 운동할 수 없다. 왜냐하면 영구히 운동하기 위해서는 에너지 효율이 100%가 되어야 하지만 실제로는 에너지의 엔트로피가 증가하여 그렇지 못하기 때문이다. 장치에서 쇠망치가 떨어질 때는 공기 저항을 받고 바퀴와 부딪치면 소리가 발생하며, 바퀴와 축 사이에서 마찰이 발생한다. 즉 엔트로피가 낮은 위치 및 운동 에너지가 공기 저항, 마찰 그리고 소리 등에 의해서 엔트로피가 높아져 에너지의 손실이 발생하게 되므로 결국 멈추게 된다.

B도 영원히 운동할 수 없다. 그 이유는 A와 같이 에너지 효율을 100%로 유지할 수 없기 때문이다. 자세히 살펴보면, 물이 떨어질 때 공기의 저항을 받고 소리가 발생하며 수차가 돌 때 또한 공기의 저항을 받게 된다. 게다가 물에 잠긴 부분의 회전체는 물의 저항까지 받게 되어 에너지의 손실이 발생한다. 그렇기 때문에 엔트로피가 계속 증가하여 결국 위치 및 운동 에너지는 0이 되므로 영구히 운동할 수 없게 된다.

수정 답안 지도

김평원 선생님

핵심은 크게 바뀌지 않았지만 구체적인 논증과정을 기술하는 식으로 답안을 바꾸니 최초 답안과는 비교할 수 없을 정도로 완벽해졌습니다. 이처럼 이미 다 알고 있는 주지의 사실이라고 생략해야 할 것인지 아니면 상식적인 내용이지만 논증과정에서 생략해서는 안 되는 내용인지를 잘 판단해야 합니다. 그러한 판단이 서지 않으면 분량의 제한 안에서 최대한 자세하게 상술하는 것이 유리합니다.

오세진 선생님

에너지 손실을 다각도로 분석하여 높은 수준의 답안으로 거듭났습니다. 이 학생은 현상을 창의적으로 분석하는 능력이 뛰어난 만큼 이를 글로 잘 표현하는 연습을 꾸준히 한다면 좋은 성과를 얻을 수 있을 것입니다.

| 제시문 원문 읽기

1. 이인식, 『미래교양사전』 중 「엔트로피, 시간에 화살이 있다」

열역학은 열을 에너지로 보는 견지에서 열의 현상에 관한 근본 원칙과 그 응용을 연구하는 과학이다. 영국의 제임스 와트(1736~1819)가 발명한 증기기관에 의해 열이 기계적 에너지로 변환되는 요인을 탐구하는 과정에서 탄생한 학문이다.

열역학은 제1법칙인 에너지 보존의 법칙과 제2법칙인 엔트로피(entropy)의 법칙이 발표됨에 따라 그 체계가 확립되었다. 우주에 있어서의 모든 에너지의 총화는 일정하며 결코 새로 생겨나거나 소멸되는 일이 없다. 단지 그 형태만이 변화될 수 있을 뿐이다(제1법칙). 그리고 에너지는 한 방향으로만 변환된다. 즉 사용할 수 있는 것으로부터 사용할 수 없는 것으로, 또는 질서화된 것으로부터 무질서화된 것으로 변환될 수 있을 뿐이다(제2법칙).

제2법칙은 열역학의 선구자로 손꼽히는 프랑스 기술자인 사디 카르노(1796~1832)의 연구를 바탕으로 독일 물리학자인 루돌프 클라우지우스(1822~1888)에 의해 완성되었다. 1865년 클라우지우스는 제2법칙을 발표하면서 엔트로피의 개념을 처음으로 사용했다.

엔트로피는 사용할 수 없는 에너지의 양을 측정하는 수단이다. 사용 가능한 에너지가 가장 많고 가장 질서화된 상태는 엔트로피가 가장 적은 상태이며, 사용할 수 있는 에너지가 가장 적고 가장 무질서화된 상태는 엔트로피가 가장 많은 상태이다.

열역학의 제2법칙이 제시됨에 따라 관심의 초점이 된 것은 시간의 방향성에 관한 개념이었다. 아이작 뉴턴의 동역학에 의해 확립된 기계론적 세계관이 17세기와 18세기에 걸쳐 과학을 지배했기 때문이다. 우주를 하나의 거대한 기계로 보는 견지에서 뉴턴의 운동법칙으로 우주의 미래를 예측할 수 있을 뿐만 아니라 과거까지 되살려 낼 수 있다고 확신한 것이다. 요컨대 뉴턴의 동역학 체계에서는 땅 위에서 튀는 공이 순간적인 속도의 반전에 따라 초기의 위치로 되돌아가는 것처럼 이전에 겪어 왔던 모든 상태를 다시 밟아가게 된다. 시간은 앞으로 나아갈 수 있을 뿐만 아니라 뒤로 되돌아갈 수도 있는 것이다. 시간은 가역적이다. 말하자면 고전 물리학은 시간에 방향이 없다는 입장을 취했다.

그러나 엔트로피의 법칙에 따르면 시간이 흐를수록 세상은 질서로부터 무질서의 상태로 접근하기 때문에 한 순간이라는 것은 바로 전의 순간과 더 이상 아주 똑같지 않다. 물과 알코올 같은 액체를 접촉시키면 서로 섞이게 되지만, 그 반대의 과정, 즉 혼합물이 자발적으로 물과 알코올로 분리되는 과정은 볼 수 없다. 열역학적으로 모든 것은 한 방향으로만 진행되므로 시간은 비가역적이다. 말하자면 시간은 화살을 가지고 있다. 열역학

은 고전 물리학의 신봉자들이 영원한 것으로 보았던 우주에 시간을 도입한 것이다.

시간의 비가역성에 대해서는 두 종류의 상반된 견해가 있다. 먼저 비관적 견해는, 우주의 에너지는 일정하고 시간이 흐를수록 엔트로피가 증대되므로 우주는 서서히 쇠약해지면서 궁극적으로 사용 가능한 에너지가 모두 소멸되어 버린 열사망 상태가 될지 모른다고 본다. 이러한 비관론은 우주를 외부의 영향으로부터 격리되어 있는 닫힌 계로 전제한다. 그러나 우주가 아직까지 열사망의 운명에 도달하지 않았다는 사실로부터 우주를 닫힌 계로 보는 세계관에 모순이 있음을 확인하게 된다.

한편 낙관론은 단순한 것으로부터 복잡한 것으로 진화되는 사회적 현상이나 저급 형태의 생물에서 고급 형태의 생물로 진화되는 생물학적 현상에서처럼, 시간이 흐를수록 무질서로부터 새로운 질서가 생겨난다고 본다. 대부분의 자연 및 사회현상은 그 주위 환경으로부터 끊임없이 에너지를 받아들이고 그 구조 내부에서 생산되는 엔트로피를 환경으로 내보내는 열린 계이다. 가령 생물체와 사회는 대표적인 열린 계이다. 생물과 사회는 주변 환경과 단절되면 죽게 된다. 열린 계는 바깥 세계로부터 유입되는 물질과 에너지 덕분에 산다. 요컨대 열린 계에서는 엔트로피를 환경으로 내보내기 때문에 항상 새로운 질서를 형성할 수 있다.

엑스트로피(Extropy)

과학기술로 인간의 한계를 극복할 수 있다고 확신하는 사람들이 결성한 단체의 명칭에 처음 사용된 신조어. 엔트로피의 반대를 의미한다. 이 단체(www.extropy.org)는 냉동보존술로 인간의 영생을 추구하고 컴퓨터에 인간의 의식을 옮기는 문제를 연구한다. 엑스트로피안(extropian)에는 마빈 민스키, 레이 커즈와일 등 세계적 과학자들이 포함되어 있다.

2. 이인식, 『걸리버 과학 탐험기』 중 「영구기관은 불가능한가」

영구기관은 외부로부터 에너지 공급을 받지 않고 영구히 운동을 계속하는 상상의 기관, 곧 영구 운동 장치(perpetual motion device)이다. 영구기관은 무에서 에너지를 추출하려는 기계이므로 공짜 에너지(free energy) 장치라고도 한다.

중세부터 기술자들은 외부로부터 에너지를 일절 주입받지 않은 채 끊임없이 에너지를 만들어 내는 영구기관을 설계하고 실제로 만들어 보기까지 했다.

최초의 영구기관 설계도는 13세기에 프랑스 기술자가 남긴 그림에서 발견되었다. 이 그림에는 7개의 나무 망치들이 일정한 간격으로 바퀴 테에 달려 있는 바퀴가 등장한다. 바퀴 한쪽에서 망치가 떨어지는 힘에 의해 바퀴가 회전하고, 그 힘을 받아 다른 망치가 다시 위로 올라가 떨어지는 구조이다. 얼핏 보면 바퀴가 균형이 맞지 않아 한쪽으로 힘이 몰려 계속 멈추지 않고 돌 것만 같다. 그러나 바퀴는 몇 번 돌지 못하고 멈춘다. 망치가 움직일 때 공기와 마찰이 일어나서 에너지가 손실되므로 망치의 젖혀지는 힘이 온전히 바퀴에 전달되지 못하기 때문이다.

17세기에는 물의 힘을 이용한 영구기관이 제작되었다. 위에 놓인 물통 속의 물이 커다란 수차 위로 떨어져 바퀴가 나선식 물 펌프를 돌리면, 펌프는 물을 다시 위로 끌어올린다. 그러면 이 운동은 영구적으로 계속된다는 아이디어였다.

영구 운동에 대한 관심은 18세기 동안에도 꾸준히 증가했다. 그러던 중에 증기력이 산업 분야에 결정적인 역할을 하게 됨에 따라 19세기에 이르러 영구 운동에 대한 관심은 절정에 달했다. 1855년과 1903년 사이에 영국에서만 영구기관과 관련된 특허 건수가 500건이 넘기도 했다. 같은 시기에 유사한 열광적 분위기가 미국 전역을 휩쓸었다.

기술자들은 자신들이 발명한 영구기관으로 조국이 석탄이나 석유 같은 빈약한 천연자원에 대한 고민에서 해방되길 바랐다. 많은 발명가들이 무한한 에너지를 사회에 안겨다 줄 순간이 도래할 것으로 확신한 그 무렵에 에너지 보존의 법칙이 나타났다. 열역학 제1법칙인 에너지 보존의 법칙에 따르면, 모든 에너지의 총화는 일정하며 새로 생겨나거나 소멸되는 일이 없고, 단지 그 형태만이 변환될 수 있다. 열역학의 법칙으로 영구기관은 실현이 불가능한 것으로 판명되었지만 발명가들은 영구기관의 꿈을 포기하지 않았다. 영구기관에 대한 특허가 갈수록 늘어남에 따라 1911년 미국 특허국은 영구기관에 대한 모든 특허출원은 반드시 실제 작동하는 모형을 함께 제출할 것을 요구했다.

우리나라의 경우 1997년에 특허청은 영구기관 특허출원을 사절한다는 방침을 정했다. 그럼에도 불구하고 세계 도처에서 영구기관에 대한 덧없는 탐색은 오늘날까지 이어지고 있다. 발명가들이란 본래 무지개를 좇는 꿈 많은 사람들이니까.

| 논술 심화 문제

〔가〕 열역학 제2법칙이 제시됨에 따라 관심의 초점이 된 것은 시간의 방향성에 관한 개념이었다. 아이작 뉴턴의 동역학에 의해 확립된 기계론적 세계관이 17세기와 18세기에 걸쳐 과학을 지배했기 때문이다. 우주를 하나의 거대한 기계로 보는 견지에서 뉴턴의 운동법칙으로 우주의 미래를 예측할 수 있을 뿐만 아니라 과거까지 되살려 낼 수 있다고 확신한 것이다. 요컨대 뉴턴의 동역학 체계에서는 땅 위에서 튀는 공이 순간적인 속도의 반전에 따라 초기의 위치로 되돌아가는 것처럼 이전에 겪어 왔던 모든 상태를 다시 밟아가게 된다. 시간은 앞으로 나아갈 수 있을 뿐만 아니라 뒤로 되돌아갈 수도 있는 것이다. 시간은 가역적이다. 말하자면 고전 물리학은 시간에 방향이 없다는 입장을 취했다.

그러나 엔트로피의 법칙에 따르면 시간이 흐를수록 세상은 질서로부터 무질서의 상태로 접근하기 때문에 한 순간이라는 것은 바로 전의 순간과 더 이상 아주 똑같지 않다. 물과 알코올 같은 액체를 접촉시키면 서로 섞이게 되지만, 그 반대의 과정, 즉 혼합물이 자발적으로 물과 알코올로 분리되는 과정은 볼 수 없다. 열역학적으로 모든 것은 한 방향으로만 진행되므로 시간은 비가역적이다. 말하자면 시간은 화살을 가지고 있다. 열역학은 고전 물리학의 신봉자들이 영원한 것으로 보았던 우주에 시간을 도입한 것이다.

〔나〕 시간의 비가역성에 대해서는 두 종류의 상반된 견해가 있다. 먼저 비관적 견해는 우주의 에너지는 일정하고 시간이 흐를수록 엔트로피가 증대되므로 우주는 서서히 쇠약해지면서 궁극적으로 사용 가능한 에너지가 모두 소멸되어버린 열사망 상태가 될지 모른다고 본다. 이러한 비관론은 우주를 외부의 영향으로부터 격리되어 있는 닫힌 계로 전제한다.

〔다〕 한편 낙관론은 단순한 것으로부터 복잡한 것으로 진화하는 사회적 현

아 우 라 한 수 지 도

■ 엔트로피는 시간의 화살이다.

- 에너지는 한 가지 상태에서 다른 상태로 옮겨갈 때마다 '일정액의 벌금을 낸다.' 이 벌금은 유용한 에너지가 손실되는 형태로 나타나는데, 바로 '엔트로피'이다. 엔트로피는 더 이상 일로 전환될 수 없는 에너지의 양을 측정하는 수단이다.

- 엔트로피가 증가한다는 것은 유용한 에너지가 줄어든다는 것을 의미한다. 에너지 제1법칙에 따라 에너지 총량은 일정하게 보존되며, 제2법칙에 의해 혼돈과 무질서의 방향으로 변해 가기 때문에, 오염이란 엔트로피의 또 다른 이름에 불과하다.

자료 출처 : 제러미 리프킨, 이창희(옮김), 『엔트로피』.

아 우 라 한 수 지 도

■ 시간의 비가역성에 대한 비관론과 낙관론

구분	비관론	낙관론
관점	닫힌 계	열린 계
대표 학자	제러미 리프킨	마빈 민스키
변화	질서 → 혼돈	혼돈 → 질서
키워드	엔트로피	엑스트로피

자료 출처 : 이인식, 『미래교양사전』

상이나 저급 형태의 생물에서 고급 형태의 생물로 진화되는 생물학적 현상에서처럼, 시간이 흐를수록 무질서로부터 새로운 질서가 생겨난다고 본다. 즉 대부분의 자연 및 사회현상은 그 주위 환경으로부터 끊임없이 에너지를 받아들이고 그 구조 내부에서 생산되는 엔트로피를 환경으로 내보내는 열린 계로 파악하는 것이다.

문제 │ 전체 계를 '고립된 계'로 보는 〔나〕의 입장과 '열린 계'로 보는 〔다〕의 입장을 구분하여, 물 위에 떠 있는 얼음이 녹아서 전체가 하나의 물이 되는 과정에서 '전체 계'의 엔트로피 증감에 대해 설명하라. (300자)

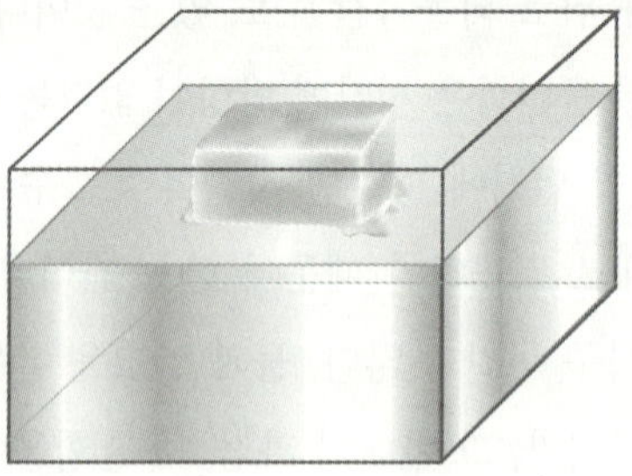

 **심화 문제 해설**

1. 출제 의도

심화 문제는 엔트로피의 개념을 바탕으로 다양한 물리현상을 비교 분석하는 문제로서 이미 2002학년도 2학기 서울대학교 수시전형의 과학 구술면접에서 선보인 바 있는 열역학 문제를 통합교과 유형에 맞게 변형한 것이다. 통합교과논술은 구체적인 수식이나 계산을 피하려 하기 때문에, 이처럼 열역학 법칙을 확실하게 이해하고 있는지를 묻는 다양한 형태의 문항이 선보일 것으로 예상된다. 2002학년도 서

■ **문제 핵심분석**
● 열역학 법칙의 이해
● 열역학과 관련된 '계'의 이해

울대학교 문제에서는 문제의 전제가 '고립된 계'임을 문두에 언급했는데 사실 이러한 전제 자체가 더 중요할 수도 있다.

2. 제시문 분석

　제시문은 이인식의 『미래교양사전』에서 발췌한 것으로 과학 교과서의 지식을 개관하는 단계에서 시작하여 '고립된 계'와 '열린 계'를 언급하는 대학 교양물리 수준까지 발전하고 있다. 학생들은 제시문을 통해 그동안 과학시간에 배워 온 열역학의 개념이 대부분 '열린 계'를 배제하고 있었음을 깨닫고 '열린 계'에서는 어떠한 점이 차이가 있는지를 추론해야 한다.

　열역학 제2법칙의 중요한 전제는 '열린 계'가 아닌 '고립된 계'가 무질서한 상태로 변한다는 것이다. 대부분의 학생들은 열역학 제2법칙이 '열린 계'를 배제하고 있다는 사실을 간과하기 쉽다. 이 문제는 이러한 핵심을 바로 파고드는 문제이다. 지구는 '고립된 계'가 아니다. 태양으로부터 엄청난 에너지를 공급받으면서 외계로 열에너지를 방출하고 있기 때문이다. 우주가 '고립된 계'냐 '열린 계'냐 하는 문제는 아직 명확한 결론을 내릴 수 없다. 우주가 아직 열사망의 운명에 이르지 않았다는 사실로 볼 때 우주를 '고립된 계'로 보는 세계관에 모순이 있을 수 있지만 이에 대한 명확한 결론을 언급하는 것은 아직 시기상조이다.

　엔트로피 증가의 법칙이 발표된 직후 만약 이 법칙이 정당하다면 우주는 어느 것이나 모든 종류의 에너지가 분자의 불규칙적인 열운동으로 변하여, 열의 종말, 즉 우주의 종말에 도달하게 될 것이라는 논쟁이 일어났다. 그러나 이는 우주를 고립된 '유한한 계'라고 가정했을 때의 결론이다. 이처럼 엔트로피의 문제는 단순히 열역학의 문제가 아니라 창조론 및 진화론 등과 관련된 종교·과학계의 쟁점과도 맞물려 있는 것이다.

3. 문제 해설

　이 문제의 핵심은 물과 얼음이 외부와 열교환을 하는 상태(열린 계)와 그렇지 않은 경우(고립된 계)로 문제 상황을 구분해서 각각의 전제에 맞게 상황을 해석하는 과정을 기술하는 것이다. '고립된 계'의 경우는 과학 교과의 배경지식으로 어느 정도 기술할 수 있지만 '열린 계'는 제시문에 주어진 정보와 고립된 계의 상황을 참조하여 자신만의 과학적 사고과정을 글로 표현해야 한다.

물이 열을 잃고 온도가 내려가는 현상은 엔트로피가 감소하는 현상이며, 얼음이 녹아서 물이 되는 과정은 초기 상황에 비해 엔트로피가 증가하는 현상이다. 이처럼 비커 안에서는 엔트로피가 증가하는 현상과 감소하는 현상이 동시에 일어나고 있다. 이러한 현상을 하나로 생각하여 전체 계의 엔트로피를 생각하면 '고립된 계'로 보는 관점에서는 전체의 엔트로피는 증가하지만, 물과 얼음이 외부와 열 교환이 가능한 '열린 계'에서는 반드시 엔트로피가 증가한다고 단정지을 수는 없다. 외부의 엔트로피가 높은 경우와 낮은 경우로 나누어 상황을 세분화한다든지 학생의 생각과 고민 정도에 따라 다양한 수준의 답안이 나올 수 있다.

심화 문제 예시 답안

■ **글 개요 분석 및 특징**

● 〔나〕의 입장
   1. 얼음은 물보다 엔트로피가 낮음
   2. 얼음이 녹는 현상은 엔트로피가 증가하는 현상
● 〔다〕의 입장 : 얼음이 물로부터 에너지를 흡수하는 현상은 엔트로피가 낮아지는 현상
● 결론 : 엔트로피는 순환하며 전체 계의 엔트로피는 변화가 없음

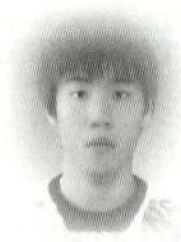

〔나〕의 입장: ①얼음은 물보다 더욱 단단하며 분자 배열도 더욱 질서 있다. ②때문에 얼음은 물보다 엔트로피가 낮다고 할 수 있다. 따라서 ③얼음이 물에 점점 녹아 들어가는 것은 시간에 따라 ④엔트로피가 낮은 쪽에서 높은 쪽으로 흐르는 것을 의미한다. 그러므로 전체 계의 엔트로피는 증가한다.

〔다〕의 입장: 얼음은 물에게서 에너지를 가져온다. 시간이 흐를수록 에너지를 더욱 많이 가져오게 되므로 엔트로피는 낮아진다고 할 수 있다. 그러나 얼음이 녹게 되면 규칙적이던 분자들이 불규칙적으로 변하므로 이 과정에서는 엔트로피가 증가한다. 결론적으로 엔트로피는 순환하며 전체 계에서의 엔트로피는 변화가 없다.

예시 답안 지도

김평원 선생님

①번과 ②번 문장을 깔끔하게 한 문장으로 만들어 봅시다. 이 문장은 '얼음은 물에 비해 분자 배열이 규칙적이기 때문에 엔트로피가 낮다고 볼 수 있다' 정도로 간략하게 정리하는 것이 좋습니다. ③번 문장은 '얼음이 물에 녹는 과정'으로 표현하는 것이 좋습니다. ④번 문장의 주어는 '얼음이 물에 녹는 과정'입니다. 이렇게 되면 당연히 주어와 서술어의 호응이 어색하게 됩니다. 이러한 오류의 원인은 단순히 호응 문제가 아니라 과학적 오개념을 진술했기 때문입니다. 이는 학생 스스로 에너지, 열, 온도, 엔트로피 등의 기본 개념을 서로 혼용하고 있다는 것을 드러내는 것입니다.

〔나〕의 입장에 대한 논의는 고교과정에서 다루는 내용이기 때문에 어느 정도 과학적 사고력이 드러나도록 진술했지만 〔다〕의 입장에 대한 논의는 결론에 억지로 끼워 맞춘 진술이라는 생각이 듭니다. '열린 계'를 막연하게 상정하지 말고 이를 다시 외부의 엔트로피가 높은 경우와 낮은 경우로 나누어 다양한 상황을 고려해 진술하는 것이 좋습니다.

오세진 선생님

출제 의도와 제시문의 분석이 부족한 상태에서 답안 작성을 시작한 것으로 여겨집니다. 온도와 엔트로피의 관계를 잘못 이해하고 있으며 '고립된 계'와 '열린 계'를 정확히 이해했다고 볼 수도 없습니다. 앞으로는 제시문을 잘 읽고 생소한 용어를 이해하려고 노력해야겠습니다.

'고립된 계'에서는 얼음과 물의 온도 변화에 따른 엔트로피를 고려함은 물론 이를 종합하여 전체 계에서의 엔트로피를 생각해야 합니다. '열린 계'에 관한 답변 역시 외부로부터의 에너지의 유입인지 방출인지를 생각해서 다시 풀어 보는 것이 좋겠습니다.

〔나〕의 입장에 대한 논의의 경우 출제자의 의도에 근접한 답안을 작성했습니다. 다만 물의 온도가 낮아지는 것은 물의 입장에서 엔트로피가 감소하는 측면이 있으나, 전체적으로는 결국 고립된 계이므로 열역학 제2법칙에 의하여 엔트로피가 증가한다고 설명하는 것이 좋습니다.

〔다〕의 입장에 대한 논의는 고교 교육과정을 살짝 넘는 내용이지만 '고립된 계'와 '열린 계'의 차이점을 잘 고려한다면 정답에 근접할 수 있습니다. '열린 계'의 경우는 물과 얼음의 에너지 변화만을 이야기하는 것이 아니고, 외부에서 에너지가 유입되는 상태 또는 만들어진 엔트로피가 외부로 내보내지기도 하는 상태를 나타내는 것입니다. 시간이 흐름에 따라 외부 환경과 상호작용하는 관계를 잘 연결지어 얼음과 물의 상태가 변화할 수 있음을 엔트로피와 연관지어 언급하는 것이 이 답안의 핵심입니다. 결국 외부와 열 교환이 가능한 '열린 계'에서는 반드시 엔트로피가 증가한다고 단정지을 수는 없음을 타당한 논거를 언급하면서 기술하는 것이 관건이라 하겠습니다.

평가항목	등급	총평
이해 · 분석력	B	온도, 열, 에너지, 엔트로피 개념을 일부 혼용하고 있습니다.
논증력	A	답안의 논증절차가 균형을 잘 이루고 있습니다.
창의력	B	'열린 계'를 보다 구체적으로 분석해야 합니다.
표현력	C⁺	과학적 오개념을 진술한 문장에서 호응이 맞지 않았습니다.

좀더 자세히

1. 영구기관을 꿈꾸는 열정

영구기관을 꿈꾸는 것이 허망한 것임을 안 것은 그리 오래전 일이 아니다. 오늘날 영구기관을 만들었다고 공언하면 즉시 '사기꾼' 또는 '몽상가'의 반열에 오르게 된다. 하지만 열역학 법칙에 위배되는 영구기관을 꿈꾸던 사람들 중에는 놀랍게도 다빈치 같은 천재도 포함되어 있다.

그 유명한 레오나르도 다빈치도 평생을 두고 영구 운동 기관에 관심을 갖고 실제로 디자인을 제시하기도 했다. 다빈치가 제안한 영구기관은 바퀴가 회전하면 경사면의 기울기에 의해 공이 굴러가 바퀴살을 돌아가게 하고 그 회전력은 다시 공을 굴려 보내는 운동으로 전환되어 끊임없이 회전하는 방식이다. 나름대로 일리가 있는 이야기이지만 이 역시 불가능하다.

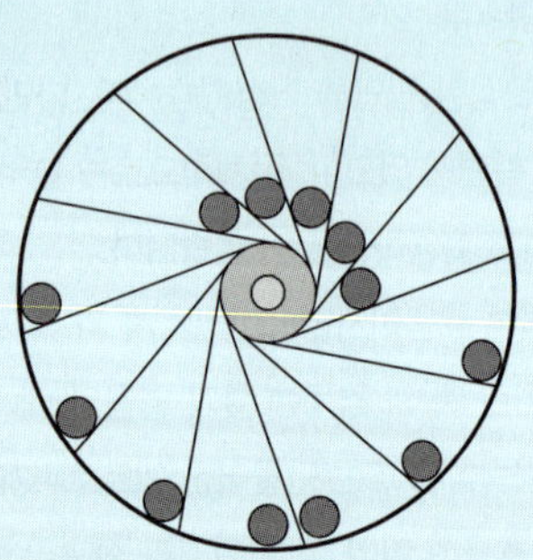

그림과 같은 구르는 공 기계는 중력을 에너지원으로 삼는 영구기관으로 중력에서 에너지를 얻으려면 질량을 가지는 물체의 위치 변화가 있어야 한다. 공의 위치 변화를 연속으로 계속 일어나게 하여 운동에 필요한 에너지를 얻고 그 에너지로 다시 물체의 위치를 바꾸는 일을 하여 기계가 영원히 움직이게 된다는 것이 다빈치의 논리이지만, 영원히 운동을 하는 영구기관이 가능하려면 운동에 필요한 에너지를 고스란히 다시 받아야 한다. 주변 공기의 마찰이나 저항, 공이 기계의 표면을 구를 때 생기는 열이나 소리 같은 것으로 손실되는 에너지가 전혀 없어야

하는 것이다.

영구기관을 꿈꾸는 사람들은 값싼 재료들로부터 금을 만들려고 애를 썼던 중세의 연금술사들과 같다. 하지만 연금술사들이 화학 분야를 발전시킨 것을 상기한다면 영구기관을 꿈꾸는 아마추어 발명가나 어린 학생들의 유치한 도면들도 몽상이라고 폄하할 필요는 없지 않을까? 산타클로스 할아버지가 없다는 사실을 스스로 아는 순간까지 굳이 그 사실을 말할 필요가 없듯이, 열역학 법칙을 이해하고 받아들이기 전까지는 굳이 영구기관이 허망하다고 면박을 줄 필요는 없다고 본다. 천재 다빈치가 착각했던 것처럼 영구기관에 대한 몽상도 결국 과학적 사고 발달에서 겪어야 할 한 과정인 것이다.

● 자료 출처 : 마포고등학교, 『물리-윤리-사회 통합교과논술 지도자료』

2. 영구기관 특허출원 과연 가능한가?

"특허출원 그만 하세요." 영구기관은 완성될 수 없는 발명

"이제 영구기관과 관련된 특허는 그만 출원하세요." 특허청은 31일 영구기관 관련 특허출원 건수가 1998년 45건에서 2000년에는 79건, 2001년에는 96건, 2002년에는 110건으로 늘어났으며 올 상반기에만 이미 92건에 이르렀다고 밝혔다. 영구기관은 외부의 동력을 공급받지 않고도 스스로 에너지를 만들어 영원히 움직이는 장치로, 이미 오래전에 제작이 불가능하다는 게 과학적으로 증명됐다.

현행 특허법에도 '산업상 이용할 수 없는 발명'이나 '완성될 수 없는 발명'으로 분류돼 있다. 그럼에도 관련 특허출원이 계속 늘고 있는 것은 발명가들이 영구기관을 만들 수 있다는 '꿈'을 버리지 못하고 있기 때문이다. 주요 사례로는 '전자기적, 정전기적 수단을 이용하는 영구기관' '유체의 중량, 부력을 이용하는 영구기관' '중력, 관성력, 탄성력을 이용하는 영구기관' 등을 꼽을 수 있다.

특허청은 '중력, 관성력, 탄성력을 이용하는 영구기관'은 '마찰 등으로 인한 에너지 손실이 없는 경우 진자가 영원히 운동한다(영구 운동)는 원리에 착안한 것'이라며 "영구 운동 자체가 불가능할 뿐 아니라 설령 영구 운동이 가능하더라도 진자가 영구기관으로서 외부에 일을 하기 위해서는 에너지를 소모해야 하므로 에너지 보존의 법칙에 따라 결국 멈출 수밖에 없다"고 설명했다.

● 자료 출처 : 한국경제 2003년 8월 31일자

3. 정말 엔트로피는 항상 증가하기만 할까?

복잡한 의미를 가진 과학 용어가 본래의 의미를 벗어나 사용되는 경우가 늘어나고 있다. 에너지와 엔트로피가 대표적인 경우다. '일을 할 수 있는 능력'이라는 뜻의 에너지는 일반명사가 돼버렸고, '무질서도 (度)'라는 뜻의 엔트로피는 사회학을 공부하는 사람들이 현대 문명의 여러 문제를 분석하는 중요한 도구로 자리 잡은 모양이다.

인간은 자연에서 관찰되는 다양한 현상의 근본적 원인을 알아내고 싶어하는 유별난 존재이다. 우리는 자연현상을 자연의 '섭리(攝理)'라고 순순히 인정하는 대신, 그 이유를 체계적으로 분명하게 밝혀 내려 노력한다. 그런 일에 목숨을 걸기도 하고, 엄청난 비용을 투자하기도 한다. 과학은 그런 노력으로 이룩된 우리 모두의 소중한 문화유산이다.

우리가 과학을 통해 밝혀 내려는 자연현상이 모두 거창한 것은 아니다. 누구나 당연하게 알고 있는 익숙하고 하찮은 현상이 훨씬 더 이해하기 어려운 문제가 되기도 한다. 물이 높은 곳에서 낮은 곳으로 흐르고, 물속에 떨어뜨린 잉크 방울이 퍼져 나가는 것이 바로 그런 경우다. 너무 당연해 누구도 그런 일이 거꾸로 일어나는 모습은 상상하지 못한다. 물이 높은 곳으로 올라가 폭포처럼 떨어져 내리는 모습을 그린 네덜란드 화가 마우리츠 에스허르의 판화 〈폭포〉가 기묘하게 느껴지는 것도 그런 이유 때문이다.

엔트로피는 1850년에 독일의 클라우지우스가 자연에서 저절로 일어나는 변화의 방향을 설명하려고 처음 도입한 열역학 개념이다. '우주의 엔트로피는 언제나 늘어난다'는 유명한 열역학 제2법칙이 바로 그것이다. 우주(宇宙)에서 저절로 일어나는 변화는 반드시 우주의 엔트로피가 늘어나는 방향으로만 진행된다는 뜻이다. 엔트로피가 물질을 구성하는 입자들의 양자 상태가 무질서한 정도를 나타낸다는 사실을 알아내기까지는 반세기의 세월이 걸렸다.

언젠가부터 열역학 제2법칙을 문자 그대로 해석해 현대 문명 사회의 분석에 응용할 수 있다는 어느 미래학자의 주장이 관심을 모으기 시작했다. 우리 사회의 엔트로피도 끊임없이 늘어나고 있고, 에너지를 지나

치게 소비하는 우리의 무분별한 생활이 엔트로피의 증가를 가속시키고 있다는 것이다. 엔트로피가 더 이상 증가할 수 없는 엄청난 재앙에 도달하기 전에 우리의 생활을 근본적으로 혁신해야 한다는 것이 그의 주장인 모양이다.

우리의 현대 문명에 많은 문제가 있는 것은 분명하다. 우리의 문명도 자칫하면 이스터 섬의 경우처럼 한순간에 사라져 버릴 수도 있다. 그러나 열역학이 그런 종말을 예측하고 있다는 주장은 크게 잘못된 것이다.

우선 엔트로피가 언제나 증가하는 것은 아니다. 실제로 액체의 물이 얼어 얼음이 되는 경우에는 엔트로피가 줄어든다. 그럼에도 불구하고 섭씨 0도 이하의 온도에서는 물이 저절로 얼게 된다. 물론 열역학 법칙이 잘못된 것이 아니라, 물이 어는 경우는 열역학 법칙이 그대로 적용되는 '우주'가 아니기 때문이다. 이 경우의 우주는 우리가 살고 있는 우주가 아니라 물질과 에너지의 출입이 불가능한 '고립계'를 뜻한다.

우리가 살고 있는 사회처럼 물질과 에너지의 출입이 가능한 '열린 계'에서는 엔트로피가 반드시 늘어나야 할 열역학적인 이유는 없다. 실제로 얼음이 저절로 어는 현상이 그런 사실을 분명하게 보여 주고 있다. 결국 열역학 법칙이 엔트로피 증가에 의한 우리 사회의 종말을 예언하는 것은 아닌 셈이다. 철저한 실험을 통해 정립된 과학 이론이 엄청난 설득력을 발휘하는 것은 사실이지만, 잘못 적용하면 엉뚱한 오해를 불러일으킬 수도 있다.

● 자료 출처 : 이덕환(서강대학교 교수), 중앙일보 2006년 5월 5일자

4. 계(system)의 개념

엔트로피의 법칙은 어떤 계를 고립시켜서 외부와의 상호작용을 없애 주면 그 계의 분자나 원자들은 더욱더 무질서한 운동을 하는 쪽으로 변화가 일어나며, 그 반대쪽으로는 변화가 일어나지 않는다는 것이 핵심이다. 즉 가장 중요한 전제는 외부와의 상호작용을 없앤다는 것이다.

'계(system)'란 에너지의 출입을 따질 수 있는 하나의 단위를 말하는데 '열린 계', '닫힌 계' 그리고 '고립된 계'의 세 가지가 있다. '열린 계(opened system)'는 물질과 에너지의 출입이 자유로운 것을 말하며, '닫힌 계(closed system)'란 에너지의 출입은 가능하지만 물질의 출입은 불가능한 계를 의미한다. 그리고 '고립된 계(isolated system)'란 에너지와 물질의 출입 모두가 불가능한 계를 의미한다.

● 자료 출처 : 김평원, 『물리-윤리-사회 통합교과논술 지도자료』

연·고대 입학관리처장이 말하는 통합논술

"논술에는 답이 있다." 고려대와 연세대 입학관리처장의 공통된 의견이다. 전혀 엉뚱한 주장이나 튀는 논리를 편다고 해서 높은 점수를 받는 게 아니라는 말이다. 두 대학이 원하는 논술 답안은 어떤 것이고, 좋은 점수를 얻으려면 어떻게 준비해야 하는지 들어봤다.

만난 사람=박형수 기자

튀는 의견 제시하기보다 생각의 다면성 보여줘야

연세대 이재용 처장

연세대 이재용 입학관리처장은 "답안을 볼 때 창의력보다는 출제 의도를 얼마나 정확하게 꿰뚫었는가를 중요하게 평가한다"고 말했다.

독창성을 살린다며 튀는 의견을 제시하기보다는 논제 파악에 신경을 쓰라는 얘기다. 그리고 논제에 맞게 학생 스스로 세운 가정과 논리가 설득력이 있을 때 좋은 점수를 얻을 수 있다는 것이다.

그는 "올해 정시 논술은 예년처럼 인문사회 계열만 언어논술로 치를 계획"이라고 밝혔다. 이 처장은 "지례짐작해 2008학년도 예시 문항 형식으로 준비할 필요는 없다"며 "올해 역시 고전 텍스트를 많이 활용해 비판적 사고력과 논리력, 표현력을 물을 가능성이 크다"고 밝혔다.

"사회 현상을 묻는 논술 답안은 천편일률적인 내용이 많습니다. 그래서 연세대는 욕망.웃음.불안 등 개인적 성찰에 관한 주제를 자주 출제합니다."

이 처장은 학생과 교사 모두 낯설어 하는 '다면사고형 논술'에 대해 "문제를 푸는 과정에서 창의력과 수리력, 논리력 등을 다각도로 동원하라는 의미에서 붙인 이름"이라고 설명했다.

"다른 대학의 논술 문제와 달리 수리적 요소와 언어적 요소를 접목하고 미술작품을 제시문으로 주는 것도 다면사고를 유도하기 위한 것입니다. 거기에는 사교육으로 대비할 수 없게 하려는 의도도 깔려 있지요."

그는 또 "연세대 논술이 어렵다는 말은 그만큼 문제가 창의적이라는 얘기"라며 "하지만 난이도 문제가 계속 거론돼 내년 3월 고3 학생을 대상으로 모의고사를 치러 문제 수준과 내용을 재검검할 계획"이라고 말했다.

그러나 난이도를 조절하기 위해 무조건 교과서를 제시문에 많이 활용할 생각은 없다고 한다. 고전에 비해 상대적으로 읽기 쉬운 교과서를 제시문에 끌어오면 문제가 오히려 어려워질 수도 있다는 것이다.

이 처장은 "잡다한 지식을 많이 아는 것보다 교과서에 나오는 내용을 원리부터 탄탄하게 아는 게 중요하다"며 "사소한 문제라도 비판적 사고를 갖고 접근하는 습관을 기르면 좋은 점수를 얻을 수 있다"고 조언했다.

수리 논술도 글로 풀고 합당한 근거 제시해야

고려대 김인묵 처장

고려대 김인묵 입학관리처장은 "정형화한 논술 답안은 없지만 채점자가 원하는 답은 분명히 있다"고 강조했다.

논제를 잘못 분석하거나 갖춰야 할 조건을 빠뜨리면 글이 아무리 매끄러워도 틀린 것으로 평가한다는 것이다. 채점자에게 모범답안을 제공하는 이유도 출제 의도를 정확히 반영했는지 확인하기 위해서다.

고려대 논술 문제 형식이 가장 앞서 있다고 자부하는 김 처장은 "2007학년도 수시 2학기와 정시의 논술 문제는 4~5개 문항을 3시간 동안 풀게 하는 형식이 될 것"이라며 "올해 수시 1학기와 마찬가지로 하나의 주제와 연결된 영역별 문제를 단계적으로 심화시켜 출제할 예정"이라고 밝혔다.

그는 또 문항이 유기적으로 서로 연결돼 있지만 앞 문항을 모른다고 뒷 문항까지 못 풀도록 출제하지는 않을 것이라며, 문항별로 아는 만큼 쓰면 된다고 덧붙였다.

언어와 수리를 혼합한 올해 수시 1학기의 통합교과 논술 난이도가 지나치게 높은 게 아니냐는 지적에는 동의하지 않았다.

"언어와 수리가 결합되면 학생들에게 유리합니다. 과거처럼 언어와 수리를 분리하면 계열별로 한층 심화된 지식을 물을 수밖에 없거든요."

그는 수리 논술을 수학적으로만 접근하지 말라고 조언했다. 추론 과정을 수식으로만 늘어놓지 말고 합당한 근거를 제공해 문장으로 풀어 써야 한다는 것이다.

고려대 논술의 가장 큰 특징은 제시문의 요약과 제시문의 상관관계를 밝히는 것이라는 게 김 처장의 말이다.

"요약문 하나만 봐도 학생의 독해.표현.비판.논리력 등을 다양하게 평가할 수 있습니다. 좋은 요약문은 제시문을 완전히 이해한 뒤 자기 말로 풀어 쓰되 논리적인 오류가 없어야 합니다."

뜻밖에도 모두 쉽다고 생각하는 제시문 요약 문제를 제대로 쓰는 학생이 드물다고 한다. 제시문 문장을 그대로 따다 쓰거나 문장의 연결이 어색한 사례가 많다는 얘기다.

김 처장은 단순한 지식이라도 원리부터 올바르게 파악하고 있는지 평가하는 게 논술이라며, 거기에 학생 각자의 창의적 사고력이 보태지면 금상첨화라고 덧붙였다.

자료 출처: 중앙일보 2006년 11월 8일자

행성 직렬과 기조력

이 문제는 『이인식의 과학나라』에서 발췌한 칼럼을 제시문으로 구성하여 서울대학교 아시아 태평양 교육발전 연구단의 지구과학 교육 자료를 바탕으로 출제한 것이다. 기본 문제는 고교 1학년 과학 교과서의 〈지구의 변동〉, 〈대기와 해양〉, 〈태양계와 은하〉 단원과 지구과학 I의 〈태양계 탐사 방법〉, 지구과학 II의 〈지구의 운동〉, 〈행성의 운동〉 단원과 직접 관련 있는 내용을 출제했으며, 심화 문제는 지구과학 II의 심화된 여러 단원을 염두에 두고 기조력과 관련된 다각적인 탐구력을 측정할 수 있도록 출제했다.

논술 기본 문제

■ 제시문 자료 출처

• 이인식, 『이인식의 과학생각』 중 「한 줄로 선 행성들 큰일날까?」

■ 관련 단원

과학	지구의 변동, 대기와 해양, 태양계와 은하
지구과학 I	태양계 탐사 방법, 우주관
지구과학 II	해류와 해수의 순환, 지구의 운동, 행성의 운동

[가] 2000년 5월 5일 어린이날에 해와 달 그리고 육안으로 보이는 태양계의 다섯 행성, 즉 수성, 금성, 화성, 목성, 토성이 한 줄로 늘어선다. 이른바 행성 직렬현상이 나타나면 지구는 무사할 것인가. 일부에서는 행성 직렬로 인류의 종말이 임박했다고 주장한다. 행성들이 일렬로 늘어서면 그들의 중력과 기조력이 집중되어 커지므로 지구에 재앙이 일어난다는 것이다. 중력은 지구 위의 물체에 작용하는 인력이고 기조력(起潮力, tidal force)은 지구의 해면을 오르내리게 하는 힘이다.

따라서 행성 직렬현상이 발생하면 행성들의 합쳐진 중력이 지구의 축을 기울여서 가령 아프리카를 북극으로, 남극을 적도 근처로 옮겨 놓는다. 그렇게 되면 극지의 만년설이 녹아 대도시를 물바다로 만들 것이다. 조석 간만을 일으키는 기조력이 증대됨에 따라 지진으로 바다가 갈라지고 엄청난 해일이 일어나 인류는 노아의 홍수 이래 최대의 재난에 직면하게 된다. 정말 그런 일이 일어날 것인가?

[나] 기조력이란 조석이나 조류 운동을 일으키는 힘을 말한다. 천체 특히 달

과 태양의 인력과 이에 대한 지구의 가속도 운동에 의한 힘의 합성력이 지구 상의 물체에 작용하여 조석이나 조류 운동을 일으킨다. 달을 예로 들면 만유인력의 법칙에 따라 지구 상의 물체에 작용하는 힘은 모두 달의 중심 방향으로 향하며, 그 크기는 물체와 달의 질량에 비례하고, 물체와 달의 중심과의 거리의 세제곱에 반비례한다.

〔다〕 기조력의 분포

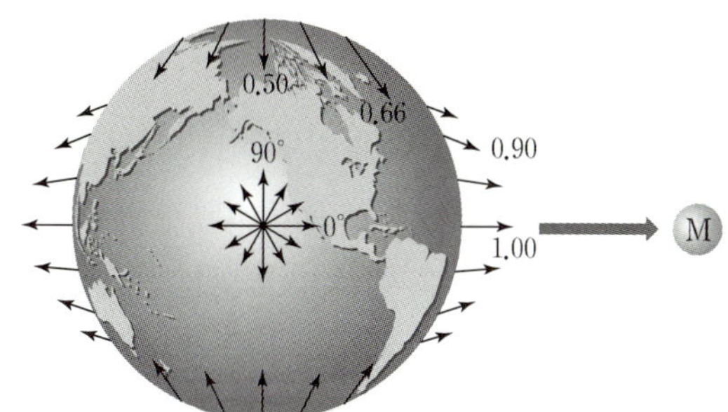

M은 천체(달 또는 태양)

문제 │ 2000년 5월 5일에는 제시문 〔가〕에 나타난 우려와는 달리 아무 일도 일어나지 않았다. 그 이유를 자료 〔나〕, 〔다〕를 참조하여 행성이 지구에 미치는 기조력을 중심으로 설명하시오.(400자)

key word

■ **행성 직렬**: 2000년 5월 5일 수성, 금성, 화성, 목성, 토성이 우주공간에서 일직선으로 늘어서는 현상이 벌어졌다. 이 같은 행성 직렬현상은 예로부터 불길한 징조로 받아들여져 왔다. 당시 일부에서는 1999년 지구의 종말이 온다는 예언의 분위기가 이어지고 있었다. 하지만 과학자들에 따르면 지구에 미친 영향은 미약한 것으로 밝혀졌다. 다음의 행성 직렬현상은 2438년 4월에야 일어난다. 자료 출처: 동아일보, 2005년 5월 6일자

| 문제 해설

1. 출제 의도

서울대학교에서 공개한 2008학년도 통합교과논술 유형 중 지구과학 영역은 '조건이 달라지는 경우 지질, 대기, 환경 및 생명체의 탄생과 진화의 관점에서 지구의 모습을 추측하라'는 문제가 제시되었다. 이는 지구과학 영역에서만큼은 지구, 천문, 대기와 관련된 물리량을 묻는 기존의 구술면접 문제에서 크게 벗어나지 않았음을 알 수 있다. 하지만 본고사 논란을 피하기 위해, 차후 지구과학 영역의 과학논술은 세부적인 교과 지식보다는 자연현상을 보다 큰 시각에서 물리적으로 해석하는 유형이 선보일 전망이다.

이 문제는 많은 예언가들과 종교 집단에서 지구 멸망의 근거로 내세워 왔던 행성 직렬현상을 과학적으로 설명하는 형식을 취하고 있다. 지난 세월 동안 행성 직렬현상이 여러 번 일어났지만 지구가 멸망하는 일은 결코 없었기 때문에 이 문제의 결과는 모두가 알고 있는 셈이다. 결국 정답을 뻔히 알고 있는 천문현상의 원인을 과학적인 사고과정을 거쳐 답안으로 표현하는 것이 이 문제의 핵심이다. 마찰력이 없다는 것을 가정한 미시적인 물리현상에 익숙해져 있는 학생들에게 우주에서 일어나는 현상을 물리적으로 설명하라는 문제는 물리현상의 지평을 확대하는 동시에 궁극적으로 과학적 상상력을 자극하는 계기가 될 것이다.

2. 제시문 분석

제시문은 『이인식의 과학생각』에 실린 칼럼 「한 줄로 선 행성들 큰일낼까」의 전반부에 해당한다. 행성 직렬현상은 뉴에이지 신봉자나 종말론을 주장하는 사람들에게 대중들을 선동하는 가장 과학적인 믿음을 주는 수단이 되기도 했는데, 원문에서는 이러한 현상을 둘러싼 사회적인 문제를 간단히 언급하면서 흥미를 유발하고 과학적으로 왜 그것이 불가능한지를 특별한 수식 없이 명쾌하게 설명하고 있다.

지구과학에서 논의하는 물리량은 그 수치가 엄청나기 때문에 직접 수치를 논거로 활용하기가 쉽지 않다. 실제 천문학의 발달도 로그(log)의 도움에 힘은 바 큼은 주지의 사실이다. 로그가 발견되자 프랑스의 수학자 라플라스는 "로그는 계산하는 시간을 아끼게 되어, 천문학자의 수명을 배로 늘려 주었다"고 말한 바 있다.

차후 과학논술은 본고사 논란을 피하기 위해 복잡한 계산 과정을 논거로 사용하는 방식에서 벗어날 것이 분명하기 때문에 제시문인 『이인식의 과학생각』과 같은 방식으로 물리현상을 문장으로 풀어서 설명하는 방식을 눈여겨보아야 한다.

3. 문제 해설

이 문제는 물리의 '만유인력'과 지구과학의 '기조력'과 관련된 배경지식이 있다면 가장 높은 수준의 답안 작성이 가능할 것이다. 굳이 배경지식이 없어도 제시문의 정보를 통해 조석(潮汐) 간만(干滿)을 일으키는 힘은 천체 사이의 거리와 관련이 있음을 파악하고 질량이 태양의 약 3000만 분의 1에 지나지 않는 달이 조석 간만에 주는 영향이 태양보다 오히려 약 2배 정도 더 영향을 미치고 있음을 언급하면서, 결국 모든 행성들이 아무리 정확하게 일렬로 늘어서도 이들의 힘은 달이 미치는 기조력의 수만분의 1에 불과함을 기술하면 무난하게 높은 점수를 받을 수 있다.

학생들도 '행성 직렬'이든 우주에서 모든 행성들이 열십자 모양으로 나열하는 '그랜드 크로스'든 지구에는 아무런 영향을 줄 수 없다는 사실은 알고 있으며, 결국 이 문제의 답안은 정답을 모두 알고 있는 상식을 얼마나 더 과학적으로 설명하느냐에 답안의 성패가 달려 있다고 볼 수 있다.

평소에 이러한 문제에 관심을 갖지 않았던 학생들은 과학적 창의력을 발휘하여 다양한 형태의 답안을 작성할 것이다. 다양한 수준의 학생들에게 이 문제를 제시한 결과 '행성 사이의 인력이 상쇄되어 결국은 0이 될 것'이라는 그럴듯한 오개념을 동원한 학생들도 많았으며, 행성들의 자전 주기에 따른 원심력의 차이를 언급하면서 복잡한 수식까지 동원하는 학생들도 있었다.

과학적 오개념은 비슷한 학령기의 학생들과 유사한 패턴을 지닌 경우와 개인만의 독특한 경우로 구분할 수 있는데, 이 문제의 경우는 전자의 경우가 압도적으로 많았다. 이처럼 일상에서 가시적으로 볼 수 없는 천체의 물리현상은 과학 개념에 대한 학생들의 이해 정도를 변별하는 데 유용하기 때문에 늘 관심을 가지고 정리해 두어야 할 것이다.

■ **이것이 중요**
- 조석 간만을 일으키는 힘 – 만유인력과 기조력
- 천체 물리 – 거리와 질량

k e y w o r d
- **그랜드 크로스(Grand Cross)** : 태양을 중심으로 동심원을 이루고 있는 태양계 행성들의 궤도에서 모든 행성들이 태양을 중심으로 십자가 모양으로 배치되는 것을 말함.

학생 답안과 첨삭 지도의 실제(1)

최초 답안

■ 글 개요 분석 및 특징

1. 제시문 요약
2. 원인 ① : 대칭에 의한 힘의 상쇄
3. 원인 ② : 거리가 너무 커서 영향력 없음

■ 이 학생은 '내용'보다는 '표현' 측면이 더
  우수한 답안을 작성했습니다.

어철(마포고)

지구는 태양 또는 달로부터 육안으로 보이는 다섯 행성의 세 번째 ①위치에 존재한다. 또한 기조력은 만유인력의 법칙에 따라, 크기는 물체 1과 물체 2의 질량에 비례하고, 물체와 달의 중심과의 거리의 세제곱에 반비례한다. 그리고 [다]의 기조력의 분포를 보면 달로만 작용하는 것이 아니라, 반대 방향으로도 동시에 작용하고 있다. 이는 달 또는 태양, 수성, 금성, 지구, 화성, 목성, 토성의 순서로 늘어선 태양계의 배열에서도 한 행성이 다른 양쪽의 행성과 각각 기조력을 가짐을 의미한다. 문제의 요구사항으로 보아 지구를 중심으로 생각하면 지구를 중심으로 달 또는 태양, 수성, 금성과 화성, 목성, 토성이 양옆으로 대칭을 이루고 있음을 알 수 있다. 그러므로 기조력이 지구로 집중되기보다는 ②상쇄되는 것으로 생각된다. 덧붙여 다른 이유로는 두 행성들 사이의 거리가 매우 크기 때문에 기조력은 작아진다는 견해가 있을 것이다. 또한 제시문 [가]에서 중력이 집중된다고 했는데, 중력은 행성 내에서 작용하는 힘이기 때문에 관련이 없다.

첨삭 지도

김평원 선생님

전반부에 제시문과 문제의 요구사항을 정리하는 데 너무 많은 분량을 할애했습니다. ①번 문장과 같은 서술어는 어색합니다. '세 번째이다' '세 번째 위치에 있다' 등으로 간결하게 표현하는 것이 좋습니다. ②번 문장은 채점자에게 자신감이 없이 뒤로 물러선다는 인상을 줍니다. '상쇄될 것이다' '상쇄된다고 본다'는 식으로 자신감 있게 표현하세요. 크게 두 가지를 이야기하고 있는데 둘 중 하나를 택하여 그 근거를 자세하게 진술하는 방식으로 답안을 작성하는 것이 좋습니다. 후반부에서 또 다른 언급을 하려다가 말았다는 느낌을 강하게 받았습니다.

오세진 선생님

기조력은 만유인력의 공식을 유도하여 구할 수 있고 달이 아니라도 모든 행성에서 구할 수 있다는 것도 맞는 말입니다. 그러나 행성의 위치가 왼쪽이냐 오른쪽이냐 하는 것은 큰 문제가 되지 않으므로 상쇄된다는 표현은 옳지 않습니다. 지구와 달의 기조력을 생각해도 알 수 있지만 지구는 달이 어느 쪽에 있더라도 좌우로 유사한 크기의 기조력을 받게 됩니다. 따라서 행성이 좌우로 배열되고 그 가운데 지구가 있다고 해서 평형을 이루는 힘이 상쇄된다는 것은 잘못된 추론입니다.

마지막에 가서 행성 간의 거리를 언급했는데, 차라리 이 부분을 자세히 설명하는 것이 더 좋을 뻔했습니다. 핵심적인 부분을 대충 흘려 버린 것 같아 아쉽습니다. 태양과 달의 기조력의 차이를 생각하여 다시 풀어 보기 바랍니다.

평가항목	등급	총평
이해 · 분석력	C	출제자의 의도를 제대로 파악하지 못했습니다.
논증력	C	잘못된 개념을 논거로 활용했습니다.
창의력	B⁺	부족한 배경지식을 나름대로의 논리로 잘 극복했습니다.
표현력	A	문장력이 뛰어나 본인의 생각을 잘 전달하고 있습니다.

첨삭 지도 후 소감 | 어철

솔직히 기조력에 대한 명확한 이해가 부족해 이를 논거로 행성 직렬현상을 설명하는 것 자체가 처음부터 무리였다. '평형을 이루는 힘이 상쇄되어 문제가 없다'는 논리를 만들어 내는 데에도 엄청난 시간이 필요했다. 나름대로 답안을 작성하느라 최선을 다했으나 답안을 작성하고 나니 이건 아닌 것 같다는 생각이 들어 후반부에 또 다른 이유를 간단히 언급하는 사족을 달았다. 과학논술 답안을 자주 써보니 문장을 풀어 내는 것에 어느 정도 자신감이 생긴 것 같다.

수정 답안 | 어철

지구는 태양 또는 달로부터 육안으로 보이는 다섯 행성의 세번째 위치에 있다. 또한 기조력은 만유인력의 법칙에 따라, 힘은 행성과 행성이 있을 때, 그것들의 질량곱에 비례하고, 행성 중심 사이의 거리의 세제곱에 반비례한다. 그리고 [다]의 기조력의 분포를 보면 달로만 작용하는 것이 아니라, 반대 방향으로도 동시에 작용하고 있다. 이는 달 또는 태양, 수성, 금성, 지구, 화성, 목성, 토성의 순서로 늘어선 태양계의 배열에서도 한 행성이 다른 양쪽의 행성과 각각 기조력을 가짐을 의미한다.

■ 글 개요 분석 및 특징

1. 제시문 요약
2. 오개념에 대한 반박 : 힘의 상쇄
3. 거리에 의한 기조력의 변화
4. 질량, 작용점, 거리와 기조력

①기조력은 행성과 행성 사이의 두 개의 작용점을 가지기 때문에 지구가 여러 행성들의 가운데에 존재한다는 가정을 하여 하나의 작용점에서의 힘의 평형인 힘의 상쇄 논리를 펴는 것은 옳지 못하다. 따라서 그것보다는 뉴턴의 제3법칙인 작용 · 반작용의 법칙에 따라 이해하는 편이 옳다고 본다. 따라서 결론적으로, 지구에서 떨어진 두 행성들 사이의 거리가 매우 크기 때문에 기조력은 작아진다는 견해에 무게를 실을 수 있을 것이다.

또한 지문 〔나〕를 심화하여, 지구에서는 태양의 인력과 달의 인력을 동시에 받고 있는데 조석이나 조류 운동은 달에 의한 영향이 더 ②큰 이유에 대해 생각해 보자. 이는 행성 간의 기조력에서 질량보다는 작용점 사이의 거리가 가장 큰 변수임을 보여 주는 사례로서, 질량이 매우 큰 태양이지만 상대적으로 거리는 달에 비해 멀어 달의 기조력에 46%밖에 못 미침을 보여 준다.

수정 답안 지도

김평원 선생님

자연계열 학생이지만 인문계 학생의 언어논술 답안과 유사한 수준의 뛰어난 문장력이 돋보입니다. 수정 · 보강된 내용도 최초 답안과는 비교할 수 없을 정도로 좋아졌습니다.

이 학생의 학습과정을 정리한다는 측면에서는 의의가 있지만 실제 논술 답안에서는 ①번 문장과 같은 진술은 불필요한 내용입니다. 서로 대립하는 학설을 반박하라는 조건이 문제에 주어지지 않은 이상 이러한 내용은 빼는 것이 좋습니다.

과학논술 답안은 주장과 논거를 강하게 피력하는 문체가 가장 좋습니다. 따라서 ②번 문장과 같은 청유형 문장은 피하는 것이 좋습니다.

오세진 선생님

첨삭 지도 후 관련된 내용을 많이 공부한 것 같습니다. 최초 답안에 비해 내용이 더욱 풍부해졌습니다. 수험생들은 구술면접이나 논술시험에 임하면서 엉뚱한 걱정을 하는 경우가 많습니다. '겨우 한두 문제로 내가 알고 있는 많은 지식을 어떻게 보여 줄 수 있을까?'라는 생각이죠. 단도직입적으로 말해서 이는 쓸데없는 걱정입니다. 관련 분야를 전공한 전문가는 한정된 답안에서도 학생의 능력과 잠재력을 충분히 평가할 수 있습니다.

어철 학생의 수정 답안은 문제와 직접적인 관련이 없는 지식을 모두 쓰려는 욕심에 글이 산만해졌습니다. 과학논술은 문제와 관련된 쟁점을 중심으로 명확하게 논거를 설명한다면 그와 관련된 다른 지식도 미루어 파악할 수 있습니다. 맞는 내용들을 써주었지만 문제에서 요구하는 내용을 조금 비중 있게 다루고 그 외의 지식은 문장 중 자연스럽게 드러나도록 하는 것이 좋겠습니다.

학생 답안과 첨삭 지도의 실제(2)

최초 답안

전세홍(마포고)
2007학년도 성균관대학교
공과대학 수시1 전형 합격

기조력은 지구의 원심력과 물체와 달 사이의 인력의 합력이다. 원심력은 회전 반지름에 비례하므로 적도에서 가장 크고, 위도가 올라갈수록 감소하며 극지방에서는 작용하지 않는다. 이러한 원심력은 지구 외부의 힘과는 관계없으므로 행성 직렬현상이 일어나도 변하지는 않을 것이다. 이에 비해 행성과 물체 사이의 인력은 행성 직렬현상이 일어나게 되면 이 직렬선 상에 있는 지역에서 가장 커지게 되고, 다른 지역도 증가하게 될 것이다.

①이러한 인력은 만유인력의 법칙에 의해 물체와 행성의 질량에 비례하고 물체와 행성 중심의 거리의 세제곱에 반비례한다. 그렇기 때문에 아무리 행성의 질량이 커도 ②거리가 멀다면 인력의 크기는 많이 증가하지 않아서 기조력은 크게 증가하지 않을 것이다. 이러한 이유로 2000년에 우리가 우려하던 일이 일어나지 않은 것이다.

■ 글 개요 분석 및 특징

1. 기조력과 원심력
2. 인력을 고려한 행성 직렬현상의 분석
3. 원인 분석 : 거리 변수가 인력에 미치는 영향

■ 이 학생은 '표현'보다는 '내용' 측면이 더 우수한 답안을 작성했습니다.

첨삭 지도

김평원 선생님

정답을 뻔히 알고 있지만 그 원인을 설명하는 것이 녹록지 않은 경우 제시문에서 이미 제시한 자료를 단순 기술하는 경우가 나타납니다. 이 학생의 경우도 전반부에 장황하게 설명했지만 결국 답안에서 제시한 논거는 ②번 문장 하나뿐입니다. 답안의 전반부를 모두 들어내고 구체적으로 행성 간의 거리를 따지면서 지구와 달 사이의 기조력에 비해 다른 행성의 기조력은 별 문제가 되지 않는다는 식의 기술을 보충하는 것이 좋겠습니다.

오세진 선생님

앞 단락은 지구 자전 중심이 기조력에 의해 기울어질 수 있다는 주장의 근거가 되는 이야기입니다. 위도에 따라 기조력의 차이가 난다는 이야기는 핵심 논점에서 벗어나는 내용입니다. 갑자기 후반부에서는 기조력의 공식에 근거하여 거리와의 관계를 설명하고, 이는 있는데 옳은 접근이지만 앞 단락과 논리가 이어지지 않습니다.

그리고 ①번 문장의 경우 '기조력'이란 표현 대신 막연하게 '인력'이라고 언급했는데, 그저 인력이라고 하는 경우는 원심력을 고려하지 않는 경우를 뜻하는 경우가 많으므로 정확하게 용어를 사용해야겠습니다. 결국 이 학생의 답안은 첫째 문단을 과감하게 생략하고 둘째 문단을 발전시켜 수정 답안을 작성하는 것이 좋겠습니다.

평가항목	등급	총평
이해·분석력	A	출제자의 의도를 정확하게 파악했습니다.
논증력	B⁺	논거가 구체적이지 못하지만 정답에 근접했습니다.
창의력	B	제시문의 자료를 기술하는 데 많은 분량을 할애했습니다.
표현력	C	불필요한 내용을 장황하게 기술했습니다.

첨삭 지도 후 소감 | 전세홍

이런 유형의 논술 문제는 막상 쓰려면 참 괴롭다. 할 말이 없기 때문이다. 기조력에 의한 영향력이 미미했기 때문에 아무 일이 일어나지 않았을 테고, 답안의 핵심은 그 영향력이 왜 미미한지를 적는 것인데 막상 떠오르는 명쾌한 논리가 전혀 없었다.

중학교 때 삼각형의 내각의 합이 왜 180도인가를 설명하라는 문제를 처음 접했을 때와 비슷한 느낌이 들었다. 당연한 것을 묻는 문제에 할 말을 잃어버린 느낌……. 결국 제시문에 있는 기조력과 관련된 자료들을 많이 활용해서 전반부 분량을 채워 나갔다. 이번에는 사족이 아닌 용두사미인 것이다.

수정 답안 | 전세홍

①기조력은 지구의 원심력과 물체와 달 사이의 인력의 합력이다. ②원심력은 행성 직렬현상이 일어나도 크게 변하지는 않을 것이므로 기조력의 크기에 큰 영향을 주지 못할 것이다. 또 ③만유인력의 법칙에 의해 보았을 때 기조력의 크기는 물체와 행성의 질량의 곱에 비례하고 물체와 행성 중심의 거리의 세제곱에 반비례한다. 그렇기 때문에 다른 행성에 의한 기조력은 각 행

성들의 질량이 달에 비해 아무리 크다고 하더라도 지구와의 거리가 달에 비해 멀리 있고, 이 거리의 세제곱 값에 비해 작으므로 오히려 달에 의한 기조력보다 작게 된다. 결과적으로 행성 직렬현상 시에 행성들에 의한 기조력은 지구와 달 사이의 기조력에 비해 별 문제가 되지 않으며, 이러한 이유로 2000년 5월에 우리가 우려하던 일은 일어나지 않은 것이다.

■ 글 개요 분석 및 특징

1. 기조력과 원심력
2. 지구와 달, 지구와 행성의 거리
3. 원인 분석 : 기조력과 거리

수정 답안 지도

김평원 선생님

간결하고 명쾌한 답안으로 다시 태어났습니다. 다만 ①번 문장과 ②번 문장 사이에 중요한 내용이 누락되어 글 전체의 균형이 깨진 것이 아쉽습니다. ①번 문장을 다음과 같이 바꾸어 주면 ②번 문장과 자연스럽게 연결될 수 있습니다.

→ 기조력이 지구의 원심력과 지구와 달 사이의 인력의 합력임을 고려할 때, 문제에서 가정하는 상황을 판단하기 위해서는 원심력과 만유인력을 고려해야 한다.

이처럼 특정 현상의 원인을 설명하는 답안을 작성할 때는 문장 간의 연결고리를 확인하면서 점검해야 합니다. 채점자의 입장에서 자신의 답안에 논리적 비약이나 모호한 부분이 없는지 점검하고 누락된 내용이 있으면 문장을 수정해서 추가해야 합니다. 원고지에 답안을 작성하는 까닭은 이렇게 새로운 내용을 추가하거나 수정하기 용이하게 하기 위함입니다.

오세진 선생님

무난한 답안입니다. 질량보다 거리가 더 큰 영향을 미칠 것이라는 논리가 정확하고 근거 있어 설득력이 있습니다. 다만 ③번 문장에서 '만유인력에 의해 보았을 때'라는 가정 표현이 있는데 기조력과 만유인력은 밀접한 관계가 있는 것이 사실이지만, 문장 중에 갑자기 들어간 느낌이 들어 글 전체의 통일성을 무너뜨리고 있습니다.

국어시간에 배웠겠지만 논술 답안도 하나의 완성도 높은 글이 되어야 합니다. 맥락과는 관련이 없는 내용을 불필요하게 언급하거나 엉뚱한 내용을 장황하게 삽입해서 통일성을 저해하지 않도록 주의해야 합니다.

 **| 학생 답안과 첨삭 지도의 실제(3)**

최초 답안

■ 글 개요 분석 및 특징

1. 위도에 따른 기조력의 세기 원심력
2. 만유인력과 기조력의 세기
3. 지구를 중심으로 행성 직렬 : 힘이 상쇄됨

■ 이 학생은 '내용'과 '표현' 모두 다소 미흡한 답안을 작성했습니다.

박한진(마포고)

①기조력이란 지구에 작용하는 다른 행성의 인력과 지구의 가속도 운동에 의한 원심력의 합성력이다. 그런데 적도에서 극쪽으로 갈수록 다른 행성과의 거리가 증가하기 때문에 만유인력의 크기가 감소한다. 그 결과 위도가 높아질수록 기조력의 크기는 감소하고 방향은 원심력과의 합성에 의해 적도 쪽을 향하게 된다. 이 때문에 지구의 바다는 적도 쪽에서 돌출된 형태를 띠게 된다.

②이와 같은 이유로 지구와 다른 행성 사이의 만유인력이 세지면 기조력은 더 세진다고 할 수 있다. 그래서 만약 다섯 개의 행성들이 지구와 일렬로 늘어서게 되면 만유인력이 증가하여 기조력이 세진다고 생각할 수도 있다. 그러나 다섯 개의 행성 사이에 지구가 위치하기 때문에 ③만유인력은 서로 반대 방향으로 작용하고 결국 상쇄된다. 따라서 지구의 기조력이 크게 증가하지 않는다.

참삭 지도

김평원 선생님

①번 문장의 주어와 서술어의 호응이 어색합니다. '기조력이란 다른 행성과의 인력과 지구 자전에 의한 원심력이 합쳐진 힘이다'로 간결하게 표현해 봅시다.

②번 문장의 시작을 '이와 같은 이유로'로 시작하면 논리가 흔들리게 됩니다. 위도에 따라 기조력의 크기가 차이가 있다는 것과 '지구와 다른 행성 사이의 만유인력이 세지면 기조력은 더 커진다'는 사실과 인과관계가 성립하지 않습니다. ③번 문장이 답안의 핵심이라면 맞고 틀리고를 떠나서 더욱 자세하게 논증해야 합니다. 힘의 상쇄가 어떠한 메커니즘으로 이루어지는지 좀더 자세하게 언급해야 합니다. 과학논술은 '결과'보다는 '과학적 사고력'을 평가한다는 것을 명심하십시오.

오세진 선생님

답안의 전반부에서 문제가 물어보는 핵심으로 바로 들어가지 못하고 기조력과 관련된 교과 지식에서 맴돌고 있습니다. 결국 이미 제시문에 제공된 기조력과 관련된 지식을 풀어서 다시 쓰기를 하고 있습니다. 대답해야 하는 사항이 명확한 문제에서 이런 식으로 멀리서 접근하는 서술방식은 자신의 답안에 확신이 없다는 느낌을 줍니다.

달의 기조력은 달의 위치와 관계없이 지구와 달이 이루는 직선 상에서 크기는 같지만 방향은 반대로 작용합니다. 따라서 지구가 다섯 개의 행성 가운데에 있어서 상쇄된다는 것은 모순입니다. 태양과 달의 기조력의 차이에 착안하여 다시 답안을 작성해 보십시오.

평가항목	등급	총평
이해·분석력	B	문제가 요구하는 핵심을 놓치고 있습니다.
논증력	B	구체적인 논거를 제시하지 못하고 있습니다.
창의력	B	힘이 상쇄된다는 논리를 창의적으로 풀어 내지 못했습니다.
표현력	B$^+$	문장 단위 기술은 대체로 무난합니다.

첨삭 지도 후 소감 | 박한진

첨삭 답안을 받아 보니 정말 민망하고 부끄럽다. 답안을 제출하면서도 영 개운치 않았다. 하지만 일직선으로 나열된 행성 사이에 엄청난 인력이 발생할지도 모른다는 가설을 전혀 의심하지 않고 받아들인 상태에서 아무리 생각해도 '힘의 상쇄' 이외에는 별다른 답안이 떠오르지 않았다.

행성의 질량과 거리가 중요한 변수임을 간과했다. 질량이 너무 적거나 거리가 너무 멀면 그 힘이 미미하다는 평범한 사실이 정답이었다니……. 가장 기본적인 전제와 가설을 탐구했더라면 의외로 정답의 실마리를 빨리 찾을 수 있었을 것이라는 아쉬움이 남는다. 부끄러운 나의 답안을 되돌려 받으면서 '기본 전제'에 충실하라는 소중한 진리를 깨닫게 되었다.

수정 답안 | 박한진

기조력에 영향을 미치는 요인에는 크게 두 가지가 있는데, 그것은 행성의 질량과 행성까지의 거리이다. 즉, 기조력은 행성의 질량에 비례하고 행성까지 거리의 세제곱에 반비례한다.

①그런데 그 두 가지 요인 중에서 더 큰 영향력을 갖는 것은 바로 행성까지의 거리이다. 왜냐하면 기조력이 거리의 세제곱에 반비례하기 때문이다. 이

■ 글 개요 분석 및 특징

1. 기조력에 영향을 끼치는 요인
   ① 질량 ② 거리
2. 거리에 의한 기조력의 세기
3. 행성 직렬현상과 기조력

것은 달과 태양을 살펴보면 더 명확히 이해할 수 있다. 달의 질량은 태양의 수천만분의 1에 불과하지만 지구까지의 거리는 달이 태양에 비해 훨씬 가깝다. 그래서 지구까지 거리의 세제곱을 하게 되면 달에 의한 기조력이 태양에 의한 기조력보다 크게 된다.

행성 직렬현상이 발생해도 기조력이 증대되지 않는 이유도 위와 같이 지구까지의 거리로써 설명할 수 있다. 왜냐하면 행성들이 직렬로 늘어선다 하더라도 지구로부터 행성들까지의 거리는 달까지의 거리보다 훨씬 크므로, 그 결과 다섯 행성들에 의한 기조력은 매우 작아질 ②수 밖에 없기 때문이다. 그러므로 지구에는 재앙이 발생하지 않는다.

수정 답안 지도

김평원 선생님

이 학생은 오랜 연습 끝에 자기 특유의 과학논술 답안 유형을 파악한 것 같습니다. 즉 ①번 문장처럼 '전제+이유+논거(사례)'를 다음과 같은 유형에 담아 내고 있습니다. '두 가지 요인 중에서 더 큰 영향력을 갖는 것은 ~이다. 왜냐하면 ~이기 때문이다. 이것은 ~보면 더 명확히 이해할 수 있다.' 이러한 자신만의 답안 유형을 잘 정리해 실전에서 활용하도록 합시다. ②번 문장 '수밖에'는 논술 답안에 자주 사용하는 표현입니다. '수 밖에'로 쓰면 안 됩니다. '수밖에'로 붙여 써야 합니다.

오세진 선생님

주장하는 논리도 수긍할 만하고 난삽해지기 쉬운 내용을 자신의 언어로 쉽게 풀어서 잘 쓴 답안입니다. 기조력에 대하여 자세히 설명하고 여러 가지 지식을 알고 있음을 보여 주는 것도 좋겠지만 무엇보다 중요한 것은 과학적인 논리 체계 내에서 자연스럽게 설명하는 것입니다.

최초 답안이 기조력이 서로 상쇄된다는 식으로 엉뚱하게 흘러갔던 사실을 잊지 말고, 과학논술 답안은 개요를 짜기 전에 가능한 여러 답안을 견주어보아야 한다는 사실을 마음에 새겨 두길 바랍니다.

 | 제시문 원문 읽기

1. 『이인식의 과학생각』 중 「한 줄로 선 행성들 큰일낼까?」

2000년 5월 5일 어린이날에 해와 달 그리고 육안으로 보이는 태양계의 다섯 행성, 즉 수성, 금성, 화성, 목성, 토성이 한 줄로 늘어선다. 이른바 행성 직렬 현상이 나타나면 지구는 무사할 것인가.

일부에서는 행성 직렬로 인류의 종말이 임박했다고 주장한다. 행성들이 일렬로 늘어서면 그들의 중력과 기조력(起潮力)이 집중되어 커지므로 지구에 재앙이 일어난다는 것이다. 중력은 지구 위의 물체에 작용하는 인력이고 기조력은 지구의 해면을 오르내리게 하는 힘이다.

따라서 행성 직렬현상이 발생하면 행성들의 합쳐진 중력이 지구의 축을 기울여서 가령 아프리카를 북극으로, 남극을 적도 근처로 옮겨 놓는다. 그렇게 되면 극지의 만년설이 녹아 대도시를 물바다로 만들 것이다.

조석 간만을 일으키는 기조력이 증대됨에 따라 지진으로 바다가 갈라지고 엄청난 해일이 일어나 인류는 노아의 홍수 이래 최대의 재난에 직면하게 된다. 정말 그런 일이 일어날 것인가.

천문학자들은 17세기 초 독일의 요하네스 케플러가 발견한 행성 운동에 관한 법칙을 사용하여 과거 또는 미래의 특정 시기에 특정 행성의 위치를 계산할 수 있다. 그러나 다수의 행성이 함께 모이는 날짜는 컴퓨터를 사용하지 않고서는 알아내기가 쉽지 않다. 2000년 5월의 행성 직렬이 벨기에 천문학자에 의해 1961년에 비로소 발견된 것도 그 때문이다. 그는 이와 비슷한 행성 직렬이 1000년에서 2400년 사이에 14번 일어날 것으로 전망했다.

행성 직렬현상의 발견은 뉴에이지 신봉자나 종말론자들에게 최상의 선물이었다. 그들은 1962년 2월 5일 해, 달, 그리고 다섯 행성이 거의 일직선으로 모이므로 지구에 종말이 온다고 주장했다. 그러나 그날 남극의 만년설도 녹지 않았고 지진도 발생하지 않았다. 특기할 만한 사건이라면 샤를 드골 프랑스 대통령이 알제리의 독립을 선언한 것뿐이다.

행성 직렬현상이 대중을 공포에 몰아넣은 최대의 사건은 1982년에 발생했다. 이단 과학자들이 펴낸 『목성 효과』라는 악명 높은 책에서 1982년 3월 태양계의 모든 행성이 일렬로 늘어서면서 합쳐진 중력이 태양에 폭풍을 일으켜 지구에 지진이 발생하고 수백만 명이 죽게 된다고 예측했기 때문이다. 그러나 지진은커녕 행성 직렬현상조차 나타나지 않았다. '목성 효과'가 엉터리였음이 밝혀졌으나 행성 직렬이 지구에 재앙을 가져올 수 있다는 공포감을 심어 주었다.

특히 행성들의 기조력이 합쳐지면 지진이 일어나게 될 것을 두려워했다. 해와 달의 기조력에 의해 바다의 수면이 오르내린다는 사실을 모르는 사람이 없기 때문이다.

그렇다면 2000년 어린이날에 지구에 변괴가 생길 것인가. 행성이 지구에 미치는 기조력을 계산해 보면 궁금증이 풀린다. 기조력은 행성의 무게와 지구와의 거리에 따라 달라진다. 지구에 대한 해의 기조력이 1이라면 달은 2.1로 해의 배가 된다. 달이 해보다 지구에 가깝기 때문이다. 그러나 태양계의 8개 행성의 기조력은 모두 합치더라도 5,000분의 1에 불과하다. 목성과 토성이 거대하지만 태양보다는 훨씬 무게가 작고 달보다는 훨씬 멀리 지구와 떨어져 있기 때문이다.

따라서 모든 행성이 완벽하게 일렬이 되더라도 지구 대양의 조류를 25분의 1mm 정도밖에 끌어올리지 못한다. 요컨대 행성 직렬로 말미암아 지진이 발생해 지구가 물에 잠길 가능성은 없다. 2000년 5월의 행성 직렬이 위험스러운 현상이 아니라면 그들이 모이는 광경을 눈여겨볼 때가 된 것 같다.

거대한 목성과 토성은 이미 저녁 하늘에 갈수록 가까워지는 모습이 또렷하다. 화성은 3월 말 무렵 목성과 토성에 접근한다. 가장 인상적인 모임은 4월 7일 초저녁에 볼 수 있다. 목성, 토성, 화성이 초승달과 동아리가 되는 것이다. 이어서 해는 태양계 안쪽의 수성과 금성을 끌며 이 동아리를 향해 다가간다.

마침내 5월 5일 7개의 방랑자들은 25도 이내에서 일렬로 늘어선다. 이들은 1962년 이후 가장 가깝게, 그리고 2675년까지 가장 가깝게 직렬을 이루면서 지구를 향해 평화의 손짓을 할 터이다.

 **| 논술 심화 문제**

〔가〕 2006년 8월, 강화 지역 조석 예보표 ▲ : 고조(만조) ▼ : 저조(간조)
　　　– 단위(cm)

월령	날짜	시 : 분 (높이)	시 : 분 (높이)	시 : 분 (높이)	시 : 분 (높이)
	8월 1일	03 : 22 (190) ▼	09 : 32 (760) ▲	15 : 42 (180) ▼	21 : 58 (730) ▲
◑	8월 2일	03 : 58 (240) ▼	10 : 06 (730) ▲	16 : 19 (200) ▼	22 : 41 (710) ▲
	8월 3일	04 : 44 (290) ▼	10 : 50 (680) ▲	17 : 05 (230) ▼	23 : 40 (690) ▲
	8월 4일	05 : 48 (340) ▼	11 : 52 (640) ▲	18 : 09 (250) ▼	
	8월 5일	01 : 04 (680) ▲	07 : 24 (370) ▼	13 : 20 (620) ▲	19 : 32 (260) ▼
	8월 6일	02 : 34 (710) ▲	09 : 02 (340) ▼	14 : 47 (630) ▲	20 : 54 (230) ▼
	8월 7일	03 : 48 (760) ▲	10 : 12 (290) ▼	15 : 59 (670) ▲	22 : 03 (170) ▼
	8월 8일	04 : 46 (820) ▲	11 : 05 (220) ▼	16 : 58 (730) ▲	23 : 00 (110) ▼
○	8월 9일	05 : 36 (870) ▲	11 : 50 (160) ▼	17 : 48 (780) ▲	23 : 50 (150) ▼
	8월 10일	06 : 21 (910) ▲	12 : 31 (110) ▼	18 : 34 (820) ▲	

● 자료 출처 : 해양조사원(조고의 기준면 : 평균해면하 457cm)

〔나〕 기조력(起潮力, tidal force)이란 조석(潮汐)을 일으키는 힘을 말한다. 지구에 나타나는 기조력은 달과 태양에 의해 생긴다. 즉 달과 태양의 지구에 대한 인력은 지구 상의 각 지점에서 조금씩 다르며, 이것이 해수의 이동과 지구의 변형을 가져와 조석을 일으키는 것이다. 이러한 천체가 지구에 미치는 기조력은 그 천체의 질량에 비례하고, 지구와 그 천체 간의 거리의 세제곱에 반비례한다. 태양은 달보다 훨씬 질량이 크지만 거리가 멀어 태양에 의한 기조력은 달에 의한 기조력의 0.46배에 지나지 않는다. 지구와 달은 공통질량중심의 둘레를 1항성월(약 27.3일)의 주기로 공전한다. 따라서 지구의 중심은 공통질량중심을 원운동하게 되는데, 이러한 원운동은 지구의 원심력에 의한 것이다.

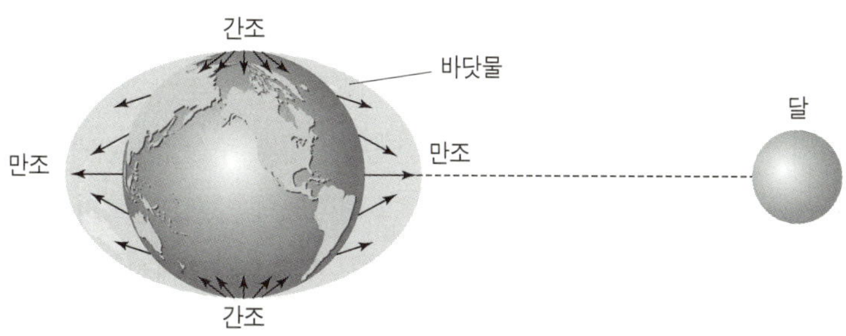

〔다〕 토성의 고리

문제 1 | 자료 〔가〕와 제시문 〔나〕를 참조하여 달의 인력으로 일어나는 밀물이 달 방향과 마찬가지로 달의 반대쪽에서도 일어나는 이유를 과학적으로 설명하시오.(200자 내외)

문제 2 | 자료 〔가〕에서 만조나 간조의 발생 시간이 전날과 차이가 생기는 이유를 설명하시오.(200자 내외)

문제 3 | 자료 〔다〕와 같은 토성의 고리가 생기는 원인은 다양한 학설로 설명할 수 있다. 제시문 〔나〕에 입가해 그 원인을 과힉직으로 설명하시오.(300자)

심화 문제 해설

■ **문제 핵심분석**

● 기조력과 관련된 데이터 해석능력
● 기조력 분석 : 물리와 지구과학이 통합한 대표적인 주제

■ **실마리 찾기**

● 조석 예보 자료를 분석하여 일정한 규칙을 발견하기
↓
● 분석을 통해 얻어 낸 과학적 해석을 문장으로 풀어 내기

* ▼저조(간조) : 물이 다 빠졌을 때의 시각과 조위를 표시한다.
* ▲고조(만조) : 물이 다 들어왔을 때의 시각과 조위를 표시한다.
* 저조에서 고조 간격은 대략 6시간 12분 정도이다. 조위의 기준면은 그 항만의 최저 조면으로 국립해양조사원에서 간행하는 해도의 기본수준면과 일치한다.

1. 출제 의도

기본 문제가 기조력과 행성 직렬현상을 다루어 다소 추상적이었던 점을 고려하여 심화 문제는 구체적인 자료를 제공하고 그 해석능력을 평가하고자 했다. 기조력과 관련된 개념을 묻는 문제는 이미 서울대학교 수의과학대에서 구술면접의 형태로 제시되었듯 전공을 불문하고 꾸준히 출제되고 있다. 기조력과 관련된 내용은 물리와 지구과학을 아우르는 통합교과적 성격을 지니고 있음은 물론, 과학논술이 추구하는 과학적 사고력을 측정하기에도 적합한 주제인 만큼 자연계 수험생들은 반드시 알아두어야 한다.

2. 제시 자료

〔가〕는 '국립해양조사원'에서 발표한 2006년 8월의 강화 외포리 지역의 조석 예보표의 일부이다. 이처럼 해양조사원은 우리나라 각 요소에 조위 관측소를 설치하고 예측 조위와 실제 조위를 홈페이지를 통하여 실시간으로 제공하고 있다. 본 심화 문제는 도표의 형태로 제공했으나 다음과 같은 조위 곡선 자료를 제시할 수도 있다.

조위 관측소

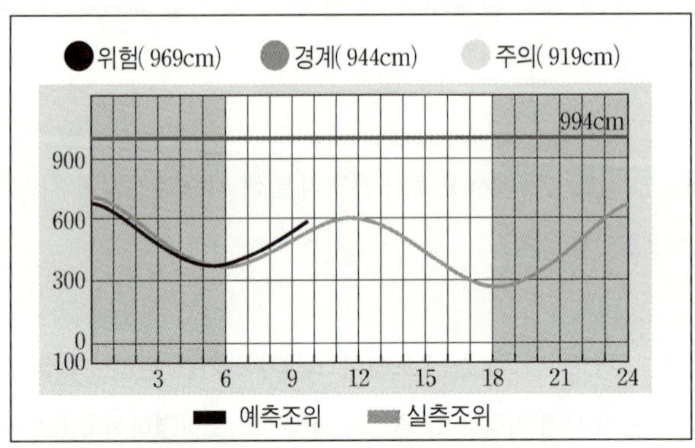

조위

3. 문제 해설

1번 문제는 기조력의 개념을 분석해서 실제 일어나는 자연현상을 과학적, 논리적으로 설명해야 높은 점수를 받을 수 있는 문항이다. 원심력과 만유인력과 관련된 모든 배경지식을 활용하여 현상을 가장 잘 종합할 수 있도록 나름의 논리를 잘 풀어서 설명해야 한다. 단도직입적으로 정답만을 적기보다는 '왜 그런가'에 대한 친절한 답변을 작성한다는 자세로 답안을 기술해야 한다. '공통질량중심'을 이해하고 이를 논의한 답안이 가장 높은 점수를 받을 수 있다. 반대쪽에서는 원심력이 달의 만유인력보다 크기 때문에 달의 반대 방향으로 만조가 일어나게 됨을 기술하는 것이 이 문제의 핵심이다.

2번 문제는 제시문 〔나〕 중에서 <u>지구와 달은 공통질량중심의 둘레를 1항성월(약 27.3일)의 주기로 공전한다</u>'는 설명에서 힌트를 얻어야 한다. 배경지식이 어느 정도 도움이 되겠지만 이를 과학적으로 설명하는 형식의 답안에서는 단지 '공전 때문이다'라고 언급한 답안은 높은 점수를 받을 수 없다. 과학적 사고력의 수준에 따라 달의 남중 시각을 언급하거나 구체적인 자료 〔가〕를 통해 현상의 원인을 해석한 답안이 가장 높은 점수를 받을 수 있다.

■ 이것이 중요

● 공통질량중심
● 원심력과 달의 만유인력
● 행성의 고리 생성 – 기조력 가설

3번 문제는 제시문 〔나〕를 바탕으로 행성의 고리가 만들어지는 원인을 타당하게 설명해야 하는 문제이다. 실제로 행성의 아름다운 고리가 어떻게 생긴 것인지에 대한 명확한 정답은 없다. 이 문제는 기조력에 입각해 행성의 고리가 생성된 까닭을 기술해야 하며 다른 학설을 배경지식으로 언급한다고 해서 점수를 얻을 수 있는 것은 아니다.

keyword

■ **달의 로슈 한계** : 지구가 달을 끌어당기는 힘은 달의 중심과 표면이 서로 다르다. 이 힘의 차이를 '차등중력'이라고 하는데 이 힘은 달이 지구에 가까워질수록 점점 커지게 된다. 만약 달이 지구에 18,500km보다 가깝게 접근한다면 차등중력이 달 자체의 인력보다 커지게 되므로, 달은 산산이 부서지게 된다.

토성의 고리는 어떻게 형성되었을까? 이에 대한 명확한 해답은 아직까지 밝혀지지 않은 채 많은 가설이 제시되고 있다. 토성이 형성될 때 남은 물질이 위성이 되지 못하고 고리로 남았다는 가설, 위성으로까지 진화했지만 성장 과정에서 충돌한 위성의 잔해가 고리를 형성했다는 가설, 기조력에 의한 가설 등이 다양하게 제시되고 있다.

위성과 모행성 사이의 거리와 기조력의 세기는 일정한 관계가 있다. 1850년 로슈(Roche)는 위성이 모행성에 어떤 거리보다 더 가까이 접근하면 기조력 때문에 산산조각이 난다는 것을 증명했다. 산산조각 나는 시점의 거리를 '로슈 한계'라고 하는데 거대한 위성들은 모행성의 로슈 한계 외부에서 공전하지만 토성을 공전하는 일부 작은 위성들은 로슈 한계 내에서 돌고 있다. 로슈 한계 내에서는 기조력이 세기 때문에 거대한 위성은 산산조각 나서 존재할 수 없을 것이다. 토성의 고리를 기조력에 의해 설명한다면 로슈 한계 내의 위성들이 기조력에 의해 산산조각 나서 고리를 형성하고 있는 것으로 추측해 볼 수 있다.

토성의 고리
1981년 8월 17일, 보이저 2호 촬영

심화 문제 예시 답안 1

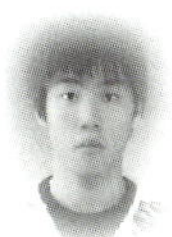
조정모(마포고)

①지구는 자전을 하면서 원심력을 갖는다. 이 원심력은 돌고 있는 팽이와 마찬가지로 바깥쪽을 향한다. 하지만 ②지구 내부로 끌어당기는 만유인력에 의해 원심력의 방향이 중심 쪽으로 향하게 되고, 여기서 달과의 인력이 합성되어 만조가 발생한다. 달의 반대쪽에 만조가 생기는 이유도 이와 비슷할 것이지만, 기조력에서의 차이가 있다. 위치가 다른 만큼 기조력에서도 차이가 생겨 달 쪽의 만조와 다른 방향에서도 만조가 생기는 것이다. ③결국 이 현상은 기조력, 원심력, 만유인력의 합성에 의한 결과이다.

■ 글 개요 분석 및 특징

1. 만조의 원인 : 원심력과 만유인력
2. 원심력에 의해 지구의 반대 방향도 만조가 발생

예시 답안 지도

김평원 선생님

①번 문장은 사물 주어를 내세우고 have 동사를 사용하는 이른바 영문 번역투 문장입니다. 그냥 '지구가 자전하면서 생기는 원심력은 빠르게 회전하는 팽이와 마찬가지로 바깥쪽 방향으로 나타난다' 정도로 표현하는 것이 좋겠습니다.

②번 문장은 진술이 불완전해 채점자가 학생의 의도를 꼼꼼하게 파악해 주지 않는다면 과학적 오개념으로 오해받을 수 있습니다. 만유인력은 두 물체 사이에 발생하는 인력으로 이처럼 막연하게 '지구 중심 쪽으로 끌어당긴다'고 표현해서는 안 됩니다. '두 물체 사이'라는 전제를 꼭 언급해 주어야 합니다. 달이 지구에 미치는 만유인력과 지구와 달이 공통질량중심을 회전하면서 발생하는 원심력을 합친 값이 기조력입니다. '중력', '만유인력', '원심력', '기조력'의 개념을 명확하게 알고 서로 구분할 수 있음을 보여 주는 기술을 해야 합니다. ③번 문장처럼 뭉뚱그려서 표현하면 개념을 정확하게 모른다고 오해를 받습니다.

지구가 달에 미치는 기조력과 달이 지구에 미치는 기조력은 서로 다릅니다. 이 학생의 답안은 이를 명확하게 구분해서 진술하고 있다고 보기는 어렵습니다.

오세진 선생님

기조력은 만유인력과 원심력을 합한 힘으로 볼 수 있으며, 위치에 따라 기조력과 원심력의 차이가 있다는 진술은 맞지만 과학적인 설명으로 충분하다고 볼 수는 없습니다.

달과 지구의 인력을 보면 지구의 달 쪽(달과 같은 방향의 지구 표면)에서 인력이 크고 지구 쪽은 인력이 작다는 것을 알 수 있습니다. 또 지구와 달의 공통질량중심을 고려하면, 공통질량중심이 지구의 중심에서 달 쪽에 치우쳐 있으므로 지구 표면에 있는 물체에 작용하는 원심력은 위치에 따라 다릅니다.

원심력은 회전 중심에서 멀수록 크므로 공통질량중심에서 먼 달의 반대쪽은 원심력이 크고, 달 쪽은 작습니다. 결과적으로 달이 있는 방향의 표면에서는 인력−원심력, 달의 반대쪽 표면에서는 원심력−인력으로 방향이 반대인 힘이 나타나게 됩니다. 이처럼 상위권 학생들에게는 누구나 알고 있을 정도의 사실이라도 글로 풀어서 설명하는 것은 별개의 문제입니다. 엄밀히 말해서 글로 풀어 낼 수 없는 과학적 개념은 정확히 이해하고 있다고 볼 수 없음을 명심하기 바랍니다.

평가항목	등급	총평
이해 · 분석력	A	출제자의 의도를 비교적 잘 파악했습니다.
논증력	B$^+$	기조력과 원심력의 관계를 비교적 잘 언급했습니다.
창의력	B$^+$	자신만의 논리로 논거를 잘 활용하고 있습니다.
표현력	B	개념을 명확하게 진술하지 못하고 겉도는 부분이 있습니다.

심화 문제 예시 답안 2

■ 글 개요 분석 및 특징

1. 원인 : 공통질량중심의 둘레를 공전하는 데 걸리는 시간차
2. 근거 : 남중 시간과 만조 시간

송민우(마포고)
2007학년도 인하대학교
공과대학 수시1 전형 합격

이는 지구와 달이 공통질량중심의 둘레를 공전하는 데에 걸리는 시간 때문에 발생하는 것이다. 우리는 한 달을 30일을 기준으로 하고 있지만, 지구와 달의 공전 주기는 27.3일로 채 한 달이 되지 않는다. 이 때문에 달의 남중 시간이 하루에 일정 시간만큼 늦춰진다. ①이것은 〔가〕에서 매일 만조가 되는 시간을 보면 알 수 있다. 달의 남중은 현재 나의 위치와 가장 가까운 거리가 되는 것으로 이때 달과의 기조력이 최대라서 만조가 된다.

예시 답안 지도

김평원 선생님

이 문제는 교과 지식에 해당하는 문제이기 때문에 정답은 비교적 쉽게 적을 수 있습니다. 하지만 과학논술은 제시문에 주어진 데이터를 기술하면서 논증하는 과정 자체도 평가합니다. 따라서 ①번 문장을 구체적으로 풀어서 자료를 기술하는 것이 중요합니다. ①번 문장으로 끝내 버리면 본고사형 구술 문제와 다를 바 없습니다. 제시문의 데이터를 설명하면서 간조와 만조 때의 구체적인 수치를 언급하면서 서술해야 합니다.

오세진 선생님

정답 여부만 가린다면 정답에 근접한 완벽한 설명입니다. '일정 시간'이라는 표현보다는 정확하게 약 25분이라고 하는 것이 좋겠습니다. 제시문에 구체적인 수치를 정리한 데이터가 있으면 이를 적극 활용하여 기술해야 합니다. 구체적인 데이터가 제공되었는데 막연하게 '일정 시간'이라고 할 이유가 없습니다. 채점자는 교수이기 때문에 다 알고 있을 것이라고 치부해서는 안 됩니다. 논술 답안의 독자는 일반인을 상정하고 작성하는 것이 좋습니다.

만조나 간조는 지구와 달이 일직선 상에 놓였을 때 발생하는 현상으로 지구의 자전으로 인하여 생깁니다. 지구가 하루에 한 바퀴의 자전을 하므로 보통 하루에 두 번의 만조(간조)가 생기게 됩니다. 달은 지구를 약 27.3일을 주기로 공전하고 있는데 이는 하루에 약 13도(50분)에 해당합니다. 따라서 지구의 입장에서는 달은 하루에 50분씩 늦게 뜨고 따라서 조석 간만은 약 25분씩 차이가 생깁니다.

평가항목	등급	총평
이해 · 분석력	A	출제 의도를 정확하게 파악했습니다.
논증력	B	주어진 데이터를 논증에 적극 활용하지 못했습니다.
창의력	B	교과 지식에서 더 나아가지 못했습니다.
표현력	A	자신의 생각을 글로 잘 표현했습니다.

심화 문제 예시 답안 3

어철(마포고)

기조력은 그 천체의 질량에 비례하고 거리의 세제곱에 반비례하는데, ①만유인력에 따라 우주 먼지와 토성 간의 거리가 가까워지고, 기조력은 점점 커지게 된다. ②따라서 원심력과 만유인력으로 토성을 중심으로 일정한 거리를 가지고 고리를 형성하게 된다. 달리 말해, 지구에서 만조가 가

■ 글 개요 분석 및 특징

1. 먼지들이 토성 주변을 공전 → 기조력 발생
2. 토성과 먼지이 공통질량중심을 중심으로 공전 운동

로로 퍼진 형태로 형성되듯이 토성의 경우에도 토성과 먼지의 공통질량중심의 둘레를 일정한 주기를 가지고 공전 운동을 하여 고리가 형성되는 것으로 볼 수 있다.

예시 답안 지도

김평원 선생님

이 문제는 기조력에 입각해 행성의 고리가 생성된 까닭을 기술해야 높은 점수를 얻을 수 있습니다. 어철 학생의 답안은 기조력을 중심으로 출제자의 의도에 맞는 답안으로 접근하는 듯했으나 결국은 토성 고리의 상태를 기술하는 평범한 답안으로 흐르고 말았습니다. 출제자는 ①번 문장과 ②번 문장 사이에 들어갈 논리를 묻고 있는 것입니다.

오세진 선생님

①번 문장 다음에 점점 증가하는 기조력에 의해 큰 덩어리가 잘게 부서져 얼음조각이나 먼지가 토성 주위를 공전함에 따라 고리가 형성되었다고 언급했다면 완벽한 답안이 되었을 것입니다.

기조력을 중심으로 설명하라는 전제에서 약간 벗어나긴 했지만 대체로 잘 쓴 답안입니다. 이 학생의 논리에 맞추어 조언을 한다면, 토성이 기체같이 가벼운 물질로 되어 있고 자전 속도가 빠른 목성형 행성으로 원심력이 커서 그 주위에 얼음 알갱이나 가스들이 밖으로 나가게 된다는 점을 자세하게 써도 좋았을 것 같습니다.

참고로 학자들은 바깥쪽의 위성이나 입자들이 안쪽보다 공전 속도가 느리기 때문에 안쪽으로 모여드는 경향이 있어 계속 퍼지거나 모이지 않고 일정 간격을 두고 고리가 나타나는 것으로 보고 있습니다.

평가항목	등급	총평
이해·분석력	B	출제자가 요구하는 답안에서 벗어났습니다
논증력	B$^+$	적절한 사례를 들어 자신의 견해를 잘 입증했습니다.
창의력	A	독창적인 논거를 활용하여 논지를 전개했습니다.
표현력	A	문장력이 뛰어나 생각을 글로 잘 전달하고 있습니다.

| 좀더 자세히

1. 만유인력과 천체의 회전

뉴턴에 의하면 질량이 각각 m, M인 물체가 거리 r만큼 떨어져 있다면, 두 물체에는 만유인력 F라는 힘이 작용한다.

$$F = G\frac{Mm}{r^2}$$

다음 그림과 같이 각각의 천체는 이러한 만유인력을 구심력으로 두 천체의 공통질량중심의 둘레를 돌게 된다.

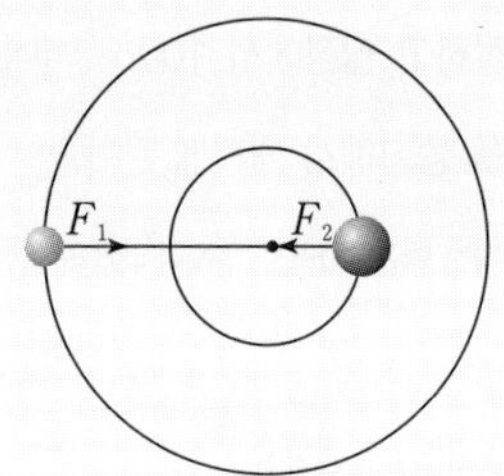

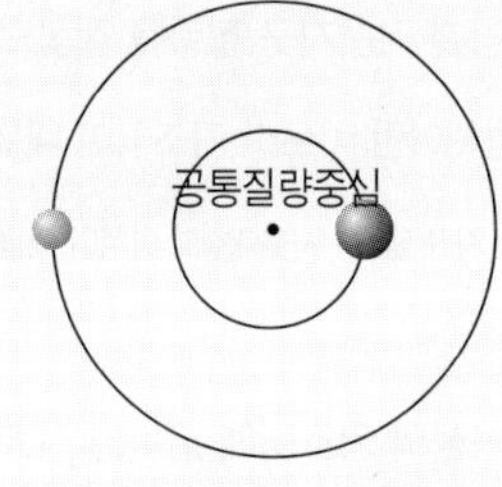

두 천체 사이에 작용하는 만유인력 F_1과 F_2　　두 천체의 공통질량중심에 대한 회전

태양계의 경우 다른 모든 행성들의 질량을 합해도 태양의 질량보다 훨씬 작기 때문에 행성과 태양의 공통질량중심은 태양의 중심과 큰 차이가 없다. 즉, 행성들이 태양을 중심으로 한 원궤도 운동을 한다(엄밀하게는 타원궤도 운동이지만)고 가정해도 큰 무리가 없다.

● 자료 출처 : 서울대학교 아시아 태평양 교육발전 연구단(http://aped.snu.ac.kr)

2. 기조력과 조석현상

달의 질량에 의해 지구의 각 지점이 받는 인력을 표시해 보면 다음 그림과 같다.

그림을 통해 힘의 방향이 달의 중심을 향해 있고, 힘의 크기가 달의 중심으로부터 멀어질수록 작아진다는 것을 확인할 수 있다. 그런데 지구의 각 지점의 물체가 위와 같은 힘을 받아서 달 쪽으로 떨어지는 것

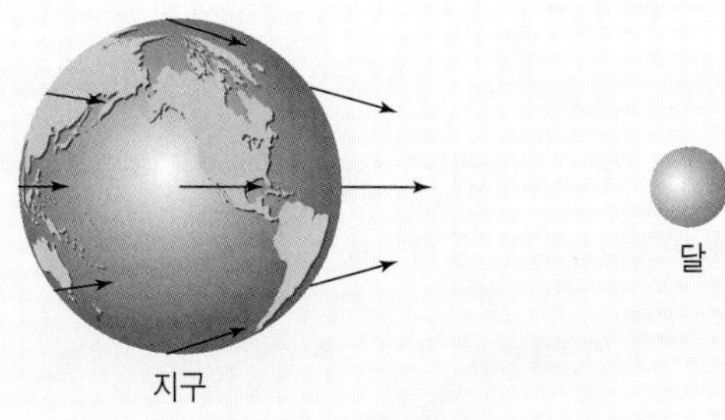

지표 상에 작용하는 달의 인력

은 아니다. 그렇다면, 이런 힘들은 어떻게 되는 것일까?

지구 중심은 달과 지구의 공통질량중심을 회전하고, 따라서 지표면의 각 지점들도 지구 중심과 마찬가지로 공통질량중심을 회전하게 된다. 그런데 각 지점에서 받는 힘은 지구 중심이 받는 힘보다 크거나 작으므로, 각 지점의 힘에서 지구 중심에서의 힘을 뺀 힘들은 고스란히 지표면에 남게 된다.

이 힘들을 그려 보면 다음 그림과 같다. 이 힘들이 바로 지구 중심에 비해 지표면의 각 지점들이 더 받거나 덜 받는 차등 중력이 되고, 달에 의한 이 차등중력이 특별히 지구의 조석현상을 일으킨다는 의미에서 기조력이라고 부른다.

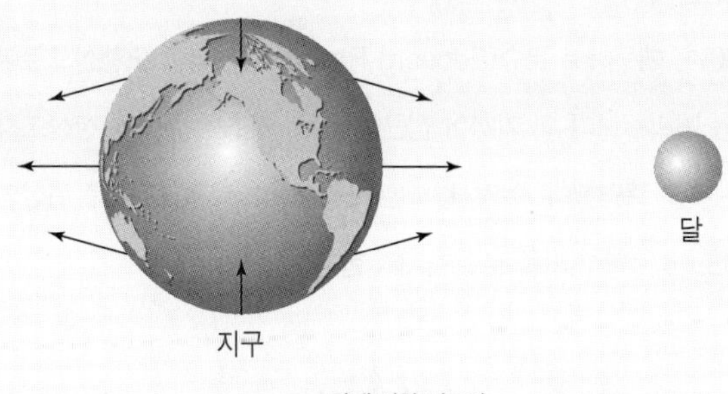

달에 의한 기조력

지표면의 각 지점에 서로 다른 크기의 힘이 작용하면 지구의 표면이

변형되어야 하지만, 실제 지구는 강체이므로 달의 기조력에 의한 표면의 변화는 수cm에 불과하다. 대신 지구를 덮고 있는 바다가 기조력에 의해 변형된다. 즉, 달을 바라보고 있는 지면과 반대쪽으로 해수가 쏠리게 된다. 이를 그림으로 그리면 다음과 같다.

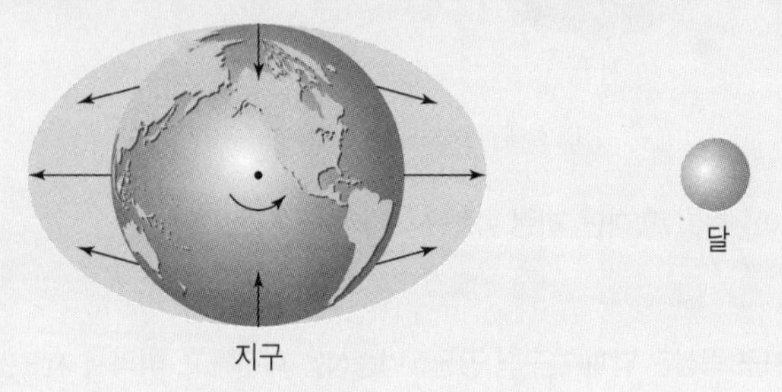

기조력에 의한 해수의 변형

한편, 지구는 자전하므로 임의의 한 지점에서는 하루에 두 번 만조와 간조가 일어나게 된다. 그런데 엄밀하게 말해서 조석 주기는 24시간이 아니라 24시간 50분이다. 이는 지구가 한 번 자전할 동안 달이 약 13° 지구를 공전하기 때문에 나타나는 현상이다. 다시 말해 지구가 13° 자전하는 데 걸리는 시간이 50분이다.

● 자료 출처 : 서울대학교 아시아 태평양 교육발전 연구단 (http://aped.snu.ac.kr)

3. 로슈 한계

1850년, 에두아르 로슈(Edouard Roche)는 위성이 모행성으로부터 다음 거리 d보다 더 가까이 접근한 경우, 기조력 때문에 산산조각 난다는 것을 증명했다. 여기서 ρ_M은 모행성의 평균밀도, ρ_m은 위성의 평균밀도이다. 이 거리를 로슈 한계라 한다.

$$d = 2.44 \left(\frac{\rho_M}{\rho_m} \right)^{\frac{1}{3}} R$$

태양계 내의 거대한 자연 위성들은 모행성의 로슈 한계보다 바깥에

서 그 둘레로 돌고 있지만, 토성의 일부 작은 위성들은 로슈 한계 내에서 돌고 있다. 토성의 아름다운 고리는 토성의 중심으로부터 약 80,000~136,000km에 있으므로, 이들은 완전히 토성의 로슈 한계인 150,000km 거리 안에 들어 있다. 이 한계 안에서는 지름이 약 40km보다 큰 돌이나 얼음으로 이루어진 위성은 존재할 수 없으며, 또 형성될 수도 없다. 기조력 때문에 산산조각 나기 때문이다.

인공위성은 분명히 지구의 로슈 한계 내에서 돌고 있다. 그러나 이들은 몸체를 이루고 있는 물질의 강도 때문에 깨지지 않는다. 지름이 1m인 강철구는 지구 질량을 질점으로 가정하고 질점에서 100m 이내로 근접해야만 비로소 기조력이 내부 장력을 능가해서 깨지게 된다.

● 자료 출처 : 서울대학교 아시아 태평양 교육발전 연구단(http://aped.snu.ac.kr)

4. 목성의 기조력에 굴복한 '슈메이커-레비 9 혜성'

1994년 7월 16일부터 22일 사이에 1000년에 한 번 일어날 정도로 드문 사건이 발생했다. 다름 아니라 혜성이 목성과 충돌한 것이다. 이

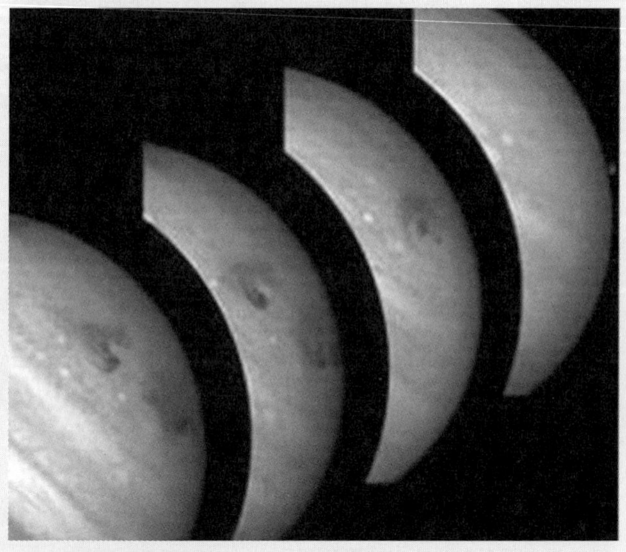

슈메이커-레비 9 혜성의 충돌 흔적

혜성은 캐럴린, 유진 슈메이커, 데이비드 레드라는 세 사람이 발견했는데, 그들이 발견한 9번째 주기 혜성이라는 의미에서 '슈메이커-레비 9 혜성'이라 명명되었다. 혜성이 목성과 충돌할 당시 이 경이로운 사건에 전 세계의 이목이 집중되었다. 혜성이 목성에 충돌하는 지역이 지구에서는 볼 수 없는 곳이기 때문에 충돌 장면을 목격할 수는 없었지만, 그림처럼 거대한 충돌의 흔적을 확인할 수 있었다.

이 사진은 혜성 조각이 목성에 충돌한 후에 충돌 흔적이 시간에 따라 변해 가는 모습을 보여 준다. 혜성이 목성의 대기에 충돌하면서 목성의 대기에 커다란 검은 흔적이 생겼지만 이 흔적은 시간이 지남에 따라 희미해지고 있다. 혜성이 지구와 같은 암석 표면을 가지고 있는 행성에 충돌한다면 커다란 충돌 흔적이 남을 것이다. 그러나 목성형 행성들은 주로 기체로 이루어져 있어서, 혜성 조각은 그리 깊이까지 침투하지 못하고 녹아 버렸을 것이다.

그런데 슈메이커-레비 9 혜성은 보통 혜성과는 다른 독특한 모습을 하고 있었다. 그것은 이 혜성이 무려 20개의 조각으로 나누어져 있었다는 것이다. 이 혜성은 태양 둘레를 40억 년 동안이나 말없이 돌다가 수십 년 전에 너무 가깝게 목성을 지나면서 태양계에서 제일 큰 이 행성의 중력에 끌려 붙들리게 되었고, 1992년 7월 7일에 목성의 중력이 일으키는 조석 작용으로 산산조각 나고 말았다. 다음 그림은 혜성이 시간이 지남에 따라 분열하는 과정을 보여 주고 있다.

● 자료 출처 : 서울대학교 아시아 태평양 교육발전 연구단 (http://aped.snu.ac.kr)

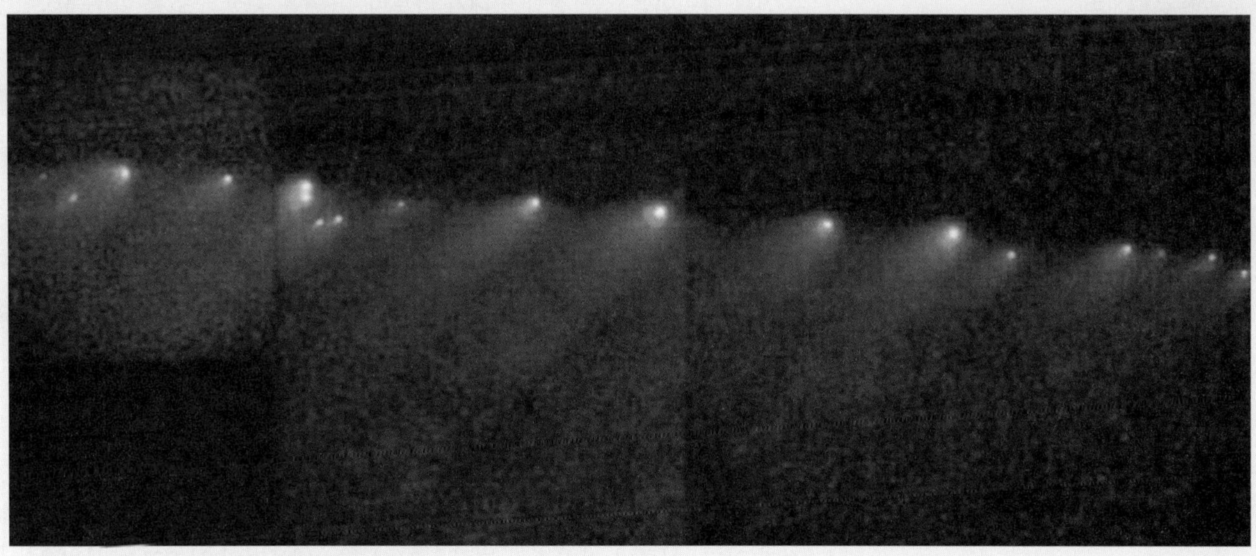

슈메이커- 레비 9 혜성이 목성의 조석력에 의해 깨지는 모습

탄소나노튜브와 벤젠고리

이 문제는 교과내용을 적극 활용하라는 교육부 논술 출제 가이드라인을 충실하게 따른 문항이다. 기본 문제는 일명 '버키볼'이라는 탄소 동소체의 특성을 파악하는 문제로서 새롭게 발견된 탄소 동소체의 구조적인 특성을 파악하고 이러한 특성이 어떠한 신기술로 실현될 수 있을지를 예견하도록 유도하는 새로운 유형의 과학논술 문제이다. 제시문은 『이인식의 과학나라』와 탄소나노튜브가 일상화된 미래의 일상을 다룬 『미래신문』의 일부를 발췌하여 구성했다.

심화 문제는 과학적 영감의 중요성을 깨닫고 일상이나 꿈에서 얻은 과학적 영감이 과학사에 획을 긋는 위대한 가설을 세울 수 있음을 체험할 수 있도록 출제한 문제이다.

| 논술 기본 문제

■ 제시문 자료 출처

- 이인식, 『이인식의 과학나라』 중 「탄소나노튜브는 팔방미인」
- 이인식, 『미래신문』 중 「나노기술이 세상을 바꾼다!」, 「산업판도를 바꾼 신소재 '탄소나노튜브'」

■ 관련 단원

과학	과학의 탐구
화학 I	탄소화합물의 성질, 탄소화합물과 우리 생활
화학 II	화학 결합의 종류

〔가〕 흑연과 다이아몬드는 같은 원소인 탄소로 이루어진 동소체이다. 그러나 흑연과 다이아몬드는 결합 형태가 다르다. 흑연은 층상 구조를 이루는데, 한층 내의 탄소 원자들끼리는 공유 결합을 이루고, 층과 층 사이는 반데르발스 결합으로 이루어져 있다. 이 반데르발스 힘은 상당히 약하기 때문에 흑연에서 조그만 힘으로도 층 사이를 쉽게 분리할 수가 있어, 흑연을 연필의 심 또는 윤활 재료로 사용할 수 있다. 자연계에서 탄소 원자로 이루어진 분자는 다이아몬드와 흑연의 두 가지 물질뿐으로 알고 있었으나 새롭게 발견한 탄소 동소체에 많은 사람들의 관심이 집중되고 있다. 탄소 원자 60개로 이루어진 C60을 포함하여 70개, 76개, 84개 등 탄소 분자 구조를 갖는 물질을 통틀어 '풀러린'이라고 한다.

〔나〕 자연 세계에는 사람의 개입 없이 스스로 일정한 구조를 유지하는 물질이 적지 않다. 이른바 자기조립 능력을 보여주는 대표적인 사례로는 물방울

과 세포를 들 수 있다. 잎에 맺힌 물방울은 액체가 자발적으로 곡선 모양의 표면을 유지하고 있다. 사람의 세포 한 개에는 100억 개의 분자를 채워 넣을 수 있는데, 세포는 스스로 수많은 분자를 결합하여 특정한 구조를 만들어 낸다.

자기조립하는 물질 가운데서 공학적으로 가장 크게 기대를 모으는 것은 '버키튜브(buckytube)'라 불리는 탄소나노튜브이다. 버키튜브는 버키볼을 긴 대롱 모양으로 변형시킨 것이다. 버키볼은 탄소 원자 60개가 모여 럭비공처럼 둥근 구조를 형성한 탄소 분자이다. 이 구조는 미국 건축가인 버크민스터 풀러가 창안한 지오데식 돔과 비슷하기 때문이다.

〔다〕 탄소 동소체의 구조

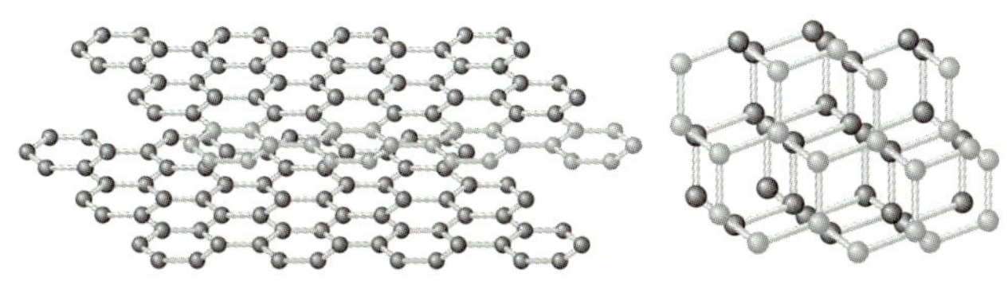

혹연의 구조　　　　　　다이아몬드의 구조

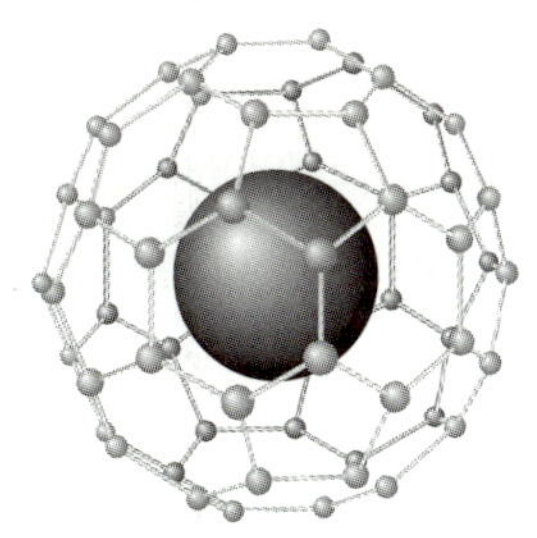

풀러린의 구조

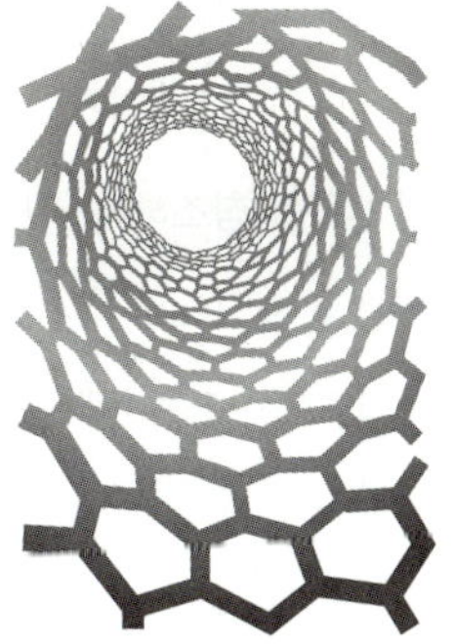

나노튜브의 구조

■ 교육부 '가이드라인'의 딜레마
교육부의 '가이드라인'의 핵심은 '어렵게 출제하지 말고 고등학교 과학 교과 내에서 출제하라'는 말이다. 하지만 우수한 학생들을 변별해야만 하는 상위권 대학들의 고민은 고등학교 교과내용만으로 우수한 학생들을 선발하기가 쉽지 않다는 데 있다.

key word

■ 동소체(同素體, allotrope) : 같은 원소로 되어 있으나 모양과 성질이 다른 홑원소 물질을 말한다. 예를 들면, 산소와 오존은 그 원자수는 다르지만 모두 같은 원소인 산소로 된 동소체이다. 원자의 배열상태 및 결합양식이 다른 것은 흔히 결정(結晶)에서 볼 수 있는데, 예컨대 고무상황, 단사황(單斜黃), 사방황(斜方黃) 등은 결정형이 다른 동소체이다. 흰인(白燐)과 붉은인(赤燐), 혹연과 다이아몬드 등도 서로 동소체이다.

[라] 2050년 미래의 어느 날 신문 문제

미래신문

The Future Times
2050

제10호 2050년

하늘로 꿈을 실어나르는 엘리베이터

종착역은 고도 35,800km의 인공위성

하늘로 오르는 계단, 우주 엘리베이터가 드디어 모습을 드러냈다. 2050년 새해와 함께, 우주 엘리베이터 '밀레니엄 특급'이 첫 번째 운행을 시작했다. 밀레니엄 특급은 우주 엘리베이터 선로를 이용해 지구에서 우주 공간까지 사람을 실어나르는 운행열차이다.

미국 시애틀에 본사를 둔 하이리프트 시스템사가 지난 50년 동안 개발한 이 우주 엘리베이터는 한마디로 수직으로 뻗은 기다란 선로이다. 한쪽 끝은 지구의 표면에, 다른 한쪽 끝은 우주 공간에 걸어두는 아주 기다란 케이블이라고도 말할 수 있다. 우주 엘리베이터의 출발역은 적도 근교 기니섬에 설치되었으며 승강장은 500m 높이의 탑 위에 있다. 이곳에서 밀레니엄 특급에 승선하면 고도 35,800km의 정거장까지 일직선으로 올라갈 수 있다. 승객들은 지구와 우주를 구경하며 우주여행을 할 수 있다. 탑승 비용은 불과 16만 원으로 우주 왕복선에 비해 훨씬 저렴해 앞으로 대중교통 수단으로 각광받을 전망이다.

문제 | 제시문 [가]와 [나]를 참조하여 [다]에 제시한 탄소 동소체인 다이아몬드, 흑연, 그리고 C60의 구조적 특성을 설명하고, [라]의 우주 엘리베이터가 실현 가능할 수 있음을 탄소 동소체의 강도를 중심으로 논술하시오. (800자)

| 문제 해설

1. 출제 의도

신소재는 새로운 기술을 낳는다. 전기 저항 제로에 도전하는 초전도 물질이 자기 부상 열차의 꿈을 앞당기고 있음은 주지의 사실이다. 이처럼 신소재는 단순히 '뭔가 새로운 물질' 이상의 것이다. 자연석 대신 벽돌로 성을 쌓으면서 전통적인 방어 중심의 성곽 구조를 공격형 성곽으로 바꾸었듯이, 신소재의 개발은 곧 새로운 기술의 출현을 의미한다. 화학은 눈에 보이는 변화를 눈에 보이지 않는 미시적인 세계의 질서를 통해 설명하는 매력적인 소통의 창이다. 그러한 화학의 세계에서 새로운 물질은 그만큼 더 매력적으로 우리의 가슴을 설레게 한다.

이 문제는 신소재와 탄소화합물을 소재로 한 문제로서 흑연, 다이아몬드 이외의 탄소 동소체를 소개하는 제시문을 통해 신소재의 구조적 특징을 파악한 다음, 미래에 새롭게 태어날 신기술에 어떻게 응용될 수 있는가를 기술하도록 출제했다.

2. 제시문 분석

흑연, 다이아몬드와 같이 순수한 탄소만으로 이루어진 새로운 물질이 1985년에 발견되었다. 이 물질의 분자는 일명 '버키볼'이라 불리는데, 탄소 원자 60개가 오각형, 육각형 모양으로 결합한 속이 빈 축구공 형태이다. 이제 탄소 동소체는 흑연과 다이아몬드 이외에 탄소나노튜브와 같은 신소재까지 포함해야 하는 것이다. 이미 신소재 '버키볼'은 대학수학능력시험 '화학 I' 과목에서도 출제된 바 있다. 고등학교 과학과목에서는 흑연과 다이아몬드와 관련된 사항을 자세히 다루고 있어 학생들은 별 부담 없이 제시문을 읽고 신소재인 '버키볼'의 특성을 유추할 수 있을 것이다.

그 외 다이아몬드는 단일 결합으로 되어 있어 전자의 전달이 어려우나 흑연은 이중 결합으로 되어 있어 전자의 전달이 쉬워 전도체의 성질을 갖는다는 사실도 놓쳐서는 안 될 중요한 내용이다. 다이아몬드는 빛을 투과하고 반사하기 때문에 투명하고 아름다운 데 비해 흑연은 빛을 흡수하기 때문에 시커먼 색을 띠고 있다는 내용도 알아두어야 한다. 이처럼 탄소 동소체와 관련된 문제는 다양한 형태로 변형되어 출제될 수 있다.

■ **문제 핵심분석**
- 탄소 동소체의 구조적 특징 파악
- 신소재의 활용 : 탄소 동소체와 우주 엘리베이터

■ **실마리 찾기**
- 교과내용 정리 : 탄소 동소체의 구조적 특징 파악
- 우주 엘리베이터 가설의 과학적 근거 파악
- 탄소 동소체를 활용한 신기술 적용

3. 문제 해설

제시문과 구조식을 참조하여 탄소 동소체의 특성을 기술하는 것은 그리 어렵지 않으나 탄소나노튜브가 우주 엘리베이터의 신소재로 사용될 수 있음을 논증하는 것은 한 단계 더 높은 추론을 해야 가능하다.

다이아몬드는 모든 탄소가 4개의 공유 결합으로 연결된 3차원 네트워크 구조이기 때문에 매우 강한 특성을 나타낸다. 흑연은 판상 구조이며 판과 판 사이에는 약한 분자 간 상호작용만이 존재하므로 서로 쉽게 미끄러지는 경향이 있다. 버키볼은 다이아몬드의 그물 구조나 흑연의 층상 구조와는 완전히 다른 구조로서 탄소 원자 60개로 된 거대 분자이다. 이 분자는 속이 빈 축구공 형태를 이루므로 그 밀도는 다이아몬드보다 작지만 분자의 구조에 의한 인장 강도가 매우 강하다.

탄소나노튜브는 지름이 1나노미터로 사람 머리카락의 5만분의 1밖에 되지 않지만 인장력은 강철보다 100배 강하다. 탄소나노튜브를 10개 이상 밧줄처럼 꼬아 합성하면 금속 성질이 없어지면서 반도체처럼 전기 흐름을 제어할 수 있는 성질을 갖기 때문에 실리콘보다 1만 배가량 집적도가 높은 소자를 만들 수 있을 것으로 기대된다. 또한 탄소나노튜브는 다른 물질의 전극보다 훨씬 낮은 전압에서 전자를 방출하므로 텔레비전과 컴퓨터 모니터의 전자총을 소형화할 수 있다.

탄소나노튜브는 강철보다 강하기 때문에 우주 엘리베이터의 실현 가능성이 높아졌다. 우주 엘리베이터 아이디어는 1960년 러시아의 기술자가 처음 내놓았으나 과학소설의 대가인 아서 클라크가 1979년 『낙원의 샘』이라는 소설에서 묘사함으로써 주목받았다. 클라크는 지구에서 적도 상공 35,800km의 지구 궤도를 도는 인공위성까지 거대한 탑을 세우고, 그 안에 승강기를 설치하면 지구와 우주를 마음대로 왕복할 수 있다고 상상했다. 리처드 스몰리 등 많은 전문가들은 탄소나노튜브를 사용하면 이론적으로는 얼마든지 우주 엘리베이터를 만들 수 있다고 주장한다.

이 문제는 실제로 네 개의 작은 질문을 하나로 종합한 것이다. 흑연의 층상 구조, 다이아몬드의 그물 구조, 풀러린의 자기조립 능력과 곡선표면 등을 연관지어 설명한 다음 풀러린의 강도에 주목하여 우주 엘리베이터의 재료가 될 수 있다는 점을 기술해야 높은 점수를 얻을 수 있다. 특히 우주 엘리베이터의 설명은 우주 엘리베이터가 성립하기 위한 조건을 먼저 언급한 다음 탄소나노튜브가 그 조건에 충족되는지를 논의하는 방식이 매끄러운 답안을 작성하는 데 도움이 될 것이다.

학생 답안과 첨삭 지도의 실제(1)

최초 답안

서준식(마포고)

탄소로 이루어진 여러 동소체들은 같은 탄소로 이루어졌다는 사실에도 불구하고 각자가 독특한 특징을 가지고 있다. 다이아몬드는 그물 구조의 강한 공유 결합을 통해 높은 강도를 자랑한다. 이 때문에 다이아몬드 수확량의 80~90% 정도가 공업용으로 사용된다. 그 밖에, 분자들이 밀집해 있기 때문에 열 전달에도 용이하다.

흑연의 가장 큰 특징은 층상 구조를 이루고 있다는 것이다. 샤프심을 층과 나란하게 되도록 길게 만들면 솥뚜껑도 뚫어 버릴 만한 높은 강도를 지니고 있지만 층과 층 사이의 결합은 그에 비하면 매우 약하다. 층 사이에는 전류가 흐를 수 있어서 도체로도 사용될 수 있다.

①C60은 축구공과 형태가 비슷하다. ②따라서 구조도 안정적이다. 이 구조에 착안하여 만들어진 탄소나노튜브는 여러 면에서 뛰어난 성능을 보인다. 육각 구조로 이루어져 있어 인장력이 좋고, 분자 사이의 거리가 가까워서 열 전달도 용이하다. 또한 흑연의 구조적 특성까지 반영되어 튜브 내부로 전류가 흐를 수 있다. 이런 장점들을 잘 살리면 탄소나노튜브가 우주 엘리베이터 건설의 핵심이 될 수 있다.

③엘리베이터 건설에 가장 잘 반영될 수 있는 탄소나노튜브의 특성은 강도일 것이다. 지구의 중력을 이기고 솟아오를 때 많은 양의 연료가 연소된다. 이때 받는 ④연소에 의한 반작용을 견디려면 엄청난 인장력이 필요하다. 또한 무중력 상태에서 엘리베이터의 이동하려는 ⑤관성력을 상쇄시킬 때 발생하는 압력을 견딜 수 있어야 한다. 엘리베이터의 선로도 외부 소형 천체와의 충돌 등에 의한 충격을 견딜 수 있을 정도로 강해야 한다. 이 역할을 탄소나노튜브가 담당할 수 있다.

■ **글 개요 분석 및 특징**

1. 다이아몬드의 특성 : 그물 구조
2. 흑연의 특성 : 층상 구조
3. C60의 특성 : 축구공 모양의 구조
4. 우주 엘리베이터와 탄소나노튜브의 강도

■ 이 학생은 '내용' 보다는 '표현' 측면이 더 우수한 답안을 작성했습니다.

첨삭 지도

김평원 선생님

뛰어난 문장력을 토대로 탄소화합물에 관한 배경지식을 효과적으로 전개하여 출제자의 의도에 근접한 답안을 작성했습니다. 다만 아쉬운 점은 뛰어난 표현력에 묻혀 가장 중요한 핵심이 언급되지 않았다는 점입니다.

①번 문장과 ②번 문장에 누락된 정보는 축구공 모양의 구조가 안정적인 까닭에 관한 것입니다. 그리고 ③번 문장은 C60의 강도를 언급하기에 앞서 논의되는 것이 순서에 맞습니다. ④번 문장은 '연소 가스의 배출에 대한 반작용'으로 구체적으로 표현하는 것이 좋습니다. '반작용'이 무엇을 의미하는지 모호하기 때문입니다.

오세진 선생님

무난하게 잘 작성된 답안입니다. 기본적으로 문제에서 묻는 것에 적절히 대답했고, 그 설명이나 논리에 부족함이 없습니다. 아쉬운 점은 C60에 대한 설명이 조금 부족하다는 점입니다. 60개의 탄소로 만들어진 이 분자를 단순히 축구공과 같은 구조라고만 언급하기엔 많은 정보를 놓치고 있다는 아쉬움이 듭니다. '풀러린'이라는 분자 이름도 언급하고 풀러린의 모양 및 강도에 대한 설명과 이 분자를 연속적으로 집적하여 탄소나노튜브를 만들 수 있다는 설명도 필요합니다. 특히 우주 엘리베이터의 설명은 우주 엘리베이터가 성립하기 위한 조건을 먼저 언급하고 탄소나노튜브가 그 조건에 충족되는지를 논의하는 것이 순서에 맞습니다. ⑤번 문장은 모호한 기술입니다. 압력과 힘은 다른 개념이니 명확하게 표현하도록 합시다.

평가항목	등급	총평
이해 · 분석력	A	출제자가 요구하는 핵심에 올바르게 접근했습니다.
논증력	B	C60에 대한 논증과정이 부족하고 순서를 정돈해야 합니다.
창의력	B	풀러린의 구조에 대한 보다 심층적인 분석이 요구됩니다.
표현력	A⁺	뛰어난 문장력이 돋보입니다.

첨삭 지도 후 소감 | 서준식

드디어 나의 답안이 공개 첨삭 답안에 선정되었다. 1학기 때부터 과학논술 지도를 받아 왔던 친구들이 상위권 대학에 합격하고, 서울대학교를 비롯한 명문대학에 도전할 수 있을 정도로 성장한 것이 너무도 부러웠다. 비록 뒤늦게 참가했지만 이번 과학논술 프로그램으로 인해 글쓰기 실력이 상당히 향상된 것을 실감하니 가슴 뿌듯하다.

화학에는 어느 정도 자신이 있었지만 '우주 엘리베이터'라는 황당한 꿈을 탄소 동소체로 해결할 수도 있을 것이라는 내용은 문제를 풀면서 처음 알았다. 그동안 내가 얼마나 과학기술과 관련된 시사적인 내용에 무관심했었나 하는 것이 적나라하게 드러났다.

원래 책을 멀리하고 글쓰기라면 치를 떨던 나에게 이 수업은 과학논술에 대한 자신감을 키워 주었다. 처음 답안을 작성할 때는 머릿속이 텅 비고 정신이 하나도 없었는데, 꾸준한 글쓰기와 첨삭 지도 덕분에 지금은 과학논술 실력이 많이 향상되어 처음 접하는 문제를 보아도 어느 정도 무난히 쓸 수 있게 되었다. 자연계 학생들뿐만 아니라 논술에 약한 인문계 학생들도 이런 식으로 꾸준히 글쓰기와 첨삭 지도를 병행한다면 많은 발전이 있을 것이다. 논술시험을 보면서 교과 시간보다 오히려 더 많은 것을 배우는 것 같다.

수정 답안 | 서준식

탄소로 이루어진 여러 동소체들은 ①같은 탄소로 이루어졌다는 사실에도 불구하고 각자가 독특한 특징을 가지고 있다. 다이아몬드는 그물 구조의 강한 공유 결합을 통해 높은 강도를 자랑한다. 이 때문에 다이아몬드 수확량의 80~90% 정도가 공업용으로 사용된다. 그 밖에, 분자들이 밀집해 있기 때문에 열전달에도 용이하다.

흑연의 가장 큰 특징은 층상 구조를 이루고 있다는 것이다. 샤프심을 층과 나란하게 되도록 길게 만들면 솥뚜껑도 뚫어 버릴 만한 높은 강도를 지니고 있지만 층과 층 사이의 결합은 그에 비하면 매우 약하다. 층 사이에는 전류가 흐를 수 있어서 도체로도 사용될 수 있다.

C60, 즉 ②풀러린이라는 동소체는 축구공과 흡사하며 부피에 비해 꽤나 안정하다. 탄소 한 분자당 결합선이 3개이므로 셋 중 하나의 결합선이 이중 결합을 이루어 서로를 더 강하게 끌어당긴다. 풀러린의 자기조립 능력으로부터 탄생한 탄소나노튜브도 마찬가지로 내부에 이런 이중 결합을 포함하고 있어 강한 인장력을 지니고 있다.

우주 엘리베이터가 실현되려면 다음의 과제가 요구된다. 첫째로, 지구의 중력을 이기고 솟아오를 때 많은 양의 연료가 연소되는데, 이때 받는 연소에 의한 반작용을 견디려면 엄청난 인장력이 필요하다. 둘째로, 무중력 상태에서 엘리베이터의 이동하려는 관성력을 상쇄시킬 때 발생하는 압력을 견딜 수 있어야 한다. 셋째로, 엘리베이터의 선로도 외부 소형 천체와의 충돌 등에 의한 충격을 견딜 수 있을 정도로 강해야 한다. 앞에서 언급했듯이 탄소나노튜브의 인장력이 매우 우수하므로 이를 잘 활용하면 우주 엘리베이터의 건설은 충분히 실현 가능하다.

수정 답안 지도

김평원 선생님

첨삭 지도 내용을 잘 반영하여 속이 텅 빈 축구공 구조가 오히려 강도가 높은 까닭을 잘 설명하고 있습니다. ①번 문장 '같은 탄소로 이루어졌다는 사실에도 불구하고'는 간단하게 '같은 탄소화합물임에도 불구하고' 정도로 표현하는 것이 좋겠습니다. ②번 문장 표현은 '풀러린이라는 탄소 동소체는 축구공과 <u>그 분자 구조가</u> 흡사하며'와 같이 구체적으로 풀어 설명해야 합니다.

실제 논술 답안은 시간에 몰리는 상태에서 극도의 긴장감 속에서 작성되기 때문에 이번 수정 답안처럼 완성도 높은 답안이 될 수는 없습니다. 따라서 실제 답안의 분량과 시간을 늘 염두에 두고 핵심 사항은 간결한 문장 속에 반드시 언급해야 한다는 대원칙을 충족하는 선에서 답안의 분량과 문장 수준을 조절하기 바랍니다.

오세진 선생님

처음에 작성했던 논술 답안이 완벽에 가까운 모범 답안으로 다시 태어났습니다. 층상 구조인 흑연과 그물 구조의 다이아몬드, 축구공과 같은 구조의 풀러린, 풀러린의 연결로 가능한 탄소나노튜브까지 일관된 기준을 가지고 교과 시간에 배운 내용을 활용하여 잘 설명하고 있습니다. 우주 엘리베이터의 성립 조건도 창의적인 사고에 입각하여 잘 정리했습니다. 가벼워야 한다는 조건까지 언급한다면 더욱 완벽한 답안이 되었을 것입니다.

다만 너무 자세하게 기술하려는 욕심에 정해진 분량을 많이 넘은 것 같습니다. 자연계 통합교과논술의 경우는 분량 제한이 엄격하지 않은 경우가 많지만, 되도록 정해진 분량 내에서 핵심사항을 언급하는 연습을 하는 것이 좋습니다. 과학논술 답안은 오개념으로 오해받지 않도록 용어를 더욱 신중하게 선택해야 합니다.

학생 답안과 첨삭 지도의 실제(2)

최초 답안

 박한진(마포고)

①탄소는 원자가전자의 수가 4개이기 때문에 총 4번의 공유 결합을 할 수 있다. ②이런 이유로 탄소 원자만으로 이루어졌지만 구조가 달라 서로 다른 특성을 갖는 탄소 동소체를 여러 개 가지게 된다. ③탄소 동소체에는 크게 3가지가 있는데, 흑연, 다이아몬드, 폴러린이 그것이다.

먼저 흑연은 하나의 탄소 원자당 3번의 공유 결합을 하여 한층을 이루고 남는 전자를 통해 층간 결합을 한다. 그런데 층간 결합인 반데르발스 결합은 매우 약하기 때문에 탄소는 층층이 깨지게 된다. 그리고 남는 전자로 인하여 흑연은 전기와 열을 전도하는 특성을 지닌다.

두 번째로 다이아몬드는 하나의 탄소 원자당 4개의 공유 결합을 하여 결합들 사이에 빈 공간이 있는 규칙적인 배열을 이룬다. 이로 인해서 다이아몬드는 강도가 매우 강하지만 특정 방향으로 힘을 가하면 비스듬히 깨지게 된다. 그리고 빈 공간 때문에 빛을 통과시킬 수 있어 투명한 성질을 갖는다.

세 번째로 폴러린 중 하나인 C60은 탄소 원자 하나당 3번의 공유 결합을 하는데, ④흑연처럼 층상 구조를 이루지는 않는다. ⑤왜냐하면 C60은 자기 조립 능력을 갖고 있어 곡선의 표면을 유지하기 때문으로서 둥근 모양을 띠게 된다.

C60 폴러린을 긴 대롱 모양으로 만든 것이 탄소나노튜브이다. 탄소나노튜브는 자기 조립을 할 수 있으며 남는 전자로 인해 전기와 열을 전도할 수 있고 강도가 매우 강하다. 그래서 탄소나노튜브를 통해 우주 엘리베이터를 만들 수 있을 것으로 기대된다. ⑥왜냐하면 인장력이 강철보다 100배나 더 세기 때문에 매우 길게 만들어도 끊어지지 않으며, 우주와의 압력차도 견딜 수 있기 때문이다.

■ 글 개요 분석 및 특징

1. 탄소의 원자가전자와 탄소 동소체
2. 탄소 동소체의 종류와 특성
   ① 흑연의 특성 : 층상 구조, 전기 및 열전도성
   ② 다이아몬드의 특성 : 결합 특성, 그물 구조, 투명성
   ③ C60의 특성 : 구조적 특성, 자기조립능력
3. 탄소나노튜브의 특성과 우주 엘리베이터에의 적용

■ 이 학생은 '표현'도 뛰어나지만 특히 '내용' 측면이 우수한 답안을 작성했습니다.

첨삭 지도

김평원 선생님

①번 문장은 '전제', ②번 문장은 '결과', ③번 문장은 '사례' 등으로 간결하게 서론을 기술하는 방식이 돋보입니다. 특히 ③번 문장이 다음 단계의 논증을 위한 토대가 된다는 점에서 이 학생은 완벽에 가까운 과학논술 답안의 서론을 작성했다고 봅니다.

④번 문장과 ⑤번 문장도 출제자가 요구하는 조건을 파악하여 자신만의 창의적인 논거를 활용하여 논지를 잘 전개했습니다. 다만 아쉬운 점은 우주 엘리베이터가 성립될 수 있는 조건을 따져 보고 이를 기술하는 내용을 ⑥번 문장 하나로 과도하게 생략해 버렸다는 점입니다.

오세진 선생님

실제로 이 문제는 네 가지 질문으로 되어 있습니다. 이 학생은 각각의 출제 요소를 제시문을 잘 활용하여 기술했습니다. 흑연의 층상 구조, 다이아몬드의 그물 구조, 풀러린의 자기조립 능력과 곡선 표면 등을 연관지어 잘 설명했습니다. 풀러린의 강도에 특히 주목해야 하는데 강도가 높고 여러 모양이 가능한 풀러린이 우주 엘리베이터의 재료가 될 수 있다는 것과 연결해서 설명한 것이 돋보입니다. 다만 마지막 문장이 다소 산만하게 느껴지니 좀더 보완하길 바랍니다.

참고로 풀러린은 표면이 매끄럽고 안에 물체를 넣거나 튜브처럼 연결하는 등 과학적으로 용이하게 쓰일 가능성이 많은 분자입니다. 게다가 강도가 아주 강하여 실제 날카로운 칼이나 단단한 물체를 만드는 등 다양하게 활용되고 있습니다.

평가항목	등급	총평
이해 · 분석력	A	출제자가 요구하는 네 가지 요소를 잘 간파했습니다.
논증력	A	전체 글이 통일성을 지니며 유기적으로 연결되어 있습니다.
창의력	A	창의적인 논거를 활용하여 논지를 잘 전개했습니다.
표현력	A	과학논술 답안의 형식을 잘 갖추었습니다.

첨삭 지도 후 소감 | 박한진

　이전부터 나노과학이 상당한 성과를 내고 있으며, 그로 인해 나노과학에 거는 기대가 크다는 정보를 많이 접해 왔다. 평소에 관심이 많았던 주제가 논술 문제로 나와 기분 좋게 답안을 작성할 수 있었다. 특히 교과서 외 지식인 탄소나노튜브에 대한 내용을 탄소 동소체와 연관지어 생각해 볼 수 있는 기회를 가짐으로써, 그것을 더욱 심도 있게 이해할 수 있었다.

　특히 제시문에 소개된 『미래신문』은 시사 과학정보를 가상의 신문 형태로 표현하는 방식이 신선했으며, 탄소나노튜브와 관련된 미래의 세계를 상상해 볼 수 있는 좋은 계기를 마련해 주었다.

수정 답안 | 박한진

탄소는 원자가전자의 수가 네 개이기 때문에 총 네 번의 공유 결합을 할 수 있다. 이런 이유로 탄소 원자만으로 이루어졌지만 구조가 달라 서로 다른 특성을 갖는 탄소 동소체가 여러 개 존재한다. 탄소 동소체에는 크게 세 가지가 있는데 흑연, 다이아몬드, 풀러린이 그것이다.

먼저 흑연은 하나의 탄소 원자당 세 번의 공유 결합을 하여 한층을 이루고 남는 전자를 통해 층간 결합을 한다. 그런데 층간 결합인 반데르발스 결합은 매우 약하기 때문에 탄소는 층층이 깨지게 된다. 그리고 흑연은 남는 전자로 인하여 전기를 전도하고, 거의 모든 파장의 빛을 흡수하기 때문에 검은색을 띤다.

두 번째로 다이아몬드는 하나의 탄소 원자당 네 번의 공유 결합을 하여 그물 구조를 이룬다. 그래서 흑연과는 달리 남는 전자가 없기 때문에 전기가 흐르지 않는다. 또한 견고한 그물 구조로 인해 경도가 매우 크며, 빛을 흡수하지 않고 반사하기 때문에 투명한 특성을 지닌다.

세 번째로 풀러린 중 하나인 $C60$은 탄소 원자 하나당 세 번의 공유 결합을 하는데, 흑연처럼 층상 구조를 이루지는 않는다. 그 이유는 $C60$이 자기조립 능력을 갖고 있어 곡선의 표면을 유지하기 때문으로, 둥근 모양을 띠게 된다.

$C60$ 풀러린을 긴 대롱 모양으로 만든 것이 탄소나노튜브이다. 탄소나노튜브는 자기조립을 할 수 있으며 남는 전자로 인해 전기와 열을 전도할 수 있고 강도가 매우 강하다. 그래서 탄소나노튜브를 이용해 우주 엘리베이터를 만들 수 있을 것으로 기대된다. 우주 엘리베이터를 만들기 위해서는 아무리 길게 만들어도 끊어지지 않으며, 대기권과 우주공간에서 다른 물질과의 충돌에 견딜 수 있는 소재가 필요하다. 그런데 탄소나노튜브는 인장력이 강철보다 100배나 더 세기 때문에 매우 길게 만들어도 끊어지지 않으며, 강도가 크기 때문에 다른 물질과의 충돌에도 견딜 수 있어 그 소재로 적합하다.

■ **글 개요 분석 및 특징**

1. 탄소의 원자가전자와 탄소 동소체
2. 탄소 동소체의 종류와 특성
   ① 흑연의 특성 : 층상 구조, 전기 및 열전도성
   ② 다이아몬드의 특성 : 결합 특성, 그물 구조, 투명성
   ③ C60의 특성 : 구조적 특성, 자기조립 능력
3. 탄소나노튜브의 특성과 우주 엘리베이터의 조건
4. 우주 엘리베이터의 조건을 충족하는 탄소나노튜브

수정 답안 지도

김평원 선생님

우주 엘리베이터가 성립될 수 있는 조건을 제시하면서 더욱 완성도 높은 답안으로 거듭났습니다. 다만 더욱 수준 높은 답안이 되기 위해서는 C60 '풀러린'의 축구공 구조가 강도가 높은 까닭을 구체적으로 기술하는 내용이 들어가야 합니다.

실제 시험에서 이 수정 답안과 같은 정도의 분량을 적기에는 시간이 다소 부족할 수 있습니다. 시간 내에 주어진 분량을 충족하는 선에서 핵심내용만큼은 반드시 언급할 수 있도록 합시다.

오세진 선생님

처음 답안도 완성도가 매우 높았기 때문에 첨삭 지도 내용을 반영한 수정 답안은 흠잡을 것이 없습니다. 처음보다 약간 분량이 길어지긴 했지만 자신 있게 자신의 견해를 개진하는 박진감이 느껴집니다. 처음에는 그저 정해진 분량을 채우는 것이 가장 급선무이지만 과학논술 프로그램을 통해 글쓰기에 익숙해질수록 문제의 배경지식이 답안의 수준을 좌우한다는 것을 느꼈을 것입니다.

| 학생 답안과 첨삭 지도의 실제(3)

최초 답안

■ **글 개요 분석 및 특징**

1. 탄소 동소체
2. 탄소 동소체의 종류와 특성
   ① 흑연의 특성 : 층상 구조, 전기 및 열전도성
   ② 다이아몬드의 특성 : 결합 특성, 전기 전도성 없음
   ③ C60의 특성 : 외형 특징
3. 탄소나노튜브의 인장력과 우주 엘리베이터에의 적용

■ 이 학생은 '내용'과 '표현' 모두 다소 미흡한 답안을 작성했습니다.

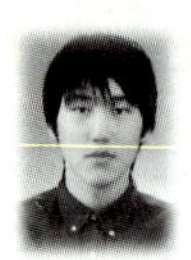

어철(마포고)

흑연, 다이아몬드, 풀러린은 모두 탄소로 이루어진 동소체이다. 동소체란 같은 원자로 이루어져 있지만, 분자식과 결합 구조가 다른 구조를 가지는 원자단을 의미한다.

① 첫째로, 흑연의 구조를 보면 층상 구조를 가진다. 탄소 원자가 수평으로 육각형의 모양으로 연속적인 공유 결합을 가진다. 그 결합들이 수직으로 층상 구조를 이루고 있는 것인데, 이는 전자의 이동을 수월하게 하여 흑연을 전기를 전도하는 전기 전도성을 가지게 한다.

② 둘째로, 다이아몬드의 구조를 보면 탄소의 공유 결합이 그물 구조로 이루어짐을 알 수 있다. 이러한 구조는 탄소의 강도를 크게 하여 흑연과 달리, 외력에 의해 쉽게 부서지지 않는다. 또한, 다이아몬드는 층과 층 사이에 전자의 이동이 수월하지 못하기 때문에 전기 전도성을 가지지 못한다.

③ 마지막으로, 풀러린은 정20면체의 모든 모서리가 한 꼭지점에서 만나는

5개의 삼각형의 각 변의 중점을 이어 생긴 오각형 모양을 단면으로 잘라 만든 육각형, 오각형의 혼합 구조를 지닌다. 여기서 오각형은 12개이며, 육각형은 20개가 된다.

　〔라〕의 ④우주 엘리베이터의 경우를 보면 탄소나노튜브를 이용해 우주공간으로 나가는 방법인데, 이것이 가능한 이유로는 탄소의 인장력으로 설명이 가능하다. 지구의 표면에서 우주까지는 많은 ⑤방해성 제약들이 많다. 대류권에서의 대류, 우주 행성들의 위험성 등이 바로 그것이다. 따라서 탄소나노튜브의 강철보다 100배 강한 인장력은 제약을 이겨 내는 데 도움을 줄 것이고, 반도체와 같이 전기 흐름을 제어할 수 있는 것은 전기의 동력을 얻어 운항하는 엘리베이터를 구동하기에 충분한 조건이 될 것이다.

첨삭 지도

김평원 선생님

이 답안에서는 ①, ②, ③과 같은 '나열 표지'가 불필요합니다. 이 답안은 특정한 주장에 대한 논거를 나열하는 방식이 아니라, 탄소 동소체 각각의 특성을 언급하고 이를 미래의 신기술과 연관지어 전망하는 것이 핵심입니다. 배경지식이 풍부하고 문장력도 뛰어나지만 출제 의도를 간파해서 핵심만을 언급하는 전략을 잘 숙지해야겠습니다. ④번 문장보다는 '우주 엘리베이터가 실현되기 위해서는 엄청난 인장력을 가진 신소재가 필요한데 탄소나노튜브가 이러한 물질이 될 수 있다'는 표현이 좋습니다. ⑤번 문장은 중복 표현입니다. '방해성'이란 단어는 불필요합니다.

오세진 선생님

교과 시간에 배운 풍부한 배경지식을 적극적으로 활용하지 못한 점이 아쉽기는 하지만 흑연, 다이아몬드, 풀러린의 구조에 대한 설명은 비교적 명료하게 잘 기술했습니다.
우주 엘리베이터를 설명하는 과정에서 아무런 연관성 없이 탄소나노튜브와 관련된 언급이 등장한 것이 눈에 거슬립니다. 이는 풀러린의 구조를 설명하는 단락에서 언급할 성격의 내용입니다.

평가항목	등급	총평
이해 · 분석력	B	답안의 핵심을 출제 의도에 집중시켜야 합니다.
논증력	B	풍부한 배경지식을 적극적으로 활용하지 못했습니다.
창의력	A	풀러린의 구조에 대한 설명이 매우 독창적입니다.
표현력	A	문장력이 뛰어납니다.

첨삭 지도 후 소감 | 어철

화학 II 시간에 버키볼(C60)에 대해 간단히 배운 적이 있기 때문에 크게 당황하진 않았지만, 이번 문제는 수업 시간에 놓치고 지나갔던 내용을 다시 한 번 정리할 수 있는 좋은 기회가 되었다. 한 학기가 넘게 과학논술 프로그램에 참여한 덕에 나름대로 문장을 너무 잘쓰게 되니 가끔 문제의 핵심에서 벗어나는 것 같다. 이러한 나의 단점을 염두에 두고 개요를 짤 때 더욱 신중해야겠다.

이번 논술 답안을 작성하고 첨삭 지도를 받으면서 탄소 동소체의 한 종류로만 알고 있던 버키볼의 구조에 대해 자세히 공부할 수 있었다. 이전부터 막연히 신소재공학과에 진학하려고 생각하고 있었는데, 이번 논술 문제를 통해 신소재가 결국은 '우주 엘리베이터'와 같은 신기술을 이끌어낼 수도 있다는 사실을 알게 되니 더욱 신소재공학에 애착을 갖게 되었다.

수정 답안 | 어철

■ 글 개요 분석 및 특징

1. 탄소 동소체
2. 탄소 동소체의 종류와 특성
   ① 흑연의 특성 : 층상 구조, 전기 및 열전도성
   ② 다이아몬드의 특성 : 결합 특성, 전기 전도성 없음
   ③ C60의 특성 : 외형 특징
3. 탄소나노튜브의 특성
4. 우주 엘리베이터에 적합한 탄소나노튜브

탄소의 동소체로는 흑연, 다이아몬드, 풀러린 등이 있다. 동소체란 같은 원자로 이루어져 있지만, 분자식과 결합 구조가 다른 구조를 가지는 원자단을 의미한다. 우선 흑연의 구조를 보면 층상 구조를 가진다. 탄소 원자가 수평으로 육각형의 모양으로 연속적인 공유 결합을 가진다. 그리고 ①이러한 결합이 수직으로 이어진 층상 구조식의 결합을 반데르발스 결합이라 하는데, 이는 매우 약한 힘으로서 외력에 의해 쉽게 부스러진다. 그리고 바로 이러한 부스러짐이 전자의 이동을 수월하게 하여 흑연이 전기를 전도하는 전기 전도성을 가지게 한다.

다음으로, 다이아몬드의 구조를 보면 탄소의 공유 결합이 그물 구조로 이루어짐을 알 수 있다. 이러한 구조는 탄소의 강도를 크게 하여 흑연과 달리 외력에 의해 쉽게 부서지지 않는다. ②따라서 이러한 탄소 원자 간의 단단한 포화 결합은 층과 층 사이에 전자의 이동을 방해하기 때문에 전기 전도성을 가지지 못하게 된다.

마지막으로, 풀러린은 정20면체의 모든 모서리를 한 꼭지점에서 만나는 5개의 정삼각형의 각 변을 2:1로 내분한 점을 이어 생긴 오각형 모양을 단면으로 잘라 만든 육각형, 오각형의 혼합 구조를 지닌다. 여기서 오각형은 12개

이며, 육각형은 20개가 된다.

그리고 앞서 말한 풀러린을 긴 대롱 모양으로 변형시키면 탄소나노튜브를 얻을 수 있다. 탄소나노튜브는 굵기에 비해 인장력이 매우 강하고, 열을 잘 전달하는 성질인 열전도성을 가진다. ③그리고 바로 이러한 특성이 〔라〕의 우주 엘리베이터의 선로이기 위한 필요충분조건이 된다. 또한 우주 엘리베이터는 탄소나노튜브를 이용해 우주공간으로 나가는 방법인데, ④이에 대한 소재로서의 자격은 지구 표면에서 우주까지 대류권에서의 대류, 우주 행성과의 충돌의 위험과 같은 변수가 매우 많은 만큼 인장력의 강도에 따라 판단이 될 것이다. 따라서 앞서 말한 탄소나노튜브의 굵기에 비해 매우 큰 인장력이 같은 원기둥 모양의 선로의 건설을 가정했을 때, 강철의 그것보다 큰 안정성을 가질 것이기 때문에 선로의 소재로 적당할 것이다.

수정 답안 지도

김명원 선생님

문장을 쉽고 간단하게 쓴다고 해서 사고력이 낮게 평가되는 것은 아닙니다. ③번 문장은 너무 현학적인 표현입니다. '탄소나노튜브의 이러한 속성은 우주 엘리베이터의 선로로 활용하는 데 매우 유용하다' 정도로 쉽게 풀어 써야 합니다. ④번 문장 역시 '소재로서의 자격이 판단된다'와 같은 어색한 주술 호응 관계를 지니고 있습니다. '우주 엘리베이터의 선로는 ~한 조건을 충족해야 한다'와 같이 간단한 문장으로 표현하는 것이 좋습니다. 이 학생에게 나타나는 이러한 현상은 문장력이 중급에서 고급 단계로 넘어가는 과정에서 주로 볼 수 있습니다. 이러한 단점을 염두에 두고 쉽게 풀어서 설명하는 습관을 들이도록 합시다.

오세진 선생님

첨삭 지도 이후 답안의 완성도가 더 높아지기는 했지만 일부 개념을 설명하는 데 약간 미흡함이 있습니다. ①번 문장의 경우는 설명이 부족해 '반데르발스 결합'이 결국은 흑연의 층상 구조를 지칭하는 식으로 오해될 수 있습니다. 반데르발스 결합은 전하가 없는 원자나 분자 간의 약한 결합들을 통칭해서 부르는 말이기 때문에 이에 대한 언급을 먼저 하고 흑연의 구조가 왜 그러한 구조의 범주에 들어가는지를 기술하는 방식이 좋겠습니다. ②번 문장에서도 다이아몬드의 결합을 설명하면서 '층과 층 사이'라는 표현을 언급하는 것은 어색합니다. 관련 교과지식을 모두 나열하기보다는 문제에서 요구하는 핵심을 중심으로 답안의 개요를 구성해야만 깔끔하고 깊이 있는 답안을 작성할 수 있음을 명심하기 바랍니다.

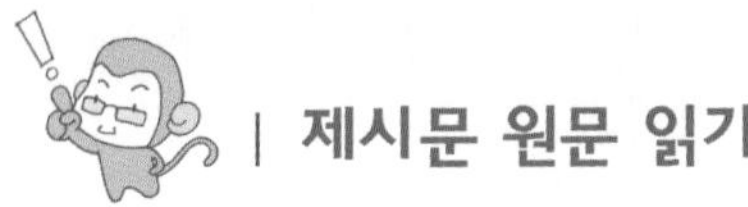

| 제시문 원문 읽기

1. 이인식, 『이인식의 과학나라』 중 「탄소나노튜브는 팔방미인」

자연세계에는 사람의 개입 없이 스스로 일정한 구조를 유지하는 물질이 적지 않다. 이른바 자기조립 능력을 보여주는 대표적인 사례로는 물방울과 세포를 들 수 있다. 잎에 맺힌 물방울은 액체가 자발적으로 곡선 모양의 표면을 유지하고 있다. 사람의 세포 한 개에는 100억 개의 분자를 채워 넣을 수 있는데, 세포는 스스로 수많은 분자를 결합하여 특정한 구조를 만들어 낸다.

자기조립하는 물질 가운데서 공학적으로 가장 크게 기대를 모으는 것은 버키튜브(buckytube)라 불리는 탄소나노튜브이다.

버키튜브는 버키볼을 긴 대롱 모양으로 변형시킨 것이다. 버키볼은 탄소 원자 60개가 모여 럭비공처럼 둥근 구조를 형성한 탄소 분자이다. 이 구조는 미국 건축가인 버크민스터 풀러가 창안한 지오데식 돔과 비슷하기 때문에 그의 이름을 따서 버크민스터풀러린이라 명명되었으며, 이를 줄여 풀러린 또는 버키볼이라 부른다. 다이아몬드와 흑연에 이은 세 번째 탄소 분자 결정체인 풀러린을 1985년에 발견한 미국의 리처드 스몰리 교수는 1996년 노벨상을 받았다.

탄소나노튜브는 1991년 일본의 재료과학자가 전자현미경으로 검댕 얼룩에서 처음 발견했다. 지름이 1나노미터(10억분의 1미터)에 불과하여 굵기가 사람 머리카락의 10만분의 1밖에 되지 않지만 인장력은 강철보다 100배 강하다.

또한 구리보다 전류를 잘 전도하고 다이아몬드보다 열을 잘 전달할 뿐만 아니라 몇 가지 특이한 전자적 특성을 갖고 있다.

예컨대 탄소나노튜브를 다발로 묶으면 반도체가 된다는 사실이 한국과 미국 과학자들의 공동 연구로 밝혀졌다. 1998년 서울대의 임지순 교수(물리학)와 미국 캘리포니아 대학(버클리) 연구진은 나노튜브를 10개 이상 밧줄처럼 꼬아 합성하면 금속 성질이 없어지면서 반도체처럼 전기 흐름을 제어할 수 있는 성질로 변한다는 사실을 확인한 것이다. 탄소나노튜브는 실리콘보다 1만 배가량 집적도가 높은 소자를 만들 수 있을 것으로 기대되기 때문에 나노기술의 핵심 연구 과제가 되고 있다.

또한 탄소나노튜브는 다른 물질로 만든 전극보다 훨씬 낮은 전압에서 전자를 방출할 수 있으므로 텔레비전과 컴퓨터 모니터의 전자총을 소형화할 수 있다. 삼성전자는 2001년 생산 목표로 나노튜브를 사용한 평판 디스플레이를 개발 중인 것으로 알려졌다.

탄소나노튜브가 강철보다 강하기 때문에 지구와 하늘을 왕복하는 우주 엘리베이터의 실현 가능성이 높아지고 있다.

2. 이인식, 『미래신문』 중 「산업판도를 바꾼 신소재 '탄소나노튜브'」

제3호 2010년

세계 디스플레이 업계의 선두주자인 삼성이 일본 소니와 도시바 등 유수 경쟁사를 물리치고 세계 탄소나노튜브 디스플레이 시장에서 1위로 올라섰다.
이 호재에 가장 빨리 반응한 곳은 바로 주식시장. 지난주부터 급상승을 탔던 삼성의 주식은 오늘 드디어 삼성 주식 상장 이래 최고가를 갱신했다.

산업판도를 바꾼 신소재 '탄소나노튜브'

삼성, 세계 탄소나노튜브 디스플레이 시장 석권

삼성이 개발한 탄소나노튜브 디스플레이는 초절전, 초소형이다. 탄소나노튜브 모니터가 장착된 TV나 컴퓨터는 전력 소모는 적으면서 고해상도의 평면 화면을 구현한다.

탄소나노튜브는 미래 산업의 판도를 바꿀 신소재라는 찬사를 받으며, 전자업계뿐만 아니라 다양한 산업에서 응용되고 있다. 탄소나노튜브는 굵기가 사람 머리카락의 10만분의 1에 불과하지만 열전도율이 다이아몬드만큼 뛰어나고 강도는 철강보다 100배나 높다.

가볍고 탄성이 뛰어나 테니스 라켓, 골프채, 스키보드 등 스포츠 용품의 신소재로 인기를 끌고 있다.

전투기와 탱크에 전자파를 흡수하는 탄소나노튜브 페인트를 바르면 레이더에 잡히지 않는 스텔스 전투기와 스텔스 탱크로 변신한다.

탄소나노튜브는 차세대 연료전지와 반도체에서도 각광받고 있다. 탄소나노튜브가 이렇게 다양한 산업에서 응용이 되고 있는 것은 생산비가 연필심의 흑연 수준으로 떨어진 덕택이다.

| 논술 심화 문제

〔가〕벤젠은 패러데이에 의해 1825년 도시가스의 배관 속에 고인 액체로부터 발견되었다. 이 물질은 탄소와 수소로 이루어진 탄화수소였는데, C_6H_6인 물질이었다. 수소 4원자와 결합하는 능력이 있는 탄소가 벤젠에서는 수소와 1:1의 비율로 결합하고 있으면서도 반응적인 면에서도 매우 안정적이다. 이러한 이유로 벤젠이 어떠한 구조를 지니고 있는가 하는 것이 19세기 화학계 최대의 어려운 과제 중의 하나였는데, 40년 뒤인 1865년에 이르러 독일의 화학자 케쿨레에 의해 유명한 거북등무늬의 육각형 구조가 제안되었다.

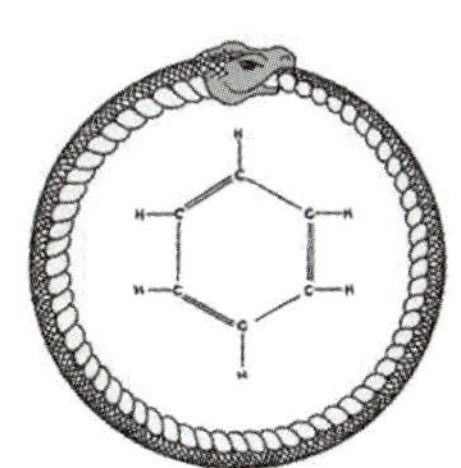

〔나〕그 당시 나는 책상 앞에 앉아 교과서를 집필하고 있었다. 그런데 아무리 해도 일이 진행되지 않았고 기분이 좋은 상태가 아니었다. 그래서 의자를 난로를 향해 놓고 앉아 있는 사이에 잠깐 졸았던 것 같다. 눈앞에 원자가 반짝인다. 그 다음에는 그다지 크지 않은 원자단이 조심스럽게 대기하고 있었다. 비슷한 광경이 되풀이해서 나타나는가 하면 그러는 동안 여러 가지 모양을 명확히 볼 수 있게 되었다. 긴 열이 몇 개씩 연결되어 모두 움직이고 있다. 뱀처럼 빙빙 돌고 있다. 그런데 묘한 것은 뱀 중에 자신의 꼬리를 문 것이 한 마리 있는 것이 아닌가? 더욱이 나를 비웃는 것처럼 나의 눈앞에서 빙빙 돌고 있었다. 깜짝 놀라 나는 눈을 떴고 그날 밤을 새우면서 이 가설을 매듭지었다.

〔다〕1985년 리처드 스몰리와 로버트 컬, 해럴드 크로토 등 3명의 과학자는 헬륨가스 안에서 흑연에 강력한 레이저 빔을 쏘아 기화시킴으로써 새로운 탄소 분자를 만들어 냈다. 새롭게 만들어 낸 이 물질을 질량분석계로 측정한 결과, 60개의 탄소로 이루어진 것이 확인됐다. 하지만

k e y w o r d

■ 벤젠 : 분자식 C_6H_6. 독일어의 'Benzol'에서 이름을 따왔다. 1825년 패러데이가 석유가스 속에서 발견했고, 1833년에는 독일의 화학자 미처리히가 벤조산과 석탄의 건류에 의해 벤젠을 합성했다. 석탄을 건류할 때 생성되는 가스 및 타르 속에, 또 석유 유분(溜分)의 분해 생성유 및 개질유 속에 존재한다. 석유 원료 속에도 미량이 존재한다.

케쿨레의 사고과정을 강의하는 오세진 선생님

탄소나노튜브 관련 원문을 읽는 학생들

탄소 원자 간에 어떤 형태로 결합되어 그처럼 안정된 탄소 덩어리가 되었는지는 숙제로 남았다.

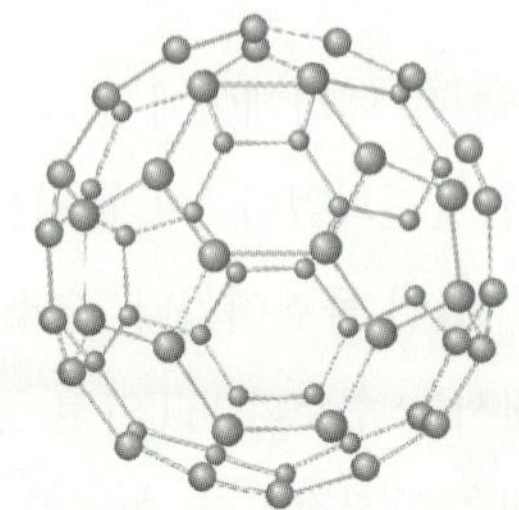

[라] C60의 분자 구조를 밝히기 위해 며칠 동안 고민하던 스몰리는 어느 날 점심식사 후 식탁에서 계산 용지를 잘라 이리저리 맞추다가 언뜻 축구공을 떠올리곤 탄성을 질렀다. 정육각형과 정오각형으로 이루어진 32면체인 축구공의 꼭지점이 바로 60개임을 깨달은 것. 스몰리가 계산 용지로 축구공 형태를 한 모형을 만들어 바닥에 떨어뜨리니 튀어오를 정도로 안정된 모습을 보였다. 그들은 자신이 발견한 새로운 분자가 축구공과 똑같은 구조일 것으로 믿어 의심치 않았다. C60의 축구공 구조 가설이 옳다는 게 실제 증명된 것은 그로부터 6년이 지난 1991년 4월. X선 회절과 적외선 스펙트럼 등의 측정으로 모습을 드러낸 C60의 구조는 정말로 축구공과 똑같은 모습이었다. 그것은 바로 미국의 건축가이자 수학자인 리처드 버크민스터 풀러가 1940년대에 고안한 구조물인 지오데식 돔과도 동일한 구조였다.

문제 1 │ 어떤 문제에 대해서 아무리 열심히 생각해 보아도 그 해결책을 찾지 못할 때가 있다. 그러나 뜻밖에 그 문제를 전혀 엉뚱한 영감을 통해 해결하는 경우가 있는데, 제시문에서 케쿨레와 스몰리는 뱀과 축구공에서 각각 해결의 실마리를 찾았다. 하지만 분자식 가설을 이끌어 내는 두 사람의 사고과정에는 다소 차이점이 있다. 두 사람의 과학적 사고과정의 특징을 차이점을 중심으로 논술하시오.(600자)

문제 2 │ 자신이 케쿨레가 되었다고 가정하고 꿈을 꾼 다음부터 벤젠의 구조 가설을 세우는 과정을 기록한 다음 과학일기를 완성하시오.(400자 내외)

케쿨레의 과학일기

내가 풀지 않으면 안 될 문제가 있으니 바로 벤젠이라고 불리는 화합물의 구조식이다. 이 물질의 분자는 탄소 원자를 6개 포함하고 있다. 따라서 탄소의 결합선이 24개 있고 그 외 수소 원자가 6개이므로 수소의 결합선이 6개 있다. 그러므로 문제는 24개나 되는 탄소의 결합선과 6개의 수소의 결합선이 꼭 알맞게 결합되는 구조를 그려내는 일이었다. 이 문제를 해결하려고 곰곰이 생각하다가 잠이 들었는데 꿈속에서 뱀이 꼬리를 물고 있는 장면을 보게 되었다. 드디어 좋은 아이디어가 떠올랐다.

심화 문제 해설

1. 출제 의도

심화 문제는 교과내용에 충실하면서도 학생의 독창적인 사고력을 평가하려는 의도에서 과학적 영감을 분석하는 문제와 과거의 케쿨레가 벤젠의 구조식을 착안하는 '추체험(追體驗)'을 과학적 사고력과 연결지어 출제했다. '추체험'이란 연구자가 피연구자의 자리에 서서 피연구자의 체험을 경험하는 연구 방법을 말하며, 문학에서는 작품을 읽으면서 독자가 자신을 작품 속의 인물과 같은 입장에서 그 작품 세계를 경험하는 것을 지칭한다. 과학 교육 역시 궁극적으로는 과학지식의 전달이 아니라 태도의 변화를 의도하는 만큼 자신이 과학자가 되어 보는 추체험을 통해 자신의 감정을 과거 속으로 몰입하는 경험을 중요시해야 한다. 케쿨레가 뱀 꿈을 꾸고 벤젠 구조 가설을 세웠다는 사실과 벤젠고리의 구조식을 안다고 해서 케쿨레의 사고과정을 이해했다고 볼 수는 없다. 심화 문제는 학생들의 이러한 허점을 간파하여 출제했다.

2. 제시 자료

제시문 〔가〕와 〔나〕는 케쿨레가 벤젠고리의 구조를 제안하는 에피소드를 소개하고 있으며, 제시문 〔다〕와 〔라〕는 스몰리가 축구공을 보고 C60의 분자 구조를 밝히는 과정을 소개하고 있다. 케쿨레와 스몰리 모두 계측 장비를 가지고 분자 구조를 관찰한 것이 아니라 꿈이나 현실 속에서 전혀 다른 물체를 보고 영감을 얻어 가설을 제안했다.

영국의 과학비평가 아서 케스틀러는 뱀 꿈을 꾸고 벤젠의 구조를 파악한 과학자 케쿨레의 꿈을 두고, 살찐 소와 여윈 소 10마리가 나온 꿈을 꾼 뒤에 풍년과 흉년이 10년씩 계속될 것을 예언한 구약성서의 요셉 이래 역사상 가장 중요한 꿈이었다고 말한 바 있다. 하지만 케쿨레는 단지 꿈에 뱀이 등장했다는 것만으로 행운을 거머쥔 것이 아니다. 사실 뱀이 자신의 꼬리를 물고 있는 구조는 여러 문화권의 신화에 나타나는 공통된 현상이며, 케쿨레의 꿈에 처음 등장한 것은 아니다.

꿈에서 우연히 지나쳐 버릴 수 있는 꼬리를 물고 있는 뱀을 통해 영감을 얻게 한 힘은 끊임없이 벤젠의 구조에 대해 고민하던 케쿨레의 열정이다. 엄밀히 말해서 케

내몽골 적봉지역에서 출토된 꼬리를 물고 있는 돼지용

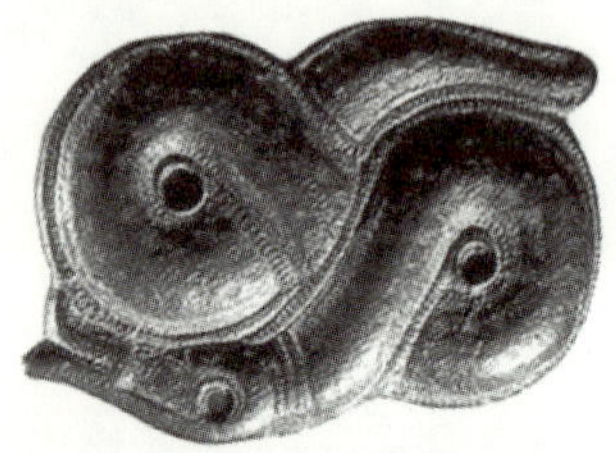

북유럽 노르웨이 전설에서 중간계를 감싸고 있는 거대한 뱀 요르문간드(Jormungand)

쿨레는 단순히 뱀 꿈만으로 명성을 얻은 것이 아니다.

3. 문제 1번 해설

지식을 형성하는 방법은 여러 가지가 있다. 일상생활에서는 신념이나 관습에 의한 방법이 가장 일반적이고, 학교 교육을 통해서는 권위에 의한 방법으로 지식을 습득한다. 교과서와 참고서는 이러한 지식을 생산해 내는 일종의 권위를 갖는다. 학자들은 과학 연구를 통해 신지식을 만들어 낸다.

과학지식의 형성과정은 과학을 보는 철학적 시각, 즉 '과학철학'에 따라 달라진다. 중·고등학교 과학 교육에서는 경험적 검증 가능성을 강조하는 논리 실증주의적 관점을 주로 다룬다. 많은 과학자들 역시 연역된 결과와 이 결과들을 실제 사례에 적용한 뒤, 통계적으로 가설이 지지되는지를 입증하는 과정을 통해 새로운 지식을 생성한다. 논리 실증주의적 관점에서 과학지식의 형성과정을 살펴보면 다음과 같다.

첫째, 현재의 지식으로는 설명할 수 없는 의문스러운 현상에 직면한다. 이러한 의문은 설명하려는 욕구를 불러일으킨다. 둘째, 현재의 상황과 유사한 사전 지식에 기초하여 잠정적 설명(가설)을 창안한다. 셋째, 가설에 대한 검증 방법을 생각해 낸다. 넷째, 자료를 수집하고 이것을 가설들로부터 연역된 결과들과 비교한다. 다섯째, 만일 가설이 지지되지 않는다면 이 과정을 순환적으로 반복한다. 새로운 과학지식은 이러한 순환과정의 결과로 생성된다. 이때 가설은 실험과 관찰에 의해 검증되므로 매우 중요한 의미를 지닌다. 논리 실증주의자들이 과학과 비과학을 구분하는 중요한 기준으로 '검증 가능성'을 설정하는 것도 이 때문이다. 하지만 이러한 과정이 가장 합리적인 과학지식의 형성과정이라고 볼 수는 없다.

우리가 간과하고 있는 또 하나의 과학지식의 형성 방법은 바로 영감(靈感)에 의한 통찰(洞察)이다. 어떤 문제에 대해서 아무리 열심히 생각해 보아도 그 해결책을 찾지 못할 때, 우리는 뜻밖에 그 문제와 상관없는 전혀 엉뚱한 영감을 통해 해결하는 경우가 있다. 케쿨레와 스몰리는 과학적인 탐구과정을 통해서가 아니라 엉뚱하게도 뱀과 축구공에서 각각 해결의 실마리를 찾았다.

하지만 분자식 가설을 이끌어 내는 두 사람의 사고과정에는 다소 차이섬이 있다. 케쿨레는 꼬리를 물고 있는 뱀이 영감의 매개체가 되었을 뿐 구체적인 벤젠 구조를

주나라 왕실을 상징하는 꼬리를 물고 있는 용

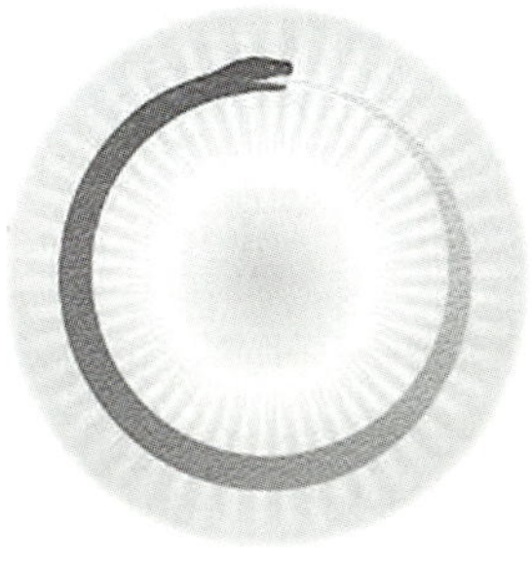

자신의 꼬리를 삼키고 있는 우로보로스

죽부인

	케쿨레	스몰리
고민	벤젠의 구조	풀러린의 구조
계기	꿈을 꾸고 나서	실물을 보고 나서
매개체	꼬리를 무는 뱀	축구공 모양의 돔
과정	고민 → 영감 → 통찰 → 해결	고민 → 영감 → 해결

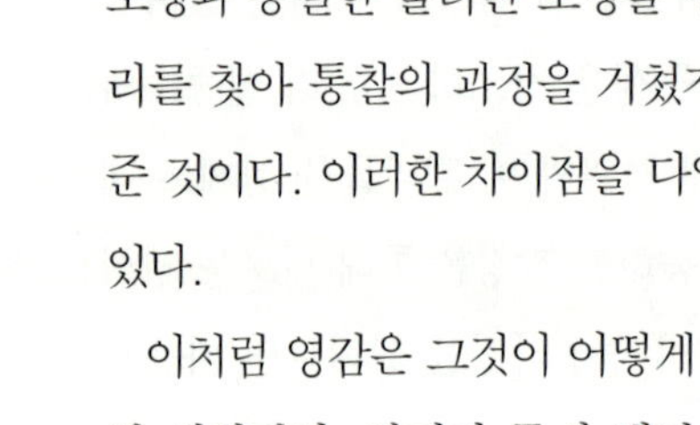

착안하기까지 많은 통찰의 과정을 거쳤지만, 스몰리는 축구공을 통해 바로 축구공 모형과 동일한 풀러린 모형을 생각해 냈다. 즉 전자는 매개체로부터 해결의 실마리를 찾아 통찰의 과정을 거쳤지만, 후자는 매개체가 곧 완전한 해결책을 제시해 준 것이다. 이러한 차이점을 다양한 측면에서 언급한 답안이 높은 점수를 받을 수 있다.

이처럼 영감은 그것이 어떻게 해서 생성되었는지를 설명할 수 없는 형태로 홀연히 생성된다. 하지만 문제 해결이 막혀 버린 상태에서 돌연히 해결책이 떠오르는 통찰은 그 문제가 체험자 자신에게 가치가 높은 것일 때 가능하기 때문에 통찰이 가능하려면 주위의 상황을 새로운 관점에서 종합적으로 고쳐 보는 것이 필요하다. 만약 누군가 죽부인을 보고 탄소나노튜브의 구조를 착안하여 학계에 발표했다면 탄소나노튜브의 별칭이 '죽부인'이 될 수도 있을 것이다.

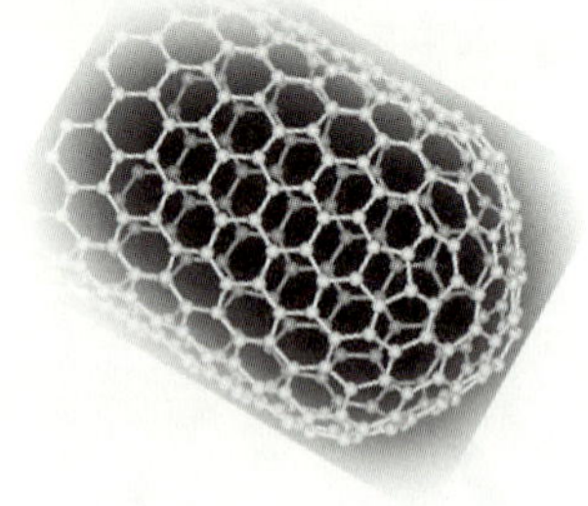

탄소나노튜브

4. 문제 2번 해설

탄소와 수소가 1:1의 비율로 결합하고 있으면서도 반응적인 면에서도 매우 안정적인 벤젠이 어떠한 구조를 지니고 있는가는 19세기 화학계의 최대 어려운 과제 중 하나였는데, 40년 뒤인 1865년에 독일의 화학자 케쿨레는 그 유명한 거북등무늬의 육각형 구조를 제안했다.

실제 교육 현장에서 학생들에게 벤젠 구조를 설명하라고 하면 분자식이나 구조식 같은 '결과'만을 언급하는 경우가 대부분이고 '왜 그런 구조를 취해야만 하는가'를 제대로 설명할 줄 아는 경우는 많지 않다.

스스로 생각해서 깨달은 지식인지 아닌지를 확인하기 위해서는 과거의 추체험을 활용하는 방식이 효과적이다. 자신이 케쿨레가 되어 과학일기를 쓰는 설정은 이렇게 해서 만들어졌다. 학생들은 벤젠(C_6H_6)이 수소 원자 4개와 결합해야 하는 탄소가 6개임에도 턱없이 모자라는 수소 6개로 퍼즐을 완성하는 과정을 일기를 쓰듯이 표현해야 한다.

보통 탄소는 주위에 전자 4개를 내놓아 전자 하나를 가진 수소 4개와 각각 단일 결합을 이룬다. 그런데 벤젠은 탄소와 수소가 모두 6개씩 들어 있어 어떤 식으로 탄소와 수소를 결합시켜도 제대로 된 구조를 만들 수가 없다. 이 문제는 탄소 6개가 고리를 이룬 구조로 해결될 수 있다. 이렇게 되면 6개의 탄소는 한쪽은 이중 결합, 다른 한쪽은 단일 결합을 통해 강강수월래를 하듯 탄소와 손을 맞잡게 되고, 남은 하나의 전자로는 수소와 단일 결합을 하기 때문에 탄소와 수소의 수가 완벽히 들어맞는다. 이러한 사고과정을 일기 형식으로 옮긴 학생이 높은 점수를 받을 수 있다. 단순히 벤젠의 구조식을 설명하거나 제시문의 내용에서 크게 진전되지 못한 내용은 평균 이하의 득점을 받을 수밖에 없다.

추체험을 활용하면 다음과 같이 과학과 윤리과목이 통합된 논술 문제를 구성할 수 있다. (이와 관련된 내용은 이 책의 넷째 마당 두 번째 주제인 〈과학과 윤리〉에서 자세하게 다루고 있다.)

김 연구원은 C제약회사에서 일하고 있다 김 연구원이 속한 연구소는 오래 전부터 신물질 개발에 노력해 왔는데, 이제 막 그 결실이 맺어지려는 순간이다. 최근 국내외 경제 사정이 좋지 않은데다 당분간 회복될 분위기도 없자 회사 내부에서는 구조 조정 이야기가 나돌고 있다. 그래서 연구소뿐만 아니라 기업의 다른 조직에서도 은근히 신물질 개발이 빨리 가시화되기를 학수고대하고 있는 눈치이다.

그런데 김 연구원에게는 고민이 있다. 팀장의 지시에 따라 김 연구원은 같은 팀의 박 박사, 이 박사와 함께 예측 결과를 만족시키지 않은 실험 결과들을 일부 삭제했다. 김 연구원으로서는 그와 같은 실험 데이터 삭제가 어떤 결과를 낳을지에 대해 확신할 수 없는 상황이다. 그래서 연구팀장에게 조심스럽게 이야기를 꺼냈다. 그러나 연구팀장은 괜히 긁어 부스럼 만들지 말고 조용히 있으라고 한다. 박 박사와 이 박사는 아무 말도 하지 않고 있다. 조금 전 연구소장이 팀원들을 불러 놓고, 이번 일만 잘되면 회사에서 특별 상여 지급과 승진이 예정되어 있다고 힘주어 말했다. 우리 팀의 모든 사람들이 기뻐하고 있다. 김 연구원은 아무래도 마음이 편하지 않았다. 사람의 생명을 다루는 의약품을 개발하는 일인데 가만히 있어도 될까? 김 연구원은 어떻게 해야 할까?

● 자료 출처 : 신형기 외, 『과학 글쓰기』

문제 | 자신이 김 연구원이 되었다고 가정하고, 어떻게 행동할 것인지를 구체적으로 논술하시오.(800자)

심화 문제 예시 답안 1

■ 글 개요 분석 및 특징
1. 케쿨레와 스몰리의 차이점 : 과학적 추론능력의 차이
2. 케쿨레 : 영감을 바탕으로 과학적 추론
3. 스몰리 : 우연히 떠올린 영감으로 바로 해결책을 얻음

박한진(마포고)

케쿨레와 스몰리는 각각 벤젠의 구조와 풀러린의 구조를 밝힌 주역이다. ①하지만 두 사람이 각 분자의 구조를 밝혀 내는 과정에는 큰 차이점이 있다. 바로 자신의 과학적 추론능력의 반영 여부가 그것이다.

먼저 케쿨레는 꿈속에서 자신의 꼬리를 물고 빙글빙글 도는 뱀으로부터 벤젠의 구조를 밝혀 냈다. 그런데 이 과정에서 중요한 점이 있는데 그것은 케쿨레가 꿈속에서 얻은 영감을 바탕으로 과학적 추론을 했다는 것이다. 케쿨레에 의해 밝혀진 벤젠의 구조는 단일 결합과 이중 결합이 혼합된 정육각형의 공명 구조이다. 케쿨레는 뱀의 동그란 모습에서 정육각형을 고안하고, 뱀의 빙글빙글 도는 모습에서 단일 결합과 이중 결합이 혼합된 공명 구조라는 것을 밝혀 낸 것이다. 이처럼 케쿨레는 자신의 과학적 추론능력을 사용하여 영감을 완성시켰다.

반면에 스몰리는 자신이 우연히 떠올린 영감을 그대로 반영하여 풀러린의 구조를 밝혀 냈다. 케쿨레와는 다르게 자신의 과학적 추론능력이 반영되지 않은 것이다. 축구공의 꼭지점 개수가 풀러린을 구성하는 탄소 수와 일치하여 쉽게 답을 낼 수 있었다.

②결론적으로 말하자면, 케쿨레는 과학적 추론능력을 사용했지만 스몰리는 그렇지 않았다는 것이 두 사람의 차이이다.

예시 답안 지도

김평원 선생님

'과학적 추론능력'의 유무(有無)로 두 사람의 차이점을 언급했으며 이는 출제자가 의도한 내용과 정확히 일치하는 것입니다. 특히 ①번 문장과 같은 두괄식 문장 전개가 압권입니다. 이는 자연스럽게 후반부의 ②번 문장과 같이 다시 한 번 강조되고, 결국 답안의 처음과 끝을 출제자가 요구하는 핵심을 파고드는 이른바 '수미쌍관'식 답안이 되었습니다.

오세진 선생님

출제자가 요구하는 핵심을 간결한 문장에 잘 담아 낸 우수한 답안입니다. 심화 문제는 정해진 정답이 있는 것이 아니라 두 사람의 과학적 사고의 차이점을 분석한 다음 나름대로의 해석을 덧붙이는 방식에서 창의적인 과학적 사고력을 평가하는 문항입니다. 이 학생은 케쿨레와 스몰리의 사고를 잘 비교한 다음 차이점을 찾아내어 분석하고 있습니다. 케쿨레는 꿈속에 나타난 뱀을 통해 해결의 실마리를 찾아 추론과정을 거쳤지만, 스몰리는 축구공의 꼭지점 개수와 풀러린의 꼭지점 개수가 일치한다는 점에서 완전한 해결책을 찾았다는 점을 잘 언급했습니다.

평가항목	등급	총평
이해 · 분석력	A	출제자가 요구하는 핵심을 잘 파악했습니다.
논증력	A	차이점을 중심으로 간결하게 잘 기술했습니다.
창의력	A	'수미쌍관'식 답안 작성이 돋보입니다.
표현력	A	출제자가 요구하는 핵심을 간결한 문장에 잘 담아 냈습니다.

심화 문제 예시 답안 2

박한진(마포고)

벤젠의 구조를 밝혀 내는 데 있어서의 가장 큰 문제점은 수소와 결합하고 남은 24개의 탄소 결합선을 어떻게 배치하는가이다. 그런데 나는 내 꿈을 통해서 그 해결책을 깨달았다. 내 꿈에서 뱀은 몸을 둥글게 하고 빙글빙글 돌고 있었다. 나는 뱀이 몸을 둥글게 했다는 점에서 벤젠의 구조가 정육각형을 하고 있을 것이라 추론할 수 있었다. 왜냐하면 원은 도형 중에서 가장 안정한 구조인데, 탄소 6개로 만들 수 있는 도형 중에서 가장 원에 가까운 것은 정육각형이기 때문이다. 그리고 나아가 뱀이 빙글빙글 돈다는 점

■ 글 개요 분석 및 특징

1. 뱀의 둥근 모양 → 정육각형 모양
2. 뱀이 돈다는 사실 → 24개의 결합선 배치

에서 ①<u>나머지 24개의 결합선을 배치할 수 있는 방법</u>을 찾아냈다. 그것은 바로 ②<u>단일 결합과 이중 결합이 섞인 공명 구조이다.</u> 단일 결합 3개와 이중 결합 3개면 24개의 결합선이 모두 사용된다. 이뿐만 아니라 이러한 총 6개의 결합이 안정한 공명 구조를 이룬다면 벤젠의 안정한 특성도 설명할 수 있게 된다. 나는 이와 같은 추론 과정을 통해 벤젠의 구조를 밝혀 낼 수 있었다.

예시 답안 지도

김평원 선생님

이 문제의 핵심은 24개나 되는 탄소의 결합선과 6개의 수소의 결합선이 꼭 알맞게 결합되는 구조를 그려 내는 과제를 부여받은 케쿨레의 입장을 간접 체험하는 것입니다. 이 학생의 답안은 자신이 케쿨레가 되었다는 추체험 상황에 적합한 답안을 잘 작성했습니다.

①번 표현은 어떤 결합선이 24개인지 구체적으로 풀어 주어야 합니다. 따라서 탄소 6개와 수소 6개가 결합하는 상황을 언급한 다음 탄소 결합선 24개를 언급하는 것이 자연스럽습니다. ①번과 ②번 문장 표현 사이에 중요한 정보를 생략했습니다. 단일 결합과 이중 결합이 섞인 공명 구조는 결과일 뿐이고 '왜 그래야만 하는가?'에 대한 설명이 중요한 케쿨레의 사고과정이기 때문입니다.

오세진 선생님

잘 쓴 답안입니다. 뱀이 자신의 꼬리를 물고 돌아가는 꿈은 탄소 결합이 고리 형태로 구성되었다는 의미로 해석할 수도 있고 조금 덧붙이면 이중 결합선이 6개의 탄소를 돌아간다는 의미가 될 수도 있을 것입니다. 이처럼 추체험은 과학 관련 지식과 정보를 얻는 데 매우 유용한 방법입니다.

과학사와 과학자의 연구과정을 반성하고 배워 가는 일련의 과정은 실제로 완성된 교재를 읽는 것보다 더 좋은 학습방법이 될 수도 있습니다. 과학자의 사고과정을 따라가다 보면 내용의 이해가 쉬워지고 더 오래 기억할 수 있기 때문입니다.

평가항목	등급	총평
이해 · 분석력	A	추체험 상황에 적합한 답안을 잘 작성했습니다.
논증력	B	공명 구조일 수밖에 없는 까닭에 대한 설명이 부족합니다.
창의력	B⁺	케쿨레의 입장에서 기술하려는 노력이 참신했습니다.
표현력	A	무난하게 잘 기술했습니다.

| 좀더 자세히

1. 풀러린

축구공은 12개의 정오각형과 20개의 정육각형으로 되어 있다. 이 축구공의 모양은 다면체에서 면의 수와 꼭지점의 수, 그리고 변의 수 사이에 특별한 관계가 있다는 사실을 밝혀 낸 스위스의 수학자 오일러와 깊은 관계가 있다. 오일러에 의하면 오각형으로 만들어진 다면체는 어떤 모양이든 상관없이 반드시 12개의 오각형이 필요하다. 실제로 오일러의 이론을 이용해 미국의 건축학자 버크민스터 풀러가 설계한 거대한 지오데식 돔(내부에 기둥을 받치지 않고 공 모양으로 만든 돔)에는 크기와 상관없이 정확하게 12개의 오각형이 숨겨져 있었다. 그 후 13년 뒤인 1985년, 60개의 탄소 원자로 이뤄진 C60이라는 분자가 발견됐다. 헬륨가스 속에서 흑연에 레이저 광선을 쏘아 생기는 이 새로운 탄소는 탄소 원자 60개로 구성되었다는 것만 증명되었을 뿐, 구조에 대해서는 알 수가 없었다.

그러다 1991년 4월, 이 분자의 구조가 풀러의 돔과 매우 유사하다는 것이 확인되자 과학자들은 오각형을 이용해 멋진 건축물을 고안했던 건축가의 이름을 따서 '버크민스터 풀러린(Buckminster Fullerene)'이라는 명칭을 붙였다. 풀러린은 대단히 높은 온도와 압력에도 견뎌 낼 수 있을 만큼 강한 결합을 하고 있고 반응성이 적으며 안정적이다. 풀러린의 발견은 나노기술 분야에 불을 지폈다. 탄소 원자가 육각형으로 연결된 평면을 원통 모양으로 만든 것이 바로 나노튜브이고, 많은 수의 풀러린을 서로 연결하면 고분자도 만들 수가 있다. 이렇게 만든 나노튜브와 입자들을 이용해서 새로운 고성능 반도체, 초전도체, 마이크로 로봇 등을 만들려는 노력이 바로 나노기술이다. 또한 풀러린은 아주 작은 물질을 가두어 둘 수도 있다. 이러한 성질을 이용하여 초기에는 풀러린을 의약 성분의 저장 및 체내 운반체 등으로 이용하려는 연구가 활발했고, 최근에는 구조 자체가 아주 미세하므로 조그만 양으로도 매우 예민한 반응을 할 수 있다는 성질을 이용하려는 연구가

많다.

축구공의 구조로부터 첨단 나노기술의 급진전을 발견해 낸 것이다.

● 자료 출처 : 전자신문, 2004년 6월 21일자

2. 21세기 꿈의 신소재, 탄소나노튜브!?

탄소는 지구 상에서 흑연 및 다이아몬드의 두 가지 결정 형태로 존재하여 오랜 세월 동안 인류와 친숙하게 지내 온 물질이다. 그리고 또 한편으로 탄소는 산소, 수소, 질소 등과 결합하여 우리 몸을 비롯한 모든 생물체의 가장 중요한 구성 요소가 된다. 1985년 축구공 모양을 가진 탄소 분자 C60(탄소 원자 60개가 모인 것 : fullerene)이 처음 발견된 이래 전 세계의 많은 연구소에서는 새로운 구조의 탄소를 합성하기 위한 연구가 진행되었다. 일본전기회사(NEC) 부설연구소의 이지마 박사는 이러한 연구에 골몰하던 중 1991년에 우연히 가늘고 긴 대롱 모양의 탄소 구조가 형성된 것을 전자현미경을 통해 확인했고 이 사실을 세계적인 과학학술지인 『네이처』에 보고했는데, 이것이 탄소나노튜브의 시작이었고 그 뒤에 많은 실험적, 이론적 연구가 계속되고 있다.

탄소나노튜브에서 하나의 탄소원자는 3개의 다른 탄소원자와 결합되어 있고 육각형 벌집무늬를 이룬다. 만약 평평한 종이 위에 이러한 벌집무늬를 그린 후 종이를 둥글게 말면 탄소나노튜브 구조가 된다. 즉 탄소나노튜브 하나는 속이 빈 튜브 혹은 실린더와 같은 모양을 갖고 있다. 이것을 탄소나노튜브라고 부르는 이유는 그 튜브의 직경이 보통 1 나노미터(10억 분의 1미터) 정도로 극히 작기 때문이다. 종이에 벌집무늬를 그리고 둥글게 말면 탄소나노튜브가 되는데 이때 종이를 어느 각도로 말 것인가에 따라서 탄소나노튜브는 금속과 같은 전기적 도체(Armchair 구조)가 되기도 하고 반도체(Zigzag 구조)가 되기도 한다. 또한 벽을 이루는 결합 수에 따라서 단일벽 탄소나노튜브(Single-walled Carbon Nanotube), 이중벽 탄소나노튜브(Double-walled

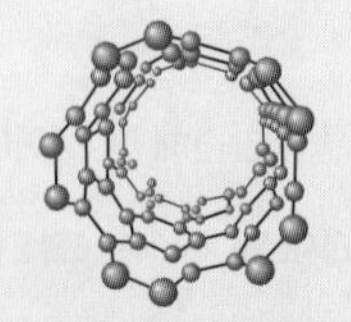

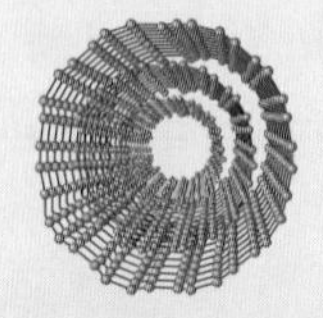

단일벽 탄소나노튜브   이중벽 탄소나노튜브   다중벽 탄소나노튜브

안락 의자 구조

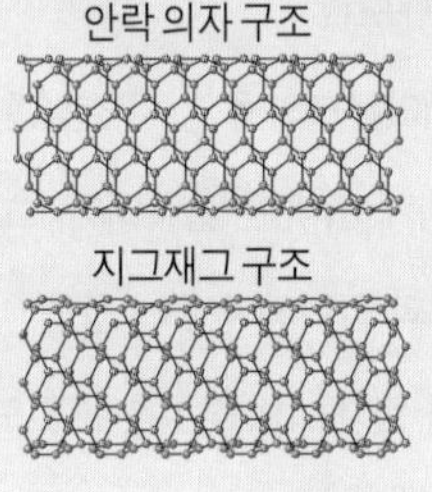

지그재그 구조

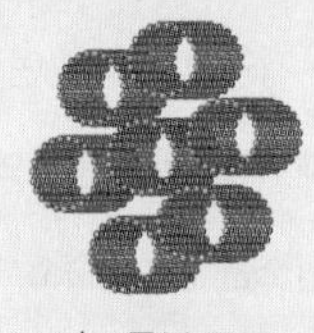

나노튜브 로프

탄소나노튜브의 종류와 구조

Carbon Nanotube), 다중벽 탄소나노튜브(Multi-walled Carbon Nanotube), 다발형 탄소나노튜브(Bundle of Carbon Nanotube) 로 구분하기도 한다.

한편 탄소나노튜브 1개가 반도체가 될 수 있다는 사실은 이미 알려져 있었지만 이것이 반도체 소자로 쓰이기 위해서는 현재 가장 널리 쓰이는 실리콘에서와 같이 반드시 불순물 도핑(doping)이란 과정을 거쳐야 한다. 순수한 반도체는 전기를 거의 통하지 못하는데 B(boron), P(phosphorus) 같은 소량의 불순물을 일부러 첨가하여 p-형, 혹은 n-형의 반도체를 만들어야 하며 이런 과정을 도핑이라고 한다. 그런데 탄소나노튜브는 도핑하기가 극히 어려워서 반도체로서의 응용이 힘든 것으로 생각되어 왔으나 탄소나노튜브는 혼자 있을 때에는 전기를 잘 통하는 도체지만 튜브를 여러 다발로 포개 놓으면 도핑된 반도체와 같은 특성을 가진다는 사실이 밝혀졌다.

● 자료 출처 : 고려대학교 공과대학 전자공학과 나노튜브 및 나노소자 연구실

3. 과학의 역사에 숨겨진 뒷이야기

어떤 문제에 대해서 아무리 열심히 생각해 보아도 그 해결책을 찾지 못할 때가 있다. 그러나 뜻밖에 그 문제를 꿈속에서 해결하는 경우가 있다. 일상의 경우와 마찬가지로 과학사에서도 그야말로 꿈만 같은 이야기들이 있다. 다음은 꿈속에서 화학의 해답을 찾은 경우이다.

1854년 어느 날 밤에 케쿨레는 버스를 타고 2층 자리에 앉아 있었다. 버스에 타고 있는 동안 깜빡 잠에 빠졌는데 거기서 이상한 꿈을 꾸었다. 그의 눈앞에 원자가 여기저기 깡충깡충 뛰어다니고 있었다. 지금까지 그렇게 작은 모양의 존재가 그의 앞에 나타났을 때는 항상 눈이 어지럽도록 움직이며 돌아다녔다. 그래서 그는 그 운동의 본질을 인식할 수 없었다. 그런데 이번 꿈에서는 2개의 원자가 결합하여 짝을 만들고 있는 것과 큰 원자가 2개의 작은 원자를 끌어안고 있는 것과 더 큰 원자가 3개 또는 4개의 원자를 꼭 붙잡고 있는 것이 보였다. 전체가 눈이 아찔하게 빙빙 춤추면서 돌고 있는 사이에 큰 원자가 차례차례 이어져서 사슬을 만들고 이 사슬의 끝 쪽에서 작은 원자를 붙들고 있는 것을 보았다.

꿈에서 깬 그는, 꿈속에서 본 작은 원자는 결합선을 1개밖에 갖고 있지 않고 큰 원자는 선을 2개, 더 큰 원자는 선을 3개나 4개를 갖고 있다는 것을 기억해냈다. 2개의 작은 원자가 연결되어 짝을 만든다는 것은, 이를테면 수소 원자 H 1개와 염소 원자 Cl 1개가, 그의 '꿈의 쌍'으로서의 염화수소 분자, 즉 H-Cl을 만드는 것이다. 이 분자에서는 2개의 원자가 각각 1개의 결합선을 가지고 있어서 이것이 연결되어 1개의 선을 만든다. 마찬가지로 큰 원자가 2개의 작은 원자를 끌어안은 것은 예를 들면 1개의 산소 원자 O가 2개의 수소 원자 H를 끌어안아 물의 분자, 즉 H-O-H를 만드는 것이다. 또 더 큰 원자가 3개나 4개의 작은 원자를 붙잡는다는 것은, 이를테면 각각 다음에 보는 바와 같이 암모니아 분자가 메탄 분자가 되는 경우이다.

그러나 케쿨레가 풀지 않으면 안 될 문제가 있었다. 벤젠이라는 화합물이 문제였다. 이 물질의 분자는 탄소 원자를 6개 포함하고 있다. 따라서 탄소의 결합선이 24개 있고 그 외 수소 원자가 6개이므로 수소의 결합선이 6개 있다. 그러므로 문제는 24개나 되는 탄소의 결합선과 6개의 수소의 결합선이 꼭 알맞게 결합되는 구조를 그려 내는 일이었다. 이 문제를 해결하려고 곰곰이 생각하다가 잠이 들었는데 또다시 꿈속에서 좋은 아이디어가 떠올랐다.

그의 꿈에서 원자가 또 여기저기 깡충깡충 뛰어다니고 있었다. 이번에는 작은 원자가 얌전하게 뒤쪽에 기다리고 있었다. 그의 마음속의 눈은 이러한 종류의 광경을 되풀이해서 보았기 때문에 이번에는 여러 가지 모양을 한 커다란 구조를 찾아낼 수 있었다. 많은 긴 열이 서로 꼭 달라붙으면서 비틀어지거나 휘감기면서 뱀처럼 운동을 하고 있었다. 한 마리의 뱀이 자기 꼬리를 물고 고리가 되어서 그의 앞에서 장단 맞추듯 빙빙 돌았다. 이 장면에서 그는 잠이 번쩍 깨고 말았다. 꿈속에서 그는, 원자가 긴 줄을 지어서 벤젠의 분자가 되는 것을 보았다. 그 모습이 다음의 그림에 나타나 있다. 각 탄소 원자에 4개의 결합선을 배분하려면 그림에서처럼 탄소 원자 사이에 3개의 이중 결합을 끼워 넣으면 된다. 그러나 줄 가운데 최초의 탄소 원자의 결합선 1개와 최후의 탄소 원자의 결합선 1개는 서로 짝이 없는 상태로 있다.

이와 같은 원자의 열이 그의 꿈속에서 '연기의 뱀'이 되어 꾸불거리면서 휘감고 있었다. 꿈속에서 본 한 마리의 뱀이 자기 꼬리를 입에 무는 것을 보는 힌트를 얻게 되었다. 최초의 탄소 원자의 연결되지 않은 채로 있는 결합선을 최후 탄소 원자의 결합선에 연결했다. 이리하여 그는 '사슬을 닫아서' 6개의 탄소 원자가 전부 손을 잡은 고리를 얻을 수 있었다. 사람의 한 가족 중에는 비슷하거나 같은 특징을 가지는 식구들이 있다. 이처럼 공통된 특징을 갖는 물질이 있다. 케쿨레는 벤젠족의 각 멤버가 거의 모든 화학반응에 있어서 탄소 원자를 적어도 6개 포함

하는 분자로부터 이루어지는 생성물을 만드는 것을 알았다. 그리하여 그는 이 족의 모든 멤버는 6개의 탄소 원자가 둥그렇고 고리로 연결된 집단을 포함하고 있음이 틀림없다고 생각했다.

그런 생각에서 케쿨레는 벤젠의 화학식을 다음과 같이 적기로 했다.

이 6각형을 벤젠고리 또는 벤젠족이라 부른다. 이 형은 6개의 탄소 원자의 결합이 매우 세므로 어지간히 센 화학반응이 아닌 한 어떤 반응을 받아도 떨어지지 않고 보존되는 것을 나타내고 있다. 벤젠고리를 다음과 같이 간단히 나타낼 수 있다.

벤젠고리를 이런 모양으로 적은 케쿨레의 대담한 착상은 세월이 많이 흐른 후에 실제로 실증되었다. 즉 X선 검사, 그 밖의 근대적인 검사법이 발달한 덕택으로 벤젠 분자 속에서 6개의 탄소 원자가 6각형으로 배열되어 있는 것이 의심할 여지 없이 실증되었다.

케쿨레의 이론이 직접 가져온 성과는 이것에 의해서 화학자들이 그때까지 설명할 수 없었던 많은 일들을 합리적으로 설명할 수 있게 되었다는 것이다. 그의 많은 성과 중의 가장 중요한 것은, 벤젠의 존재를 가정한 덕택으로 화학자들이 벤젠과 관계가 깊은 다른 물질을 만들거나 합성할 수 있게 되었다는 점이다.

케쿨레의 예측은 다른 어느 과학자의 예측을 능가하는 것이었다. 그의 연구는 관념의 힘이 실례로서 탁월한 지위를 차지했다. 소수의 화학기호를 종이 위에 적어서 선으로 연결하기만 한 하나의 식이 꼬박 한 세대 동안 유기 화학자에게 연구와 영감을 제공했고, 역사상 가장 극도로 복잡한 산업에 좌표를 제공했다. 그러나 이것으로 모든 것이 끝난 것이 아니라 그의 그은 선 위에 이제부터 해야 할 연구가 많이 남아 있다. 그것이 과학이 더욱 발전할 수 있는 길이다.

● 자료 출처 : 오석봉, 『에피소드 과학사』

04

『아우라 과학논술』은
과학논술을 넘어 통합교과논술까지 포함하는 미래 지향적인 논술지도 프로그램이다.

넷째 마당 : 에세이형 과학논술

과학과 사회

2008학년도 이후에 실시되는 통합교과논술에서는 인문계와 자연계 모두 에세이 형식의 과학논술 문제가 출제될 가능성이 매우 높아졌다. 이미 서울대학교에서도 존 캐리의 『지식의 원전』을 상당 부분 제시문으로 발췌하여 인문과학을 공부하는 학생에게도 자연과학의 지식이 필요한 이유를 논술하라는 '에세이형 과학논술' 문제를 선보인 바 있다.

이 문제는 존 캐리의 『지식의 원전』에 해당하는 제시문을 『이인식의 과학생각』에서 발췌했으며, 문제 역시 서울대학교 예시 문항의 틀에 맞추어 출제했다. 이러한 문제는 생물학적인 과학지식이 큰 도움을 주지 못하기 때문에 결국은 제시문을 독해하는 능력과 배경지식, 문장력에서 답안의 수준이 판가름날 것이다. 에세이형 과학논술은 제시문을 자신이 이해한 언어로 풀어 내야 하며 고교생 수준에 맞지 않은 배경지식을 억지로 끌어다가 치장하면 오히려 '학원식 붕어빵 논술'로 평가받을 수 있음을 명심해야 한다.

 ## | 논술 기본 문제

■ 제시문 자료 출처

• 이인식, 『이인식의 과학생각』 중 「'창발성'의 참뜻 아십니까」

흰개미는 역할에 따라 여왕개미, 수개미, 병정개미, 일개미로 발육해 수만 마리씩 큰 집단을 이루고 살면서 질서 있는 사회를 형성한다. 흰개미는 흙이나 나무를 침으로 뭉쳐서 집을 짓는다. 아프리카 초원에 사는 버섯흰개미는 높이가 4m나 되는 탑 모양의 둥지를 만들 정도이다. 이 집에는 온도를 조절하는 정교한 냉난방 장치가 있으며, 애벌레에게 먹일 버섯을 기르는 방까지 갖추고 있다.

개개의 개미는 집을 지을 만한 지능이 없다. 그럼에도 불구하고 흰개미의 집합체는 역할이 서로 다른 개미들의 상호작용을 통해 거대한 탑을 만들어 내는 것이다. 이처럼 하위 계층(구성 요소)에는 없는 특성이나 행동이 상위 계층(전체 구조)에서 자발적으로 돌연히 출현하는 현상을 창발성이라고 한다. 창발성을 영어로는 '불시에 솟아나는 특성(emergent property)' 또는 '이머전스(emergence)'라고 한다.

창발성은 국내 학계에서 오래전부터 사용된 용어이다. 가령 마음을 연구하는 인지과학의 경우 12명의 학자가 펴낸 『인지과학』(1989)에 신경세포의 집합체인 뇌에서 마음이 출현하는 현상을 창발성으로 설명하는 글이 실려 있다. 또한 여러 교수가 함께 집필한 『현대 생태학』(1993)에는 창발성 원리가 생태학의 기본 개념으로 소개되어 있다. 예컨대 숲을 이해하려면 나무 하나 하나에 대한 지식뿐만 아니라 완전한 기능을 갖춘 삼림의 특성을 알지 않으면 안 된다는 것이다.

이머전스는 복잡성 과학의 기본 주제이기 때문에 21세기 과학의 대표적인 키워드가 되고 있다. 복잡성 과학의 연구 대상은 사람의 뇌나 생태계 같은 자연현상, 주식 시장이나 세계 경제 같은 사회현상이다. 이들은 단순한 구성 요소가 수많은 방식으로 상호작용하고 있다는 의미에서 복잡계라고 불린다. 사람의 뇌는 수백억 개의 신경세포가 거미줄처럼 연결돼 있으며 증권 시장은 수많은 투자자들로 들끓고 있다.

복잡계의 행동은 언뜻 보아서는 무질서해 보인다. 그러나 복잡계는 혼돈 대신에 질서를 형성해 낸다. 혼돈과 질서의 균형을 잡는 능력을 갖고 있기 때문이다. 다시 말해서 복잡계는 단순한 구성 요소가 상호간에 끊임없는 적응과 경쟁을 통해 질서와 혼돈이 균형을 이루는 경계면에서, 완전히 고정된 상태나 완전히 무질서한 상태에 빠지지 않고 항상 보다 높은 수준의 새로운 질서를 형성해 낸다. 예컨대 단백질 분자는 생명체를, 기업이나 소비자는 국가 경제를 형성한다.

단백질 분자는 살아 있지 않지만 그들의 집합체인 생물은 살아 있다. 요컨대 생명이란 하위 계층인 단백질에는 없지만 상위 계층인 생물체에서 창발하는 현상이다.

복잡성 과학이 주목받는 까닭은 거의 모든 자연세계와 사회현상이 복잡계로 간주될 수 있기 때문이다. 따라서 사람의 뇌나 생태계에서 창발성이 나타나는 원리를 밝혀 내려는 복잡성 과학에 거는 기대가 상상외로 클 수밖에 없는 것이다. 게다가 복잡성 과학은 현대과학의 접근방법에 일대 전환을 요구하고 있다.

지난 3세기 동안 서양 과학은 환원주의에 의존했다. 사물을 간단한 구성 요

k e y w o r d

■ **환원주의** : 다양한 현상을 기본적인 하나
 의 원리나 요인으로 설명하려는 경향

소로 나누어 이해하면, 그것들을 종합해 전체를 이해할 수 있다고 생각했다. 그러나 복잡성 과학의 이머전스 개념은 전체가 그 부분들을 합쳐 놓은 것보다 항상 크다는 것을 의미한다. 따라서 복잡계는 환원주의의 분석적인 틀로는 이해가 불가능하다. 사물을 구성 요소의 합계가 아니라 하나의 통합된 전체로 이해해야 한다는 전일주의(全一主義)가 부상하게 된 것이다.

> **문제** │ 제시문은 환원주의와 전일주의의 차이점을 개미의 떼 지능과 같은 적절한 사례를 들어 설명한 글이다. 이러한 논의가 현대 사회에서 의미하는 바는 무엇인지 적절한 사례를 들어 자신의 생각을 논술하시오.(1,500자 내외)

문제 해설

1. 출제 의도

　논술고사의 대명사 프랑스의 '바칼로레아' 유형에 근접한 '에세이형 과학논술'은 과학 교과의 지식을 전면에 드러내지 않기 때문에 대규모 수험생의 답안을 채점하는 데는 큰 어려움이 있지만 타당도는 매우 높은 시험이다. 단기간에 출제와 채점을 끝내야 하는 대학 입장에서는 상당히 부담스러운 유형이지만 새로운 논술 유형을 개발하고 있는 상위권 대학의 논술시험은 점차 이러한 에세이형 논술로 바뀌어 갈 것으로 보인다. '에세이형 과학논술'에서 다룰 수 있는 주제는 과학이론 또는 과학논리에 대한 철학적 접근, 과학과 기술의 사회적 측면, 과학자의 사회적 책임, 과학자의 연구윤리, 과학기술과 미래 등 그 폭이 매우 넓기 때문에 과학 교과의 지식을 암기하거나 공식을 하나 더 외운다고 해서 높은 점수를 얻는 것은 아니다. 에세이 형식으로 풀어 내는 논술 답안은 수험생의 창의력과 과학적 사고의 깊이를 요구하기 때문이다.

　이 문제의 제시문은 유추적 글쓰기 전략을 사용하고 있다. 동물의 집단현상으로부터 인간의 사회현상을 설명할 때에는 논거로서의 타당성이 있는지 면밀하게 검토해 봐야 한다. 이미 첫째 마당에서 언급한 바와 같이 유추는 궁극적으로 두 개의 상이한 대상이나 사물이 몇 가지 성질들을 공유할 때, 한쪽에서 볼 수 있는 성질을 다른 쪽도 역시 갖고 있으리라고 추리하는 방식이기 때문에 유추에 의한 결론은 개연성만 가질 뿐 확실성을 보장할 수는 없기 때문이다. 제시문을 분석할 때에는 이러한 점에 유의해서 동물의 창발현상을 인간 사회의 집단 행동에 잘 연결지어 생각해야 한다.

2. 제시문 분석

제시문은 복잡성 과학의 기본 주제인 '창발성'의 개념을 설명하고 그 사례를 보여 주면서 그동안 서양 과학을 지배했던 환원주의에서 전일주의로의 패러다임 전환을 다루고 있다. 이 글의 핵심은 '하위 계층에는 없는 특성이나 행동이 상위 계층에서 자발적으로 돌연히 출현하는 현상'인 '창발성'이다. 필자는 복잡성 과학의 발달을 창발성과 관련지어 사람의 뇌나 생태계 같은 자연현상, 주식 시장이나 세계 경제 같은 사회현상을 예로 들고 있다. 더 나아가 이러한 복잡성 과학이 그간 서양 과학을 지배했던 환원주의의 변화를 유도해 전일주의가 부상하게 된 과정을 설명하고 있다. 제시문에서 언급한 핵심내용을 정리하면 다음과 같다.

■ **실마리 찾기**
● 동물의 창발성과 인간의 창발성 비교

용어	개념
환원주의	사물을 간단한 구성 요소로 나누어 이해하면, 그것들을 종합해 전체를 이해할 수 있다.
전일주의	사물을 구성 요소들의 합계가 아니라 하나의 통합된 전체로 이해해야 한다.

3. 문제 해설

이 문제는 핵심 개념을 이해하고 이해한 내용을 바탕으로 일상생활에 적용할 수 있는지를 평가하는 유형이다. 즉, 주어진 제시문 내용을 바탕으로 핵심 개념들을 이해하는 능력과 사회현상에 적용하여 재해석할 수 있는 능력을 동시에 측정하는 것이다. 이러한 문제는 내용 이해가 그리 어렵지 않을 수 있으나 이를 적용하여 새로운 예를 찾기 위해서는 평소 다양한 사회현상에 대한 관찰과 사색이 누적되어야 가능하다.

환원주의의 대표적 예로 서양 의학을 들 수 있다. 의사들이 질병을 치료하는 방

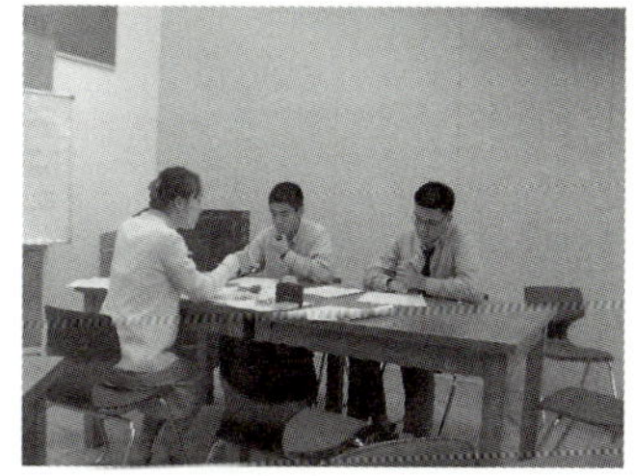

과학논술 프로그램에 참여하고 있는 교사와 학생의 진지한 모습

■ 이것이 중요

● 환원주의의 특징
● 전일주의의 특징
● 인간 사회의 특성

식이 그러하다. 의사들은 환자의 몸을 하나의 기계로 간주하고 마치 시계의 고장 난 부분을 수리하듯 환자의 몸을 고친다. 암이라 하더라도 다양한 진료 과목이 세분화되고 각각의 전공 영역이 새로이 생기는 모습이 그러하다. 하지만 이러한 기계적 해석이 항상 옳은 것만은 아니다. 심장과 그것을 구성하고 있는 근육세포의 경우, 근육세포는 심장의 일부분이지만 근육세포 자체로 독립된 기능을 갖는다. 이런 독립된 기능을 갖는 세포들이 모여 형성된 심장은 그 각각의 세포들이 살아서 자신의 기능을 발휘하는 것이지만, 우리가 근육세포에 대해 제아무리 많이 연구한다고 해도 그것만으로 우리 몸에서 심장이 하는 일을 제대로 이해하기는 어렵다.

이렇게 환원주의는 부분은 부분으로서 중요하고, 또 부분들의 합인 전체는 전체로서 중요하다는 사실을 간과하는 경향이 있다. 이런 환원주의적 사고방식에 대응해서 전체의 중요성을 강조하면서 새롭게 등장한 과학적 사고방식을 '전일주의 (holism)'라고 부른다. '전체는 부분의 합보다 크다'는 주제로 대변될 수 있는 전일주의는 모든 사회현상을 하나의 유기적 생명체로 분석한다. 각각의 현상들은 개별적으로 존재하는 것이라기보다는, 각 현상들 사이의 유기적 연결고리를 찾을 수 있기에 그 존재 이유를 갖게 되는 것이다.

개미의 '떼 지능'과 관련된 논의를 사회현상과 관련된 논의로 확장시키는 과정에서 생태학적 오류(ecological fallacy)와 개별주의적 오류(individual fallacy)에 대한 개념이 명확히 서 있는 학생은 보다 고차원적인 답안 작성이 가능할 것이다. '생태학적 오류'와 '개별주의적 오류' 같은 명확한 용어를 구사하지 못해도 상관없다. 제시문을 심층적으로 분석하여 '부분과 전체'의 논리를 간파한 학생의 답안은 이미 그러한 용어의 명확한 개념이 문장에 녹아 있기 때문이다. 학생들은 이와 유사한 사례를 제시하면서 환원주의와 전일주의에 대한 자신의 사고과정을 답안에 드러내야 한다.

용 어	개 념	사 례
생태학적 오류	전체 단위의 자료를 바탕으로 개인의 특성을 추리할 때 나타난다.	도시가 농촌보다 부유하고, 지방학생에 비해 도시 학생의 청소년 범죄가 높기 때문에 집안이 부유한 학생의 청소년 범죄가 많다.
개별주의적 오류	개인의 특성으로 집단이나 사회의 성격을 규명하고자 할 때 나타난다.	민주적 가치에 동의하는 사람이 많을수록 그 체제는 민주적이라고 말할 수 있다.

학생 답안과 첨삭 지도의 실제(1)

최초 답안

석윤성(마포고)

금세기에 들어서 사회현상에 대해 보는 관점이 두 가지가 있다. 하나는 사물을 나누어 이해한 후 전체를 이해하는 '환원주의'이고, 또 다른 하나는 통일된 전체로 이해해야 하는 '전일주의'이다. 과연 어떤 이론이 옳다고 할 수 있을까?

어느 한 축구팀이 있다. 그팀은 세계에서 내로라하는 선수가 다 모인 팀으로서 선수 계약할 때 오가는 돈이 억대가 넘는다. 그러나 팀 성적은 떨어지고 있는 중이고, 팀 내의 협동력과 조직력도 날이 갈수록 떨어지고 있다고 생각해 보자. 반면에 또 다른 팀은 선수 개개인을 보았을 때는 그다지 유명한 선수가 아니지만, 꾸준히 좋은 성적을 내고 있고 조직력 또한 좋다고 생각해 보자. 여기에서 선수 개개인을 본 것은 사물을 나누어서 본 것이라고 할 수 있다. 선수들만 가지고 그팀에 대해 이해할 수 있을까? 선수들만 가지고 팀을 이해할 수 있다면, 왜 그 유능한 선수들이 있지만 조직력이 엉망이고, 별 볼일 없는 선수들이 있어도 그렇게 좋은 조직력을 갖출 수 있을까? 우리는 선수 개개인만 봐서는 그팀의 능력을 볼 수 없다. 그팀의 조직력이 얼마나 갖추어졌는가로 경기능력을 판단할 수 있을 것이다.

마찬가지로 사회도 전체적으로 이해를 할 때, 그때야 비로소 진정한 사회라고 명명할 수 있다. 왜냐하면 사회는 문화, 경제, 정치 등을 한데 묶어서 사회라고 한다. 그 나라의 경제만 보고 그 사회가 우수하다고 볼 수 없고, 문화만으로도, 정치만으로도 판단할 수 없다. 우리가 그 사회를 보고 우수하다고 하는 것은 통일된 전체를 봐서 판단하는 것이다. 그리고 사회는 무생물이지만 살아 있다. 생명체같이 숨쉬지는 않지만 살아 숨쉬는 것같이 역동성이 느껴지는 이유가 무엇일까? 과연 이런 의문을 개인의 구성을 이해하는 '환원주의'로 설명할 수 있을까? 사회는 사람과 사람이 보여서 경제, 정치, 문화를 이룩한다. 서로 상호작용을 통해 톱니바퀴처럼 맞물려서 질서 있게 어느 특정

글 개요 및 특징

1. 사회현상을 바라보는 두 관점(환원주의와 전일주의)
2. 환원주의와 전일주의 사례
3. 전일주의적 관점에서 사회를 바라보아야 함

한 미래를 향해 나아간다. '마치 단백질이 생물은 아니지만 그 집합체는 생물'인 것처럼 사회는 무생물이지만 숨을 쉬는 사람 하나하나가 모여서 하나의 거미줄처럼 연결되어 있는 것이다. 그러기에 사회를 나누어서 보는 것은 산 전체를 보지 못하고 나무만 보는 것과 같다. 산을 보려면 산 전체를 보는 것이 중요하듯이 사회도 전체적으로 보는 것이 중요하다. 왜냐하면 좁게 봐서는 이 사회를 이해하기 어렵기 때문이다.

첨삭 지도

이지선 선생님

평가항목	등급	총평
이해·분석력	A	출제자의 의도를 정확히 파악했습니다.
논증력	B	구체적 논거를 잘 활용했습니다.
창의력	B	새로운 사례들을 제시하고 있습니다.
표현력	B	좀더 구체적이고 논리적인 문장 표현력이 요구됩니다.

장점

이 학생은 논제의 핵심과 의도(환원주의와 전일주의의 차이점을 사례를 들어 설명하고 현대 사회에서 의미하는 바에 대해 자신의 견해를 논술하라)를 제대로 파악하여 글을 썼습니다. 서론에서 글 전체의 방향이 뚜렷하게 제시되어 있습니다. 쉽고 적절한 사례를 들어 환원주의와 전일주의의 차이점을 잘 드러냈습니다.

단점

본론과 결론의 문단 구성이 적절하지 않습니다. 결론 부분이 어디부터 어디까지인지 명확하지 않고 글의 마무리가 제대로 되지 않았습니다. 축구팀의 사례에 대해 지나치게 장황하게 서술하고 있어서 지루한 느낌을 주고 글의 논리적 흐름이 지연되고 있습니다. 논술은 자신의 주장을 논리적이고 객관적으로 서술해야 하는 글이므로 '우리'와 같은 1인칭의 주어로 시작하는 문장은 논술문에 적합하지 않습니다. '사회는 무생물이지만 살아 있다…… 왜냐하면 좁게 봐서는 이 사회를 이해하기 어렵기 때문이다'와 같은 모호하고 다소 부자연스러운 표현이 자주 쓰이고 있어서 글의 논리성을 떨어뜨립니다.

구성의 특징

서론에서 환원주의와 전일주의를 비교하며 논제의 핵심을 짚고 있어서 글의 시작이 차분하고 무난합니다. 본론에서는 두 축구팀을 비교하며 사례를 들어 환원주의와 전일주의를 설득력 있게 대조하고 있습니다. 축구팀과 사회의 경우를 유추하여 사회를 전체적으로 이해하는 것이 필요하다는 논지를 펼쳐서 이해가 쉽습니다.

표현

'사물'은 '현상, 전체'로 바꾸어야 문맥에 적절한 표현이 됩니다. 조사와 관형사의 띄어쓰기를 유의해야 합니다. '그팀'과 같은 표현에서 '그'는 관형어이므로 뒤의 명사와 띄어서 써야 합니다. '왜냐하면 사회는…… 사회라고 한다 / 우리가 그 사회를 보고…… 판단하는 것이다 / 사회는 무생물이지만 살아 있다 / 왜냐하면 좁게 봐서는…… 때문이다'와 같은 모호하면서도 단정적인 표현은 글의 신뢰성과 설득력을 떨어뜨립니다. 논술문에서 주장이나 단정하는 표현을 쓸 때에는 1)논리적인지 2)타당한지 3)신뢰성이 있는지 충분히 고려한 후에 쓰는 태도가 요구됩니다.

제언

논제의 의도나 논제에서 요구하는 것을 파악하는 능력은 우수합니다. 통일된 주제를 일정한 길이의 문단으로 구성하는 능력이 부족하므로 문단 구성능력을 키워야 합니다. 논지가 선명하게 드러나도록 좀더 구체적이고 논리적으로 문장을 표현하는 습관을 들일 필요가 있습니다. 논거로 삼는 적절한 사례를 적당한 길이로, 논술문에 어울리는 객관적인 문장으로 제시하는 훈련이 필요합니다.

수정 답안 | 석윤성

금세기에 들어서 사회현상에 대해 보는 관점이 두 가지가 있다. 하나는 현상을 나누어 이해한 후 전체를 이해하는 '환원주의'이고, 또 다른 하나는 통일된 전체로 이해해야 하는 '전일주의'이다. 과연 어떤 이론이 옳다고 할 수 있을까?

　어느 한 축구팀이 있다. 그 팀은 세계에서 내로라하는 선수가 다 모인 팀으로서 선수 계약할 때 오가는 돈이 억대가 넘는다. 그런데 팀 내의 협동력과 조직력이 날이 갈수록 떨어지고, 팀 성직 또한 떨어지고 있다고 생각해 보자. 반면에 다른 팀은 선수 개개인을 보았을 때는 그다지 유명한 선수가 아니지

■ **글 개요 분석 및 특징**

· 서론 : 사회현상을 바라보는 두 관점
· 본론 : 사회를 전일주의 관점으로 봐야 하는 타당성
· 결론 : 전일주의 관점의 필요성

■ 적절한 사례를 통해 두 관점의 차이를 밝히고 있으며, 사회현상에도 적절하게 적용했습니다.

만, 꾸준히 좋은 성적을 내고 있고 조직력 또한 좋다고 생각해 보자. 여기에서 선수 개개인을 본 것은 현상을 나누어서 본 것이라고 할 수 있다. 선수들만 가지고 그 팀에 대해 이해할 수 있을까? 선수들만 가지고 팀을 이해할 수 있다면, 왜 그 유능한 선수들이 있지만 조직력이 엉망이고, 별 볼일 없는 선수들이 있어도 그렇게 좋은 조직력을 갖출 수 있을까? 우리는 선수 개개인만 봐서는 그 팀의 능력을 볼 수 없다. 그 팀의 조직력이 얼마나 갖추어졌는가로 경기능력을 판단할 수 있을 것이다.

마찬가지로 이 사회는 여러 요소로써 정치, 경제, 사회, 문화로 구성되어 있다. 이러한 요소들을 나누어서 보는 것이 '환원주의'이고, 전체를 보는 것이 '전일주의'이다. 현대 사회는 인구가 많고, 개성들도 강하고 그리고 사회가 복잡하기 때문에 환원주의적인 관점은 무리가 있다. 그러기에 현대 사회는 '환원주의' 관점보다는 '전일주의' 관점을 가질 필요가 있다. 왜냐하면 사회는 정치, 경제, 사회, 문화 등의 다양한 분야로 이루어져 있다. 그 나라의 경제만 보고 그 사회가 우수하다고 볼 수 없고, 문화만으로도, 정치만으로도 판단할 수 없다. 왜냐하면 이런 것들은 사회를 구성하는 요소이지, 결과물이 아니다. 그 사회의 완성도는 얼마만큼 통일된 국가를 이룩하는가가 바로 사회의 판단 여부가 된다.

이 사회는 생명체같이 숨을 쉬는 것같이 느껴진다. 그 이유가 무엇일까? 그것은 통일된 국가를 이룩하는 주체가 사람이기 때문이다. 사람과 사람, 즉 개인이 모여서 하나의 거대한 사회를 이룩한다. 사람과 사람이 모여서 경제, 정치, 문화를 이룩한다. 서로 따로 노는 것이 아니라 상호작용을 통해 톱니바퀴처럼 맞물려서 질서 있게 어느 특정한 미래를 향해 나아간다. 사회 자체는 생명이 없는 듯하지만 그 속에 구성원들이 함께 숨쉬기 때문에 생물처럼 역동성이 있는 것이다.

결론적으로, 사회 전체를 보지 않으면 사회에 역동성이 없어진다. 역동성이 없다는 것은 더 이상 살아 있는 사회라고 보기 어렵고, 발전이 없다. 사회가 발전하기 위해서는 살아 움직이는 듯한 역동성이 필요하다. 전체를 보는 것, 즉 '전일주의' 관점만이 이 사회의 맥을 이어나가는 것일 것이고, 이 사회에 발전이 있다.

수정 답안 지도

이지선 선생님

총평

최초 답안에 비해 논증과정과 구성이 체계를 갖추며 좋아졌습니다. 수정 답안의 전반적인 수준은 A 정도입니다.

세부사항

금세기에 들어서 사회현상에 대해 보는 관점이 두 가지가 있다. 하나는 현상을 나누어 이해한 후 전체를 이해하는 '환원주의'이고, 또 다른 하나는 통일된 전체로 이해해야 하는 '전일주의'이다. 과연 어떤 이론이 옳다고 할 수 있을까?

☞ '이론'과 '관점'은 다릅니다. 환원주의와 전일주의를 처음에 '관점'이라고 명명했으면 글 전체에서 '관점'으로 통일하여 사용해야 합니다.

이 사회는 여러 요소로써 정치, 경제, 사회, 문화로 구성되어 있다. 이러한 요소들을 나누어서 보는 것이 '환원주의'이고, 전체를 보는 것이 '전일주의'이다…… 왜냐하면 이런 것들은 사회를 구성하는 요소이지, 결과물이 아니다. 그 사회의 완성도는 얼마만큼 통일된 국가를 이룩하는가가 바로 사회의 판단 여부가 된다.

☞ '정치, 경제, 사회, 문화'를 사회를 구성하는 요소로 보고 논의를 진행하고 있습니다. '사회' 안에 다시 '사회'가 있다는 설명이 맞지 않습니다. '결과물'과 '요소'의 관계가 자의적입니다. 또한 '통일된 국가'와 '사회'의 관계도 모호합니다. 거시적이고 추상적인 예보다는 좀더 구체적인 사례가 적합합니다.

이 사회는 생명체같이 숨을 쉬는 것같이 느껴진다. 그 이유가 무엇일까? 그것은 통일된 국가를 이룩하는 주체가 사람이기 때문이다. 사람과 사람, 즉 개인이 모여서 하나의 거대한 사회를 이룩한다. 사람과 사람이 모여서 경제, 정치, 문화를 이룩한다. 서로 따로 노는 것이 아니라 상호작용을 통해 톱니바퀴처럼 맞물려서 질서 있게 어느 특정한 미래를 향해 나아간다. 사회 자체는 생명이 없는 듯하지만 그 속에 구성원들이 함께 숨쉬기 때문에 생물처럼 역동성이 있는 것이다.

☞ '이 사회는 ~느껴진다'는 학생 개인의 느낌을 표현한 것이므로 주관적인 서술입니다. 이러한 주관적 서술은 논술에 적합하지 않습니다. 위 문단과 연결하여 생각해 볼 때 '사회는 생명체와 같이 유기적으로 구성되어 있다' 정도로 수정할 수 있겠습니다.

결론적으로, 사회 전체를 보지 않으면 사회에 역동성이 없어진다. 역동성이 없다는 것은 더 이상 살아 있는 사회라고 보기 어렵고, 발전이 없다. 사회가 발전하기 위해서는 살아 움직이는 듯한 역동성이 필요하다. 전체를 보는 것, 즉 '전일주의' 관점만이 이 사회의 맥을 이어나가는 것일 것이고, 이 사회에 발전이 있다.

☞ '사회 전체를 보지 않으면 ~없어진다'와 같은 표현은 비논리적입니다. '역동성을 보기 어려운 것'과 '역동성이 없는 것'은 차원이 다른 문제입니다. 단정적인 표현을 삼가고, 단정이나 판단을 서술할 때 일반적으로 수용 가능할지 미리 고려해 보는 자세가 요구됩니다.

 | 학생 답안과 첨삭 지도의 실제(2)

최초 답안

■ 글 개요 분석 및 특징

1. 물질과 구성 요소의 관계
2. 유전자 연구와 학급 운영을 통해 본 환원주의와 전일주의
3. 전일주의 관점의 도래와 시사점

최진민(마포고)

우리는 아침일찍 일어나 학교나 회사를 가기 마련이다. 집 밖을 나서는 순간 사방에 널려 있는 아파트, 주택, 상가, 빌딩, 학교 등 수많은 건물을 보게 된다. 그러한 건물을 만들 수 있게 가능하게 해준 시멘트는 자갈과 모래와 물의 일정한 비율을 통해서 만들어진다. 그러면 이 세 가지 물질이 선천적으로 시멘트를 구성하는 특성을 내재하고 있는 것인가? 사실 각각의 세 가지 물질은 시멘트를 구성할 만한 특성은 들어 있지 않다. 단지 이 세 가지 물질에는 없는 특성이 더 높은 차원에서 논할 때, 새로운 의미의 완전한 기능을 갖춘 시멘트가 탄생되는 것이다.

만약 인간의 유전자에 대해서 연구하는 두 부류가 있다고 하자. A그룹인 환원주의적 입장에서 보는 유전자를 분해 또 분해하면서 그 분해된 물질에서 전체를 파악할 수 있다고 본다. 하지만 그러한 이론들은 미미한 결과를 가져다줄 뿐 더 이상의 내용을 줄 수가 없었다. 이에 반해 B그룹의 전일주의적 입장을 통해서 단순한 의미의 개체가 모여 상호간의 경쟁과 적응, 협력을 통해

서 무질서가 아닌 보다 높은 수준의 창조가 발생한다고 보는 입장에서는 엄청난 결과를 가져다주었다. 한 통계청의 자료 조사에 의하면 어떤 한 학교의 학급에서 반 구성원이 있었다고 한다. 그들은 전교에서 가장 운동도 잘하는 반이고 단합도 잘되며 학업 성적도 우수한 학급이라서 선생님들의 칭찬과 소문이 자자한 반이었다. 이러한 반 분위기의 원인을 분석하기 위해 A과학팀은 그들 개개인의 특성, 성격, 가족 관계 등 세세한 모든 부분을 조사했지만 그 반이 그러한 특성을 가질 수 있는 어떤 부동의 명제를 찾아내지 못한 반면에, B팀 과학자들은 그들의 개개인의 특성뿐만 아니라 그 집단 자체를 하나의 구성 요소로 보고 판단해서 그 반을 이해할 수 있게 되었다고 한다.

이처럼 세상에 존재하는 모든 현상들을 분석만 하려 든다면 산을 보지 못하고 나무를 하염없이 쳐다보는 꼴이다. 다시 말해서 규칙성이 없는 것들이라고 해서 무턱대고 그것을 분석하려고 하는 것이 아니라 상위 계층으로 자연스럽게 이행되도록 도와주는 것이 인간의 역할인 것이다. 그러므로 과거 환원주의적 관점은 점차 도태되는 이론이 되어 버리고 전일주의적 관점이 세상을 지배하고 이끌어가게 되는 시대가 왔다. 이러한 사회에서 우리가 해야 할 바는 분석에 의해 생산된 산물의 합이 전체가 되는 것이 아니듯이 하나의 통합된 전체로 사물을 바라보는 것을 연습해야 함을 우리에게 시사하는 것이다.

첨삭 지도

이지선 선생님

평가항목	등급	총평
이해 · 분석력	B+	환원주의의 내용을 비교적 잘 파악하고 언급했습니다.
논증력	C+	논리적 내용 전개가 아쉽습니다.
창의력	C	제시문의 정보에서 크게 나아가지 못했습니다.
표현력	B	논리성과 표현력이 아쉽습니다.

장점

이 학생의 글은 논제에 대해 충실하게 답변하려는 노력이 돋보입니다. 다양한 사례를 들어 논지를 강화하려고 한 흔적이 엿보입니다.

아우라 한수지도

구성이 산만한 글을 쓰는 학생들은 결론부터 미리 정해 놓고 글의 개요를 짜는 습관을 들여야 한다.

단점

문단의 구성이 산만하고 부적절하며 사례에 대해 필요 이상으로 길게 설명하여 지루한 느낌을 주고 논리의 전개를 지연시키고 있습니다. 사례를 들 때에는 자신의 견해를 충분히 뒷받침할 수 있는지, 주제와 관련이 있는지를 고려하는 것이 필요합니다. '학교의 반 분위기'와 같은 것은 개인적이고 일상적인 사례로서 논리적인 글의 사례로 쓰기에는 그다지 적절하지 않습니다. 문장이 모호하고 논리적인 비약이 많습니다.

구성의 특징

문단의 구성이 적절하지 않습니다. 통일된 이야기는 하나의 문단으로 묶어서 표현하고, 다른 화제가 등장하면 새로운 문단으로 구성하는 식의 문단 내용과 형식의 조절이 필요합니다. 서론에서 글 전체에서 무엇을 얘기하고자 하는지가 분명하게 드러나지 않습니다. 이는 사례를 장황하게 설명했기 때문입니다. 서론은 논제의 요구에 답하고, 글 전체의 방향을 제시하는 기능을 해야 합니다. 결론에서는 서론과 본론의 내용보다 지나치게 일반적이고 포괄적인 수준으로 종합 정리하고 있습니다. 결론은 서론에서 제기한 문제에 답하고, 본론의 내용을 종합하되 전망을 제시하는 정도로 쓰는 것이 좋습니다.

표현

'상위 계층으로 자연스럽게 이행되도록 도와주는 것이 인간의 역할인 것이다'와 같은 문장은 논지와 큰 관련이 없으며 모호한 표현입니다. '그러므로 과거 환원주의적…… 시대가 왔다'와 같은 문장도 같은 경우입니다. '아침 일찍', '잘 되며'와 같은 명사와 부사, 부사와 서술어 사이는 띄어서 쓰도록 합시다.

제언

논술문은 문제가 요구하는 바에 답하고 제시문을 이해하고 요약하여 자신의 견해를 타당한 논거를 들어 논증하는 글입니다. 우선 문제의 핵심을 파악하고 제시문의 요지를 이해하여 자신이 쓸 내용을 마련하고 개요를 작성한 후 글을 쓰는 훈련을 할 것을 권합니다. 또한 우선 논지를 마련하고 그것을 뒷받침할 수 있는 논거를 찾아 논지와 논거를 결합하여 글과 문단을 구성하는 훈련이 필요합니다. 이러한 노력을 계속한다면 논거나 사례 중심의 글이 아닌 자신의 생각과 주장이 설득력 있게 드러나는 논술문을 쓸 수 있을 것입니다.

수정 답안 | 최진민

'강남 부동산 과열 대책'의 일환으로 당국은 투기를 잠재우고 서민들의 숨통을 트이게 할 수 있도록 대책을 제시했다. 부동산 투기로 인한 차액을 징수, 1인 2주택 이상을 소유할 시 엄청난 세금을 두들겨 맞게 되고 부동산 거래 시 실제 매매가 공개를 의무화하는 등 정부가 내놓은 대책이었다. 하지만 그 효과는 미미했고 오히려 투기 과열을 불러올 것이라는 전문가들의 경고가 여기저기서 들려오는 실정이다. 정부의 이와 같은 문제점을 우리는 '창발성'에서 찾을 수 있다. 과연 창발성의 의미는 무엇이고 우리에게 시사하는 바가 무엇일까.

'창발성'이란 하위 계층에는 없는 특성이나 행동이 상위 계층에서 자발적으로 돌연히 출현하는 현상을 창발성이라 한다. 이런 입장을 기반으로 세상을 바라보는 '전일주의'는 사물을 큰 덩어리로 보아야 한다는 것이다. 수학 문제에서 '로그'라는 단원을 배울 때 진수조건에서 산술-기하와 연결을 짓게 되고 지수함수의 역함수 꼴이라는 것 때문에 지수함수 단원과 연동되서 나오게 되고 로그의 본질은 천문학적인 숫자를 다룸에 있기에 엄청난 수를 계산하는 문제와 연결이 되는 등 수학의 세계에서도 수많은 고리들로 말이암아 문제를 이해하도록 요구하고 있다. 농업사회에서 산업사회로, 산업사회에서 정보사회로, 정보사회에서 유비쿼터스 사회로 이행되는 과정에서 사회는 다양한 이해관계가 발생하게 되고 사회 구조가 복잡해짐에 따라 사회를 자연 세계와 마찬가지로 복잡계로 보는 미시적인 관점이 아닌 거시적인 관점을 요구하기에 이르렀다.

하지만 과거 사회의 분화가 적고 이해관계가 단순 정렬한 시대에서는 앞에서 언급한 전일주의적 입장의 필요성을 느끼지 못했을 것이다. 사회를 잘게 잘게 썰어서 그 단면의 관찰, 연구를 통해서도 세계를 연구하는 데 무리가 따르지 않았기 때문이다. 그럼에도 불구하고 '환원주의적 관점'에서 세상을 보있을 때 보나 높은 차원의 의미 다시 말해 각각의 사물의 합 이상으로서의 어떤 종합적인 전체를 이해하는 데는 역부족이었을 것이다. 마치 행동 하나하나에 그 사람의 인격이 반영되지만 행동을 모두 더한다고 해서 인격이라고

■ 글 개요 분석 및 특징

· 서론 : 창발성의 의미와 시사점에 대한 문제 제기
· 본론 : 창발성의 개념과 전일주의 관점이 나타나게 된 배경
· 결론 : 사회 경제현상에서도 종합적 이해를 요구함

말할 수 없는 것과 같은 이치인 것이다.

학생들 모두가 핸드폰을 가지고 다닐 것이라곤 상상할 수 없을 정도로 사회는 급격한 변화를 일궈내고 있다. 사회가 유기체처럼 움직이게 되고 경제현상의 원인도 경제 분야에서만 찾는 시대는 이제 지나갔다. 경제현상에서도 그 분야에 국한된 것이 아닌 종합적 이해를 요구한다는 것이다. 이 시대에 살아가는 모두가 전체를 볼 수 있는 태도와 사고를 키워야 한다는 메시지를 지상과제로 남겨 놓은 건 아닐까.

수정 답안 지도

이지선 선생님

총평

총평은 B+ 정도입니다. 결론을 보강하고 본론을 정리 정돈해야 A급의 답안이 될 수 있습니다.

세부사항

'강남 부동산 과열 대책'의 일환으로 당국은 투기를 잠재우고 서민들의 숨통을 트이게 할 수 있도록 대책을 제시했다. 부동산 투기로 인한 차액을 징수, 1인 2주택 이상을 소유할 시 엄청난 <u>세금을 두들겨 맞게 되고</u> 부동산 거래 시 실제 매매가 공개를 의무화하는 등 정부가 내놓은 대책이었다. 하지만 그 효과는 미미했고 오히려 투기 과열을 불러올 것이라는 전문가들의 경고가 여기저기서 들려오는 실정이다. 정부의 이와 같은 문제점을 우리는 '창발성'에서 찾을 수 있다. 과연 창발성의 의미는 무엇이고 우리에게 시사하는 바가 <u>무엇일까.</u>

☞ 정부 제도의 부작용을 사례로 들어 '창발성'을 설명하려고 시도하고 있습니다. 서론은 문제를 제기하고 글 전체의 방향을 제시해야 하므로 '창발성'에 대한 언급이 좀더 필요합니다. '세금을 두들겨 맞게 되다'와 같은 속어는 논술에 적합하지 않습니다.

'창발성'이란 하위 계층에는 없는 특성이나 행동이 상위 계층에서 자발적으로 돌연히 출현하는 <u>현상을 창발성이라 한다.</u> (현상이다) 이런 입장을 기반으로 세상을 바라보는 '전일주의'는 사물을 큰 덩어리로 보아야 한다는 것이다. 수학 문제에서 '로그'라는 단원을 배울 때 진수 조건에서 산술-기하와 연결을 짓게 되고 지수함수의 역함수 꼴이라는 것 때문에 지수함수 단원과 <u>연동되서</u>(연동돼서/연동되어서) 나오게 되고 로그의 본질은 천문학적인 숫자를 다룸에 있기에 엄청난 수를 계산하는 문제와 연결되는 등 수학의 세계에서도 수많은 고리들로 <u>말이 암아</u>(말미암아) 문제를 이해하도록 요구하고 있다. 농업사회에서 산업사회로, 산업사회에서 정보사회로, 정보사회에서 유비쿼터스 사회로 이행되는 과정에서 사회는 다양한 이해관계가 발생하게 되고 사회 구조가 복잡해짐에 따라 사회를 자연 세계와 마찬가지로 복잡계로 보는 미시적인 관점이 아닌 거시적인 관점을 요구하기에 이르렀다.

☞ 창발성을 수학의 사례로 설명하고 있습니다. 현대 사회의 특성과 관련한 창발성의 사례가 덧붙여진다면 더욱 좋은 내용이 될 것입니다. 그리고 단어를 정확히 사용하는 습관을 길러야겠습니다. 논술 답안의 채점자는 단어를 찾아가며 읽지 않으며, 논리적으로 맞아도 단어가 틀리면 감점이 될 수 있습니다.

하지만 과거 사회의 분화가 적고 이해관계가 단순 정렬한 시대에서는 앞에서 언급한 전일주의적 입장의 필요성을 느끼지 못했을 것이다. 사회를 잘게 잘게 썰어서(삭제요망) 그 단면의 관찰, 연구를 통해서도 세계를 연구하는 데 무리가 따르지 않았기 때문이다. 그럼에도 불구하고 '환원주의적 관점'에서 세상을 보았을 때 보다 높은 차원의 의미 다시 말해 각각의 사물의 합 이상으로서의 어떤 종합적인 전체를 이해하는 데는 역부족이었을 것이다. 마치 행동 하나하나에 그 사람의 인격이 반영되지만 행동을 모두 더한다고 해서 인격이라고 말할 수 없는 것과 같은 이치인 것이다.

☞ 과거에는 전일주의적 입장이 필요하지 않았지만 현대 사회는 환원주의적 관점만으로 이해하는 것에 한계가 있다는 설명은 앞 단락과 같은 내용을 다시 이야기하는 것과 다름이 없습니다.

학생들 모두가 핸드폰을 가지고 다닐 것이라곤 상상할 수 없을 정도로 사회는 급격한 변화를 일궈내고 있다. 사회가 유기체처럼 움직이게 되고 경제현상의 원인도 경제 분야에서만 찾는 시대는 이제 지나갔다. 경제현상에서도 그 분야에 국한된 것이 아닌 종합적 이해를 요구한다는 것이다. 이 시대에 살아가는 모두가 전체를 볼 수 있는 태도와 사고를 키워야 한다는 메시지를 지상과제로 남겨 놓은 건 아닐까.

☞ 학생들이 핸드폰을 가지고 다닌다는 것이 급격한 사회 변화를 대변하는 사례로는 부족합니다. 또한 논술의 결론은 서론과 본론을 종합하는 부분이므로 의문형으로 끝나는 것은 좋지 않습니다.

 **| 학생 답안과 첨삭 지도의 실제(3)**

최초 답안

■ 글 개요 분석 및 특징

1. 현대 사회는 복잡한 상호작용으로 구성됨
2. 전일주의를 설명할 수 있는 사례
3. 사회현상과 전일주의의 관련성

이건주(마포고)

현대 사회에서는 사물의 단순한 구성 요소의 합계가 아닌, 상호작용을 전제로 한 복잡계의 행동으로 이루어져 있다. 왜냐하면 우리가 살고 있는 사회가 개개인이 구성한 것이 아닌, 복잡한 상호작용으로 구성되었기 때문이다.

가령 대도시의 건물들은 어떻게 만드는 것인가? 절대로 혼자서는 할 수 없다. 복잡한 설계도를 만들고, 수십 명의 인부들과의 상호소통을 한다. 그리고 난 후에 건물들을 만들기 시작한다. 그 결과 황무지였던 곳이 어느 순간 새로운 건물이 완성된다. 구성 요소에 없는 특성이 전체 구조로 만든 현상을 창발성이다. 건물을 만들 때에는 무질서와 혼돈의 상태가 새로운 현상을 창안할 수 있는 것이 현대 사회에서만 발생할 수 있다. 또한 현대 사회의 특징에서 우리가 잘 알고 있는 인터넷도 현대 사회에 의미하는 전일주의적 시각을 잘 나타내고 있다. 우리가 알고 있는 이 인터넷에서는 네트워크라는 복잡한 성격을 가지고 있다. 이 복잡성 관계가 상호작용으로 마침내 정보통신이라는 창발성을 낳게 되었다. 이렇게 조그마한 분야에서도 전일주의적 성격이 나타나고 있다. 더 커다랗게 설명을 한다면, 국가의 전일주의적 성격도 설명할 수 있다. 국가가 생기기 위해서는 국민, 주권, 영토, 영해 등 무수히 많은 기본적 조건에서 각각의 복잡한 조직을 구성해 사회를 만들게 된다. 이것 또한 전일주의 성격이 나타나는 특성 중 하나이다. 한마디로 우리 일상생활 모든 곳에 이러한 전일주의적 성격이 나타나고 있으며, 이것이 바로 사회를 움직일 수 있는 원동력이라 해도 과언이 아니다. 그러나 전일주의적 성격이 옳은 방향만 내포된다는 보장은 없다. 예를 들어 전쟁을 한번 생각해 보자. 전쟁 또한 자기와 이념이 맞는 사람들이 모여 복잡한 구조를 형성시킨 다음, 상호작용을 통해서 전쟁이라는 창발성의 출현이 생겨나게 된다. 전쟁뿐만이 아니라 내전, 분쟁, 집단적 갈등 또한 여기에 포함이 된다.

사람이 생각에 따라 이로운 구성을 만들고 이 구성 토대로 새로운 것을 만들게 된다. 이 전일주의적 성격이 현대 사회에서 내포된 사상이라고 볼 수 있다. 다시 말해 사회의 흐름을 이끄는 것이 바로 전일주의 때문에 구성되어졌다고 결론을 내릴 수 있다.

첨삭 지도

이지선 선생님

평가항목	등급	총평
이해 · 분석력	C	잘못된 방향으로 접근했습니다.
논증력	B	논거나 사례가 적절치 않습니다.
창의력	C	독창적인 관점이 아쉽습니다.
표현력	B	논리적인 표현력이 아쉽습니다.

장점

논제와 제시문의 방향에 따라 글의 처음부터 끝까지 일관되게 전일주의의 장점을 내세우고 있어 일관성과 통일성이 잘 갖추어진 글입니다.

단점

전반적으로 논거나 사례의 논리성이 떨어집니다. 인터넷이 조그마한 분야라는 표현은 주관적이며, 만약 정말로 조그마한 분야라면 사례로 들기에 부적절합니다. 조그마한 분야라면 현대 사회의 특징을 드러내기에 부적합한 사례이기 때문입니다. 전일주의의 부작용에 대해 언급하는 것은 글 전체의 방향과 상반되는 것으로 글의 일관성을 떨어뜨립니다. 굳이 부작용을 언급한다면 그 대안이나 대책까지 언급하는 것이 바람직합니다. 전쟁은 전일주의의 부작용을 드러내 주는 사례로는 부적합합니다. '전체주의'와 '전일주의'를 구분하여 이해할 필요가 있습니다. 전일주의 성격이 현대 사회의 내포된 사상이라고 보는 것은 지나친 논리의 비약입니다. 전일주의는 과학과 사회를 이해하고 설명하는 한 방식일 뿐입니다. 사회의 흐름을 이끄는 것이 전일주의 때문이라고 보는 것도 지나친 논리의 비약입니다.

구성의 특징

서론과 결론이 지나치게 짧고 본론이 길어서 글이 비균형적입니다. 본론은 전체가 하나의 문단으로 되어 있어 답답합니다. 통일된 내용은 적절한 길이의 한 문단으로 표현하는 문단 구성능력이 필요합니다.

표현
문장의 구성은 우수하지만 논지를 내세우고 논거로 뒷받침하는 논리적인 표현력이 부족합니다. 문장 단위로 다듬어야 할 부분이 많습니다.

제언
논제와 제시문의 방향을 파악했으나, 과학현상과 현대 사회를 이해하는 방식으로서 환원주의와 전일주의에 대해 깊이 있게 이해하지 못하여 전일주의를 현대 사회의 필연적인 성격인 것처럼 서술하고 있습니다. 사례나 논거가 부적합하거나 비논리적인 경우가 많아 주장하는 내용의 설득력이 떨어집니다. 용어에 대한 정확하고 심도 있는 이해가 필요하며 주장과 근거를 논리적으로 결합하여 논의를 심화하는 훈련이 필요합니다.

수정 답안 | 이건주

■ 글 개요 분석 및 특징
· 서론 : 창발성의 사례
· 본론 : 사회현상을 전일주의 시각으로 바라보아야 하는 이유
· 결론 : 전일주의 시각에 대한 당부

　　작년 이 시기 때에 경찰청에서는 불치병인 에이즈와 국민들의 정신을 혹하게 하는 창녀촌을 폐지시킨 일이 생겼다. 모든 고위 관료직과 여성단체에서는 앞으로 건전한 문화와 윤락가 여성들에게 새로운 삶이 생긴다고 생각했었다. 그러나 그후, 남성들이 이러한 제도에 반기를 든 것이 아니라 오히려 윤락가 여성들이 시위를 하게 되었고, 개방적인 윤락이 폐쇄적으로 발달되기 시작했다. 또한 여성들에 대한 강간이 더 심하게 되어졌다. 이런 현상이 제시문의 창발성에 해당한다고 설명할 수 있다. 왜냐하면 이 제도 때문에 예상하지 못했던 성폭행 사건이 크게 늘어났으며, 더 크게 생각하면 여성 실업이 돌연히 출현되었기 때문이다.

　　그러나 이 창발성을 사물을 간단한 구성 요소로 나누어 이해하는 환원주의적 성격으로 해석하면 안 된다. 단순한 윤락가가 더 큰 실업난을 생기게 된 것은 상호작용과 이 복잡한 사회 구조로 연결되었기 때문이다. 한마디로 말하자면 전체를 부분의 합이 아닌, 총체로 이해하여야 하는 전일주의적 관점으로 보아야 한다.

이 사회는 복잡한 구조로 되어 있다. 그러나 우리는 이 사회가 각 구성 요소들로 생겼다고 생각한다. 물론 그럴 수 있지만, 여기에서 말하고 있는 것은 그러한 구성 요소들을 하나로 뭉쳐서 연결된 사회로 보아야 한다. 제시문에서 기업이나 소비자가 창발성으로 국가 경제를 만드는 것처럼 이 윤락가가 여성의 실업난, 성범죄를 조절해 주는 역할을 하고 있기 때문이다.

만약 각각 구성 요소로 해석을 하게 된다면 윤락가 따로 실업난 따로 성범죄 따로 분리되며, 서로가 연관되지 않기 때문에 사회 혼란이 더 크게 일어나게 될 것이며 해결하는 시간이 더 오래가게 되어 비효율적으로 전락되어진다.

그러므로 전일주의가 우리 생활과 연관되어 있을 뿐만 아니라, 자연 전체까지 내포되어 있다. 다시 말해서 사회의 흐름을 이끄는 것이 바로 환원주의가 아니라 전일주의적 시각으로 보아야 한다는 결론을 내릴 수 있다.

수정 답안 지도

이지선 선생님

총평

수정 답안의 총평은 B 정도입니다. 수정 답안에서 새롭게 든 사례 역시 창발성과는 거리가 있습니다. 창발성의 개념을 다시 한 번 음미해 보도록 합시다.

창의적인 답안은 논거나 주장이 기발한 답안이라기보다는 고3 수준에서 스스로 제대로 알고 쓴 것을 말합니다. 논술학원에서는 창의력 있는 표현의 사례를 들어 주지만 학생들은 그와 비슷한 창의적인 논거를 활용할 능력이 안 되기 때문에 결국 그 예를 암기하게 되고, 학생들의 답안은 붕어빵처럼 획일화되어 가는 것입니다. 창의적인 논거는 제시문을 제대로 소화한 상태에서만 가능하다는 사실을 명심하기 바랍니다.

세부사항

작년 이 시기 때에 경찰청에서는 불치병인 에이즈와 국민들의 정신을 혹하게 하는 창녀촌을 폐지시킨 일이 생겼다.

☞ 주어와 서술어의 호응이 안 맞습니다. 표현도 '창녀촌을 폐지시킨 일'이라는 자극적인 표현보다는 성매매 금지법을 강화했다는 식으로 유화시켜서 표현하십시오.

모든 고위 관료직과 여성단체에서는 앞으로 건전한 문화와 윤락가 여성들에게 새로운 삶이 생긴다고 생각했었다. 그러나 그후, 남성들이 이러한 제도에 반기를 든 것이 아니라 오히려 윤락가 여성들이 시위를 하게 되었고, <u>개방적인 윤락이 폐쇄적으로 발달되기 시작했다.</u> 또한 <u>여성들에 대한 강간이 더 심하게 되어졌다.</u>

☞ 새로운 제도를 시행함으로써 예상하지 못한 결과가 나왔다는 것은 제도의 부작용을 보여 주는 사례가 될 수 있지만 창발성을 보여 주는 대표적인 사례라고 하기는 억지스러운 측면이 있습니다. 그리고 논거 자체도 강간까지 연관지으며 비약하고 있습니다.

그러나 이 창발성을 사물을 간단한 구성 요소로 나누어 이해하는 환원주의적 성격으로 해석하면 안 된다. <u>단순한 윤락가가 더 큰 실업난을 생기게 된 것은 상호작용과 이 복잡한 사회 구조로 연결되었기 때문이다.</u> 한마디로 말하자면 전체를 부분의 합이 아닌, 총체로 이해하여야 하는 전일주의적 관점으로 보아야 한다.

☞ 또한 창녀촌 폐지 후의 부작용으로 '여성 실업 출현'을 드는 것은 논리상 어색합니다. 여성의 윤락업소 취업을 정상적인 취업으로 보고 취업률 상승의 긍정적인 현상으로 볼 수 없기 때문입니다. 사례를 들 때 적절성뿐 아니라 보편적인 윤리에 적합한지도 고려해야 합니다. 또한 성범죄를 현대 사회의 특성을 보여 주는 대표적인 사례로 보기도 어렵습니다. 독창적인 사례를 들어야겠다는 욕심이 지나쳐서 이러한 문제가 발생한 것 같습니다.
제대로 알고 쓴 것이 창의력 있는 답안입니다. 다른 사람과 다른 사례를 억지로 끌어오려고 고민하지 말고 자신이 제대로 이해하고 있는 사례를 독창적인 관점에서 풀어 내도록 해봅시다.

 **| 좀더 자세히**

1. 개미의 떼 지능을 응용한 사례

흰개미는 역할에 따라 여왕개미, 수개미, 병정개미, 일개미로 발육하여 수만 마리씩 큰 집단을 이루고 살면서 질서 있는 사회를 형성한다. 흰개미는 흙이나 나무를 침으로 뭉쳐 집을 짓는다. 아프리카 초원에 사는 버섯흰개미는 높이가 4m나 되는 탑 모양의 둥지를 만들 정도이다. 개개의 개미는 집을 지을 만한 지능이 없다. 그럼에도 흰개미 집합체는 역할이 상이한 개미들의 상호작용을 통해 거대한 탑을 만든다. 이와 같이 하위 수준(구성 요소)에는 없는 특성이나 행동이 상위 수준(전체 구조)에서 자발적으로 돌연히 출현하는 현상을 창발(emergence)이라 한다.

개미, 흰개미, 꿀벌, 장수말벌 같은 사회성 곤충의 집단으로부터 창발하는 사회적 행동은 떼 지능(swarm intelligence)이라 이른다. 떼 지능은 다양한 문제를 해결하는 소프트웨어 개발에 응용되고 있다. 떼 지능을 본떠 만드는 이른바 창발적 소프트웨어의 대표적인 사례는 개미 떼가 먹이를 사냥하기 위해 이동하는 모습을 응용한 것이다. 먼저 개미 한 마리가 먹이를 발견하면 동료들에게 알리기 위해 집으로 돌아가는데 이때 땅 위에 행적을 남긴다. 지나가는 길에 페로몬을 뿌리는 것이다. 요컨대 개미는 냄새로 길을 찾아 먹이와 보금자리 사이를 오간다. 이처럼 개미가 냄새를 추적하는 행동을 본떠 만든 소프트웨어는 살아 있는 개미가 먹이와 보금자리 사이의 최단 경로를 찾아가듯이 길을 추적하는 능력이 뛰어나다. 이러한 소프트웨어는 일종의 인공개미인 셈이다.

인공개미 떼의 궤적 추적능력은 전화 회사의 설계 기술자들을 흥분시킨다. 통화량이 폭주하는 통신망에서 최단 경로를 찾아내는 인공개미를 활용할 수 있다면 통화를 경제적으로 연결해 줄 수 있기 때문이다. 다시 말해서 인공개미가 교통 체증을 정리히는 경찰관처럼 동화 체증을 해소해 줄 수 있을 것으로 기대된다. 인공개미 중에는 특정 업무를 잘 처리하는 것과 그렇지 못한 것이 뒤섞여 있을 수 있다. 따라서 인공개미의 능력을 판단하여 적자가 생존하는 생물세계에서처럼 적응력이 뛰어난 개미는 진화시켜 가급적이면 많은 자손을 퍼뜨리게 하고 열등한 개미는 도태시켜 죽게 만드는 소프트웨어가 개발된다. 한편 개미 떼는 보금자리로 운반해야 할 먹이가 무거우면 여러 마리가 서로 힘을 합쳐 함께 옮긴다. 이러한 떼 지능을 본떠서 여러 대의 로봇이 협동하여 일을 처리하도록 하는 소프트웨어가 개발되고 있다. 또한 개미 떼는 죽은 동료들을 한쪽으로 모아두며 유충을 구분할 줄 안다. 이러한 떼 지능은 은행에서 고객의 자료를 분석하는 소프트웨어를 개발하는 데 활용될 수 있다. 꿀벌 사회는 분업 체제를 갖추고 있다. 꿀벌 떼가 일을 분담하는 방법을 흉내 내서 생산 공장의 조립 공정을 효율적으로 운영하는 소프트웨어가 연구된다.

이와 같이 떼 지능의 응용 분야는 다양하고 광범위하지만 떼 지능을 활용한 창발적 소프트웨어의 개발이 순조로운 것만은 아니다. 무엇보다도 사회성 곤충의 행동에 대해 밝혀지지 않은 부분이 적지 않아 컴퓨터 과학자들은 많은 어려움을 겪고 있다.

● 자료 출처 : 이인식, 『이인식의 과학나라』 중 「개미의 떼 지능 응용한 소프트웨어」

이인식, 『21세기 키워드』 중 「떼 지능」

2. 촛불집회를 어떻게 이해할 것인가

2004년 봄 전국 곳곳에서 대통령 탄핵 반대 촛불시위가 진행되었다. 촛불집회가 시작된 날은 국회에서 탄핵안이 가결된 다음날인 3월 13일. 550여 개 시민단체로 구성된 '탄핵무효·부패정치 청산을 위한 범국민행동'은 이날 저녁부터 서울 종로구 교보빌딩 옆에서 촛불집회를 시작했다. 3월 27일까지 15일 동안 전국적으로 연인원 150만 명 이상이 모여 촛불을 밝힌 것으로 추정된다. 범국민행동은 총선이 끝난 4월 17일부터 서울 광화문에서 탄핵무효를 위한 촛불행사를 재

개했다. 2002년 여름에는 월드컵 축구 대표팀을 응원하는 붉은악마들이, 가을에는 미군 장갑차 사고로 숨진 여중생들을 추모하는 인파가 거리를 가득 메웠던 장면을 생생히 기억하고 있는 대한민국 사람들은 주말마다 수십만 명의 시민이 밤늦게까지 촛불시위를 하는 광경을 지켜보면서 만감이 교차했을 것이다.

벌써 몇 년째 수만 명이 순식간에 길거리로 몰려나오는 군중집회가 사회 분위기를 이끌고 있다. 붉은악마 응원단이나 촛불집회 참석 집단은 한 가지 공통점이 있다. 일부 주도 단체가 있긴 하지만 대다수는 자발적인 참여자이며, 이런 자발성 때문에 그들이 내뿜는 에너지의 힘은 매우 강하다는 점이다. 이러한 군중집회의 성격을 규정하는 이론은 보는 각도에 따라 다양하겠지만 적어도 두 가지 열쇠말, 즉 스마트 군중(smart mob)과 창발성(emergence)은 빠뜨리지 않을 것 같다. 스마트 군중은 2002년 미국의 저술가인 하워드 라인골드가 자신의 저서 제목에 사용하면서 유명해진 용어이다. 스마트 군중은 휴대전화와 인터넷으로 무장한 새로운 형태의 군중을 뜻한다.

『참여군중』(황금가지)으로 출간된 한국어판 서문에서 라인골드는 2002년 한국의 신세대들이 인터넷 기술과 이동통신 기술을 사용해 노무현 대통령의 당선에 지대한 영향력을 발휘한 사실을 상기시키고, 젊은 네티즌들의 새로운 세대가 <u>스스로를 하나의 커다란 공동체로 보기</u> 시작했다고 지적했다.

"이 공동체는 컴퓨터, 인터넷, 이동통신 장비와 이들을 사용할 수 있는 기술을 기반으로 하는 공동체"(7쪽)이다. 요컨대 한국에는 이미 스마트 군중이 존재하고 있으며, 스마트 군중이 대통령 선출에 막대한 영향력을 행사했다는 것이다. 스마트 군중은 한국의 대통령 선거에 앞서 필리핀에서 정치적 영향력을 발휘한 적이 있다. 2001년 1월 필리핀의 조지프 에스트라다 대통령이 스마트 군중에게 권력을 잃었기 때문이다. 당시 필리핀 젊은이들 사이에서는 이동전화로 짧은 문자 메시지를 교환하는 행위가 일상화된 지 오래였다. 열일곱 살의 한 대학생은 "아침에 일어났을 때 문자 메시지를 못 받거나 하루에 받은 메시지가 몇 개밖에 안 되면, 나는 그날 내내 아무도 나에게 관심을 갖지 않거나 나를 사랑하지 않는 것처럼 느껴진다"(67쪽)고 말할 정도였다.

2001년까지 전체 인구 7,000만에서 500만 명의 필리핀 사람들이 휴대전화를 소유하고 있었으며, 날마다 7,000만 개의 문자 메시지가 필리핀인들 사이에서 전송되었다(307쪽). 2001년 에스트라다 대통령의 탄핵심판을 그와 연계된 상원의원들이 갑자기 종결시키자 '제2의 피플 파워'가 발발했다. 야당 지도자들은 문자 메시지를 발송했고, 탄핵소송 절차가 갑작스럽게 중지된 지 75분 만에, 1986년 마르코스를 권좌에서 몰아낸 평화적인 '피플 파워' 시위가 발생했던 바로 그 자리에 2만 명의 사람들이 모여들었다. 나흘에 걸쳐 100만 명 이상의 마닐라 거주민들이 문자 메시지의 파도에 휩쓸려 모습을 드러내자 결국 에스트라다는 실각했다(310쪽). 에스트라다는 스마트 군중에게 권력을 잃은 역사상 최초의 국가 수반이 되었다. 총성 한 번 울리지 않고 대통령을 실각시킨 것은 스마트 군중 행동의 역사에서 기념비가 될 만한 사건이었다. 그러나 그것이 유일한 사건은 아니다(306쪽).

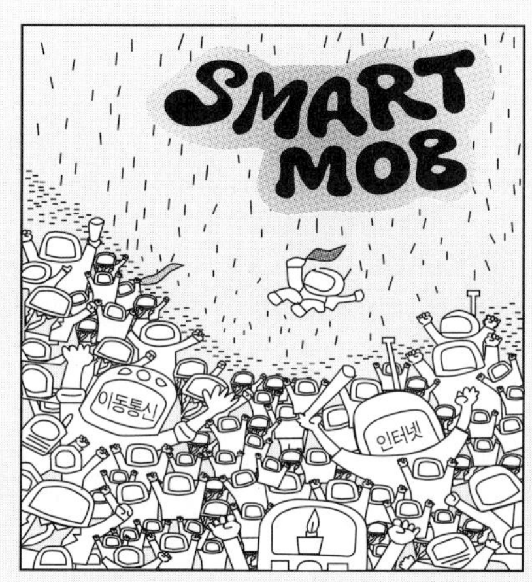

1999년 11월, 시애틀에서 열린 세계무역기구(WTO) 회의에 항의하는 시위가 벌어졌다. 시위대에는 농민, 환경운동가, 동물애호가 등 다양한 소규모 집단이 참여했다. 이들은 공식적인 지도자나 조직도 없었으며, 물론 장기적인 전략도 없었다. 그러나 WTO 회의를 대중적 화제로 만드는 데 성공했다. 이 시위 이전에는 WTO와 그 반대세력에 대한 관심이 거의 없었기 때문에 시위대들은 '시애틀 전투'에서 승리를 거둔 셈이다. "휴대전화, 라디오, 경찰 무전 감청기, 그리고 휴대용 컴퓨터들로 조립하여 급조한 통신 네트워크 덕분"(311쪽)에 스마트 군중의 힘을 유감없이 보여 준 것이다.

시애틀에서 마닐라에 이르는 네트 전쟁(net war)이나 서울의 탄핵 반대 촛불시위에 참여한 스마트 군중들은 특정한 쟁점에 대해 관심을 공유하고 있지만, 자발적으로 모인 집단이므로 공식적인 조직이나 지휘 체계가 있을 리 만무하다. 그럼에도 불구하고 스마트 군중들은 서로 협력히여 놀리운 성괴를 거두었디. 리인골드는 창발성 개념으로 설명을 시도한다.

그럼에도 흰개미 집합체는 역할이 상이한 개미들의 상호작용을 통해 거대한 탑을 만들었다. 이와 같이 하위 수준(구성 요소)에는 없는 특성

이나 행동이 상위 수준(전체 구조)에서 자발적으로 돌연히 출현하는 현상을 창발이라 한다(6~7쪽). "저차원의 법칙에서 고차원의 복잡계로 발전하는 것을 창발성이라 부른다"(20쪽).

창발성은 모든 복잡계가 보여 주는 특성이다. 사람의 뇌나 생태계 같은 자연현상, 주식 시장이나 세계 경제 같은 사회현상을 통틀어 복잡계라고 한다. 복잡계는 적어도 두 가지 면에서 공통점이 있다. 첫째, 복잡계는 단순한 구성 요소가 수많은 방식으로 상호작용한다. 사람 뇌는 수많은 신경세포들이 거미줄처럼 연결되어 있다. 둘째, 복잡계는 환경의 변화에 수동적으로 반응하지 않고 구성 요소를 재조직하면서 능동적으로 적응한다. 사람 뇌는 끊임없이 신경세포의 회로망을 재구성하면서 경험을 통해 학습하고 환경에 적응한다. 복잡계는 단순한 구성 요소가 상호간에 끊임없는 적응과 경쟁을 통해 질서와 혼돈이 균형을 이루는 경계면에서, 완전히 고정된 상태나 완전히 무질서한 상태에 빠지지 않고 항상 보다 높은 수준의 새로운 질서를 형성해 낸다. 복잡계에서 구성 요소에 없는 특성이 전체 구조에서 창발하는 것은 자기조직화(self-organization) 능력 때문이다.

● 자료 출처 : 이인식, 『출판저널』, 2004년 5월호.

과학과 윤리

과학과 윤리 문제는 2008학년도 이후에 실시되는 통합교과논술에서도 여전히 강조될 수밖에 없는 주제이다. 이 쟁점은 2005년 연말 전 세계를 떠들썩하게 한 '황우석 사태'를 통해 어느 정도 예측 가능한 뻔한 내용이 되어 버렸기 때문에, 만약 이와 관련된 논제가 출제된다면 오히려 창의적인 답안을 작성하기가 더 어렵다.

이 문제는 황우석 사태를 미리 예견한 『이인식의 과학나라』 중 「출세욕에 눈먼 과학자들」을 중심으로 발췌했으며, 문제 형식과 분량은 2008학년도 통합교과논술 예시 문항의 틀에 맞추어 출제했다. 황우석 교수 및 김선종 연구원과 같이 구설수에 오르는 불행한 과학자가 더 이상 없으려면 과학자들의 인성 교육 및 연구윤리에 대한 교육이 절실히 요구된다. 제시문을 바탕으로 이러한 쟁점에 대한 창의적인 견해를 답안으로 풀어 내는 것이 이 문제의 핵심이다.

논술 기본 문제

■ 제시문 자료 출처

- 이인식, 『이인식의 과학나라』 중 「하이젠베르크는 왜 거짓말을 했을까」, 「출세욕에 눈먼 과학자들」
- 최성우, 『과학향기』 중 「실현 불가능한 인류의 오랜 꿈-영구기관」

아우라 한수 지도
누구나 예측할 수 있는 논술 주제가 답안을 작성하기 가장 어렵다.

〔가〕 지난 2002년 2월 6일 덴마크의 닐스 보어 문헌보관소(NBA)는 보어가 1941년 9월 코펜하겐으로 찾아온 베르너 하이젠베르크와 주고받은 대화의 내용을 소상히 기록해 둔 문서를 공개했다. 보어 가족들은 이 문서를 2012년까지 공개하지 않을 계획이었으나 나치의 원자탄 개발에 참여했던 하이젠베르크의 행적을 놓고 전개되는 논쟁에 마침표를 찍기 위해 일정을 앞당겨 발표한 것이라고 했다.

독일 태생의 하이젠베르크는 26살이 되던 1927년 불확정성의 원리를 발표하여 양자역학의 기틀을 마련했다. 노벨상을 받고 나서 1939년 여름 미국을 방문한 그는 역시 노벨상을 받았으며 그와 동갑인 이탈리아 출신의 엔리코 페르미로부터 미국으로의 망명 권유를 받는다. 그러나 그는 미국 친지들의 만류를 뿌리치고 독일로 돌아간다. 제2차 세계대전 중에는 나치의 핵무기 개발을 주도한다. 1942년부터 미국과 독일은 원자폭탄 개발 경쟁을 벌인 결과, 미국은 1945년 우라늄과 플루토늄으로 만든 두 개의 폭탄을 일본에 투하하여 항복을 받아 내지만 나치는 핵무기를 개발하지 못하고 연합군 앞에 무릎을 꿇게 된다.

1942년 당시 우라늄 연구에서 미국에 결코 뒤지지 않은 나치가 원자탄 개발에 실패한 이유는 여러 가지가 지적된다. 히틀러가 전쟁의 승리를 확신했기 때문에 원자탄 개발에 전력투구하지 않았다는 분석도 있고, 미국은 맨해튼 계획처럼 거대한 계획을 효율적으로 추진할 만할 여건을 갖추고 있었지만 나치는 그렇지 못했다는 지적도 있다.

한편에서는 나치가 핵무기를 만들지 못한 결정적인 이유로 핵무기 개발에 참여한 독일 과학자들의 은밀한 방해 공작을 꼽는다. 하이젠베르크를 중심으로 양심적인 과학자들이 태업을 했기 때문에 나치가 핵무기 개발에 실패했다는 것이다. 하이젠베르크의 인품으로 보아 충분히 그럴 만한 인물이라고 생각하는 사람들이 많았을뿐더러 하이젠베르크 자신도 그러한 주장을 했다. 가령 1975년 출간된 오스트리아의 문명비평가인 로베르트 융크의 저서에서 하이젠베르크는 나치의 핵무기 개발에 소극적으로 협조했다고 털어놓았다. 하이젠베르크는 확실히 존경받을 만한 과학자이자 사상가였다.

그러나 이번에 공개된 보어의 편지에는 정반대의 이야기가 나온다. 하이젠베르크에게 보내려고 쓴 편지에서 보어는 1941년 옛 스승인 자신을 찾아와서 원자무기 개발에 자신감을 피력했던 하이젠베르크의 모습을 언급하고 있다. 이제 남은 것은 역사적 진실을 밝혀 내는 일이다.

〔나〕 외부에서 동력을 공급하지 않아도 스스로 영원히 움직이는 장치, 즉 '영구기관(永久機關, Perpetual Mobile)'은 옛날부터 숱한 과학자, 기술자들의 꿈이었다. 역사적으로 영구기관의 발명자들 중에는 잘못을 미처 깨닫지 못한 채 자기의 발명이 옳다고 확신한 사람들이 많았지만, 고의적인 사기꾼들도 적지 않았다. 영구기관을 만들었다고 하면 관심 있는 부자나 권력자들로부터 큰돈을 후원받을 수 있다는 점을 노렸던 것이다.

대표적인 인물로는 18세기 초에 '자동바퀴'를 만든 독일의 오르피레우스(Johann Bessler aka Orffyreus)가 있다. 크고 작은 톱니바퀴와 추의 낙하를 교묘히 연결하여 바퀴를 영원히 돌릴 수 있다는 어이없는 장치였지만, 그는 장치의 중요 부분을 가리고 밑에 숨은 사람이 밧줄을 잡아당기는 속임수로 그것이 영구기관인 것처럼 보이게 했다. 그는 여러 나라의 귀족과 부유층들로부터 거액을 지원받으면서 호사스런 생활을 누렸고, 러시아 황제 표트르 1세에게서 10만 루블을 받고 자신의 자동바퀴를 대여하려 하기도 했으나, 결국은 사기극이 들통나고 말았다.

미국의 존 킬리(John Worrell Keely)라는 인물 또한 영구기관에 관련된 아주 탁월한 사기꾼이었다. 킬리의 발명은 단순한 영구기관이라고 하기에는 좀 복잡해서, 무에서 에너지를 만들어 내는 것이 아니라, 물을 사용해서 '공감적 진동'에 의해 재결합을 일으켜서 대량의 에너지를 낸다는 그럴듯한 이론을 폈다. 그는 교육을 받지는 않았으나 언변이 뛰어났고, 난해한 용어들을 써가면서 사람들의 마음을 끄는 혹세무민(惑世誣民)의 대가였다.

그는 사람들을 모아서 '킬리모터회사'를 설립하고 모형을 만든 후, 1874년에 필라델피아에서 사람들을 불러모아 킬리 모터의 공개 실험을 했다. 킬리는 "나는 약 1리터의 맹물로 기차를 필라델피아에서 뉴욕까지 달리게 할 수 있다"고 호언장담하면서 거액의 투자와 후원금을 모았다. 킬리가 죽은 후에 실험실이 있던 건물을 조사한 결과, 마루 밑에 숨겨둔 압축공기 장치의 힘으로 기계를 움직였던 킬리 모터의 사기극이 비로소 밝혀졌으나, 거액의 투자비는 그의 사치스런 생활비로 이미 탕진된 후였다.

국제 유가가 고공 행진을 계속하고 인류의 에너지 위기가 고조되는 오늘날, 많은 사람들은 '영구기관의 유혹'에 다시금 빠져들지 모른다. 몇 년 전에는 국내의 한 저명인사가 어느 영구기관 발명가를 후원하고 외신기자 회견까지 하겠다는 기사가 보도되어 실소를 자아내게 한 적도 있다.

〔다〕 2002년 9월 25일 첨단기술의 요람인 미국 벨연구소는 세계 과학계에

충격적인 보고서를 발표했다. 소속 연구원인 얀 헨드릭 쇤이 실험 자료를 조작한 사실을 확인했기 때문이다. 이 연구원은 반도체와 초전도체 분야에서 쌓아올린 업적으로 노벨상 수상이 임박했다는 평가를 받았던 인물이었으므로 충격의 파장은 엄청났다. 더욱이 그가 세계적 과학 전문지인 『네이처』와 『사이언스』에 발표한 10여 편의 논문 역시 실험 자료를 조작한 것으로 판명됨에 따라 연구 결과를 제대로 검증하지 못한 두 잡지의 권위는 여지없이 추락했다. 위대한 과학자들 역시 예외가 아니다.

프톨레마이오스는 고대의 가장 위대한 천문학자로 알려졌다. 그가 주장한 천동설은 무려 1500년 동안이나 영향력을 행사했다. 그러나 그의 천문 관측은 대부분 이집트의 해안에서 밤중에 실시한 것이 아니라 알렉산드리아의 도서관에서 대낮에 한 것으로 밝혀졌다. 도서관에 앉아서 그리스 천문학자들의 연구를 해석하여 자신이 한 것처럼 주장한 것이다.

〔라〕 영화 〈스파이더맨 2〉는 스파이더맨에게 죽은 아버지의 복수심에 불타는 친구 해리가 기계 촉수를 휘두르는 악의 화신 옥토퍼스 박사에게 절실한 '트리튬'을 빌미로 거절 못할 제안을 하면서 도시 전체가 걷잡을 수 없는 위험에 휘말리게 된다는 이야기이다. 옥토퍼스 박사는 트리튬이 핵융합의 에너지원이며 지구 상에 25파운드(11kg)밖에 없다고 당당히 얘기를 하면서 공개 실험을 한다. 옥토퍼스 박사는 사람들이 지켜보는 가운데 공개 실험을 하지만 기계 촉수를 사용한 핵융합 실험은 실패하고 첨단 과학은 흉기로 돌변한다. 출세에 눈먼 옥토퍼스 박사는 결국 기계 촉수로 도시를 파괴하는 악마로 돌변하여 도시를 공포로 몰아넣는다.

문제 | 제시문 〔가〕의 하이젠베르크, 제시문 〔나〕의 오르피레우스와 존 킬리, 제시문 〔다〕의 얀 헨드릭 쇤과 프톨레마이오스, 제시문 〔라〕의 옥토퍼스 박사의 행동은 과학자가 걸어가야 할 정도(正道)에서 벗어나 있다. 위 사례들을 참조하여 과학자들에게 인성교육 및 연구윤리에 대한 교육이 필요한 까닭을 논술하시오.(1,200자)

 | **문제 해설**

1. 출제 의도

과학기술의 발전에 관한 문제에서 중요하게 다루어지는 것 중 하나가 과학적 유용성과 그에 따른 윤리의식의 문제이다. 온 세상을 떠들썩하게 했던 황우석 연구팀의 논문 조작 의혹도 이와 같은 선상에서 논의할 수 있다. 과학과 기술의 발전은 인류에게 문화적 혜택을 누리게 해주었지만 사람들의 의식 수준이 그것을 따라가지 못하는 경우 윤리의식의 부재현상을 낳기도 한다.

본 논제는 과학자의 윤리의식과 관련한 쟁점을 올바르게 파악하고 이에 대한 과학 윤리교육의 필요성을 창의적으로 논증할 수 있는지를 평가하고자 출제한 문항이다. 이와 유사한 문제는 황우석 연구팀과 김선종 연구원의 실험 데이터 및 논문 조작으로 떠들썩했던 2005년 후반 실시된 2006학년도 성균관대학교 약학부 수시 2학기에서 출제되었다. 이미 성균관대학교에서는 '과학자의 사회적 책임과 역할에 대하여 본인의 의견을 개진하라'는 에세이형 문제를 출제한 셈이다. 이와 유사한 쟁점을 다룬 문제는 그 수준을 달리하여 언제든지 다시 출제될 수 있다.

2. 제시문 분석

제시문 〔가〕는 최근까지 나치의 핵무기 개발을 실패하게 만들었던 과학자로 알려진 하이젠베르크가 실제로는 적극적으로 핵무기 개발을 동조했던 것으로 밝혀졌다는 내용을 담고 있다. 하이젠베르크에 대한 새로운 진실이 밝혀지면서 과학자들에 대한 불신과 함께 그들의 윤리의식을 의심해 보는 여지를 주는 글이다.

제시문 〔나〕는 발명가들의 신기루였던 영구기관을 이용한 사기극을 이야기하고 있다. 독일의 오르페레우스나 미국의 존 킬리는 영구기관을 이용해 사람들을 속이고 재물을 취한 대표적 인물들이다. 영구기관의 발명에 큰 의미를 두고 과학적 성과에만 집착한 나머지 웃지 못할 해프닝이 벌어진 것이다.

제시문 〔다〕는 노벨상 수상이 임박했던 과학자인 얀 헨드릭 쇤이 실험 자료는 물론 세계적 과학 전문지에 발표된 논문까지 조작했다는 내용을 담고 있다. 또한 고대의 유명한 천문학자였던 프톨레마이오스는 하지도 않은 관찰을 한 것으로 속였음이 밝혀졌다. 이렇게 과학적 부끄러움 없이 과오를 저지르고 있는 과학자들의 문

제점을 지적하고 있다.

제시문 〔라〕는 영화 〈스파이더맨 2〉의 한 장면으로 출세욕에 눈먼 한 과학자가 인류의 안녕과 평화를 간과했을 경우 어떠한 결과를 초래할 수 있는지를 생생하게 보여 주고 있다. 영화에서는 스파이더맨이 등장하여 최악의 위기에서 도시를 구해 냈지만 우리가 사는 실제 세상에서도 스파이더맨과 같은 의인이 나타나 세상을 구할 수 있을지는 아무도 모른다.

위에 제시된 네 개의 제시문은 모두 과학자들의 윤리의식 부재로 인한 폐단을 이야기하고 있다. 학생들은 제시문 〔가〕, 〔나〕, 〔다〕, 〔라〕에 보이는 과학자들의 파행적 행동들에 대해 판단하고 분석한 다음 이를 다시 자신의 논거로 활용해야 한다. 제시문에서 소개한 과학자들의 파행을 정리하면 다음과 같다.

공교육에서도 모둠학습실과 같은 별도의 공간을 활용하여 다양한 통합교과논술 프로그램을 운영할 수 있다.(마포고등학교 모둠학습실)

과학자	혐 의
하이젠베르크	나치의 핵무기 개발에 동조
오르피레우스	영구기관을 이용한 사기 행각
존 킬리	영구기관을 이용한 사기 행각
안 헨드릭 쇤	실험 자료 및 논문 조작
프톨레마이오스	하지도 않은 실험을 한 것으로 조작
옥토퍼스 박사 (영화)	출세에 눈멀어 범죄자로 돌변

3. 문제 해설

위 문제는 제시문의 핵심 쟁점을 파악하고, 이를 통해 출제자가 의도한 과학자들의 윤리교육 문제를 독창적으로 추론해 낼 수 있는지를 평가하는 유형이다. 즉 주어진 제시문을 분석하여 나름대로의 해석을 내리고 이를 종합하여 과학자의 윤리의식 문제를 제기한 다음 이에 대한 자신의 생각을 정리하는 능력을 평가하는 것이다.

이 문제에서 중요한 것은 과학자들에게 윤리의식을 교육해야 하는 까닭을 제시문에서 보여 준 사례를 통해 추론해 내는 것이다. 그 근거에 대한 타당성이 확보되어야만 출제자의 의도에 맞게 답인을 작성한 것이나. 이때 제시문에서 이미 소개한 과학자들의 사기극이나 윤리의식 부재로 인해 생겨난 사건들을 단순히 나열하는

■ 실마리 찾기

● 과학자들의 윤리 교육필요성을 제시문의 사례를 통해 주장해야 한다.

선에서 그친다면 높은 점수를 기대할 수 없다. 과학과 윤리에 대한 상식적인 담론을 되풀이하거나 제시문을 무시하고 나름대로 자신의 의견을 피력한 답안 역시 높은 점수를 받을 수 없다. 이처럼 누구나 어느 정도의 답안을 적을 수 있는 무난한 논제가 오히려 높은 점수를 받기가 더 어렵다.

전통적으로 많은 과학자들이 저질러 온 부정행위는 크게 실험이나 관찰 결과를 임의로 만들거나 조작하는 것, 가설에 맞지 않은 수치들은 아예 뺀 뒤 결과를 내는 것, 자신이 설정한 수치가 나오도록 측정값을 계속 조작하는 것 등이 있다. 또 김선종 연구원처럼 실험 샘플 자체를 다른 것으로 바꿔치기하는 대담한 방법도 있다.

과학자들에게 인성교육 및 연구윤리에 대한 교육이 필요하다는 주장을 뒷받침하기 위해서는 과학자들의 인성교육 부재로 인해 발생할 수 있는 다양한 부정행위와 이에 따른 문제점들을 먼저 전제로 언급해야 한다. 더 나아가 그러한 문제점으로 인해 인류의 삶에 어떠한 악영향을 미쳤는지 기술하고 이를 전제로 윤리교육의 필요성에 관한 문제를 세부적으로 제기할 수 있다.

또한, 과학자의 인성교육이나 연구윤리 교육에 대한 중요성을 기술하기 위해서는 먼저 과학적 연구 결과가 가지는 가치나 중요성에 주목해야 한다. 그것들이 사회에 미치는 영향이나 인류에 미칠 영향을 강조한다면 과학자를 대상으로 하는 윤리교육의 필요성이 부각될 것이다.

학생 답안과 첨삭 지도의 실제(1)

최초 답안

강성욱(마포고)

지금은 사람들의 뇌리에서 점차 잊혀져 가고 있는 사건이지만, 지난해 황우석 사태가 한국을 비롯해 전 세계에 끼친 충격은 어마어마했다. '전 세계를 상대로 벌인 사기극'이라는 평을 들을 정도로 황우석 교수가 벌인 행각은 실로 대담했다. 세계적 관심사의 대상이었던 줄기세포 연구가 이렇게 과학자의 윤리의식 부재로 얼룩지면서, 과학자들이 연구능력뿐만 아니라 인격적 도야를 갖추어야 한다는 목소리가 높아지고 있다.

과학자의 윤리의식에 대한 논란이 있었던 것은 이번이 처음은 아니다. 물리학에 새로운 장을 열었던 아인슈타인도 말년에 핵무기 개발 의혹에 시달려야 했고, 교묘한 사기꾼이나 지구를 위협하는 악의 화신의 모습으로 나타나는 과학자를 그린 영화도 어렵지 않게 찾아볼 수 있다. ①이처럼 과학자의 인성에 대한 논란이 끊이지 않는 이유는 과학의 영향력이 점점 기하급수적으로 늘어 가고 있기 때문이다. 현대 사회에 살면서 과학의 손이 닿지 않는 곳을 찾기란 거의 불가능한 일이 되어 가고 있다. 앞서 말한 황우석 교수의 줄기세포 연구 역시 유례없이 획기적인 질병 치료방법에 중요한 역할을 차지하는 것으로서, 각종 난치병 환자들에게 유일한 희망으로 다가왔었고 이에 따라 사회적 파장의 정도도 매우 커졌던 것이다.

이와 같이 과학의 영향력은 늘어만 가고 있음에도 불구하고, 과학은 어디까지나 가치중립적이다. ②이는 과학이 유용하게 쓰이든지 해롭던지 그것이 오로지 인간의 의지에만 달려 있음을 의미한다. 그리고 그 과학의 쓰임에 가장 크고 직접적인 영향을 미치는 이는 역시 과학자 자신이 될 수밖에 없다. ③만약 과학자가 윤리의식의 함양이 전혀 이뤄지지 않은 상태라면 그의 과학적 성과를 옳지 않은 일에 이용하려는 집단이 얼마든지 존재할 수 있으며 과학자는 그 집단에게 있어 도구에 가까운 존재에 지나지 않게 된다.

■ **글 개요 분석 및 특징**

1. 황우석 교수 사건으로 과학자들의 인격 도야 문제가 제기됨
2. 과학의 영향력이 커지면서 과학자의 인성 논란이 끊이지 않음
3. 과학의 유용성은 과학자의 의지에 달려 있음
4. 과학자의 윤리의식에 대한 필요성 커짐

과학자의 인성교육이 필요한 또 다른 이유는 과학이 일반인에게는 가까이 하기 너무 난해한 존재라는 것이다. 과학의 홍수 속에서 하루를 보내고 있으면서도, 모순적이게도 일반인은 과학의 원리나 이론에 대해서는 아는 것이 거의 없다. 권위 있는 과학 학술지조차 논문의 진위 여부를 가리기 난처한 상황에서, 일반인은 말할 것도 없이 과학 자체보다 과학자의 의견을 지나칠 정도로 맹신하게 되고, 과학자가 가진 영향력은 더욱 커질 수밖에 없는 것이다.

과학의 발전은 멈추지 않을 것이고, 과학자가 윤리의식을 지녀야 할 필요성도 커져 가고 있다. 물론 과학자 역시 사람이고, 한순간 잘못된 판단을 할 수 있다. ④그러나 그 대가는 다른 어떤 실수의 것보다도 크다. 과학자는 자신의 실력에 걸맞은 인성을 갖추도록 노력해야 할 것이다.

첨삭 지도

이지선 선생님

평가항목	등급	총평
이해 · 분석력	A	논제를 정확하게 파악했습니다.
논증력	B	단락별 논리성이 잘 드러나고 있습니다.
창의력	B⁺	본문의 구성은 훌륭하지만 독창적인 시각이 아쉽습니다.
표현력	A	어법에 맞게 문장을 구사했습니다.

장점

이 학생은 논제의 핵심과 출제자의 의도를 명확하게 파악하여 글을 썼습니다. 특히 서론의 완성도가 매우 높은 것이 돋보입니다. 서론에서는 사회적 이슈가 되었던 사건을 시작으로 쟁점인 '과학자의 윤리의식 부재'를 뚜렷하게 제시하면서 출발했고, 본문에서는 과학자 윤리교육의 필요성을 잘 기술하고 있습니다.

단점

본론의 문단 구성이 적절하지 않습니다. 과학자의 윤리교육이 필요한 이유를 두 가지 근거에서 설명하고 있는데, 첫 번째 근거에서 이야기가 장황하게 늘어져 두 번째 근거의 비중이 약해 보입니다. 논리적 타당성이 결여된 것으로 보일 수 있으니 두 번째 근거에 대한 보충 설명이 필요합니다. 또 제시문의 사례를 거의 활용하지 않고 나름대로 논거를 전개한 것은 문제가 있습니다. 아인슈타인과 같은 또 다른 사례를 논거로 끌어오는 것보다는 주어진 제시문을 활용하는 것이 좋습니다.

구성의 특징

서론에서는 황우석 교수 사건을 짚어 가며 논제의 핵심을 잘 파악했습니다. 본론에서는 과학자에게 인성교육이 필요한 이유를 두 가지 관점에서 설득력 있게 전개하고 있습니다. 하지만 과학자에게 윤리교육이 필요한 두 번째 근거가 약해 본론 구성이 균형을 잃었습니다.

표현

과연 과학의 영향력이 점점 기하급수적으로 늘어나기 때문에 과학자의 인성에 대한 논란이 끊이지 않는 것일까요? ①번 문장처럼 특정 현상을 단일 선상의 인과관계로 언급해서는 안 됩니다.

②번 문장은 '이는 과학이 유용하게 쓰이든지 해롭든지'로 바꾸어야 바른 표현입니다. '～던지'는 과거에 일어난 일을 기술할 때 쓰이는 것이며, '～든지'는 나열된 상태나 상황에서 선택의 문제를 이야기할 때 쓰입니다. 이에 대한 구분이 필요합니다.

③번 문장의 경우는 문장의 주체가 분명하지 않아 어색한 문장이 되었습니다. 과학자가 윤리의식 함양이 없는 상태라서 이들을 옳지 않은 방향으로 이용하려는 세력이 있는 것이 아니라 과학자들을 옳지 않은 일에 이용하려는 집단이 존재하기에, 과학자의 윤리의식 함양이라는 덕목이 꼭 필요하다는 논리가 성립되어야 합니다.

④번 문장은 '그러나 그 대가는 다른 어떤 실수보다도 크다'가 적절한 표현입니다. 굳이 '～라는 것'과 같은 군더더기 표현을 덧붙일 필요가 없습니다.

제언

논제의 핵심이나 출제자의 의도를 파악하는 능력이 매우 우수합니다. 통일된 논지를 펴는 능력을 갖추었으나, 본론의 문단 구성능력에서 다소 아쉬움을 느낍니다. 논리적 타당성을 갖춘 논거는 글 전체의 완결성과 직결되는 것이므로 적절한 논거 활용능력이 필요합니다. 논거로 삼는 적절한 사례를 적당한 길이로, 논리적으로 타당한 문장으로 표현하는 연습이 필요합니다.

수정 답안 | 강성욱

지금은 사람들의 뇌리에서 점차 잊혀져 가고 있는 사건이지만, 지난해 황우석 사태가 한국을 비롯해 전 세계에 끼친 충격은 어마어마했다. '전 세계를 상대로 벌인 사기극'이라는 평을 들을 정도로 황우석 교수가 벌인 행각은 실

■ 글 개요 분석 및 특징

· 서론 : 황우석 교수 사건으로 인해 과학자들의 윤리의식 문제가 거론됨
· 본론 : 과학자 윤리의식 논란의 사례와 인성교육이 필요한 이유
· 결론 : 과학자의 인성과 과학적 성과에 대한 책임감 필요

로 대답했다. 세계적 관심사의 대상이었던 줄기세포 연구가 이렇게 과학자의 윤리의식 부재로 얼룩지면서, 과학자들이 연구능력뿐만 아니라 인격적 도야를 갖추어야 한다는 목소리가 높아지고 있다.

과학자의 윤리의식에 대한 논란이 있었던 것은 이번이 처음은 아니다. 물리학의 새로운 장을 열었던 아인슈타인도 말년에는 핵무기 개발 의혹에 시달려야 했고, 교묘한 사기꾼의 모습이나 지구를 위협하는 악의 화신으로 등장하는 과학자를 그린 영화도 어렵지 않게 찾아볼 수 있다. 이처럼 과학의 영향력이 점점 기하급수적으로 늘어 감에 따라 과학자의 인성에 대한 논란 역시 끊이지 않고 있다. 현대 사회에 살면서 과학의 손이 닿지 않는 곳을 찾기란 거의 불가능한 일이 되어 가고 있다. 앞서 말한 황우석 교수의 줄기세포 연구 역시 유례없이 획기적인 질병 치료방법에 중요한 역할을 차지하는 것으로서, 각종 난치병 환자들에게 유일한 희망으로 다가왔었고 이에 따라 사회적 파장의 정도도 매우 커졌던 것이다.

이와 같이 과학의 영향력은 늘어만 가고 있지만, 과학은 어디까지나 가치중립적이다. 이는 과학이 유용하게 쓰이든지 해롭게 쓰이든지 그것이 오로지 과학을 사용하는 인간의 의지에만 달려 있음을 의미한다. 그리고 그 과학의 쓰임에 가장 크고 직접적인 영향을 미치는 이는 역시 과학자 자신이 될 수밖에 없다. 만약 과학자가 윤리의식의 함양이 전혀 이뤄지지 않은 상태에서, 국가나 집단이 그의 과학적 성과를 옳지 않은 일에 이용하려 한다면 과학자는 도구에 가까운 존재로 전락하게 될 것이다.

과학자의 인성교육이 필요한 또 다른 이유는 과학이 일반인에게는 가까이하기 너무 난해한 존재라는 것이다. 과학의 홍수 속에서 하루를 보내고 있으면서도, 모순적이게도 일반인은 과학의 원리나 이론에 대해서는 아는 것이 거의 없다. 가장 권위 있는 과학 학술지조차 논문의 진위 여부를 가리기 난처할 정도로 과학은 더욱더 전문성을 띠고 있는 실정이다. 이러한 상황에서 과학자의 역할이 단지 획기적인 연구 결과를 발표하거나 신기술의 진보를 추구하는 것에만 국한된다면 그것은 '대중을 좀 속이더라도 일단 성과부터 내고 볼 일이다'라는 잘못된 인식을 자라나게 할 것이며, 자연스럽게 제2, 제3의 황우석 사태를 양산하는 일이 될 것이다.

　　미래사회가 도래한다고 해도 과학의 발전은 멈추지 않을 것이고, 그에 따라 과학자가 윤리의식을 지녀야 할 필요성도 커져 가고 있다. 물론 과학자 역시 사람이고, 한순간 잘못된 판단을 할 수도 있다. 그러나 그 대가는 다른 어떤 실수보다도 크다. 과학자는 자신의 실력에 걸맞은 인성을 갖추도록 노력해야 할 것이며, 자신의 과학적 성과에 대하여 책임을 지는 자세를 지녀야 할 것이다.

수정 답안 지도

총평

수정 답안의 총평은 A이며 본론이 더욱 깔끔하게 정돈된 답안이 되었습니다. 하지만 제시문을 활용하여 논지를 전개하는 방식에 익숙지 않아서인지 첨삭 지도를 통해 제안한 사항이 답안에 제대로 반영되지 않은 점이 아쉽습니다.

세부사항

　　앞서 말한 황우석 교수의 줄기세포 연구 역시 유례없이 획기적인 질병 치료방법에 중요한 역할을 차지하는 것으로서, 각종 난치병 환자들에게 유일한 희망으로 다가왔었고 이에 따라 사회적 파장의 정도도 매우 커졌던 것이다.

　　☞ 장황한 문장이 수정되지 않았습니다. '난치병 환자들의 기대가 컸던 만큼 황우석 사태의 사회적 파장은 더 클 수밖에 없었다'는 식으로 간결하게 표현하십시오.

　　그리고 그 과학의 쓰임에 가장 크고 직접적인 영향을 미치는 이는 역시 과학자 자신이 될 수밖에 없다.(주장) 만약 과학자가 윤리의식의 함양이 전혀 이뤄지지 않은 상태에서, 국가나 집단이 그의 과학적 성과를 옳지 않은 일에 이용하려 한다면 과학자는 도구에 가까운 존재로 전락하게 될 것이다.

　　☞ 과학이 실용화되는 과정에 과학자 자신이 영향을 미친다고 했는데, 뒷받침 문장은 이에 대한 논거라기보다는 직접 관련성이 없는 또 다른 논지를 펼치고 있는 것에 해당합니다. 국가나 집단이 과학을 비도덕적으로 활용한다면 과학자가 도구로 전락된다고 했는데, 이는 이미 언급한 과학을 활용하는 데 직접적인 영향을 미치는 것이 과학자라는 사실과 모순이 되는 진술입니다. 여기에 과학자의 윤리의식까지 개입되면 논리 전체가 명쾌하지 않은 상태에서 겉돌게 됩니다.

이러한 상황에서 과학자의 역할이 단지 획기적인 연구 결과를 발표하거나 신기술의 진보를 추구하는 것에만 국한된다면 그것은 '대중을 좀 속이더라도 일단 성과부터 내고 볼 일이다' 라는 잘못된 인식을 자라나게 할 것이며(부채질할 것이며), 이는 자연스럽게 제2, 제3의 황우석 사태를 양산하는 일이 될 것이다.

☞ '과학자의 역할이 국한된다는 것'과 '과학자가 성과를 내는 데 급급할 수밖에 없다'는 사실은 직접적인 연관성이 없습니다. '일단 성과부터 내고 보자' 라는 그릇된 인식을 부채질할 수 있는 상황을 기술하면서 이 때문에 과학자의 윤리의식이 필요하다는 논리를 펴고 있지만 문장이 장황해져서 글쓴이의 의도를 효과적으로 전달하지 못하고 있습니다. 단순히 제시문에서 보여 주었던 과학자들의 사기극이나 윤리의식 부재로 인해 생겨난 사건들을 나열하고 설명하는 답안과 마찬가지로 제시문을 완전히 무시하고 자신만의 논거를 사용하는 방식도 높은 점수를 얻을 수 없음을 명심하기 바랍니다.

학생 답안과 첨삭 지도의 실제(2)

최초 답안

■ 글 개요 분석 및 특징

1. 과학기술의 중요성이 부각되면서 과학자들의 연구 윤리 문제가 제기됨
2. 과학자 윤리교육의 필요성을 설명하는 사례들
3. 과학자들의 비윤리적인 연구는 과학에 대한 불신을 낳음
4. 비윤리적인 과학자로 인해 사회의 평화와 안정이 저해될 수 있음
5. 과학자의 인성교육 및 연구윤리에 대한 교육이 고려되어야 함

최슬아(원종고)

오늘날의 우리 사회는 과학기술의 사회라 할 수 있을 정도로 과학의 혜택을 입고 있다. 우리 생활 곳곳은 과학기술의 손길을 거치지 않은 부분이 없다 해도 과언이 아니다. 이렇게 과학기술의 중요성이 부각되면서 자연히 과학자에 대한 관심과 그들의 지위 또한 격상되었다. ①그러나 문제는 소수의, 아니 얼마 전 일어난 황우석 사건과 같이 우리 주변의 적지 않은 과학자들이 명예와 부를 위해 자신의 연구를 조작하고 연구윤리와 그들의 양심에 위배되는 행동들을 하고 있다는 점이다.

하이젠베르크는 나치의 핵무기 개발에 소극적으로 참여했던 양심 있는 과학자라고 알려져 왔으나, 2002년 공개된 문서에 의하면 지금까지의 통설과

정반대되는 상황이었음이 드러났다. 또한 오르피레우스와 존 킬리는 거짓 발명품으로 부를 추구하고 쉰과 프톨레마이오스는 명예를 추구하였다. 옥토퍼스 박사는 그 자신이 사회악이 된 것도 마찬가지의 사례이다. 특히 노벨상 수상이 유력하다는 평가를 받은 쉰의 경우는 과학계에 일대 파문을 일으켰다. 위대한 과학자라 일컬어지는 프톨레마이오스도 천동설을 주장하며 1500년간 세계에 영향을 끼쳤는데 그의 연구 역시 거짓임이 드러나며 크나큰 실망을 안겨 주었다. 이러한 사례는 과학자들의 인격과 연구윤리에 대해 적신호를 밝히며 우리에게 과학자에 대한 윤리교육이 필요함을 시사한다.

　과학자들의 이러한 행태는 일반인들에게 과학에 대한 불신과 잘못된 인식을 심어 줄 수 있다. 이미 우리 생활의 일부를 차지하고 있는 ②과학에 대한 불신은 사회 발전이라는 우리의 목표와 부합하지 않는다. ③계속되는 과학자들의 비윤리적인 연구는 더 이상 사람들에게 매력적으로 다가가지 않기 때문이다. 그 누가 믿을 수 없는 과학기술과 과학자에게 우리 생활과 미래를 맡기려 하겠는가.

　④같은 맥락에서, 제시된 하이젠베르크의 경우처럼 부정하고 사회악적인 목적으로 과학자가 연구에 임한다면 우리 사회의 평화와 안정에 저해될 것이다. 훌륭한 과학자가 훌륭한 내용의 연구를 진행하여 획기적이고 유용한 결과를 얻었다고 할지라도 그 쓰임이 사람을 해치고 근본적인 윤리에 위배되는 곳에 사용된다면 차라리 그 연구 결과는 없느니만 못할 것이다. 마치 전쟁과 살상에 이용된 노벨의 다이너마이트처럼 말이다.

　이제 우리는 좀더 다양하고 유용한 과학기술의 사용을 위해서라도 과학자의 인성교육 및 연구윤리에 관한 교육을 진중히 고려해야 할 것이다. ⑤과학기술이 아무리 가치중립적이라 할지라도 그것을 대하고 연구하는 과학자는 숨겨진 혹은 여실히 드러난 욕망을 가진 하나의 인간일 뿐이기 때문이다.

첨삭 지도

이지선 선생님

평가항목	등급	총평
이해 · 분석력	A	논제를 정확히 파악했습니다.
논증력	B+	본문의 사례를 바탕으로 논리적 근거를 제시하고 있습니다.
창의력	B	내용 구성은 뛰어나지만 독창적인 관점이 아쉽습니다.
표현력	B	어법에 맞는 문장 표현 연습이 필요합니다.

장점

제시문에서 요구하는 핵심을 명확히 파악했습니다. 서론에서 과학기술의 중요성과 함께 그에 따른 사회 문제를 지적함으로써 내용 전개의 실마리를 잘 풀어 가고 있습니다. 또한, 과학자의 윤리의식 부재의 문제점을 밝혀 윤리교육 필요의 타당성을 확보했습니다. 과학자들에게 윤리교육이 필요한 타당한 근거를 들고 있으며 단락의 구성 또한 적절합니다.

단점

문단의 구성이 부적절하며 본론의 사례가 길게 나열되어 지루한 느낌을 주고 있습니다. 윤리교육의 필요성을 논하는 근거의 비중이 약하여 논리성이 부족해 보일 수 있으니 이에 대한 보충이 필요합니다. 문장이 호응되지 않거나 모호한 표현이 있습니다.

구성의 특징

본론의 내용 구성이 아쉽습니다. 과학자들이 일으켰던 윤리적으로 부정한 행위들의 사례가 제시문의 내용을 그대로 요약한 것이어서 창의성이 많이 결여된 것으로 보입니다. 자신이 알고 있는 배경 지식을 활용하여 제시문을 재구성하는 것이 내용의 완성도를 높이는 것입니다. 주장하는 논거의 논리적 타당성이 부족합니다. ③번 문장처럼 과학자들의 비윤리적 연구가 일반인들에게 매력적으로 다가가지 않는다는 추상적 진술은 좀더 구체적인 근거로 대체되어야 할 것입니다. ⑤번 문장은 앞서 언급한 내용과 논리적 연결 면에서 많이 부족합니다. 결론의 마지막에서 관련성이 적은 또 다른 내용을 언급하게 되면 글 전체의 완결성이 떨어지게 됩니다.

표현

①번 문장 '그러나 문제는 소수의, 아니 얼마 전 일어난 황우석 사건과 같이'는 불필요한 군더더기 표현입니다. 과감하게 삭제하여 문장을 간결하게 해야 합니다. ②번 문장은 논리성이 결여된 문장입니다. 과학에 대한 불신이 우리의 목표인 사회 발전과 부합하지 않는다는 내용이 구체적으로 무엇을 의미하는지 모호하기 때문입니다. ③번 문장은 너무 추상적이어서 그 명확한 내용이 와 닿지 않습니다. 좀더 구체적인 이유나 근거를 제시하는 것이 좋겠습니다. ④번 문장은 어색한 표현입니

다. 문장을 좀더 다듬어야 합니다.

제언

논제와 제시문의 방향을 명확하게 파악했으나, 비윤리적인 과학자들의 사례나 논리적 근거에서는 그 타당성이 부족합니다. 서론의 문제 제기를 바탕으로 본론에서 그 논지를 펼쳐나가는 데 명확한 근거가 매우 중요합니다. 타당한 근거라야 그 글의 통일된 내용 전개를 보장할 수 있습니다. 또한 결론은 앞에 기술했던 내용을 바탕으로 내용을 확인하고 정리해 주어야 합니다. 글을 끝맺음하는 연습이 더 필요합니다.

수정 답안 | 최슬아

오늘날의 우리 사회는 과학기술의 사회라 할 수 있을 정도로 많은 부분에서 과학의 혜택을 입고 있다. 우리 생활 곳곳은 과학기술의 손길을 거치지 않은 부분이 없다 해도 과언이 아니다. 이렇게 과학기술의 중요성이 부각되면서 자연히 과학자에 대한 관심이 늘어났으며 그들의 지위 또한 격상되었다. 그러나 문제는 순수한 열정을 지닌 과학자가 아니라 부와 명예를 추구하는 가치관을 지닌 과학자들이 자신의 연구를 조작하고 연구윤리뿐 아니라 그들의 양심에 위배되는 행태를 보이고 있다는 점이다.

하이젠베르크는 나치의 핵무기 개발에 소극적으로 참여했던 양심 있는 과학자라고 알려져 왔으나, 2002년 공개된 문서에 의하면 지금까지의 통설과 정반대되는 상황이었음이 드러났다. 또한 오르피레우스와 존 킬리는 거짓 발명품으로 부를 추구하고, 얀 헨드릭 쇤과 프톨레마이오스는 명예를 추구하였다. 옥토퍼스 박사 그 자신이 스스로 사회악이 된 것 또한 마찬가지의 사례이다. 특히 노벨상 수상이 유력하다는 평가를 받은 얀 헨드릭 쇤의 경우는 논문을 조작하여 과학계에 일대 파문을 일으켰다. 고대의 가장 위대한 과학자라 일컬어지는 프톨레마이오스는 천동설을 주장하며 1500년 간 세계에 영향을 끼쳤지만 그의 연구 역시 책상에서 이루어진 거짓 연구임이 드러나며 크나큰 실망을 안겨 주었다. 이러한 사례는 과학자들의 인격과 연구윤리에 대해 적

■ 글 개요 분석 및 특징

· 서론 : 과학기술의 중요성이 부각되면서 과학자들의 연구윤리 문제가 제기됨
· 본론 : 과학자들의 비윤리적인 행동 사례와 윤리교육 필요성의 근거
· 결론 : 과학자의 인성교육 및 연구윤리에 대한 교육이 필요함

신호를 알리며 우리에게 과학자에 대한 윤리교육이 필요함을 시사한다.

과학자들의 이러한 행태는 일반인들에게 과학에 대한 불신과 잘못된 인식을 심어 줄 수 있다. 이미 우리 생활의 일부를 차지하고 있는 과학, 그것에 대한 불신은 사회 발전이라는 우리의 목표와 부합하지 않는다. 계속해서 불거지는 과학자들의 비양심적인 연구 행태는 과학에 대한 사회 구성원들의 인식을 부정적으로 만들 것이다. 이런 사회적 분위기가 형성된다면, 사람들에게 있어 과학은 더 이상 문명의 이기로 받아들여지지 않을 것이다. 그 누가 믿을 수 없는 과학기술과 과학자들에게 우리 생활과 미래를 맡기려 하겠는가.

같은 맥락에서, 제시된 하이젠베르크의 경우처럼 부정하고 사회악적인 목적으로 과학자가 연구에 임한다면 우리 사회의 평화와 안정을 저해할 것이다. 훌륭한 과학자가 훌륭한 내용의 연구를 진행하여 획기적이고 유용한 결과를 얻었다고 할지라도 그 쓰임이 사람을 해치고 근본적인 윤리에 위배되는 곳에 사용된다면 차라리 그 연구 결과는 없느니만 못할 것이다. 마치 전쟁과 살상에 이용된 노벨의 다이너마이트처럼 말이다.

지금보다도 더욱더 과학기술의 사용이 일반화되고 그것이 우리의 생활 자체로서 자리 잡게 될 때에, 과학자들의 인성과 연구윤리 준수에 관한 교육은 피할 수 없는 사안으로 대두될 것이다. 사람들이 과학에 대한 불신을 갖지 않도록 하기 위해서라도 말이다.

또한 사회적 측면에서 과학이 문명의 이기로서의 기능을 하는 것이 아니라 오히려 사회 안정과 평화를 저해할 수 없도록 하는 점에서도 그러할 것이다. 얼마 전에 있었던 황우석 박사의 줄기세포 연구 조작 사건은 과학자의 연구윤리에 관한 교육의 필요성을 제시하는 좋은 예가 된다. 이제 우리는 좀더 다양하고 유용한 과학기술의 사용을 위해서라도 과학자의 인성교육 및 연구윤리에 관한 교육을 진중히 고려해야 할 것이다.

수정 답안 지도

이지선 선생님

총평

주장에 대한 논리적 근거의 타당성을 확보하려 노력한 흔적이 보입니다. 특히 결론 부분이 많이 개선되었으며 끝맺는 말로 적절합니다. 다만 본문에 사용된 비윤리적 행동을 보인 과학자들의 사례는 제시문의 내용과 많은 부분 동일하여 내용이 신선하지 않습니다. 이를 개선하면 훨씬 독창적인 답안이 될 것입니다. 전체적인 총평은 A입니다.

세부사항

이런 사회적 분위기가 형성된다면, <u>사람들에게 있어 과학은</u> 더 이상 문명의 이기로 <u>받아들여지지</u> 않을 것이다.

☞ 자신의 생각이나 의견을 개진해야 하는 논술 글쓰기에서는 피동 표현은 가급적 자제하는 것이 좋습니다. 사람을 주어로 능동문으로 바꾼 '사람들은 더 이상 과학을 문명의 이기로 받아들이지 않을 것이다'가 적절합니다.

<u>같은 맥락에서, 제시된 하이젠베르크의 경우처럼</u> 부정하고 사회악적인 목적으로 과학자가 연구에 임한다면 <u>우리 사회의 평화와 안정을 저해할 것이다.</u>

☞ 제시문의 예를 들어 과학자들의 윤리교육이 필요한 근거를 설명하고 있습니다. '같은 맥락에서, 제시된 하이젠베르크의 경우처럼'은 불필요하게 수식 구조가 겹친 문장이라고 할 수 있습니다. 또한 '우리 사회의 평화와 안정을 저해'하는 주체가 생략되어 있으므로 의미 전달력이 떨어집니다. 이에 대한 보충 내용이 필요합니다. '또한, 하이젠베르크의 경우처럼 부정하고 사회악적인 목적으로 과학자가 연구에 임한다면 자칫 그 결과가 우리 사회의 평화와 안정을 저해할 수 있다.'

지금보다도 더욱더 과학기술의 사용이 일반화되고 그것이 우리의 생활 자체로서 자리 잡게 될 때에, 과학자들의 인성과 연구윤리 준수에 관한 교육은 피할 수 없는 사안으로 대두될 것이다. 사람들이 과학에 대한 불신을 갖지 않도록 하기 위해서라도 말이다.

또한 사회적 측면에서 과학이 문명의 이기로서의 기능을 하는 것이 아니라 오히려 사회 안정과 평화를 저해할 수 없도록 하는 점에서도 그러할 것이다. <u>얼마 전에 있었던 황우석 박사의 줄기세포 연구 조작 사건은 과학자의 연구윤리에 관한 교육의 필요성을 제시하는 좋은 예가 된다.</u> <u>(삭제 요망)</u> 이제 우리는 좀더 다양하고 유용한 과학기술의 사용을 위해서라도 과학자의 인성교육 및 연구윤리에 관한 교육을 진중히 고려해야 할 것이다.

☞ 근거를 뒷받침하는 사례는 결론 부분에 어울리지 않습니다. 본문의 과학자들의 비윤리적 행위 사례에 같이 실리는 것이 더 적절합니다. 이 부분을 없애도 내용상 큰 무리가 없습니다.

학생 답안과 첨삭 지도의 실제(3)

최초 답안

김보미 (원종고)

아주 유명한 천동설을 주장했던 고대의 천문학자 프톨레마이오스를 어디선가 한 번쯤 들어 보았을 것이다. 보통 그의 연구는 이집트의 어느 해안에서 밤중에 관측된 결과라고 알려져 있다. 그런데 얼마 전 충격적인 사실이 밝혀졌다. 약 1500년 동안이나 진리로 통했던 천동설이 알렉산드리아의 대낮의 한 도서관에서 고대 그리스 천문학자의 연구를 단지 해석한 것에 불과하다는 것이다. 또 최근에는 사회적으로 큰 이슈가 되었던 황우석 박사의 논문 조작 사례도 있다. 왜 그들은 이러한 비윤리적인 자신의 양심을 뭉개는 일들을 하는 걸까?

①과학자분들 중에서는 과학의 정도를 걸으시는 자신의 분야에 대한 연구에만 충실하신 분들도 많다. 하지만 가끔 사회적으로 불거지는 비윤리적인 연구를 하거나 연구에 있어 그 과정이나 결과를 자신의 목적대로 조작하는 행태가 드러날 때마다 참으로 안타깝지 않을 수 없다. 이런 일들이 계속됨에 따라 정도를 걸으며 자신의 연구에만 충실하실 과학자분들은 덩달아 피해를 보고 있다. ②고갈되어 가는 과학에 대한 사람들의 관심 속에서 그나마 있던 관심도 과학 연구에 대한 실망과 불신으로 투자까지 끊긴다. 이에 따라 순수 과학에 대한 연구는 더디어지고 과학기술 발전에 있어서도 큰 장애를 겪는다. 그러면 또 과학자들은 자신의 양심과 이성보다는 비윤리적일지라도 돈이 되는 연구를 하게 되고 한 번 저지른 일을 또는 못할까 싶다. 이런 식으로 악순환의 고리가 계속 돌고 도는 것이다. 이제는 그 원인을 찾아 고리를 끊어 버려야 한다. 연구를 하는 주체는 과학자다. 미리 인성교육과 연구윤리에 대한 교육을 함으로써 그들의 비윤리적인 연구와 행동을 사전에 막자는 취지인 것이다. 이 교육들을 시행함으로써 양성된 과학자들은 배운 바에 맞는 윤리적인 실험을 양심적인 태도로 진행할 것이고 이렇게 나온 결과는 매우 명백하고 신뢰할 수 있는 결과일 것이다. 비록 시간과 돈이 많이 소모될지라도 인

■ 글 개요 분석 및 특징
● 과학자들은 왜 비윤리적인 행위를 하는 것일까?
● 과학자들의 비윤리적인 행위의 결과와 인성교육의 필요성
● 과학자들의 인성교육에 대한 필요성 확인

내심을 가지고 깨끗한 과학자의 태도로 나온 이 결과는 우리 과학 발전에 있어 지대한 영향력을 끼치고 나아가 건전한 사회를 이룩하는 데도 큰 공헌을 할 것이다.

③자신 스스로에게 있어 양심을 버리고 비윤리적인 연구를 하는 것은 자신에게도 과학 사회에 있어서도 악영향만 끼칠 뿐이다. 사전에 인성교육과 연구윤리에 대한 교육을 통해 그들의 비윤리적 연구를 막고 ④과학 발전에 있어 큰 장애를 만드는 악순환을 끊을 수 있다면 교육은 긍정적인 우리 사회의 미래를 위해 반드시 필수적인 의례여야 할 것이다.

첨삭 지도

이지선 선생님

평가항목	등급	총평
이해 · 분석력	A	과학자들의 윤리교육 필요성을 파악하고 언급했습니다.
논증력	B	논거의 타당성이 부족하고 명쾌하지 않습니다.
창의력	C[+]	제시문의 정보에서 더 나아가지 못했습니다.
표현력	B	논술 답안에 맞는 표현을 더 연습해야 합니다.

장점

이 학생의 글은 논제에 대해 성실하게 답변하려는 노력이 돋보입니다. 과학자들의 윤리의식이 중요하다는 것을 밝히고 그로 인한 결과까지 세심하게 고려하고 있습니다. 결론의 논지 전개가 자연스럽습니다.

단점

서론 부분이 여러 과학자들의 사례 나열로 시작함으로써 독창적이고 신선한 느낌이 없습니다. 서론의 문제 제기가 논제의 핵심에서 벗어난 질문을 하고 있습니다. 본론에서 밝히고자 하는 내용에 대한 적절한 질문을 던지는 연습이 필요합니다. 공적인 글쓰기에 해당하는 논술에 적절치 않은 문장 표현들이 보입니다.

구성의 특징

본문에서 제시하고 있는 과학자들의 윤리교육의 필요성이 명백히 드러나지 않고 있습니다. 문단 구분이 불명확하여 근거가 명확하게 보이지 않습니다. 또한 서론에서 글 전체에서 무엇을 말하려고 하는지가 드러나지 않습니다. 서론은 본론에서 펼쳐질 내용에 대한 방향을 제시해야 하는데, 여기서 보여 준 문제 제기는 과학자들이 왜 비윤리적인 행위를 하는 것인가에 대한 것으로 그 필요성을 논하는 것과는 별개로 보입니다. 본론에서 제시하는 타당한 근거와 이에 대한 부연 설명을 단락상 구분하여 기술하는 것이 좋습니다. 근거가 다를 경우, 내용상 구분하여 기술하는 것이 글의 흐름을 원활하게 할 것입니다.

표현

①번 문장과 표현은 논술에 적절치 않습니다. 굳이 높임 표현을 사용하지 않고 상대편이 특정 개인이 아닐 때 사용하는 높임와 낮춤의 중간체인 하라체를 사용하는 것이 옳습니다. ②번 문장은 부자연스럽습니다. 이는 논술 답안의 흐름을 방해할 수 있습니다. ③번 문장은 주체가 생략되어 의미가 모호합니다. 구체적 진술이 추가되어야 합니다. ④번 문장 '~악순환을 끊을 수 있다면 교육은 긍정적인 우리 사회의 미래를 위해 반드시 필수적인 의례여야 할 것이다'에서는 구체적으로 어떠한 교육인지에 대한 기술이 생략되어 의미 파악이 어렵습니다. 또한, '의례'는 형식이나 격식을 갖추는 것을 의미하는 말로, 문장의 의미상 어울리지 않는 표현입니다.

제언

논술문은 제시문의 논제와 출제자의 의도를 파악하여 자신의 생각을 타당한 논거를 들어 논증하는 글입니다. 문제의 핵심을 파악했다면 서론에서 이에 대한 문제 제기를 잘 해야만 글의 흐름을 잡을 수 있고 본론의 내용이 더욱 탄탄해집니다. 또한, 본론에서 밝히는 자신의 생각에 대한 논거는 논리적으로 타당해야 함은 물론 그 부연 설명의 사례나 기술 내용 또한 정확해야 합니다. 서론, 본론, 결론의 개요를 짜임새 있게 구성하고 타당한 논거를 구성하는 연습이 필요합니다. 아울러 띄어쓰기를 포함한 문장 기술 연습도 병행해야 합니다.

수정 답안 | 김보미

■ **글 개요 분석 및 특징**
· 서론 : 과학자의 인성교육 필요성 제기
· 본론 : 과학자들의 비윤리적 행위로 인한
　　　　결과와 연구윤리 교육의 전망
· 결론 : 과학자들의 연구윤리 교육이 필요
　　　　성 강조

　　과학 발전의 역사를 살펴보면 돈이라든가, 명예 같은 불순한 목적들을 위해 비윤리적인 실험이나 비도덕적인 행위를 일삼는 경우를 심심찮게 찾아볼 수가 있다. 한 예를 들자면 우리가 잘 알고 있는 천동설을 주장한 프톨레마이오스를 들 수 있다. 그의 가설이 그가 직접 한밤중에 관측한 것이 아닌, 한낮의 시내 도서관에서 고대 그리스 천문학자들의 연구 결과를 단지 재해석한 것에 불과하다는 사실은 우리에게 과학자 양성에 있어 인성교육과 연구윤리에 대한 교육의 필요성을 던져 주고 있다.

물론 과학자들 중에서는 바람직하고 도덕적인 인격을 갖추고 과학의 정도를 걸으며 자신의 분야의 연구에 충실한 학자들도 많다. 하지만 가끔 소수의 양심 없는 과학자들이 비윤리적인 연구를 진행하거나 연구 과정과 결과를 자신의 목적대로 조작해 큰 화제로 불거진다. 그에 따라 사회 전반적으로 과학자들에 대한 불신은 높아지고 불신이 심화되면서 각 연구들을 지원해 왔던 투자들이 끊긴다. 결국 순수과학에 대한 연구는 더디어지고 과학기술 발전에 있어서도 큰 장애를 겪게 된다. 그러면 발전이 없는 과학에 대한 일반인의 관심은 더더욱 줄게 될 뿐이다. 이런 식으로 악순환의 고리가 계속 돌고 돌면서 과학은 제자리걸음만 하게 되는 것이다. 참으로 안타까운 일이다. 이러다 우리 사회는 이대로 멈춰 선 채 문명의 발전이란 없게 되는 것이다.

때문에 지금처럼 그냥 방관만 해선 안 된다. 그 악순환을 과학자를 양성하는 단계에서부터 미리 인성교육과 연구윤리에 대한 교육을 함으로써 끊어 버려야 할 것이다. 사전에 인성교육과 연구윤리에 대한 교육들을 받으며 양성된 과학자들은 배운 바에 맞게 그들의 연구를 윤리적이고 양심적인 사고와 태도로 진행할 것이고 그 결과는 매우 명백하고 신뢰할 수 있을 것이다. 비록 시간과 돈이 많이 소모될지라도 인내심을 가지고 윤리적이고 인성이 올곧은 과학자를 양성한다면 그의 연구로 알게 된 지식이나 개발해 낸 기술을 바탕으로 미래사회를 건전하게 꾸려 나가는 데에 큰 공헌을 할 것이다.

현 사회처럼 과학의 발전에 따라 사람들의 생활 양식이 변화되는 과학사회에서 리더 격인 과학자가 윤리의식이 전혀 결여되어 있다면 우리 사회는 목적을 위해서는 어떠한 과정도 무시될 수 있는 끔찍한 사회가 되어 버릴 것이다. 또 과학자에게 있어서도 자신의 양심을 버리고 비윤리적인 연구를 하는 것은 결과적으로 자학을 하는 꼴이다. 그러므로 인성교육과 연구윤리에 대한 교육을 통해 과학 발전에 있어 큰 장애가 되는 악순환을 끊을 수 있다면 인성과 연구윤리에 대한 교육은 긍정적인 우리 사회의 미래를 위해 필수 불가결한 과정이이야 힐 것이다.

수정 답안 지도

이지선 선생님

총평

서론 부분이 많이 개선되었으며 문맥을 정돈한 노력이 엿보입니다. 본론에서 논리적으로 타당한 근거를 더 보강하면 좋은 논술이 될 것입니다.

세부사항

하지만 가끔 소수의 양심 없는 과학자들이 비윤리적인 연구를 진행하거나 연구 과정과 결과를 자신의 목적대로 조작해 큰 화제로 불거진다.(큰 화젯거리가 되기도 한다.) 그에 따라 사회 전반적으로 과학자들에 대한 불신은 높아지고 불신이 심화되면서(불신은 깊어지고 그로 인해) 각 연구들을 지원해 왔던 투자들이 끊긴다. 결국 순수과학에 대한 연구는 더디어지고 과학기술 발전에 있어서도 큰 장애를 겪게 된다. 그러면 발전이 없는 과학에 대한 일반인의 관심은 더더욱 줄게 될 뿐이다. 이런 식으로 악순환의 고리가 계속 돌고 돌면서(악순환의 고리가 계속되면서) 과학은 제자리걸음만 하게 되는 것이다. 참으로 안타까운 일이다. 이러다 우리 사회는 이대로 멈춰 선 채 문명의 발전이란 없게 되는 것이다.

☞ 어색한 문장 표현이나 불필요한 군더더기 표현이 보입니다. 과학자들이 비윤리적인 행위를 했을 때 벌어질 수 있는 사태를 이야기하면서 그 심각성을 설명하고 있습니다. 과학자들의 윤리 교육이 필요하다는 근거로서의 타당성이 약합니다. 좀더 구체성을 가진 근거가 필요합니다.

때문에 지금처럼 그냥 방관만 해선 안 된다. 그 악순환을 과학자를 양성하는 단계에서부터 미리 인성교육과 연구윤리에 대한 교육을 함으로써 끊어 버려야 할 것이다.(과학자를 양성하는 단계에서부터 인성교육과 연구윤리에 대한 교육을 함으로써 그 악순환을 끊어야 한다.) 사전에 인성교육과 연구윤리에 대한 교육들을 받으며 양성된 과학자들은 배운 바에 맞게 그들의 연구를 윤리적이고 양심적인 사고와 태도로 진행할 것이고 그 결과는 매우 명백하고 신뢰할 수 있을 것이다. 비록 시간과 돈이 많이 소모될지라도 인내심을 가지고 윤리적이고 인성이 올곧은 과학자를 양성한다면 그의 연구로 알게 된 지식이나 개발해 낸 기술을 바탕으로 미래사회를 건전하게 꾸려 나가는 데에 큰 공헌을 할 것이다.

☞ 사전에 윤리교육을 실시함으로써 과학자들의 비윤리적 행위를 없앨 수 있다고 설명하고 있습니다. 윤리교육 이후에 발전하게 될 과학의 상황은 논제에서는 다소 거리가 있는 내용이라 생각됩니다. 제시문이나 출제자가 요구한 것은 과학자들에게 인성교육 및 연구윤리 교육이 필요한 까닭을 밝히는 것입니다. 이에 좀더 비중을 두어야 할 것입니다. '이러다 우리 사회는 이대로 멈춰 선 채 문명의 발전이란 없게 되는 것이다' 등은 개인적인 의견으로 지나치게 단정적 표현을 사용하고 있습니다. 자신의 의견을 논리적으로 증명하는 글이기에 객관적이고 감정이 배제된 표현이 그 논리적 타당성을 인정받을 수 있습니다.

| 학생 답안과 첨삭 지도의 실제(4)

최초 답안

우가은(원종고)

몇 년 전 황우석 박사는 배아줄기 복제 실험의 성공으로 전 세계의 사람들을 놀라게 했다. 전 세계 사람들과 언론들은 난치병 치료가 가능해졌다며 황 박사의 실험을 연일 대서특필했고 난치병 환자의 가족들은 희망을 가지게 되었다. 그러나 얼마 후 실험에 쓰인 난자의 무분별한 채취가 거론되며 시작된 조사에서 황 교수의 실험 중 성공 진위 여부의 의혹이 생겼고 결국 실험 조작으로 판명되었다. 이러한 일은 과거에도 있었다. 나치의 핵무기 개발에 소극적으로 협조한 것으로 알려져 존경받고 있는 과학자 하이젠베르크의 양면성이 의심되고 있다. 또한, 인류의 영원한 꿈인 영구기관을 발명했다고 주장한 여러 과학자들 역시 사기극으로 밝혀진 것이 대부분이다. 이들은 과학자로서의 정도를 벗어나 양심보다는 돈, 권력, 명예 등에 현혹되었기 때문이다.

우리가 살아가고 있는 현대 사회는 하루하루가 다르게 과학기술이 발전하고 있다. 일반인들이 점점 과학과 유리되고 있음은 물론이고 과학자들 역시 자신의 분야 외에는 문외한인 경우가 많다. 이러한 상황에서 과학자의 역할은 더욱 중요시되고 있고, '가치는 중립적'이라는 말 또한 더욱 강조되고 있다. 과학기술의 실행 결과 그 책임은 과학에 있는 것이 아니라 그 기술을 취사선택한 과학자에게 있다는 말이다. ①노벨의 경우 자신이 발명한 다이너마이트가 폭탄 제조에 쓰이면서 무고한 사람들의 목숨을 앗아간 것에 의해 정신적 충격을 받았고, 제2차 세계대전 당시 수소폭탄을 제조한 미국의 물리학자 오펜하이머 역시 정신적 충격을 받기는 마찬가지이다. 그렇기 때문에 참된 가치를 취사선택하는 과학자를 양성하기 위해서 과학자의 인성교육은 불가피하다.

위에서 예를 들었던 황우식 박사의 실험에서처럼 한 과학자의 실험 결과가 단순히 과학자 개인의 명예만을 드높이기에는 우리의 과학기술이 너무도 발

■ 글 개요 분석 및 특징

1. 과거 과학자들의 비윤리적인 행위 사건들
2. 과학자의 인성교육이 중요시됨
3. 과학자의 실험 결과는 세계 인류에 큰 영향을 미침
4. 과학자들의 연구윤리 교육이 필요함

전되어 왔다. 황 교수의 실험 성공에 희망을 안고 살아가던 난치병 환자의 가족들은 다시금 상처를 받게 되었고, 새로운 과학의 발전에 흥분하던 전 세계 사람들도 유린당한 꼴이 되었다. 또한 일본에 투하된 원자폭탄의 위력으로 아직도 일본 열도에는 후유증을 안고 살아가는 사람들이 있다. 이처럼 ②외부적 요인으로는 한 과학자의 실험 결과가 전 세계 인류에 영향을 주는 시대가 왔기 때문에 양심이 살아 있는 교육을 받은 과학자가 필요하다.

20C초 현대 과학의 창시자인 아인슈타인의 최후를 알고 있는가? 병상에 누워 있던 그는 마지막 순간까지 상대성이론의 통일장 노트가 들려 있었다고 한다. 죽는 순간까지 학자로서의 순수한 열정을 보여 준 것이다. 미래사회를 이끌어 갈 과학자들이 아인슈타인의 순수한 열정을 간직하기 위해 인성교육과 연구윤리에 대한 교육은 꼭 필요하다.

첨삭 지도

이지선 선생님

평가항목	등급	총평
이해 · 분석력	A	출제자의 의도를 잘 파악했습니다.
논증력	C	본론의 내용이 논리적으로 완결되지 못했습니다.
창의력	B⁺	제시문과 관련된 사례에 대한 고심이 엿보입니다.
표현력	B	부자연스러운 문장이 있습니다.

장점

일련의 사건들을 중심으로 흥미롭게 과학자들의 윤리교육을 기술하고 있습니다. 제시문에서 요구하는 방향에 따라 윤리교육과 연구윤리의 필요성을 일관되게 논하고 있어 통일성을 갖추었습니다.

단점

사례가 중심을 이루다 보니 근거의 논리성이 매우 약합니다. 구체적 사례로 시작한 서론에서 문제제기를 했는데, 본론에서 다시 추상적이고 일반적인 내용을 기술하고 있어 서론과 본론의 내용상 흐름이 자연스럽지 않습니다. 주장을 펴기 위한 논거들이 적절치 않습니다. 결론 부분이 본론과 가지는 유기적 관계가 명확하지 않아 설득력을 잃고 있습니다.

구성의 특징

일련의 사건을 설명하면서 서론을 시작하고 있는데, 뚜렷한 문제 제기의 모습이 보이지 않습니다. 좀더 구체적인 문제 제기가 필요합니다. 본론에서도 사례를 통한 과학자들의 윤리의식 필요성을 이끌어 내려고 노력한 흔적이 보입니다. 결론의 사례는 독창적인 구성으로 볼 수도 있지만 논제와의 관련성은 좀 부족합니다. ①번 문장의 경우 인성교육의 필요성에 대한 근거를 과학자들의 정신적 충격에서 찾고 있어 그 타당성이 매우 약합니다. 좀더 구체적이고 실제적인 근거들이 필요합니다. 결론에서 보여 준 아이슈타인의 열정과 과학자의 인성교육은 그 논리적 연결고리가 매우 약합니다.

표현

문장의 구성은 우수하지만 논지를 내세우고 논거로 뒷받침하는 논리적인 표현력이 부족합니다. ②번 문장 '외부적 요인으로는~'이란 표현을 쓰려면 앞의 내용에 '내부적 요인'에 대한 내용을 언급했다는 것을 전제로 하는 것입니다. 따라서 그 내부적 요인을 먼저 구체적으로 기술했어야 합니다. 문장이 전반적으로 길기 때문에 의미가 명확하게 전달되지 않을 수 있습니다. 핵심을 표현하는 간략한 단문을 사용하는 것이 좋습니다.

제언

논제와 제시문의 내용은 잘 파악했으나, 과학자에게 윤리교육이나 연구윤리가 필요한 이유에 대한 구체적인 근거를 파악하지 못했습니다. 논지를 펼 때에는 구체적 사례도 중요하지만, 구체적 논거의 적합성 또한 매우 중요합니다. 논제에 대한 정확하고 심도 있는 이해가 필요하며 주장과 근거를 논리적으로 기술하는 연습이 필요합니다.

수정 답안 | 우가은

우리가 살아가고 있는 현대 사회는 정치, 경제, 사회 전반에 걸쳐 과학기술과 밀접한 관계를 맺고 발전하고 있다. 그러나 일반인들은 점점 과학과 유리되고 있고, 과학자들 역시 자신의 분야 외에는 문외한인 경우가 많다. 이러한 상황에서 얼마 전 황우석 교수가 연구한 배아줄기세포의 복제 성공이 국제 사회를 깜짝 놀라게 한 것도 잠시, 복제 실험의 진위 여부가 논란이 되었고, 결국 실험 조작으로 판명났다. 이러한 일은 과거에도 있었다. 나치의 핵무기 개발에 소극적으로 협조한 것으로 알려져 존경받고 있는 과학자 하이젠베르

■ **글 개요 분석 및 특징**

· 서론 : 과학자들의 여러 비윤리적 행위는 과학자들의 연구윤리 교육 필요성을 재고하게 함
· 본론 : 과학자들의 비윤리적 행위로 인한 결과와 인성교육 필요성의 근거
· 결론 : 과학의 양면성은 과학사의 역할이 중대함을 암시

크의 양면성이 의심되고 있고, 인류의 영원한 꿈인 영구기관을 발명했다고 주장한 여러 과학자들 역시 자체 사기극으로 밝혀진 것이 대부분이다. 학자로서의 정도를 벗어나 돈, 권력 등에 현혹된 이들을 보며 과학자들의 인성교육과 연구윤리 교육에 대해 생각해 보아야 한다.

과학의 특성으로 가치중립성을 들 수 있는데 이는 과학기술을 실행한 결과의 책임은 과학에 있는 것이 아니라, 그 기술을 취사선택한 과학자에게 있다는 말이다. 이에 따라 과학자의 위상과 역할이 더욱 중시되고 있으며, 과학자들의 인성교육과 연구윤리에 대한 교육 또한 필수가 되었다. 노벨의 경우 자신이 발명한 다이너마이트가 폭탄 제조에 쓰이면서 무고한 사람들의 목숨을 앗아간 것에 의해 정신적 충격을 받았고, 제2차 세계대전 당시 수소폭탄을 제조한 미국의 물리학자 오펜하이머 역시 죄책감으로 불우한 말년을 보냈다.

"과학은 국가의 운명이다"라고 물리학자 파울러가 말했듯이 한 과학자의 실험 결과가 단순히 과학자 개인의 명예만을 드높이는 시대는 지나갔다. 황 교수의 실험 성공에 희망을 안고 살아가던 난치병 환자와 가족들은 다시금 상처를 받게 되었고, 새로운 과학의 장이 열린 것에 대해 흥분하던 전 세계 사람들도 유린당한 꼴이 되고 말았다.

또한 일본에 투하된 원자폭탄의 위력이 아직도 일본 열도에 남아 있어 그 후유증을 안고 살아가는 사람들이 많이 있다. 만약 제2차 세계대전 당시 독일의 아인슈타인, 이탈리아의 페르미가 히틀러나 무솔리니의 정책에 동조하고 있었다면 현재 인류의 모습은 어떻게 되었을까? 이처럼 국가를 넘어 인류 전체에 지대한 영향을 미치고 있는 과학을 제대로 발전시키기 위해서 과학자의 인성교육과 연구윤리에 대한 교육이 필요하다.

과학은 양날의 칼과 같다. 새로운 자원을 발견하는 데 근원 재료가 되는 핵에너지는 유용하게 쓰이기도 하지만 인류 전체의 목숨을 위협하는 핵폭탄이 되기도 하는 것처럼 과학은 어떻게 쓰이냐에 따라 득과 실이 결정되고 그 역할을 담당하는 사람들이 바로 과학자이다. '나를 먼저 닦고 다른 사람들을 편하게 한다'는 뜻의 수기이안인의 자세를 바탕으로 한 인성교육과 연구윤리 교육이 필요할 때이다.

수정 답안 지도

이지선 선생님

총평

서론의 내용이 많이 다듬어졌고 문제 제기도 적절하게 되었습니다. 주장하는 바에 대한 본론의 근거는 좀더 보충하는 것이 좋겠습니다. 전반적으로 서론의 분량이 많습니다. 분량 조절을 통해 본론을 더욱 내실 있게 구성하는 것이 좋습니다.

세부사항

과학의 특성으로 가치중립성을 들 수 있는데 이는 과학기술을 실행한 결과의 책임은 과학에 있는 것이 아니라, 그 기술을 취사선택한 과학자에게 있다는 말이다. 이에 따라 과학자의 위상과 역할이 더욱 중시되고 있으며, 과학자들의 인성교육과 연구윤리에 대한 교육 또한 필수가 되었다. 노벨의 경우 자신이 발명한 다이너마이트가 폭탄 제조에 쓰이면서 무고한 사람들의 목숨을 앗아간 것에 의해 정신적 충격을 받았고, 제2차 세계대전 당시 수소폭탄을 제조한 미국의 물리학자 오펜하이머 역시 불우한 말년을 보냈다.

"과학은 국가의 운명이다"라고 물리학자 파울러가 말했듯이 한 과학자의 실험 결과가 단순히 과학자 개인의 명예만을 드높이는 시대는 지나갔다. 황 교수의 실험 성공에 희망을 안고 살아가던 난치병 환자와 가족들은 다시금 상처를 받게 되었고, 새로운 과학의 장이 열린 것에 대해 흥분하던 전 세계 사람들도 유린당한 꼴이 되고 말았다.

또한 일본에 투하된 원자폭탄의 위력이 아직도 일본 열도에 남아 있어 그 후유증을 안고 살아가는 사람들이 많이 있다. 만약 제2차 세계대전 당시 독일의 아인슈타인, 이탈리아의 페르미가 히틀러나 무솔리니의 정책에 동조하고 있었다면 현재 인류의 모습은 어떻게 되었을까? 이처럼 국가를 넘어 인류 전체에 지대한 영향을 미치고 있는 과학을 제대로 발전시키기 위해서 과학자의 인성교육과 연구윤리에 대한 교육이 필요하다.

☞ 위 세 단락의 내용은 과학자의 인성교육이 필요함을 각기 다른 논거를 들어 설명하고 있습니다. 하지만 세 문단 모두 핵심은 과학자의 사회적 역할이 커져 중요한 영향력을 행사한다는 점에 있습니다. 이와 같은 논지 전개는 내용이 중복되어 논리의 명확성을 떨어뜨리게 됩니다. 문단을 나누어 각각 다른 논거로 제시한 것이라면 확연한 차이를 보여야 합니다.

과학은 어떻게 쓰이느냐에 따라 득과 실이 <u>결정되고(결정되며)</u> 그 역할을 담당하는 사람들이 바로 과학자이다.

☞ 문장의 연결이 어색하고, 내용도 정확한 뜻을 파악하기 힘들 정도로 부자연스럽습니다. 득과 실을 결정하는 것이 과학자인지 과학이 어떻게 쓰이느냐를 결정하는 것이 과학자인지가 불분명한데, 더 큰 문제는 둘 모두 논리적 비약이라는 점입니다. 논술 답안을 작성하는 학생의 의도를 잘 전달하기 위해서는 논리적인 비약이나 예단, 과도한 재개념화 등을 모두 경계해야 합니다.

좀더 자세히

1. 학계서 벌어진 실수 혹은 거짓

2001년 미국 벨연구소 소속의 물리학자 얀 헨드릭 쇤이 나노기술을 응용, 분자 크기만 한 트랜지스터를 만들었다는 논문을 발표했다. 이 논문을 비롯해 마이크로 전자공학과 나노기술에 관한 그의 논문 17편이 과학 전문지 『사이언스』와 『네이처』에 실렸다.

그러나 이듬해 코넬대의 한 학자가 이 논문을 비롯한 쇤의 세 편의 논문에 실린 그래프의 모양이 거의 흡사하다는 사실을 밝혀 냈다. 쇤, 그는 어디서 많이 들어 본 변명을 했다. "실수로 엉뚱한 그래프를 (학술지에) 보냈다"고……

그 다음 벌어진 진상 파악의 수순은 우리들에게 친숙하다. 벨연구소는 70여 년 역사 처음으로 외부에 의뢰해 조사위원회를 구성했다. 조사 결과 논문 17편 중 16편에서 결과 조작 등 부정이 드러났다. 쇤의 공동 저자들은 "부정행위에 대해 아무것도 알지 못한다"고 주장했다.

낯익다. 놀라울 정도로. 세 권의 책은 황우석 스캔들 같은 사건이 때와 장소를 가리지 않고 일어난다는 사실을 알려 준다. 수의학 박사 출신의 저자는 학자들이 저지른 각종 오류와 속임수를 두루 고발한다. 이 중에는 미필적 고의도 있고 단순 실수도 있다. 인위적 실수도 상당수다. 저자는 "객관적 확실성이 뒷받침되지 못한 학문은 사기"라고 잘라 말한다. 학문적 사기가 일어나는 이유는? "자신들의 성공을 서둘러 세상에 알리기 위해서"다.

『역사의 사기꾼들』은 고고학, 인류학, 심리학, 의학, 약학 등 분야별로 학자들이 저지른 오류 28가지를 소개한다. 좋은 예가 1940~50년대 미국 사회를 충격으로 몰아넣었던 '킨지 보고서' 다. 킨지는 보고서에서 미국 남성의 10%가 동성애 성향을 나타냈고 농촌 청소년의 반 이상이 동물과 성관계를 한 적이 있다고 발표했다. 그러나 조사 대상의 4분의 1이 성범죄자였고 응답자 다수가 킨지의 성 강연 수강자였다. 즉 일반화를 하기에는 무리가 있었던 표본집단이었던 것이다.

『지식의 사기꾼』과 『역사의 사기꾼』은 각각 28가지 사례를 통해 사기 행위를 좀더 파고들어간다. 저자에 따르면 일부 학자들은 실험이나 관찰 결과를 임의로 만들거나 조작하고(위조), 가설에 맞지 않은 수치들은 아예 뺀 뒤 결과를 낸다(요리하기). 이보다 더 위험한 것은 자신이 설정한 수치가 나오도록 측정값을 계속 조작하는 것(다듬기)이다.

개별 사건의 전모에 대해 설명이 미진한 점이 종종 눈에 띄기도 한다. 워낙 수록된 사례가 많다 보니 그럴 것이다. 어찌 됐건 탐험가 마르코 폴로, 고고학자 하인리히 슐리만, 심리학자 지크문트 프로이트, 인류학자 마거릿 미드 등 명단에 오른 이름만 봐도 매우 흥미진진한 글임에는 틀림없다. 세 권의 책에 실린 '사기'는 과거에도 일어났고 지금도 진행 중이며 앞으로도 일어날 수 있는 일이다. '사기'당하지 않으려면 저자 말마따나 언론과 대중 모두 정신 바짝 차리는 수밖에.

● 자료 출처 : 기선민, 중앙일보 2006년 2월 18일자 도서 서평 – 『지식의 사기꾼』, 『과학의 사기꾼』, 『역사의 사기꾼들』

왼쪽부터 시계 방향으로 탐험가 마르코 폴로, 심리학자 지크문트 프로이트, 동물학자 앨프리드 킨지, 인류학자 마거릿 미드, 고고학자 하인리히 슐리만, 물리학자 얀 헨드릭 쇤

2. 바른생활상 받는 과학자 나와야

해마다 12월 초 노벨상 시상식 하루 전날이면 스웨덴 의회에서는 '또 하나의 노벨상'이라는 '바른생활상(www.rightlivelihood.se)'이 수여된다. 1980년 제정된 이 상은 사회정의와 인권, 세계 평화와 군축, 환경 보전 등 지구와 인류의 안녕을 위해 힘써 온 개인이나 단체에 수여된다. 인간은 모름지기 자연과 타인을 존중하는 바른 삶을 영위하지 않으면 안 된다는 믿음을 실천하기 위해 제정된 상이다.

대표적인 수상자들의 면면을 살펴보면 바른생활상의 취지가 드러난다. 1986년 수상한 단체는 헬레나 노르베리 호지가 설립한 인도의 라다크 생태개발그룹이다. 라다크는 히말라야 북쪽 티베트 고원에 있는 토착 공동체이다. 노르베리 호지는 스웨덴의 언어학자였으나, 라다크의 전통문화에 매료되어 장기간 체류하면서 환경을 훼손하는 서구 산업사회의 대안을 모색했다. 1992년 황량한 자연조건 속에서도 평화롭고 건강한 삶을 누려 온 라다크를 감동적으로 묘사한 『오래된 미래』(녹색평론사)를 펴냈다.

1993년 수상자인 인도의 반다나 시바는 『살아남기』(솔), 『자연과 지식의 약탈자들』(당대), 『에코페미니즘』(창작과비평사), 『물전쟁』(생각

의나무)으로 국내에 널리 알려진 여성 환경운동가이다. 1997년에는 일본의 원자력 전문가인 다카키 진자부로가 수상했다. 『시민 과학자로 살다』, 『원자력 신화로부터의 해방』(이상 녹색평론사)으로 국내에 소개된 진자부로는 대학교수 자리를 박차고 나와 반핵 시민운동가로 변신한 인물이다. 기존의 과학 연구 체제를 비판하며 자신만의 독자적인 공간에서 연구 활동을 하는 이른바 독립과학자(independent scientist)의 전형을 보여 주었다. 그 밖에도 1986년 수상한 로버트 융크는 오스트리아 녹색당의 대통령 후보로 출마했던 문명비평가로서 반핵운동의 정신적 지주였다. 독일의 한스 페터 뒤르(1987년), 미국의 새뮤얼 엡슈타인(1998년)과 같은 저명한 과학자들도 영예의 수상자 명단에 들어 있다. 바른생활상을 받은 사람들의 공통점은 인권과 환경보호 차원에서 현실 문제를 비판하고 대안을 모색하여 실천에 옮긴다는 것이다.

올해 수상자들 역시 예외가 아니다. 수상자 4명은 각각 인도, 러시아, 니카라과, 아르헨티나 사람이다. 인도와 남아시아에서 공존, 관용, 이해의 증진에 공헌한 사람, 러시아에서 인권 신장에 노력한 인물, 니카라과에서 인권, 사회정의, 환경보호에 헌신한 여성, 아르헨티나의 환

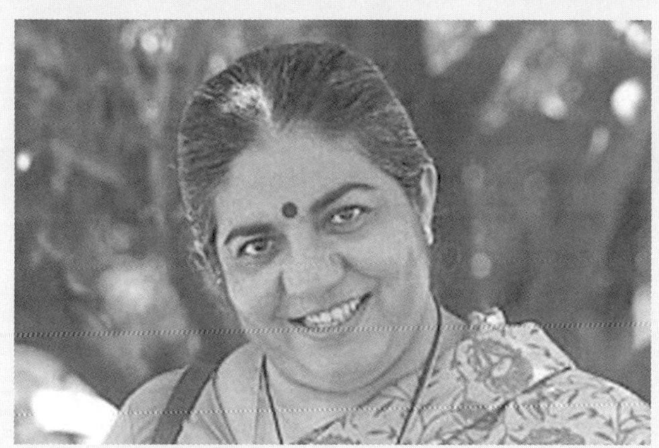

반다나 시바(1993년 바른 생활상 수상)

다카키 진자부로(1997년 바른생활상 수상)

경운동가이다.

바른생활상은 25회에 걸쳐 48개 국가에서 100명 넘게 수상했다. 미국, 독일, 일본 등 선진국은 물론이고 방글라데시, 에티오피아, 레바논, 이집트 등 제3세계 국가들도 적잖게 들어 있다. 우리나라는 2003년에 경제정의실천시민연합(경실련)이 상을 받게 되어 뒤늦게나마 체면 치레를 해서 얼마나 다행인지 모르겠다.

바른생활상의 상금 23만 달러는 수상자들이 나누어 갖는다. 노벨상의 상금 액수에 비하면 참으로 보잘것없다. 그럼에도 불구하고 바른생활상은 제2의 노벨상으로 갈수록 성가가 높아지고 있다. 이제는 우리나라에서도 노벨상만 막무가내로 쳐다보지 말고 바른생활상을 받는 환경운동가와 과학자가 하루빨리 나오도록 사회적 관심과 노력을 기울여야만 할 것 같다.

● 자료 출처 : 이인식, 『이인식의 과학생각』 중 「'바른생활상' 받는 과학자 나와야」

3. 불행한 청년 과학자 김선종, 결국은 피해자

우리는 국내 최고의 줄기세포 배양 전문가로 대통령 포상까지 받았던 한 청년 과학자가 하루아침에 줄기세포 바꿔치기와 논문 데이터 조작에 관여한 핵심 인물로 추락하는 과정을 지켜보았다. 검찰 조사에 따르면 줄기세포 관련 사건은 김선종 연구원이 줄기세포 배양을 성공시켜야 한다는 중압감에 시달리다 미즈메디병원의 수정란 줄기세포를 훔쳐 황 박사팀의 줄기세포 배양 용기에 섞어 넣기를 했을 뿐 환자 맞춤형 줄기세포는 처음부터 없었던 것으로 확인됐다.

김선종 연구원은 2004년 10월부터 이듬해 4월 사이 미즈메디병원의 수정란 줄기세포를 몰래 가져와 서울대 줄기세포 2~14번 배양용기에 섞어 심어 황우석 박사팀의 연구를 방해한 혐의를 받고 있다. 김 연구원은 2004년 10월 서울대 줄기세포 2번(NT-2)의 배양이 갑자기 실패하게 되자 즉시 생명력이 왕성한 미즈메디병원의 줄기세포를

가져와 서울대 줄기세포 배양용기에 섞어 넣기를 했는데도 황 박사팀이 이를 눈치채지 못하자 과감하게 후속 섞어 심기를 감행했다는 게 검찰의 조사결과이다.

세상을 발칵 뒤집어 놓은 황우석 박사의 줄기세포 열풍이 언론 폭로전과 검찰 수사로 얼룩져 버린 지금, 일련의 가슴 아픈 사건들이 우리 사회에 남겨 놓은 과제는 '누가 책임을 져야 하는가'보다는 '무엇이 장래가 촉망한 청년 과학자를 파멸로 이르게 했는가'를 논의하는 것이다. 그동안 우리는 청년들에게 과학기술에 대한 부푼 꿈을 불어넣는 것에만 치중했을 뿐, 어찌 보면 청년 시절에 가장 중요하다고 볼 수 있는 연구윤리에 대한 교육은 등한시해 왔다. 김선종 연구원 역시 연구윤리 교육이 부재한 우리 사회의 피해자일 뿐이다.

뒤늦은 감은 있지만 정부도 연구윤리 가이드라인을 제정하고 연구윤리 교육을 정규 교과목에 반영할 방안을 마련하고 있다. 다음은 연구 부정행위를 방지하고 연구 진실성을 공정하게 검증하기 위한 제도를 도입하기 위한 정부의 가이드라인 중 일부이다.

● 자료 출처 : 마포고등학교, 「윤리-생물-사회 통합교과논술 지도자료」

연구윤리 · 진실성 확보를 위한 가이드라인(지침)

제1장 총 칙

제1조(목적)

이 지침은 국가연구개발사업의 수행과 관련된 기관들에게 연구윤리 및 진실성을 확보하는 데 필요한 역할과 책임에 관하여 기본적인 원칙과 방향을 제시함을 목적으로 한다.

제2조(적용대상)

이 지침은 과학기술분야 국가연구개발사업을 수행하는 모든 연구수행기관(이하 '연구기관'이라 한다)과 이를 지원하고 관리 · 감독하는 정부부처 및 연구관리전문기관(이하 '연구지원기관'이라 한다)을 대상으로 한다.

인문사회분야 국가연구개발사업을 수행하거나 국가연구개발사업 외의 연구개발 활동을 수행하는 기관 또는 단체가 연구윤리 및 진실성 확보를 위한 자체 규정을 마련하고자 할 경우 이 지침을 준용할 수 있다.

제3조(적용범위)

특정 연구 분야의 윤리 및 진실성에 관하여 다른 법령에 특별한 규정이 있는 경우를 제외하고는 이 지침에 의한다.

제4조(연구 부정행위의 범위)

이 지침에서 제시하는 연구 부정행위(이하 '부정행위'라 한다)는 연구의 제안, 연구의 수행, 연구결과의 보고 및 발표 등에서 행하여진 위조 · 변조 · 표절 부당한 논문저자 표시 행위 등을 말하며 다음 각 호와 같다.

1. '위조'는 존재하지 않는 데이터 또는 연구결과 등을 허위로 만들어 내는 행위를 말한다.

2. '변조'는 연구 재료 · 장비 · 과정 등을 인위적으로 조작하거나 데이터를 임의로 변형 · 삭제함으로써 연구내용 또는 결과를 왜곡하는 행위를 말한다.

3. '표절'이라 함은 타인의 아이디어, 연구내용 · 결과 등을 정당한 승인 또는 인용 없이 도용하는 행위를 말한다.

4. '부당한 논문저자 표시'는 연구내용 또는 결과에 대하여 과학적 · 기술적 공헌 또는 기여를 한 사람에게 정당한 이유 없이 논문저자 자격을 부여하지 않거나, 과학적 · 기술적 공헌 또는 기여를 하지 않은 자에게 감사의 표시 또는 예우 등을 이유로 논문저자 자격을 부여하는 행위를 말한다.

5. 본인 또는 타인의 부정행위 혐의에 대한 조사를 고의로 방해하거나 제보자에게 위해를 가하는 행위

6. 과학기술계에서 통상적으로 용인되는 범위를 심각하게 벗어난 행위 등

연구기관은 제1항의 규정에 의한 부정행위 외에도 자체적인 조사 또는 예방이 필요하다고 판단되는 부정행위를 제7조 제1항 제1호의 내용에 포함시킬 수 있다.

● 자료 출처 : 과학기술 관계 장관회의(2006. 6. 22)

과학과 진보

논술고사의 형태가 어떻게 바뀌더라도 변함없이 살아남을 주제가 있으니 그 중 하나가 바로 '과학기술과 진보'와 관련된 쟁점이다. 지금까지 실시해 온 고전 논술형 문제에서는 조지 오웰의 『1984년』과 같은 유명한 고전의 일부를 제시한 뒤 이를 토대로 학생의 생각을 논술하라는 형태가 주를 이루었지만, 통합교과형 과학논술에서는 좀더 구체적인 상황과 전제 조건을 제시한 다음 과학기술에 대한 학생의 창의적인 생각을 묻는 형태로 바뀔 전망이다. 다시 말해서 유명한 고전을 중심으로 예상 문제와 답안을 미리 암기하는 기존 학습법으로는 출제자의 의도에서 빗나간 답안을 작성하기 쉽다는 말이다.

다음 문제는 이인식의 『미래교양사전』, 『이인식의 과학나라』, 『미래신문』 중 유비쿼터스 컴퓨팅 시대를 전반적으로 개관하고 있는 내용들을 발췌하여 유비쿼터스 시대의 사생활 침해 문제를 핵심쟁점으로 출제했다.

| 논술 기본 문제

■ 제시문 자료 출처

• 이인식, 『미래교양사전』 중 「유비쿼터스 컴퓨팅」
• 이인식, 『이인식의 과학나라』 중 「유비쿼터스 컴퓨팅 시대 온다」, 「연필은 사라지지 않는다」
• 이인식, 『미래 신문』 중 「그 어디에나 컴퓨터가 우리를 보고 있다!」

〔가〕 부엌으로 가서 큰 소리로 무얼 먹으면 좋을지 컴퓨터에게 묻는다. 부엌의 컴퓨터는 지난 몇 주 동안의 기록을 바탕으로 당신이 좋아하는 몇몇 식품의 재고를 알아본 뒤 서너 종류의 요리를 제안한다. 가령 삼계탕을 주문하면 요리 소프트웨어는 재료를 골라 음식을 만든다. 그동안 당신은 비디오 메시지가 들어왔는지 큰 소리로 알아본다. 곧 거실 저쪽 벽에 스크린이 나타난다. 메시지를 살피는 동안 부엌에서는 음식이 다 되었다는 신호가 온다.

제3의 컴퓨터 물결이 밀려온다. 메인프레임, 퍼스널 컴퓨터에 이어 유비쿼터스 컴퓨팅 시대가 다가오고 있다. 영어를 줄여 유비컴이라 불러도 무방할 성싶다. 유비컴은 말 그대로 컴퓨터가 어디에나 퍼져 있다는 뜻에서 편재 컴퓨팅이라고 한다. 편재 컴퓨팅은 한마디로 컴퓨터를 눈앞에서 사라지게 하는 기술이다. 실로 천을 짜듯 컴퓨터가 의식주의 모든 수단에 파고들기 때문에 사람들은 컴퓨터를 더 이상 컴퓨터로 생각하지 않게 되는 것이다. 요컨대 편재 컴퓨팅 시대에는 컴퓨터가 도처에 존재하면서 동시에 보이지 않게 된다.

유비컴 기술의 성패는 신발, 옷감, 손목시계 등 필수품을 비롯해서 커피잔이나 돼지고기 조각에까지 장착이 가능할 정도로 작은, 태그(꼬리표)처럼 생긴 컴퓨터의 개발 여부에 달려 있다. 유비컴 시대가 되면 주변의 모든 물건이 지능을 갖는다. 영리한 물건들은 스스로 생각하고 사람의 도움 없이 임무를 수행한다. 이를테면 돼지고기에 숨겨둔 컴퓨터 태그는 오븐 안에서 스스로 온도를 조절해 고기가 알맞게 익도록 한다. 피하주사 바늘은 환자 손목에 달린 태그로부터 신원을 확인해 알레르기가 있다면 바늘 끝을 붉게 물들여 의사에게 알린다.

유비컴의 세계에서는 지능을 가진 물건과 사람 사이의 정보 교환이 무엇보다 중요하다. 따라서 사람은 컴퓨터가 내장된 옷을 입게 된다. 이른바 입는 컴퓨터가 필요한 것이다. 사람이 착용한 시계, 혁대 장식, 운동화 따위에 컴퓨터가 장착되면 주변 환경에 설치된 컴퓨터와 통신하여 일상생활을 더욱 편리하게 해줄 것으로 기대된다. 예컨대 손목시계에 내장된 컴퓨터의 고유 정보를 사용하여 출입문, 캐비닛, 서랍을 자동으로 여닫을 수 있다. 유비컴은 사람과 물건 사이뿐만 아니라 사람과 사람 사이의 의사소통을 원활하게 해줄 것 같다. 가령 입는 컴퓨터를 걸친 사람끼리 악수하면 손을 통해 정보가 건네지므로 피차간에 직장 이름, 사무실 전화 번호, 취미 따위를 즉시 교환할 수 있다.

〔나〕 치과에 한 번 들르라는 김 박사의 전화를 받고, 순간 P씨는 아침에 이를 닦다가 피가 묻어 나온 칫솔을 떠올렸다. 치주염 증세가 나타나면 P씨의 칫솔에 장착된 컴퓨터는 곧바로 김 박사의 컴퓨터에 알리도록 돼 있다. 치주염을 완치시켜 줄 비장의 무기라며, 아내가 사온 고자질쟁이 최첨단 칫솔 덕분에 P씨는 꼼짝없이 치과 치료를 받게 된 것이다.

운전대를 잡고 선글라스를 끼자마자 상사로부터 전자우편이 도착했다는 경보가 울린다. 선글라스에 장착된 컴퓨터는 P씨가 전자우편을 확인할 때까지 집요하게 경보음을 울릴 것이다. 출근도 하기 전에 밀려오는 업무, 잠시 쉴 틈도 주지 않는 유비쿼터스 컴퓨팅을 그 누가 생활의 혁명이라고 칭송했단 말인가?

그 어디에나 손톱 크기만 한 컴퓨터들은 인간의 일거수일투족을 끊임없이 감시하고 제어한다. 해바라기처럼 인간만 바라보는 충직한 컴퓨터, 그런데 왜 우리가 그들로 인해 심각한 스트레스를 받고 있다는 사실을 감지하지 못하는 것일까?

〔다〕 나무연필은 새로운 필기도구들의 도전을 줄곧 받아 왔다. 1873년 샤프 펜슬이 나타났다. 19세기를 거치면서 발전한 만년필 신제품들이 쏟아져 나왔다. 1888년 특허를 획득했으나 1945년에야 미국에서 최초로 상용화된 볼펜은 그 값이 싸지면서 휴대용 필기도구로 폭발적인 인기를 끌었다. 1938년 〈뉴욕타임스〉는 게스너가 최초로 연필을 언급한 이후 연필의 역사를 사설로 다루면서 타자기가 연필을 밀어낼 것이라고 전망했다. 타자기에 이어 워드프로세서가 연필의 종말을 재촉할 것이라는 예측도 뒤따랐다. 1980년대에 들어 퍼스널 컴퓨터가 연필을 무용지물로 만들 것처럼 보였다.

그러나 〈뉴욕타임스〉의 사설은 너무 과장된 것으로 판명되었다. 나무연필은 샤프펜슬, 만년필, 타자기, 컴퓨터의 등장으로 심각하게 영향을 받은 적이 결코 없기 때문이다. 가령 1960년대에 나무연필은 역대

최고의 생산량을 기록하여 미국만 해도 연간 20억 자루가 생산되었으며, 오늘날까지 연필은 많은 사람들의 필기도구로 사랑을 받고 있다.

『연필』(1989)의 저자인 헨리 페트로스키 교수는 연필의 몇 가지 이점, 이를테면 지울 수 있고 전기가 필요 없고 무엇보다 값싼 장점 때문에 최소한 20년 동안은 수요가 줄어들지 않을 것이라고 전망했다.

연필처럼 컴퓨터 기술의 발달로 종말이 임박했다는 선고를 받은 것들은 한두 가지가 아니다. 책이 대표적인 예들이다. 정보기술 전도사로 자처하는 니콜라스 네그로폰테 교수는 종이책이 전자책으로 대체될 것이라고 예측한다. 그러나 앞으로 20년 이내에 전자책이 가볍고 튼튼하고 값싼 종이책의 장점을 따라잡을 가능성은 희박하다. 책은 컴퓨터 화면보다 휴대하기 쉽고, 뒤적거리기가 쉽기 때문에 50년 뒤에도 살아남을 터이다. 연필과 종이책 같은 전통기술이 디지털 기술에 쉽게 함락될 것으로 속단하는 것처럼 어리석은 일은 없다.

문제 | 제시문 (다)가 시사하는 바를 제시문 (가)와 (나)를 참조하여 논의하고, 미래 과학기술의 진보와 우리 삶의 변화에 대한 자신의 생각을 논술하시오.(800자 내외)

| 문제 해설

1. 출제 의도

이 문제는 너무나도 유명한 주제를 다루고 있다. 하지만 생소한 주제보다도 이처럼 유명한 주제가 오히려 논술 답안을 작성하기 더 어려운 경우가 많다. '과학기술의 발달이 반드시 진보만을 의미하는 것은 아니다'는 너무나 상투적인 주지의 사실이다. 따라서 과학기술이 희망과 두려움의 이미지를 동시에 지니고 있다는 상황과 관련된 논술 과제를 받았을 때 학생들은 오히려 더 당황하게 된다. 남들이 다 언급하는 내용을 뛰어넘는 독창적인 답안을 작성하기 어렵기 때문이다. 다음은 그동안

■ **문제 핵심분석**

● 과학과 정보기술의 발전과 그에 따른 문제점 주지
● '변화하지 않는 보편적인 가치'에 대한 중요성 인식

출제된 '과학기술과 진보'를 주제로 한 논술 문제들이다.

- 현대 사회의 합리성과 효율성의 문제(고려대 2002학년도 수시 2)
- 과학기술이 인간의 삶에 미치는 영향(고려대 2002학년도 수시 1)
- 환경 문제의 해결 방안(경희대 2003학년도 정시 인문계)
- 과학과 세계관(경희대 2001학년도)
- 기계적 세계관과 유기적 세계관(동국대 2003년도 정시)
- 과학과 신비주의의 상관관계(동국대 2002학년도 정시 인문계)
- 현대 사회와 과학기술이 가지는 상관관계(성균관대 2003학년도 수시 1)
- 과학기술의 발달과 삶의 방식의 변화(성균관대 2000학년도)
- 현대 과학이 전통적 인간관에 미치는 영향(이화여대 1999학년도)

과학기술에 대한 느낌은 운명적으로 '낙관'과 '두려움'이라는 극단적인 감정이 공존하기 때문에 전통적인 고전 논술은 물론 에세이형 과학논술에서도 절대로 놓쳐서는 안 되는 주제이다. 그 낙관과 두려움의 근원에는 늘 과학기술에 대한 사람들의 편견이 자리 잡고 있다. 생명과학의 발전은 유전적 질병이나 불치병으로부터의 해방, 노화 방지와 장수를 약속하는 반면 생명의 창조라는 신의 영역에 도전함으로써 벌어질 수 있는 심각한 상황에 대한 불안감을 낳는다. 우리는 황우석 줄기세포 논란을 통해 그러한 우려의 씨앗을 경험한 바 있다. 과학과 정보기술의 발전은 인류에게 합리성과 효율성으로 인한 생산성 향상이라는 선물을 안겨 줬지만, 동시에 전체주의적 통제 사회로 갈 수 있다는 두려움도 주었다.

2. 제시문 분석

제시문 〔가〕는 이인식의 『미래교양사전』과 『이인식의 과학나라』에서 발췌한 글로서 유비쿼터스 컴퓨팅 시대를 전반적으로 개관하고 있으며, 제시문 〔나〕는 이인식의 『미래신문』 중 「그 어디에나 컴퓨터가 우리를 보고 있다!」에서 발췌한 것으로 유비쿼터스 시대의 사생활 침해 문제를 가상의 일화를 통해 소개하고 있다. 제시문 〔다〕는 변하지 않는 전통기술을 언급하고 있는데 생활 속에서 지나치기 쉬운 공학기술의 세계를 문학적으로 설명하는 페트로스키의 『연필』을 과학저술가 이인식이 소개한 글이다.

헨리 페트로스키는 하찮은 연필을 통해서 20세기가 가져온 문명의 이기들이 진행하는 방향을 가늠하고 있다. 연필의 역사와 연필과의 사회적, 문화적, 정치적 상관관계 속에서 기술이 지니는 의미를 탐구해 간다. 그 방법은 놀랍게도 세밀하고 다양한 자료와 에피소드를 제시하기 때문에 자연스럽게 하찮은 물건에서 너무도 놀라운 새로운 법칙이 숨어 있음을 깨닫게 된다.

3. 문제 해설

우리는 단 한순간도 과학기술에서 벗어날 수 없고, 과학기술의 발전을 막을 수도 없으며, 과학기술의 성과를 외면할 수도 없다. 하지만 쉽게 변화시킬 수 없는 가치가 있게 마련인데 이 문제는 바로 그러한 점에 주목하고 있다. 따라서 '변화하지 않는 보편적인 가치'를 중심으로 과학기술의 진보에 대한 학생의 생각을 개진하는 것이 출제자의 의도에 맞게 답안을 작성하는 것이다.

과학기술의 발전은 기존의 가치관과 신념, 윤리와 종교 등을 해체시키고 있지만, 거기에 대응해야 할 가치관과 신념, 윤리와 종교 등의 진화는 더디기만 하다. 이 문제는 너무나도 유명한 주제이지만 학생들은 다음과 같은 두 가지 과오를 범할 수 있다.

첫째, 문제의 전제는 고려하지 않고 나름대로의 답안을 작성하는 것이다. 이 문제의 경우 제시문 독해를 통해 출제자의 의도를 간파한 다음, 신기술인 유비쿼터스에 중점을 두고 제시문 〔다〕의 키워드인 '변화하지 않는 것의 가치'를 중심으로 자신의 의견을 개진해야만 높은 점수를 얻을 수 있다. 과학기술의 발전에 대한 자신의 생각만을 나열하는 경우는 답안의 완성도가 아무리 높아도 높은 점수를 받을 수 없다.

둘째, 어정쩡한 절충식 논리로 치닫기 쉽다는 것이다. 이러한 주제에 대한 대부분의 학생 답안은 과학기술이 인간을 편리하게 해주지만 부정적인 측면도 많으니 장·단점을 모두 고려해서 융통성 있게 대처하자는 식의 논리 전개가 대부분이다.

연필이 최첨단 필기구의 도전 속에도 오랜 세월 사람들의 사랑을 받아 왔듯이 미래 과학기술이 진보해도 우리의 삶 중에는 변화하지 않고 실아남을 요소가 많을 것이다. 유비쿼터스 사회의 경우는 개인의 프라이버시가 가장 문제시된다. 유비쿼터

아우라 한수지도

공학기술 도서의 세계적 저자인 헨리 페트로스키는 과학 글쓰기의 전범이 될 수 있는 주옥같은 작품을 선보였다. 과학저술가 이인식은 그의 대표작인 『기술의 한계를 넘어』(생각의나무)를 공과대학 신입생들이 반드시 읽어야 할 책으로 추천한 바 있다.

■ 이것이 중요

● 제시문 독해를 통한 출제자의 의도 파악
→ 핵심에서 벗어나 자신의 생각을 나열하는 것은 위험
● 절충식 논리는 창의성 부족

스에 의해 삶이 편리해지는 것에 대한 반대급부로 개인의 프라이버시가 침해당한다면 이를 반드시 '진보'라고 말할 수는 없다. 이러한 점을 독창적으로 파고든 답안이 가장 높은 점수를 받을 수 있다.

그렇다고 해서 '개인의 프라이버시가 가장 중요한 가치'라는 식의 극단적인 논리 전개 역시 곤란하다. 과학기술의 문제는 이제 우리의 현재와 미래에 밀접하게 관련되어 있다. 과학기술은 인간이 선택하기 나름이다. 주택가의 방범용 CCTV 설치를 놓고 범죄 예방이냐, 사생활 침해냐 하는 논쟁이 뜨거웠는데 실제 지역 주민들을 대상으로 실시한 설문조사에서 주민 85%가 CCTV 설치를 찬성한다고 응답했다. 또 네티즌을 대상으로 한 조사에서도 65%가 CCTV 설치를 찬성했다. CCTV 설치는 주민에 대한 기술적 통제사회로 가는 첫걸음일 수 있다는 지적이 있었지만 정작 주민들은 당장 눈앞에 닥친 '범죄로부터의 안전'을 선택했다.

이처럼 과학기술의 발전은 결국 선택의 문제이며, 정치·경제적 선택 못지않게 현재의 선택이 삶의 질이나 미래사회에 커다란 영향을 미치게 된다. 이 문제와 관련해 노벨 물리학상을 수상한 리처드 파인먼 교수는 다음과 같이 과학기술을 열쇠로 유추하여 의미심장한 말을 남긴 바 있다.

"모든 인간에게 천국을 열 수 있는 열쇠가 주어졌는데, 같은 열쇠로 지옥문도 열 수 있다."

신기술인 유비쿼터스는 자연계 학생들이 필수적으로 알고 있어야 할 개념이자 미래 기술을 대표하는 키워드이다. 대학입학 구술면접시험에서도 유비쿼터스를 자신의 희망 전공으로 연결지으면 독창적인 답변이 될 수 있다.

신기술은 새로운 학문의 영역을 개척하기도 한다. 휴대폰학 석사, 휴대폰학 박사가 출현할 날이 멀지 않았기 때문이다. 2007년부터 성균관대학교 정보통신공학부 대학원 내에 설치되는 휴대폰학과는 등록금 전액과 학비보조금을 지원받고 과정을 마친 후 삼성전자 정보통신총괄에 입사, 휴대폰 관련 연구개발(R&D)에 투입될 예정이다. 공과대학을 지원하는 학생들은 신기술과 관련된 개념과 분야를 눈여겨보아야 한다.

| 학생 답안과 첨삭 지도의 실제(1)

최초 답안

홍성국(마포고)

1) 과학기술의 발달로 우리의 삶은 매우 달라졌다. 전에는 상상도 할 수 없었던 것들이 생겨나면서 우리의 삶은 윤택해졌기 때문이다. ①이런 면에서 볼 때 과학기술은 우리에게 중요하다고 볼 수 있다. 하지만 과학기술의 중요성에도 불구하고 과학기술은 여러 가지 문제점들을 내포하고 있다. 이런 상황에서 과학기술에 대해 이야기하고 있는 제시문들을 살펴보는 것은 의미 있는 일이라고 생각한다.

2) 제시문 〔다〕에서는 컴퓨터 기술이 발달한다고 하더라도 책이나 연필은 사라지지 않는다고 말한다. 처음에는 컴퓨터 기술의 발달로 연필이나 책들은 사라질 것이라고 예측했으나 현실은 그렇지 않았다. 제시문 〔가〕도 마찬가지이다. 제시문 〔가〕에서는 컴퓨터 기술의 발달로 유비쿼터스가 실현된다면 인간의 삶은 더욱 편리해진다고 예측한다. 하지만 컴퓨터 기술의 발달이 편리함만을 가져다주지는 않는다. 제시문 〔나〕에서와 같이 오히려 인간에게 과도한 스트레스를 줄 수도 있고, 지금보다 비용이 더 들 수도 있다.

3) 지금과 같이 과학기술이 발전한다면 미래에는 지금보다 과학기술이 더욱 발달할 것이다. 하지만 과학기술이 계속해서 발달할수록 우리의 삶은 더 각박해지고 힘들게 된다. 왜냐하면 과학기술의 발달은 우리의 삶을 시간에 쫓기게 만들기 때문이다. 현재 우리는 과학문명 속에서 살고 있다. 하지만 과학기술 속에서 우리는 그 어느 때보다 시간에 쫓기며 살고 있다. 하루가 다르게 새로운 기술이 나타나면서 그것들을 배우는 데 많은 시간을 소요하기 때문이다. ②우리의 학습 기간을 보면 쉽게 알 수 있다. 유치원 1년, 초등학교 6년, 중학교 3년, 고등학교 3년, 대학교 4년, 남자는 군대까지 포함하면 약 20년 정도를 배우는 데 시간을 쓰는 것이다. 이것도 모자라 대학을 졸업하고도 배움은 이어진다.

4) 미래에는 지금보다 과학기술이 더욱 발달함에 따라 지금보다 더 많은

---

1. 과학기술의 여러 문제점 검토가 필요함
2. 제시문을 통해 과학기술의 발달로 인한 문제점을 예측 가능함
3. 과학기술의 발달로 우리의 삶은 바쁘고 각박해짐
4. 인간을 위한 과학기술 발달이 중요함

양의 기술들이 쏟아져 나올 것이다. 그렇다면 지금보다 더 많은 시간을 배우는 데 사용하게 된다는 것을 쉽게 예측할 수 있다. 그렇다면 미래에는 지금보다 더욱 각박한 삶을 살게 된다.

5) 과학기술의 발달이 우리의 삶을 편리하게 해주지만은 않는다. 과학을 위한 과학은 인간에게 해를 끼치게 된다. 인간을 위한 과학기술이 발달할 때 과학기술은 인간을 진정으로 돕게 될 것이다.

첨삭 지도

이지선 선생님

평가항목	등급	총평
이해 · 분석력	A	제시문에서 의도하는 바를 잘 파악했습니다.
논증력	B+	주제와 관련 있는 논거를 잘 구성했습니다.
창의력	B	제시문의 사례를 바탕으로 그 근거를 찾고 있습니다.
표현력	B	완전한 문장을 기술하는 연습이 더 필요합니다.

장점

개요를 작성하여 답안을 작성한 것으로 보이며 무엇보다도 깔끔한 논지 전개가 돋보입니다. 문제의 의도를 잘 파악하여 논지를 전개하여 답안의 구성력이 뛰어납니다.

단점

'배우는 데 일생의 대부분을 허비하고 있다'는 논거는 재고해야 합니다. 정보화 사회에서 강조되고 있는 평생교육의 취지와 역행하기 때문입니다. 글에 사용된 어휘들이 추상적이고 일반적이어서 창의성이 떨어집니다. 논술문에서는 구체적 근거와 보충 설명을 요구하기 때문에 좀더 세부적이고 구체적인 진술을 사용해야 합니다.

구성의 특징

1)에서 보이는 기술 내용이 3)에서도 중복되고 있습니다. 이 때문에 1), 2), 3)의 모든 내용이 부자연스러워졌습니다. 3)에서 제시하고 있는 사례는 주제를 명확하게 드러내는 근거가 아닙니다. 부연 설명이 길어지면서 장황한 문장이 되어 버렸고 이는 결국 글 전체의 균형을 무너뜨리고 있습니다.
4)의 경우 3)의 보충 단락을 취하고 있으나 실제로는 동일한 내용이 중복되었습니다. 이러한 현상

의 원인은, 말하고자 하는 바는 개요로 정리되어 있으나 이를 문장으로 연결하여 글 전체의 균형을 잡아 가는 훈련이 미흡하기 때문에 발생하는 것입니다. 좀더 연습이 필요합니다.

표현

문장 ①번 문장의 경우 너무 모호하여 구체성을 띠는 명확한 쟁점으로 파고들지 못하고 있습니다. 문장의 끝은 분명한 어투로 끝맺는 것이 좋습니다. '과학기술은 우리에게 중요하다'로 고치는 것이 좋겠습니다. 단순하게 과학기술이 문제가 있다는 기술보다는 과학기술이 가진 구체적 문제점을 들면서 글을 이끌어 나가야 합니다. ②번 문장은 앞에 기술된 내용과 겹치면서 불필요한 내용이 되었습니다.

제언

제시문 〔다〕가 의미하는 바를 잘 생각하고 '잘 변하지 않는 가치'를 중심으로 다시 구성을 하기 바랍니다. 문제의 의도는 파악했으나 자신의 생각을 문장으로 기술하여 하나의 완성된 글로 만들어 내는 데 어려움을 겪는 것 같습니다. 특히 단락별로 중복되는 내용이 많은데, 이는 중심 내용별로 단락을 구성하지 못했다는 것을 뜻합니다. 이러한 문제점을 극복하고 글 전체의 완성도를 높이려면 개요를 좀더 구체적으로 작성하는 연습을 많이 해야 합니다.

수정 답안 | 홍성국

세상에는 소중한 가치들이 많다. 그것들 중에는 시간이 지남에 따라 변하는 가치들도 있고, 그렇지 않은 것들도 있다. 종이를 보면 쉽게 알 수 있다. 전자매체의 발달로 종이는 사라질 것이라고 예측되었다. 하지만 전자매체의 보급 이후 종이의 사용량은 오히려 더욱 늘어났다. 컴퓨터 기술이 발달하고 있는 유비쿼터스 시대에도 마찬가지이다. 이런 상황에서 유비쿼터스에 대해 견해를 밝히고 있는 제시문을 살펴보는 것은 의미 있는 일이라고 생각한다.

제시문 〔다〕에서는 샤프펜슬로 인해서 연필이 위기에 처할지도 모른다고 예측했다. 하지만 연필의 사용은 줄어들지 않았다. 즉 시간이 지나도 연필의 가치는 줄어들지 않았다. 제시문 〔가〕와 〔나〕도 마찬가지이다. 컴퓨터 기술은 인간에게 긍정적, 부정적인 영향을 준다. 그렇지만 기술은 인간을 위해 만들어졌기 때문에, 결국 인간의 가치가 중시되고 있다는 증거이다. 즉 컴퓨터 기

■ 글 개요 분석 및 특징

· 서론 : 유비쿼터스 시대에 가치의 문제를 생각해 보는 것은 의미 있음
· 본론 : 제시문 〔가〕, 〔나〕, 〔다〕를 통해 과학기술이 발달해도 인간의 가치는 변하지 않음을 앎
· 결론 : 과학기술의 중요성과 함께 변하지 않는 가치에 대한 중요성 언급

술이 아무리 발달한다고 하더라도 인간의 가치는 변하지 않는다.

　지금과 같이 과학기술이 발전한다면 미래에는 지금보다 과학기술이 더욱 발달할 것이다. 하지만 과학기술이 계속해서 발달한다고 하더라도 우리의 삶은 크게 변하지 않을 것이다. 이유는 간단하다. 우리는 인간이기 때문이다. 우리는 오래전부터 지금과 같은 형태로 살아왔다. 단지 현대에는 과학기술의 발전으로 조금 편리해졌을 뿐이다. 인간의 삶에 있어서 기본적인 가치들은 변하지 않는다. 연필, 소금, 설탕의 사용 등은 시간이 지나도 잘 변하지 않는 가치들이다.

　사람들은 과학기술의 진보가 모든 것을 변화시킨다고 믿는다. 하지만 이러한 생각에는 중요한 사실을 간과하고 있다. 과학기술은 과학기술 나름의 가치를 가지고 있고, 연필, 종이는 그 나름의 가치를 가진다는 사실이다. 미래 사회로 진입할수록 다른 가치들에 대해 심도 있는 이해를 바탕으로 발전해야 할 것이다.

수정 답안 지도

총평

처음 작성한 답안에 비해 상당히 발전했습니다. '변화하지 않는 보편적 가치'를 중심으로 그 논의가 더욱 분명해지고 논리 전개 역시 자연스러워졌습니다.

세부사항

　컴퓨터 기술은 인간에게 긍정적, 부정적인 영향을 준다. 그렇지만 기술은 인간을 위해 만들어졌기 때문에, 결국 인간의 가치가 중시되고 있다는 증거이다. 즉 <u>컴퓨터 기술이 아무리 발달한다고 하더라도 인간의 가치는 변하지 않는다.</u>

☞ 논리 전개상 '인간의 가치는 변하지 않는다'는 부자연스럽습니다. 인간의 가치가 변하지 않는 것이 아니라 인간의 가치는 변하더라도 그 가치가 가지는 의미나 중요성이 잘 변하지 않는 것입니다. '컴퓨터 기술이 아무리 발달한다고 하더라도 인간 가치의 중요성은 변하지 않는다'가 옳은 표현입니다.

지금과 같이 과학기술이 발전한다면 미래에는 지금보다 과학기술이 더욱 발달할 것이다.

☞ 유사한 어휘들이 반복되어 의미 전달력이 떨어집니다. '지금과 같은 추세라면 미래의 과학기술은 지금보다 더욱 발전할 것이다' 정도로 간단하고 명확하게 표현하는 것이 더 적절합니다.

하지만 과학기술이 계속해서 발달한다고 하더라도 우리의 삶은 크게 변하지 않을 것이다. 이유는 간단하다. 우리는 인간이기 때문이다.

☞ 과학기술이 계속해서 발달하는데 삶이 크게 변하지 않을 것이라는 내용은 앞에 기술된 것과 논리상 어긋납니다. 따라서 '하지만 과학기술이 계속해서 발달한다고 하더라도 우리의 삶에서 변하지 않는 기본적 가치들은 존재한다' 정도로 기술하는 것이 적절합니다.

인간의 삶에 있어서 기본적인 가치들은 변하지 않는다. <u>연필, 소금, 설탕의 사용 등은</u> 시간이 지나도 <u>잘 변하지 않는 가치들이다.</u>

☞ 주어와 서술어의 호응이 어색합니다. 연필을 사용하고 소금과 설탕을 소비하는 것은 '현상'이지 '가치'가 아닙니다. '연필, 소금, 설탕 등은 시간이 지나도 그 수요가 줄지 않을 변하지 않는 가치를 지니고 있다' 정도로 명확하게 기술해야 합니다.

학생 답안과 첨삭 지도의 실제(2)

최초 답안

조성현(마포고)

점점 더 발전해 가는 기술로 인해 우리의 생활은 편리해지고 있다. 이러한 과학기술은 우리의 삶에 급격한 변화를 주며 발전하고 있다.

기술의 발전은 지금까지 우리에게 시간을 소비하고 불편함을 유발하는 요인들을 제거해 줄 것으로 보인다. 하지만 과학 기술의 이러한 발전은 편리함만을 제공하는 것이 아니다. 새로운 스트레스 요인들이 기다리고 있을 것이라는 점이 급격한 변화를 막을 것으로 보인다.

■ 글 개요 분석 및 특징

1. 과학기술의 발전은 새로운 스트레스 요인을 발생시킴
2. 과학기술 발달로 인한 스트레스의 사례
3. 미래사회는 과학기술과 전통기술이 공존함

우리에게 새로운 스트레스로 작용할 수 있는 것 중 하나는 우리가 급변하는 상황에 적응해야 한다는 점이다. 예전의 알고 있던 방법이 아닌 새로운 방법을 통해서만 해야 한다는 것은 ①우리에게 짜증나는 일이 될 수 밖에 없음을 의미한다.

변화를 긍정적으로 느끼는 사람들은 한결같이 좀 적응하면서 그것에 편리함을 느낄 것이라고 생각하겠지만, 워드프로세서가 연필을 밀어내지 못했고, 전자책이 종이책을 밀어내지 못한 것처럼 사람들은 새로운 기술을 사용하기 위해서 변화를 추구하는 것에 더 스트레스를 느끼게 될 것이 예측된다. 또 여러 가지 요인이 있겠지만, ②유비쿼터스 기술은 판옵티콘을 초래할 것으로 보인다.

③많은 컴퓨터로 인한 많은 감시자를 느끼지는 못하겠지만, 그런 상황이 일어날 수 있다는 것을 아는 것은 잠재적 스트레스가 될 수 있다는 점이 급격한 변화를 막을 것으로 보인다.

미래 과학기술로 인한 생활의 편리함은 확실히 클 것으로 예상된다. 하지만 새로운 기술이 우리에게 주는 새로운 스트레스가 있다는 점이 작용할 것이기 때문에 전통기술이 사라질 것은 힘들 것이라고 보인다. 아마도 전통기술과 미래기술이 공존하는 상황이 벌어질 것으로 전망된다.

첨삭 지도

평가항목	등급	총평
이해 · 분석력	C+	출제자의 의도를 제대로 파악하지 못했습니다.
논증력	B	논제와 논거의 구성능력이 부족합니다.
창의력	C+	제시문의 내용에서 더 나아가지 못했습니다.
표현력	B	논술문에 적합한 문장으로 기술해야 합니다.

장점

제시문의 내용을 바탕으로 과학기술의 발전으로 인한 문제점을 잘 지적하고 있습니다.

단점

문단을 임의적으로 나누는 것이 결정적인 흠입니다. 문단을 나누는 기준은 분량이 아니라 중심 내용입니다. 같은 내용을 말하고 있는데 임의적으로 문단을 나누거나 한 문장을 하나의 문단으로 처리하면 곤란합니다. 이러한 임의적인 문단 구성으로 인해 서론, 본론, 결론의 구성이 명확하지 않게 되고 이는 필연적으로 학생의 생각을 효과적으로 전달하지 못하게 됩니다.

문제에서 요구하는 바를 제대로 파악하지 못해 논지의 흐름이 엉뚱한 곳으로 진행된 것도 문제가 있습니다. 출제자가 요구하는 것은 과학기술의 혜택과 피해의 문제가 아니라 '변하지 않는 보편적인 가치'에 대한 것입니다. 이 학생은 과학기술의 발전에 따른 사람들의 스트레스를 중심 내용으로 답안을 작성했습니다.

구성의 특징

단락 간의 연결이나 내용 단락의 구성이 전혀 되어 있지 않아 글의 흐름을 파악하기 어렵습니다. 문단 구성 또한 명확하지 않아 내용 전달이 잘 안 되고 있습니다. 기본적인 3단 구성과 단락 구성 등을 숙지해야겠습니다.

표현

①번 문장에서 '수 밖에'는 '수밖에'로 붙여 써야 합니다. ②번 문장과 같이 이 학생의 답안에서는 습관적으로 '～할 것으로 보인다' 투의 문장이 많이 등장합니다. 자신의 견해나 입장을 내세워야 하는 논술에서 모호한 입장을 나타내는 추측성 발언은 지양하는 것이 좋습니다. ③번 문장은 글쓴이의 의도를 파악하기가 매우 어렵습니다. 특히 주어부가 너무 길어졌습니다. 간명하게 '과학기술의 발전으로 인해 발생한 스트레스들이 오히려 급격한 변화를 막을 수도 있을 것이다' 정도로 간단하게 표현해도 무방합니다.

제언

문제를 파악하는 능력이 요구됩니다. 논술은 문제의 상황을 명확하게 바라보고 이를 논리적으로 기술하는 것이 핵심입니다. 이를 위해서는 제시문을, 출제자가 의도한 방향을 재해석하여 읽어 내는 것이 중요합니다.

완결된 생각의 덩어리인 단락은 그 자체로서의 완성도 높은 독립적인 구성 단위가 되어야 하지만 그 자체로 겉돌고 있으면 곤란합니다. 문장 간, 단락 간의 유기적인 연결은 논술의 논리적인 흐름을 결정함은 물론 답안의 수준을 결정합니다. 이러한 점을 염두에 두고 문장 간의 연결, 단락 간의 연결 등에 신경을 쓰면서 답안을 작성하는 연습을 해야겠습니다.

수정 답안 | 조성현

점점 더 발전해 가는 기술로 인해 우리의 생활은 편리해지고 있으며, 과학기술의 발달은 사회를 급변하게 하고 있다. 이런 상황 속에서도 전통기술은 어떻게 자신만의 꾸준한 시장 지배력을 행사하는 것일까?

과학기술의 발전은 지금까지 우리에게 시간을 소비하고 불편함을 유발했던 요인들을 제거해 줄 것이다. 하지만 새로운 방법, 급변하는 상황에 적응해야 한다는 부담감 때문에 사람들은 스트레스를 받을 것이고, 그 부분에서 사람들은 새로운 것에 대한 반감으로 인해 전통기술을 선호하고 있다고 볼 수 있다.

과학기술의 발전으로 인해 현재는 존재하지 않는 새로운 문제점이 출현하는 것 또한 전통기술의 입지가 좁혀지지 않는 원인이라고 볼 수 있다. 제시문 [나]를 통해서 보자면, 많은 컴퓨터의 사용으로 인한 유비쿼터스 기술의 한계점을 알 수 있다. 바로 판옵티콘을 초래할 수 있다는 점이다. 판옵티콘과 같은 감시 체제가 존재함으로 인해 개인의 사생활이 침해받을 수 있다는 것은 사람들에게 편리와 행복이 아닌, 잠재적 스트레스로 작용할 수 있다. 이런 부분이 미래 과학기술의 발전에 대해 부정적으로 느끼고, 전통기술을 선택한다는 것이다.

전통기술은 그 나름대로의 특성 때문에 과학기술의 발전에도 꾸준히 살아남아 왔다. 하지만 과학기술의 발전으로 인한 문제점들이 계속 터져 나오면서, 전통기술이 가진 가치를 뛰어넘지 못했기 때문이라고도 볼 수 있다. 과학기술은 앞으로도 꾸준히 발전해 나가겠지만, 전통기술의 불변하는 가치를 이루어 내지 못하는 이상, 전통기술의 지배가 무너진다는 것은 불가능할 것으로 보인다.

수정 답안 지도

이지선 선생님

총평

최초 답안에 비해 문단 구성력이 많이 향상되었으며 무엇보다도 변하지 않는 본래적 가치를 '전통기술'로 표현하면서 논지를 편 점이 돋보입니다. 제시문의 예를 적절히 사용하여 내용 전개를 하고 있으며 과학기술의 발달과 전통기술의 대립적 측면을 부각시킨 점이 좋았습니다.

전통기술이 중요하게 계속될 수밖에 없다는 진술을 펴고 있으나 그 근거의 타당성은 미흡한 점이 아쉽습니다. 내용에서 핵심어로 취급되고 있는 '전통기술'은 가치적 측면이 배제된 것으로 느껴질 수 있습니다. 좀더 제시문의 내용과 부합하는 용어를 선택하는 것이 좋겠습니다.

세부사항

이런 상황 속에서도 전통기술은 어떻게 자신만의 꾸준한 시장 지배력을 행사하는 것일까?

☞ 서론의 문제 제기가 전통기술이 꾸준히 지배력을 행사하는 이유에 집중되어 자칫 논제에서 벗어나 보일 수 있습니다. 문제 제기는 본론에서 진행될 내용을 이끌어 주는 중요한 역할을 합니다. 출제자의 의도를 명확하게 파악해야만 문제 제기를 제대로 할 수 있습니다.

과학기술의 발전은 지금까지 우리에게 시간을 소비하고 불편함을 유발했던 요인들을 제거해 줄 것이다. 하지만 새로운 방법, 급변하는 상황에 적응해야 한다는 부담감 때문에 사람들은 스트레스를 받을 것이고, 그 부분에서 사람들은 새로운 것에 대한 반감으로 인해 전통기술을 선호하고 있다고 볼 수 있다.

☞ 문장 간의 논리성이 결여되어 있습니다. 과학기술의 발전은 새로운 것에 대한 반감을 가져왔고 이로 인한 스트레스로 전통기술을 선호한다는 논리는 인과관계가 성립하지 않습니다. 새로운 것에 대한 반감이 아니라 전통 가치 본연의 필요성이나 중요성이 더욱 부각되어야 합니다.

전통기술은 그 나름대로의 특성 때문에 과학기술의 발전에도 꾸준히 살아남아 왔다. 하지만 과학기술의 발전으로 인한 문제점들이 계속 터져 나오면서, 전통기술이 가진 가치를 뛰어넘지 못했기 때문이라고도 볼 수 있다.

☞ 두 가지 생각을 무리하게 연결지으면서 어색한 문장이 되었습니다. 한 문장 안에서 주어와 서술어의 호응이 제대로 이루어지지 않았으며, 이로 인해 단락 안에서의 긴밀성도 부족하게 되었습니다. 두 번째 문장을 '또한 과학기술의 발전으로 인한 문제점들이 나타나면서 전통적인 가치를 뛰어넘지 못했기 때문으로 볼 수 있다' 정도로 표현하는 것이 좋겠습니다.

학생 답안과 첨삭 지도의 실제(3)

최초 답안

■ 글 개요 분석 및 특징

1. 첨단기술이 발달해도 구식 도구들이 건재한 이유는 무엇일까
2. 아날로그의 매력과 디지털의 부작용
3. 디지털이 아날로그를 대체할 것이라는 예견은 그릇된 것임

이장혁(마포고)

근래에 들어서 정보와 첨단기술 들이 쏟아지고 있다. 이로 인해 우리 생활 주변 곳곳에 디지털이 스며들고 있으며, ①사람들은 조만간 생활 방식의 자동화 같은 큰 변화를 가져다줄 것이라고 생각하고 있다. 하지만 지금의 추세를 보면 디지털이 우리 생활을 잠식할 가능성은 없어 보인다. 컴퓨터 같은 자동기기들이 판을 치고 있는데도 불구하고 아직도 연필이나 서적 같은 구식 도구들이 버티고 있다. 어떻게 이런 일이 있을 수 있는 것일까?

분명 자동기기들이 구식 도구들보다 기능이 많은 것은 사실이다. ②그렇지만 편리하다고 이야기할 수 있는 것은 아니다. 작업량의 축소는 혁신적이었지만 오히려 삶의 기계화나 인간 소외 같은 증상은 더욱 커지고 있다. 정보의 빈부격차나 컴맹과 같은 이전에는 볼 수 없었던 사회문제도 생겨났다. 이에 반해 많은 사람들이 아날로그로 돌아가는 추세이다. 아날로그가 디지털만큼 유익하지 않을지는 몰라도 그 특유의 멋과 분위기가 사람들을 끌어들이고 있는 것이다.

단순히 0과 1로만 전산화되어 있는 컴퓨터의 글씨와는 달리 연필로 쓰는 글씨에는 그 글을 쓰는 필자의 마음과 정성이 들어가 있다. 단순히 레이저만 쏴대는 디지털 시계의 액정과는 달리 제작자의 섬세함이 담긴 째깍 시계가 더욱 정겹다. 디지털 기술이 우리에게 삶의 편리함을 선사해 준 것은 사실이지만 그에 따른 부작용을 무시해서는 안 된다.

이러한 부작용이 완전히 해결된 완벽한 디지털이 나오기가 사실상 불가능한 것인 만큼 ③삶 자체가 자신의 의지로 이루어지는 인간 사회에 있어서 디지털이 아날로그를 대체할 것이라는 예견은 어찌 보면 시대착오적인 발상일 수 있겠다.

첨삭 지도

평가항목	등급	총평
이해·분석력	A	논제를 정확하게 잘 파악했습니다.
논증력	C⁺	주장을 뒷받침하기 위한 타당한 근거를 제시해야 합니다.
창의력	C	제시문에서 더 나아가지 못했습니다.
표현력	B	논술문에 적합한 문장으로 표현해야 합니다.

장점

전통적인 기술의 가치를 강조하는 내용을 중심으로 논지를 전개하고 있습니다. 본래적인 가치가 인정받고 있는 사례를 들어 논지를 강화하고 있습니다.

단점

과학기술이 진보해도 '변화하지 않는 보편적인 가치'가 있으며, 그것의 의의를 논의하는 것이 답안의 중심 내용이 되어야 합니다. '디지털 기술의 부작용'이나 '디지털에 대한 맹신'을 기술하는 것은 타당하지만 여기서 중시되어야 하는 보편적 가치에 대한 언급이 부족합니다. 글의 초점이 '변화하지 않는 보편적인 가치'로 옮겨져야 합니다.

구성의 특징

서론과 결론 부분이 불안정합니다. 서론에서는 과학기술이 발달함에도 여전히 중요한 위치를 가지는 구식 도구들의 이야기를 하면서 문제를 제기하고 있습니다. 하지만 결론 부분에서는 구식 도구들로 대표되는 보편적 가치에 대한 중요성이 강조되거나 정리되지 않아 논지를 흐리고 있습니다.

표현

①번 문장은 호응이 적절하지 않습니다. '큰 변화를 가져다줄 것이라고'를 '큰 변화가 일어날 것이라고'로 바꾸어야 합니다. ②번 문장은 문맥상 과학기술이 가지는 편리함 이외에 폐해가 있다는 점을 강조하려는 것으로 구체적인 내용을 언급해야 합니다. '하지만 그 편리함이 인간에게 이점만을 가져다주는 것은 아니다' 정도로 바꾸어야 자연스럽습니다. ③번 문장 '삶 자체가 자신의 의지로 이루어지는 인간 사회에 있어서'는 불필요한 표현입니다.

제언

제시문을 임의적으로 활용해서는 높은 점수를 얻을 수 없습니다. 출제 의도에 맞게 제시문을 분석해야 합니다. 이 문제의 경우는 과학기술의 발달로 인한 폐단을 강조할 것이 아니라 출제자가 의도한 본래적인 가치의 중요성을 강조하는 내용으로 기술하는 것이 좋겠습니다. 논술문의 문장은 각 성분 간의 호응이 자연스러운 단문이 좋습니다. 논술 답안은 의미가 명확하고 간결하게 전달되도록 간단하게 기술하는 것이 중요합니다.

수정 답안 | 이장혁

　　근래에 들어서 정보와 첨단기술 들이 쏟아지고 있다. 이로 인해 우리 생활 주변 곳곳에 디지털이 스며들고 있으며, 사람들은 조만간 생활 방식의 자동화 같은 큰 변화를 가져다줄 것이라고 생각하고 있다.

　　하지만 지금의 추세를 보면 디지털이 우리 생활을 잠식할 가능성은 없어 보인다. 컴퓨터 같은 자동기기들이 판을 치고 있는데도 불구하고 아직도 연필이나 서적 같은 구식 도구들이 버티고 있다. 어떻게 이런 일이 있을 수 있는 것일까? 분명 자동기기들이 구식 도구들보다 기능이 많은 것은 사실이다. 그렇지만 편리하다고 이야기할 수 있는 것은 아니다. 작업량의 축소는 혁신적이었지만 오히려 삶의 기계화나 인간 소외 같은 증상은 더욱 커지고 있다. 정보의 빈부격차나 컴맹과 같은 이전에는 볼 수 없었던 사회문제도 생겨났다.

　　이에 반해 많은 사람들이 아날로그로 돌아가는 추세이다. 아날로그가 디지털만큼 유익하지 않을지는 몰라도 그 특유의 멋과 분위기가 사람들을 끌어들이고 있는 것이다. 단순히 0과 1로만 전산화되어 있는 컴퓨터의 글씨와는 달리 연필로 쓰는 글씨에는 그 글을 쓰는 필자의 마음과 정성이 들어가 있다. 단순히 레이저만 쏴대는 디지털 시계의 액정과는 달리 제작자의 섬세함이 담긴 째깍 시계가 더욱 정겹다.

　　이처럼 많은 엄청난 진보된 기술들 속에서도 전통적인 기술들은 항상 그 면목을 유지해 왔다. 그리고 앞에서 말했듯이 그 기술이 예전보다 더욱 진보적이라 하더라도 결코 편리할 수는 없는 것이다. 연필보다야 만년필이 진보적이지만 고장이 잦다거나 자주 바꿔 줘야 하는 단점이 있는 것처럼 말이다.

　　이처럼 유비컴과 같은 디지털 기술이 우리에게 삶의 편리함을 선사해 준 것은 사실이지만 사생활이 침해되는 것과 같은 그 외면에 숨겨진 진실을 무시해서는 안 된다.

수정 답안 지도

이지선 선생님

총평

최초 답안에 비해 문장 기술이 많이 향상되었지만 문단 간의 연결성이 떨어져 글의 전체 구도가 한눈에 들어오지 않습니다. 특히 서론에서 본론으로 들어가는 부분이 분명치 않아 글의 방향을 파악하기가 쉽지 않습니다. 서론에서는 본론에 펼쳐질 내용에 대한 문제 제기가 분명해야 글이 완성도 있게 연결됩니다. 결론 부분은 전통적인 가치의 중요성을 강조한 것이 아니라 과학기술이 우리에게 준 폐단이나 문제점을 강조하고 있어 완결성이 부족합니다. 결론에서는 본론에서 논의한 내용을 종합하고 전망을 제시해야 합니다. 논지가 흐려지거나 또 다른 내용을 언급해서는 곤란합니다.

세부사항

어떻게 이런 일이 있을 수 있는 것일까?

☞ 이 문장의 경우 의문을 제기하는 내용 외에는 아무 의미가 없습니다. 따라서 '왜 이럴까?'나 '무엇 때문일까?' 등의 문장으로 간결하게 표현하는 것이 좋습니다. 앞으로 논술 답안을 작성할 때에는 의문형 문장을 되도록 피하십시오.

분명 자동기기들이 구식 도구들보다 기능이 많은 것은 사실이다. 그렇지만 편리하다고 이야기할 수 있는 것은 아니다.

☞ 뒷문장의 기술 내용이 충분치 않습니다. 의미가 명확하도록 보충 설명이 필요합니다. '하지만 기능이 많다고 해서 무조건 편리하다고는 말할 수 없다'가 적절합니다.

단순히 레이저만 쏴대는 디지털 시계의 액정과는 달리 제작자의 섬세함이 담긴 째깍 시계가 더욱 정겹다.

☞ 보통 '~와 달리'는 앞과 뒤의 내용이 서로 비교될 수 있는 특징이 있어야 합니다. '레이저만 쏴대다'와 '제작자의 섬세함'은 어울리지 않습니다. '단순 기계 부속품이 조합된 디지털 시계와 달리 장인의 섬세함이 담긴 수제 시계가 더욱 정겹다'가 적절합니다.

이처럼 많은 엄청난 진보된 기술들 속에서도 전통적인 기술들은 항상 그 면목을 유지해 왔다.

☞ '많은 엄청난 진보된 기술들 속에서도'는 유사한 의미가 중복되고 있습니다. 간단하게 수정해야 합니다. '엄청나게 진보된 기술들 속에서도'가 적절합니다. '면목'은 '사람이나 사물의 겉모습'을 의미합니다. 여기서는 맥(脈)이나 목숨이 유지되는 근본이나 어떤 일의 지속에 필요한 최소한의 중요한 부분을 의미하는 '명맥(命脈)'이 옳은 표현입니다.

마포고등학교 모의면접 장면

■ 모의면접 개요

1. 구술면접은 대학입시에서 당락을 좌우하는 중요한 평가 요소임에도 불구하고 학생들은 다음과 같은 착각을 하고 있다.
   착각 ① : 구술면접시험은 천부적인 말하기 능력(이른바 말발)에 의해 좌우된다.
   착각 ② : 기존의 기출 문제를 정리한 예상 문제에 대한 답변을 완벽하게 암기하면 된다.

2. 이러한 착각을 깨우치고 실제 구술면접을 대비하기 위해서는 자신이 알고 있는 지식을 자연스럽게 설명하거나 쟁점에 대한 자신의 주장을 피력하는 기본적인 말하기 능력을 길러 주어야 한다.

모의면접 살펴보기

마포고등학교에서는 학년 구분 없이 학생들이 지도 교사를 선택하는 무학년 방과 후 학습 프로그램을 운영하고 있다. 과학논술 프로그램 이외에 서울대학교 강사들을 초빙하여 학생들에게 구술면접시험의 기회를 제공하는 프로그램도 운영하고 있다. 이 자료는 모의면접을 녹취하여 작성한 자료이다.

박한진 학생의 모의면접 답변 (서울대학교 화학생명공학부 지원)

면접관 : 왜 화학생명공학부에 지원했나요? 지원 동기를 이야기해 주세요.

박한진 : 오늘날 우리의 일상생활에 깊숙이 자리 잡은 전자 제품들은 유비쿼터스의 시대가 도래하면 그 중요성이 더욱 강조될 것입니다. 특히 언제 어디서나 인터넷에 접속할 수 있는 전자 제품들을 만드는 것이 유비쿼터스 시대를 열 수 있는 가장 중요한 관건이라고 할 수 있습니다. 하지만 현재의 전자 제품들은 길거리에서 마음껏 사용하기에는 아직 미흡합니다. 왜냐하면 휴대 전원만으로는 기껏해야 사용 시간이 3~4시간에 불과하기 때문입니다. 게다가 전자 제품의 소형화가 가속되고 있는 현실도 고려한다면 현재 휴대 전원의 에너지 밀도로는 많이 부족할 수밖에 없습니다.

그래서 저는 화학생명공학부에서 고에너지 밀도를 가진 초소형 2차 전지 개발에 관해 연구하고 싶습니다. 고에너지 밀도를 가진 초소형 2차 전지를 통해 유비쿼터스 시대를 이끌어 가고, 자동차나 기차 또한 전지만으로 움직일 수 있게 한다면, 석유가 고갈되어 발생할 수 있는 에너지 위기 또한 극복할 수 있게 될 것입니다. 석유 한 방울 나지 않는 우리나라에서 에너지 위기가 현실로 다가오고 있는 이 시점에 에너지 정복을 위한 노력에 동참할 수 있도록 서울대학교 화학생명공학부에서 그 꿈을 펼치고 싶습니다.

 | **좀더 자세히**

1. 정보기술의 발달은 프라이버시의 종말?

6월 25일 조지 오웰의 탄생 100주년을 맞아 참여연대 등 52개 시민단체는 빅브라더 주간을 선포하고 정보인권보호 운동을 전개했다. 오웰의 소설 『1984년』에서 독재자 빅브라더는 텔레스크린으로 모든 국민의 사생활을 끊임없이 엿본다.

프랑스 철학자 미셸 푸코는 정보인권을 침해할 소지가 있는 정부의 컴퓨터 통신망과 데이터베이스를 판옵티콘(panopticon)에 비유했다. 판옵티콘은 1791년 영국 철학자 제러미 벤담이 제안한 개념으로, 학교, 공장, 병원, 감옥 등에서 한 사람이 모든 것을 감시하는 체계를 뜻한다. 푸코에게 판옵티콘은 한 사람의 간수가 모든 죄수를 감시하는 원형감옥의 의미를 지닌다.

푸코는 개인의 일거수일투족에 관한 모든 자료가 저장되는 데이터베이스가 마치 판옵티콘이 죄수들을 감시하듯이 출산부터 죽음에 이르기까지 대중을 통제하고 관리하는 전체주의적 권력의 도구로 잘못 사용될 가능성에 주목한 것이다. 말하자면 판옵티콘은 빅브라더가 정보기술로 구축한 감시 체계의 결정판인 셈이다.

정보기술의 발달로 개인의 프라이버시(사생활)가 위협받고 있는 것은 어제 오늘의 일이 아니다. 정보기술이 가져다주는 이득이 너무 크기 때문에 사생활의 희생을 감수하는 사례가 허다하기 때문이다. 가령 은행에 설치된 비디오카메라는 범죄 용의자뿐만 아니라 일반 시민을 감시하게 된다. 그러나 어느 누가 프라이버시를 침해당한다는 이유만으로 범인을 잡아 주는 비디오카메라의 철거를 요구하겠는가.

이와 같이 정보기술을 이용한 감시 시스템은 사생활을 위협하고 있지만 사회의 안전을 담보하므로 새로운 감시기술이 끊임없이 개발되고 있다.

예컨대 거리에서 행인들이 속삭이는 말을 녹음하는 마이크로폰, 창문 유리의 진동으로 방 안의 은밀한 대화를 도청하는 장치들이 나왔다. 장수말벌 크기의 비디오카메라를 천장에 부착하면 방 안에서 일어나는 모든 일을 녹화할 수 있다. 카메라가 달린 휴대전화(일명 카메라폰)로 닥치는 대로 몰래 사진을 찍을 수 있다.

전문가들은 정보기술의 발달로 프라이버시의 종말이 임박했다고 경고한다. 정보사회의 도시는 머지않아 모든 사람이 발가벗긴 채 아무

데고 숨을 곳이 없는 사막으로 바뀔 것이다. 누가 정보사회를 유토피아라고 했는가.

● 자료 출처 : 이인식, 『이인식의 과학나라』 중 「프라이버시의 종말이 임박했다」

2. 나노기술과 나노오염 사이

석탄과 다이아몬드는 똑같이 탄소 원자로 구성되어 있지만 원자 배열상태가 달라 하나는 값싼 땔감으로, 다른 하나는 값비싼 보석으로 사용된다. 이처럼 물질의 특성과 값어치는 원자들의 배열에 따라 결정된다. 따라서 원자들의 배열을 바꿔 줄 수 있다면 얼마든지 새로운 물질을 만들어 낼 수 있다. 원자의 크기는 나노미터로 측정된다. 1나노미터는 10억분의 1미터로서, 사람 머리카락 굵기의 10만분의 1에 해당된다. 이와 같이 극미한 원자나 분자를 개별적으로 다루어 전혀 새로운 성질과 기능을 가진 물질을 만드는 기술을 '나노기술'이라 한다.

나노기술은 초창기에는 반도체 소자의 제조공정처럼 이미 존재하는 거시물질에서 출발해 점차적으로 크기를 축소해 가면서 원자 크기의 나노 구조물을 제작하는 하향식 기술에 의존할 수밖에 없다. 그러나 궁극적으로는 나노미터 크기의 기본 구성물질을 만든 다음에 마치 레고 블록을 조립하듯이 이것들을 하나하나 쌓아올려 큰 구조물을 만드는 상향식 기술로 나아가게 될 것이다. 말하자면 상향식 나노기술은 원자나 분자가 스스로 물질을 형성하는 자기조립 능력을 이용하는 것이다.

자기조립하는 나노 구조물의 대표적인 사례는 탄소나노튜브이다. 나노기술에 뛰어든 세계적인 기업들은 이 물질을 이용한 제품의 상용화를 서두르고 있다. 양산을 앞둔 것으로는 텔레비전과 컴퓨터의 평판 디스플레이 장치, 가스 탐지용 센서, 연료전지에 필요한 수소 저장장치를 꼽을 수 있다. 그 밖에도 탄소나노튜브는 항공우주, 생명공학, 보건의료 등 다양한 분야에서 신제품을 탄생시킬 것으로 기대를 모으고 있다.

그런데 지난 3월 열린 미국 화학회에서 황금알을 낳는 거위로 여겨진 탄소나노튜브가 독성을 지니고 있다는 연구 보고서가 발표되어 나노기술 전문가들에게 충격을 던졌다. 과학자들은 탄소나노튜브를 쥐의 폐 조직에 주입한 결과 질식사했다고 밝히고 인체에 치명적인 상처를 입힐 수 있음을 경고했다. 이를 계기로 나노 크기의 입자, 곧 나노입자가 인체의 건강과 환경에 나쁜 영향을 미칠지도 모른다는 이른바 나노오염의 문제가 제기되기에 이르렀다.

탄소나노튜브는 덩어리일 때는 문제가 없던 물질도 나노 크기의 입자가 되면 높은 독성을 지닐 가능성이 높다는 것을 보여 주었다. 각종 화장품 등 나노기술을 활용한 제품이 일상생활에 파고드는 상황에서 나노오염에 대한 대책을 서둘러 마련해야 될 것 같다.

● 자료 출처 : 이인식, 『이인식의 과학나라』 중 「나노기술과 나노오염 사이」

3. 정보감옥 판옵티콘

영국의 공리주의 철학자 제러미 벤담은 1791년에 죄수를 교화할 수 있는 시설로 원형감옥 판옵티콘(panopticon)을 제안했다. 판옵티콘은 바깥쪽으로 원주를 따라서 죄수를 가두는 방이 있고 중앙에는 죄수를 감시하기 위한 원형공간이 있다. 이 중 죄수의 방은 항상 밝게 유지하고 중앙의 감시공간은 항상 어둡게 하여, 간수는 죄수의 모든 것을 볼 수 있는 반면에 죄수는 간수가 자신을 감시하고 있는지 아닌지도 알 수 없다. 판옵티콘에 수용된 죄수는 보이지 않는 곳에서 항상 자신을 감시하고 있을 간수의 시선 때문에 규율을 벗어나는 행동을 못하다가 점차 규율을 '내면화'해서 스스로 자신을 감시하게 된다는 것이 벤담의 생각이었다. 하지만 영국 정부는 벤담의 제안을 받아들이지 않았다.

판옵티콘이 다시 세상 사람들의 관심을 끌게 된 것은 1970년대에 프랑스 철학자 미셸 푸코가 『감시와 처벌』을 출간하면서부터이다. 푸코는 이 책에서 근대 이전의 '스펙터클 사회'와 근대적인 '규율 사회'를 구별했다. 스펙터클 사회란 만인이 한 사람의 권력자를 쳐다보던 사회이고, 규율 사회는 한 사람의 권력자가 만인을 감시하는 사회를 말한다. 만인이 한 사람의 권력자를 쳐다보던 시선이 '군주 권력'을 상징한 것이라면, 한 사람이 만인을 감시하는 시선은 '규율 권력'을 구현한 것이다. 푸코는 벤담의 판옵티콘이 군주 권력에서 규율 권력으로의 변화를 상징하고 동시에 그것을 추종한 것이라고 주장했다. 판옵티콘이라는 원형건물에 구현된 감시의 원리가 사회 전반으로 스며들면서 규율 사회의 기본 원리인 판옵티시즘(panopticism)으로 탈바꿈했다는 것이다. 1960년대부터 부상한 전자 감시나 정보 감시에 대한 우려의 분위기 속에서 푸코는 판옵티콘에 대한 세상의 관심을 거의 200년 만에 부활시켰다.

근대 사회의 권력자가 판옵티콘의 간수와 다른 점은 이들이 점점 대중 앞에 나서는 것을 선호했다는 것이다. 예를 들어 루이 14세는 『가제트 드 프랑스』 같은 잡지를 통해 자신의 이미지를 대중에게 선전하기 시작했다. 물론 이러한 시도는 자신의 이미지를 대중에게 더욱 분명히 각인시킴으로써 그들을 효과적으로 통치하기 위해서였다. 그렇지만 19세기에 대중화된 신문은 역감시를 체계적으로 구현했다. 1840년대에 전신이 등장하면서 신속한 뉴스 보도가 가능해졌으며, 20세기 초엽에는 라디오 방송이 확산되면서 권력자가 미디어에 등장하는 것이 일상화되었다. 권력자는 자신이 원하는 이미지를 가공하여 선전하고 심지어 여론을 조작하기 위한 도구로 언론을 이용했지만, 동시에 언론은 정치인들의 일거수일투족을 대중에게 드러냄으로써 권력의 투명성을 확보하는 데 기여했다.

노르웨이 범죄학자 매티슨은 소수가 다수를 감시하는 판옵티콘이 근대 사회의 감시 원리로 자리 잡았던 19세기 동안 다수가 소수의 권력자를 감시할 수 있는 언론과 통신 기술이 발달했다고 주장했다. 그는 이렇게 다수가 소수의 권력자를 감시하는 언론의 발달을 시놉티콘(synopticon)이라고 했다. 19세기 이후에 사회의 판옵티콘화가 진행되었지만, 이와 동시에 권력자와 대중이 서로를 감시하는 시놉티콘도 발달했다는 것이다. 매티슨은 판옵티콘만으로는 현대 사회의 또 다른 특징인 역감시의 존재를 충분히 설명할 수 없으며, 바로 이것이 푸코의 역사 해석이 지닌 문제라고 주장했다.

민주주의 국가에서 의회와 언론은 권력을 감시하는 중요한 기제임이 분명하지만 이에는 한계가 있다. 의회와 언론이 비대해지면서 이들이 원래 취지와는 다른 그 자체의 독자적인 논리를 획득하기 시작하고, 그러면서 스스로를 권력화했다는 점이 그것이다. 게다가 정치인이나 사회 권력자들은 언론을 장악하거나 이를 잘 활용하여 자신들의 이미지를 구축하는 데 이미 충분히 익숙해져 있다. 물론 의회와 언론이 아직 역감시를 수행하는 중요한 주체임을 부인할 수는 없지만, 이런 기관들은 이제 그 자체가 역감시의 대상이 된 것이다.

● 자료 출처 : 홍성욱, 『파놉티콘-정보사회 정보감옥』

과학과 창의성

2008학년도 이후에 실시되는 통합교과논술에서 강조하는 것은 교과 지식에 대한 이해력이 아니라 다면적이고 창의적인 사고력이다. 특히 연세대학교에서는 이를 '다면사고형 논술'이라고 칭하며, 창의적이고 다면적인 사고를 하는 우수한 학생을 선발할 것임을 밝힌 바 있다. 이 문제는 이러한 '다면사고형 논술'을 염두에 두고 '컴퓨터에 의해 창의적인 예술이 실현될 수 있는가'에 대한 학생들의 다면적이고 창의적인 사고력을 측정하기 위해 출제했다. 제시문은 이인식의 『아주 특별한 과학 에세이』에서 발췌했으며 문제 형식과 분량은 2008학년도 연세대학교 다면사고형 논술 예시 문항의 틀에 맞추어 출제했다.

| 논술 기본 문제

■ 제시문 자료 출처

• 이인식, 『아주 특별한 과학 에세이』 중 「모차르트의 42번 교향곡」

아 우 라 한 수 지 도

연세대학교는 창의적인 사고의 폭을 강조하면서 이를 '다면사고형'로 명명했다.

〔가〕 사람처럼 생각하는 기계를 꿈꾸어 온 사람들은 1980년대 초부터 그림을 그리거나 음악을 작곡하는 프로그램을 선보이기 시작했다. 예술가의 창조적인 재능을 가진 프로그램으로 간주되는 대표적인 작품은 아론이다.

아론(Aaron)을 개발한 해럴드 코언은 본래 국제적 명성을 누리던 추상파 화가였다. 1966년에는 권위 있는 미술 전시회인 베니스 비엔날레에서 영국을 대표하는 다섯 명의 화가로 지명될 정도였다. 이미 명성과 돈을 거머쥔 코언은 마흔 살 되는 1968년, 미국의 실리콘밸리를 방문한 여행이 계기가 되어 화단과 결별하고 컴퓨터를 기초부터 공부하기 시작했다. 그 당시에는 컴퓨터를 사용하여 이미지를 단순히 변형시키는 것을 컴퓨터 미술이라고 지칭했다. 그러나 코언은 화가처럼 자신이 그린 그림을 보아 가면서 다음에 취할 행동을 결정하여 그림을 생성하는 컴퓨터 프로그램을 개발하기로 결심했다. 그는 동료들의 무관심과 회의적인 눈초리를 감내하며 각고의 노

화가 해럴드 코언이 개발한 로봇 화가 아론의 작품(1988)과 작업 장면

력 끝에 아론 개발에 성공한다.

일단 프로그램이 동작을 시작하면 아론이 모든 것을 결정한다. 아론은 두 종류의 지식을 보유하고 있다. 하나는 외부 세계의 대상에 대한 지식이고, 다른 하나는 이러한 지식을 사용하여 그림을 그리는 방략에 관한 지식이다. 아론이 그림을 그리는 과정에서 두 종류의 지식은 끊임없이 상호작용한다. 말하자면 아론은 코언이 화가로서 얻은 경험에서 도출된 규칙으로 구성된 일종의 전문가 시스템이다. 아론의 세계는 사람, 나무, 바위를 보여준다. 구도와 색채 등 개선되어야 할 기능이 없지 않지만 인간의 예술적 재능과 컴퓨터 기술을 결합시킨 최초의 걸작품으로 평가된다.

[나] 영국의 조각가인 라탐은 뮤테이터(Mutator)를 개발했다. 뮤테이터의 본래 의미는 '돌연변이 유발 유전자'이다. 즉 다른 유전자의 돌연변이 율을 증가시키는 작용을 지닌 유전자이다. 1980년대 초 대학생 시절에 라탐은 수정란이 두 개의 딸세포로 분열되는 단순한 과정을 반복하여 복잡한 형태의 성체가 되는 과정에서 영감을 얻고 이러한 세포 분열 과정을 이용하여 그림을 그리는 프로그램을 개발하게 된다.

뮤테이터는 한 개의 간단한 그림으로 시작하여 대여섯 개의 딸 그림

을 생성한다. 딸 그림은 어버이 그림과 약간씩 다르다. 딸 그림의 변화
는 아주 간단한 규칙을 적용한 결과이다. 여러 세대에 걸쳐 이러한 과정
을 반복하면 첫 번째 그림과는 모양이 전혀 다른 자손 그림들, 이를테면
로봇, 거미, 탱크, 벌레 따위를 닮은 그림이 나타난다. 요컨대 뮤테이터
는 인간의 상상력을 뛰어넘는 기묘한 그림을 그려 낼 수 있다.

〔다〕 인공지능을 비판하는 미국의 존 서얼 교수는 컴퓨터 프로그램이 사람
처럼 창조적 능력을 가질 수 없다고 주장한다. 서얼은 "프로그램은 모
두 구문(Syntax)이며 의미(Semantics)가 아니다"라고 단언한다. 다시
말해서, 컴퓨터는 기호의 의미를 이해하지 못한 채 기호를 조작하는 방
법을 가르쳐 주는 규칙에 따라 동작하기 때문에 사람처럼 마음을 가질
수 없다. 마음이 없는 컴퓨터가 창의성을 가진다는 것은 어불성설이라
는 뜻이다.

　하지만 컴퓨터 창조성 연구에서 가장 뛰어난 이론가인 마거릿 보덴
의 표현을 빌리자면 "컴퓨터에 의해 만들어졌다는 이유만으로 거부하
면 우리는 흥미롭고 아름다운 수많은 작품을 잃게 될 것이다." 컴퓨터
가 창조한 작품이 예술가의 작품 못지않게 우리의 삶을 풍요롭게 해 주
지 말란 법이 없다고 반론을 펴기도 한다.

문제 | 제시문 〔다〕는 제시문 〔가〕와 〔나〕를 바라보는 상반된 시각을 대변하고 있다. 다
음 코언의 주장을 참고하여 컴퓨터 창조성에 대한 자신의 생각을 논술하시오.(800자)

　보스턴에서 아론의 작품을 둘러보던 샌프란시스코 현대미술관장을 지냈던
헨리 홉킨스가 "이 작품은 아론의 작품인가, 코언의 작품인가"라고 물었을 때,
코언은 "나는 프로그램을 짰을 뿐 그림을 그린 것은 아론"이라고 대답했다. 아
론은 비록 코언이 입력한 사물에 대한 지식과 그리는 방법에 따라 움직이는
프로그램이지만, 붓의 터치와 색깔을 자유롭게 선택하는 지능형 로봇이기 때
문에 결국 인간과 유사한 창작혼이 배어 있다는 것이 코언의 주장이다.

문제 해설

1. 출제 의도

창의적인 사고력을 갖춘 학생을 선발하기 위한 논술고사가 2008학년도부터 기존의 고전 텍스트를 활용한 '고전 논술형'에서 통합교과적인 내용을 제시문으로 활용하는 유형으로 급변하게 되었다. 이러한 변화는 자연계열 학생들에게 큰 부담으로 다가올 수밖에 없다. 자연계열 학생들에게 과학 교과의 지식이 아닌 '과학철학', '인공 창의성'과 같은 넓은 에세이형 주제는 일정한 분량을 채워야 한다는 것 자체가 여간 부담스러운 일이 아니기 때문이다. 비교적 문장력이 있다는 인문계 학생들도 과학철학과 같은 주제는 다른 주제에 비해 심도 있는 논의를 하기가 어렵기 때문에 까다롭게 느껴지는 것은 마찬가지이다.

이 문제는 에세이형 과학논술 유형으로 인간의 고유한 특징으로 치부되어 온 창의적인 예술 활동에 도전하는 컴퓨터 프로그램에 관한 쟁점을 다루고 있다. 학생들은 제시문의 핵심을 파악하고, 컴퓨터 창의성에 대한 자신의 입장을 정한 다음 이를 논증하는 절차를 논술 답안에 표현해야 한다. 코언의 주장을 참조하라는 문제의 전제를 염두에 둔다면 찬성론과 반대론을 절충하는 답안보다는 둘 중 하나를 취하고 자신의 생각을 과학적인 논증 절차를 통해 입증하는 답안을 작성한 학생이 높은 점수를 받을 수 있다.

2. 제시문 분석

제시문은 이인식의 『아주 특별한 과학 에세이』 중 「모차르트의 42번 교향곡」에서 발췌한 내용이다. 이 에세이는 컴퓨터 예술가인 아론(Aaron)과 에미(EMI), 라탐과 심즈의 프로그램을 소개하고 더 나아가 카피캣(Copycat) 프로그램의 유추능력을 논의한 다음, 창조적인 컴퓨터 프로그램이 가능한지를 타진하는 내용을 담고 있다. 이 중에서 컴퓨터 창의성에 대한 찬반 의견을 소개한 부분과 컴퓨터 창조성에 대한 저자의 논평 부분을 생략하여 이를 논술 문제로 출제했다.

제시문 [가]의 핵심은 아론의 메커니즘을 파악하는 것이다. 아론은 '자신이 그린 그림을 보아 가면서 다음에 취할 행동을 결정하여 그림을 생성하는 컴퓨터 프로그램'이며 이를 위한 알고리듬은 외부 세계의 대상에 대한 지식과 이러한 지식을 사

keyword

■ **메커니즘(mechanism)** : '기계 장치'라는 뜻으로 흔히 사물의 작용 원리나 구조를 가리키는 말로 쓰인다. '기제(機制)'라는 말로 번역하기도 하지만 직접 '메커니즘'이라는 말을 사용하는 경우가 흔하다. 광합성의 메커니즘, 발광생물의 메커니즘, 발효의 메커니즘, 신경의 흥분전도 메커니즘, 화산의 분화 메커니즘 등 과학 교과의 경우 대부분이 메커니즘의 교육이라고 해도 과언이 아닐 만큼 다양하다.

■ **이것이 중요**
● '코언의 주장'을 통해 자신의 입장 정하기
● 주어진 현상과 쟁점을 창의적으로 분석하는 다면적 사고 필요 – 예상되는 반론 끌어안기

용하여 그림을 그리는 방략에 관한 지식이 끊임없이 상호작용하는 시스템으로 구성되어 있다.

제시문 [나]의 핵심은 라탐이 개발한 '뮤테이터'의 메커니즘을 파악하는 것이다. 뮤테이터는 한 개의 간단한 그림이 대여섯 개의 딸 그림으로 분화하는 과정을 반복하여 첫 번째 그림과는 모양이 전혀 다른 자손 그림들을 생성해 내는 시스템이라고 정리할 수 있다. 제시문에는 없지만 '아론'과 '뮤테이터'의 차이점을 분석하여 이를 논술 답안에 반영하면 더욱 수준 높은 분석이 가능하다. 즉 뮤테이터는 진화에 의한 변형을 통해 스스로 자신의 작업을 수정할 수 있다는 측면에서 아론의 한계를 뛰어넘었다고 볼 수 있다. 하지만 사람처럼 미적인 평가 기준에 의해 변형을 판단한 것은 아니기 때문에 반드시 사람의 예술 행위와 똑같은 것으로 치부할 수는 없다.

3. 문제 해설

문제의 전제는 코언의 주장을 참조하라는 것이다. 따라서 학생들은 먼저 코언의 주장에 찬성하는지 반대하는지 입장을 정해야 한다. 대부분의 학생들은 아론의 창조적 능력을 긍정적으로 보는 입장에서 논지를 전개하는 경우가 많았는데, 어느 쪽이든 주어진 현상과 쟁점을 창의적으로 분석하는 다면적인 사고가 답안의 수준을 판가름할 것이다.

아론의 창의성을 긍정적으로 보는 시각에서 논지를 전개할 때에도 아론의 창의성이 어떤 특정한 자료, 주어진 맥락 내에서만 허용할 수 있는 제한적인 창의적 능력이라는 한계가 있다는 언급을 해주면 좋다. 예상되는 반론을 어느 정도 껴안으면서 자신의 다면적인 사고과정을 보여주는 것이 원활한 논지 전개에 도움이 되기 때문이다. 제시문의 저자 이인식은 아론의 창조적 능력과 관련된 쟁점에 대해 다음과 같이 논평했으며 이는 하나의 예시 답안이 될 수 있다.

아론의 성공은 컴퓨터 프로그램의 창조적 능력에 대한 논란을 불러일으켰다. 예컨대 아론이 그린 그림의 주인을 놓고 의견이 엇갈린다. 한쪽에서는 아론이 코언의 창조적 재능의 산물이므로 아론은 코언의 꼭두각시일 따름이라고 주장하는 반면에, 다른 한쪽에서는 코언이 아론이 그리게 될 그림의 내용

을 예측하지 못하므로 그림의 주인은 아론이라고 주장한다. 전자가 컴퓨터 프로그램의 창조성을 부인하는 입장이라면 후자는 그 반대이다.

또한 컴퓨터 프로그램이 창조적인 능력을 가질 수 없다고 생각하는 사람들은 창조성의 중요한 요소인 개성 문제를 거론한다. 예술가들은 창작 활동을 하면서 일련의 의사 결정과정을 거치므로 개인적 특성이 작품에 반영되지만, 아론은 코언이 정해 놓은 규칙을 맹목적으로 따르게 되므로 자율적인 선택이 불가능하여 개성 있는 작품을 기대하기 어렵다는 것이다.

그러나 일각에서는 아론이 예술가들처럼 의사 결정의 선택을 한다고 주장한다. 단지 그 선택 방법이 다를 뿐이라는 것이다. 예술가들이 개인적 경험과 취향에 따라 선택하는 반면에 프로그램은 주사위를 던지듯 무작위적으로 선택하는 차이가 있을 따름이라는 주장이다.

코언의 예술적 재능을 흉내 낸 아론이 독창적인 작품을 만들어 낸다고 인정하더라도 인간의 창의성과는 비교될 수 없다. 왜냐하면 역사에 기록된 천재적인 예술가들이 보여 준 창조성은 단순히 기존의 방식을 따르지 않고 도리어 그것을 변형시킬 때 발현되었기 때문이다. 이러한 능력을 아론이 갖고 있지 않음은 물론이다. 아론이 다른 프로그램보다는 창의적이지만 사람에 버금가는 창의성을 가지려면 반드시 자신의 작업을 자율적으로 수정할 수 있어야 한다는 뜻이다.

미술과 과학이 접목한 이 주제는 연세대학교 통합교과논술 유형을 염두에 둔 것인데 연세대학교 측에서는 학생과 교사 모두 낯설어하는 '다면사고형 논술'은 문제를 푸는 과정에서 창의력과 수리력, 논리력 등을 다각도로 동원하라는 의미에서 붙인 이름이라고 밝혔다. 수리적 요소와 언어적 요소를 접목하고 미술작품을 제시문으로 주는 독특한 방식의 통합교과논술은 결국 평소 생각을 많이 한 학생들이 유리할 수밖에 없다.

최상위 수준의 답안은 다음과 같은 수준 높은 논거를 활용할 수 있다. 특정 학자의 저서나 이름을 명확히 몰라도 상관없다. 다민 다면직인 사고과정을 통해 다음과 같은 유사한 내용을 논거로 활용하면 되는 것이다.

아우라 한수 지도

예상되는 반론을 언급하면서 자신의 논지를 강화하고 하나의 현상을 다양한 측면에서 사고하고 있음을 보여 주는 요령이 필요하다.

입장	논증 사례
코언의 주장에 찬성하는 입장	인지심리학계의 저명한 학자인 토머스 워드, 로널드 핑크, 스티븐슨 스미스 역시 『창조성과 정신』을 통해 창조성에 관한 개개인의 차이는 개인이 가진 지식의 양과 그 지식을 현명하게 운용하는 방법론의 차원이지 결코 신이 내린 영감이나 신비로운 능력의 차이가 아니라는 점을 강조한 바 있다. 아론 역시 자신이 그린 그림을 보아 가면서 다음에 취할 행동을 결정하여 그림을 생성한다는 점에서 창조적 정신을 지니고 있다고 볼 수 있다.
코언의 주장에 반대하는 입장	창의적 사고를 지적 특성으로 파악한 길퍼드(Guilford)는 사회 문화에서 가치를 부여할 수 있는 아이디어를 생성하는 것이라 규정한 바 있다. 아론의 작품이 사회 문화에서 가치를 부여할 수 있는 아이디어인지는 명확히 판단하기 어렵다. 듀이(Dewey)는 창의력을 문제 해결능력으로 보았으며, 기셀린(Ghiselin)은 창의력을 삶에서 나타나는 변화에 대한 발전을 추구하는 과정으로 보고 있다. 아론은 문제 해결능력이 없으며 프로그램의 변화가 곧 발전을 의미한다는 명확한 증거 또한 없다.

학생 답안과 첨삭 지도의 실제(1)

최초 답안

■ **글 개요 분석 및 특징**

1. 컴퓨터도 창조자가 될 수 있음
2. 미술과 음악에 나타난 컴퓨터의 창조적 활동의 예
3. 컴퓨터의 창조성은 가능함

신재경(마포고)

①예술은 기본적으로 어떠한 것을 창조해 내는 행위이다. ②우리가 오랫동안 컴퓨터에 대해 가져온 상식으로는 컴퓨터가 창조를 행한다는 것이 불가능해 보인다. 하지만 ③지금까지 인간이 행해 온 예술이 어떤 행위인가를 생각해 보면 컴퓨터도 창조자가 될 수 있다는 사실을 알 수 있을 것이다.

우선, 미술이라는 분야에서 인간의 창조가 어떤 식으로 이루어지는지 생각해 보기로 한다. 고전 미술의 경우, 대부분 현실에 존재하는 것을 그린다. 비록 상상 속의 대상이라 할지라도 ④현실의 틀은 빌려 표현하는 것이 보통이다. ⑤여기서 인간은 현실에 대해 갖고 있는 정보를 바탕으로 그를 변형하는 것을 미술이라 한다는 것을 알 수 있다. ⑥이는 컴퓨터가 인간이 가지고 있는

<u>지식을 제공받아 그것을 바탕으로 변형을 행하는 것과 상통한다.</u>

⑦<u>현실을 단순히 복제하는 팝아트</u>에 이르게 되면 컴퓨터도 인간과 유사한 '창조적'인 활동을 할 수 있다고 하겠다. 그 근거는 '뮤테이터'에서 찾을 수 있다. 음악에서도 마찬가지이다. 이미 준비된 음계라는 정보를 바탕으로 적절히 변형하는 것을 작곡이라 한다면 컴퓨터도 충분히 그런 일을 해낼 수 있다.

컴퓨터는 '가지고 있는 지식의 변형'인 예술에 어느 정도 접근했다고 할 수 있다. 아무리 창조적인 예술이라 하더라도 무에서 유를 창조하는 것은 있을 수 없다. 결론적으로, 예술이 창조성을 가장 중요시하는 활동임을 상기해 보면 컴퓨터가 예술에 근접했다는 사실은 더 이상 창조성이 인간의 전유물은 아니라는 것을 시사한다.

첨삭 지도

평가항목	등급	총평
이해 · 분석력	A⁺	출제자의 의도를 정확하게 파악했습니다.
논증력	B⁺	'주장+논거'가 무난하게 작성되었습니다.
창의력	A	음악의 창의성과 같은 독창적인 논거를 잘 제시했습니다.
표현력	B	본인의 주장과 객관적인 사실이 혼용되어 있습니다.

장점

서론에서 예술의 개념과 컴퓨터의 창조성 여부를 언급하면서 바로 핵심으로 들어간 것이 돋보입니다. ①번 문장처럼 명료하게 서론을 출발하는 것도 좋은 요령입니다. 통합교과논술은 2,000자가 넘는 장문이 아니기 때문에 이렇게 서론부터 바로 핵심을 치고 들어가는 것이 중요합니다.

단점

자신의 생각을 피력하는 부분에서 개념을 정의하는 형식으로 문장을 기술하고 있습니다. 정의는 유개념(외연)과 종차(내포)를 동시에 기술하는 엄격한 형식입니다. 신재경 학생의 '<u>현실에 대해 갖고</u>

있는 정보를 바탕으로 그를 변형하는 것을 미술이라 한다는 것을 알 수 있다.'는 문장은 미술에 대한 정의를 언급하는 형식을 취하고 있지만 유개념이 없고 종차만 제시되어 있는 진술일 뿐입니다. 따라서 '이러한 고전 미술의 표현 방식은 현실이라는 주어진 틀을 바라보는 작가의 상상력이 그 일부를 변형시키는 과정에 해당하는 것임을 알 수 있다' 정도로 표현하는 것이 좋습니다.

※ 참조
- 인간은 이성적 동물이다.
  → 정의의 형식에 맞습니다.
- 인간은 동물이다.
  → 인간에 대한 유개념(외연)만 제시되어 있습니다.
- 인간은 이성적이다.
  → 인간의 종차(내포)만 제시되어 있습니다.

구성의 특징
이 학생의 답안은 컴퓨터도 창조적 행위를 할 수 있다는 것을 논증하는 절차를 따르고 있습니다. '창조적인 예술이라 하더라도 무에서 유를 창조하는 것은 있을 수 없다'는 것을 전제로 컴퓨터의 창조 행위와 인간의 창조 행위에 공통적인 요소를 부각시키는 사례를 논거로 활용하여 자신의 논리를 강화하고 있습니다.

표현
②번 문장 '컴퓨터가 창조를 행한다는 것이 불가능해 보인다'는 '컴퓨터가 창조 행위를 한다는 것은 불가능하다'로 바꾸어 주는 것이 좋습니다. '～해 보인다'는 식의 물러서는 진술보다는 자신감 있게 자신의 생각을 표현하고 과학적인 논거를 제시하는 것이 좋습니다.
③번 문장은 본문에서 다룰 중요한 논거가 됩니다. 따라서 '지금까지 인간이 행해 온 예술 행위의 특성을 고려해 보면' 정도로 바꾸어 표현하는 것이 좋습니다.
④번 구절 '현실의 틀은'은 문맥상 '현실의 틀을'이라고 표현하는 것이 옳습니다.

제언
⑤번 문장과 ⑥번 문장의 연결고리가 약해 '논리적 비약'이 되었습니다. ⑦번 구절은 팝아트의 성격을 과도하게 일반화시켜서 표현한 것입니다. 이처럼 이 학생은 논리를 전개하는 과정에서 꼭 필요한 개념을 과도하게 생략해 버리는 경향이 있습니다. 이러면 논리적 비약을 피할 수 없으니 주의해야 합니다.

수정 답안 | 신재경

오랫동안 '창조성'은 인간이 컴퓨터보다 우월하다는 사실을 입증하는 요소로 줄곧 인식되어 왔다. 그런데 인간의 자존심이라 할 수 있는 이 '창조성'이 더 이상 인간만의 영역으로 남지는 않을 듯하다. 인간의 창조성이 어디서 영감을 얻는지 알게 된다면 컴퓨터도 '창조'를 행할 수 있다는 사실을 부정할 수 없을 것이다.

창조성을 대표하는 예술, 그 중에서도 우선 미술을 예로 들어 보자. 미술관에서 흔히 볼 수 있는 대부분의 작품들은 현실을 그 틀로 하고 있다. 상상의 대상 역시 현실을 빌려 표현한다. 신이 인간의 형상을 하고 있는 것을 보면 수긍하기 쉬울 것이다. 여기서 미술은 '현실의 틀을 이용하여 인간의 생각을 표현하는 행위'라는 사실을 이끌어 낼 수 있다. 이때 중요한 것은 현실에 대한 지식을 바탕으로 한다는 것이다. 이는 컴퓨터가 인간에 의해 주입된 지식을 바탕으로 그림을 그리는 것과 상통한다. 현실의 형상에 집착하지 않는 미술도 있다고 반문할 수 있을 것이다. 하지만 '뮤테이터'를 보면 현실을 뛰어넘는 것에 그치지 않고 인간의 상상력마저 뛰어넘을 수 있다는 사실을 보여 준다.

또 다른 예로 음악을 살펴보자. 작곡이 기본적으로 음계라는 틀을 기본으로 하여 이루어진다는 것을 감안하면 컴퓨터도 충분히 작곡이 가능할 것이라고 쉽게 생각할 수 있다. '들어서 아름다운가' 하는 문제는 접어 두도록 한다. 인간이 창조해 낸 현대 음악을 들어 본다면 '아름다움'에 대한 논의가 무의미하다는 것을 알게 될 것이다.

창조성을 그 본질로 하는 예술이 컴퓨터의 영역이 될 수 있다는 것은 '창조'가 더 이상 인간만의 영역이 아니라는 것을 증명한다. 아무리 창조적인 인간이라 하더라도 '무'에서 '유'를 창조해 낼 수는 없으며, 그것은 컴퓨터도 마찬가지인 것이다.

■ 글 개요 분석 및 특징

· 서론 : 컴퓨터도 '창조'를 행할 수 있음
· 본론 : 미술과 음악에 나타난 컴퓨터의 창조적 활동의 예
· 결론 : 컴퓨터의 창조성은 가능함

수정 답안 지도

이지선 선생님

총평

전반적으로 A권대의 성적을 받을 수 있는 우수한 답안입니다. 서론과 본론 I은 출제자의 의도에 맞게 수정되었습니다. 하지만 본론 II에서 급격하게 비약이 발생하면서 논리가 무너지고 있습니다. 이는 두 번째 사례인 음악의 경우에 대한 논증과정이 충분하지 못했기 때문입니다. 분량과 논의의 수준이 균형을 이루도록 처음 개요를 작성할 때 신경을 써야겠습니다.

세부사항

오랫동안 '창조성'은 인간이 컴퓨터보다 우월하다는 사실을 입증하는 요소로 줄곧 인식되어 왔다. 그런데 인간의 자존심이라 할 수 있는 이 '창조성'이 더 이상 인간만의 영역으로 남지는 않을 듯하다. <u>인간의 창조성이 어디서 영감을 얻는지 알게 된다면 컴퓨터도 '창조'를 행할 수 있다는 사실을 부정할 수 없을 것이다.</u>

☞ 아주 깔끔한 서론입니다. 최초 답안과는 달리 구체적인 상황으로 좁혀서 논점을 잘 제시했습니다. 다만 서론의 마지막 문장은 다음과 같이 구체적으로 풀어 쓰는 것이 좋겠습니다. <u>인간이 어떠한 과정을 통해 창조성을 얻는지 그 과정을 파악할 수 있다면 이를 컴퓨터로 재현할 수 있다는 사실을 또한 부정할 수 없기 때문이다.</u>

현실의 형상에 집착하지 않는 미술도 있다고 반문할 수 있을 것이다. 하지만 '뮤테이터'를 보면 현실을 뛰어넘는 것에 그치지 않고 인간의 상상력마저 뛰어넘을 수 있다는 사실을 보여 준다.

☞ 본론 첫 문단에서 예상되는 반론을 언급한 다음 이를 반박하는 논거를 제시하는 방식이 아주 좋았습니다.

인간이 창조해 낸 현대 음악을 들어 본다면 '아름다움'에 대한 논의가 무의미하다는 것을 알게 될 것이다.

☞ 추상적인 논거를 사용해서 논리의 비약이 발생했습니다. 논증은 절차를 밟아야 합니다. 추상적인 내용은 구체적으로 풀어서 언급한 다음에 논거를 제시해야 논리적 비약을 피할 수 있습니다.

학생 답안과 첨삭 지도의 실제(2)

최초 답안

김주연(마포고)

인류는 인공지능을 가진 컴퓨터를 ①개발하였다. 컴퓨터는 예술 부문에서 획기적인 작품을 ②만든다. 사람들은 컴퓨터가 예술 작품을 만드는 과정의 창의성 여부에 대해 ③논쟁한다. 컴퓨터는 인간의 마음을 가질 수 없는 ④기계이다. 그러나 컴퓨터는 인간의 명령에 따라 작동하는 수동적 기계가 ⑤아니다. 컴퓨터는 인간의 예술적 재능을 주체적으로 반영한 창조적 ⑥기계이다.

컴퓨터는 예술가의 구상을 인식하여 예술 작품을 창조한다. 창조과정에서 컴퓨터는 예술가의 명령을 그대로 따르지 않는다. 컴퓨터는 예술가가 구체적으로 명령하지 않을 요소를 선택할 수 있다. 컴퓨터는 인공지능을 통해 작품에 어울리는 색상, 명암 등을 선택한다. ⑦컴퓨터의 능동적 선택은 컴퓨터의 창조성을 증거한다.

컴퓨터는 대상에 대한 지식과 그림을 그리는 지식을 가지고 있다. 예술가는 자신의 경험을 컴퓨터에 제공한다. 컴퓨터는 예술가의 체험을 객관화시켜 규칙을 형성한다. 컴퓨터는 생성된 규칙을 이용하여 독특한 화법을 구사한다. ⑧컴퓨터의 독특한 화법은 감상자들에게 예술가의 체험을 생생하게 재현한다.

컴퓨터는 인간의 상상력을 자극시키는 작품을 창조한다. 직관을 통해 현대의 화가들은 기묘한 구상을 한다. 컴퓨터는 이러한 구상을 예술 작품으로 재현한다. 감상자들은 화가의 무의식적인 그림을 다양하게 상상한다. 컴퓨터 기술은 인간에게 유쾌한 상상력 발휘의 기회를 부여한다.

컴퓨터 기술은 예술 작품의 창작과정에서 주체적 선택을 할 수 있다. 능동적 사고를 가지는 컴퓨터는 감상자들에게 작가의 경험을 의미 있게 전달해 준다. 인간의 상상력을 유발하는 작품을 생성한다는 점에서 컴퓨터의 창조성은 인정되어야 한다.

■ 글 개요 분석 및 특징

1. 컴퓨터는 인간의 예술적 재능을 주체적으로 반영하는 창조적 기계
2. 컴퓨터의 창조성을 입증하는 근거들
3. 컴퓨터의 창조성은 인정되어야 함

첨삭 지도

이지선 선생님

평가항목	등급	총평
이해 · 분석력	B+	출제자의 의도를 대체로 잘 파악했습니다.
논증력	A	창조성을 인정할 수 있는 세 가지 논거를 잘 제시했습니다.
창의력	B	본문의 구성은 뛰어나지만 창의적인 논거가 아쉽습니다.
표현력	B	한자어를 억지로 끌어다가 쓰는 경우가 많습니다.

장점

균형 잡힌 답안이 돋보입니다. 컴퓨터 창조성을 인정할 수 있는 세 가지 논거를 각각 하나의 문단으로 구성하여 분량과 논의의 수준을 일정하게 유지한 점이 우수한 예시답안의 형식을 갖추었다고 하겠습니다. 이러한 전략적 글쓰기는 꼼꼼한 개요 짜기를 토대로 이루어졌다는 것을 보여 줍니다.

단점

탄탄한 구성력을 갖춘 본론에 비해 서론의 문장력이 다소 떨어집니다. ①번 '개발하였다', ②번 '만든다', ③번 '논쟁한다', ④번 '기계이다', ⑤번 '아니다', ⑥번 '기계이다' 등 서론을 구성하는 여섯 개 문장의 종결이 사실적 정보를 나열하는 식으로 무미건조하게 느껴집니다.

구성의 특징

논술 답안은 컴퓨터 창조성을 인정할 수 있는 세 가지 근거를 각각 하나의 문단으로 구성했습니다. 첫째 근거는 컴퓨터가 예술가의 구상을 인식하여 예술 작품을 창조한다는 점이고, 둘째 근거는 컴퓨터가 대상에 대한 지식과 그림을 그리는 지식을 가지고 있다는 점이며, 마지막으로 컴퓨터는 인간의 상상력을 자극시키는 작품을 창조한다는 점을 들었습니다.

표현

⑦번 문장 '컴퓨터의 능동적 선택은 컴퓨터의 창조성을 증거한다'는 문장은 어색합니다. '컴퓨터가 능동적으로 선택한다는 점은 컴퓨터가 창조성을 지니고 있다는 근거가 된다' 정도로 풀어서 설명하는 것이 좋습니다.

⑧번 문장도 마찬가지입니다. '컴퓨터의 독특한 화법은 감상자들에게 예술가의 체험을 생생하게 재현한다'는 '컴퓨터의 독특한 화법을 본 사람들은 예술가가 제공하는 감흥을 생생하게 체험할 수 있다'로 주어와 서술어가 호응되도록 알기 쉽게 풀어서 설명해야 합니다.

제언

이 학생은 문장 단위 이하의 표현과 글 전체의 구성은 별 문제가 없으나 문체가 법조문처럼 무미건조하며 한자어를 억지로 끌어다 쓰는 경우가 많습니다. '창조성을 증거한다'와 같은 표현을 남발하지 않도록 주의합시다.

수정 답안 | 김주연

컴퓨터 프로그램은 예술가들의 창조성에 도전하기 시작했다. 실례로 컴퓨터 로봇 아론은 걸작품을 만들었다. 로봇이 생성한 그림을 두고, 사람들은 컴퓨터의 창조성 여부를 논의한다. 컴퓨터는 인간의 마음을 가질 수 없다. 하지만 컴퓨터는 인간의 명령을 그대로 따르는 수동적 기계가 아니다. 화법에 대한 지식을 통해 컴퓨터는 인간의 사고를 주체적, 선별적으로 수용할 수 있다.

컴퓨터는 화법에 관한 지식과 활용법을 이용해서 예술 작품을 창조한다. 컴퓨터는 직관, 영감 등을 이용해서 예술 작품을 창조하지 못한다. 예술가들은 영감, 직관을 이용해서 불후의 명작을 남겼다. 인간과 비교했을 때, 심적 작용이 없는 컴퓨터는 창조성이 없다고 비판받기도 한다. 그러나 예술가의 직관은 저절로 형성되지 않는다. 삶의 경험과 앎을 통해, 예술가는 지식과 활용법을 마음속에 내면화한다. 앎의 내면화는 예술가에게 창조성을 부여한다. 컴퓨터는 대상에 대한 지식과 화법을 알고 있기 때문에, 컴퓨터의 앎은 곧 창조성을 의미하는 것이다.

컴퓨터의 창조성은 예술가의 명령 안에서 형성되므로 제한적이다. 예술가들은 자신이 경험한 세계를 컴퓨터에 전달한다. 컴퓨터는 예술가의 체험을 객관화시켜 규칙으로 생성한다. 작품 창조과정에서 컴퓨터는 자율적으로 명암, 색상을 채택한다. 하지만 컴퓨터는 인간이 전달한 명령만을 허용한다. 인간의 예술적 재능과 결합할 때, 컴퓨터 기술은 창조성을 발현할 수 있다.

컴퓨터는 작품 생성과정에서 자율적 선택을 할 수 있다. 컴퓨터의 선택은 지식과 화법 체계를 기반으로 한다. 지식과 화법 기술은 컴퓨터에 창조성을 부여한다. 그러나 컴퓨터는 주어진 맥락에서만 이해하는 제한성이 있다. 예술가의 솜씨와 컴퓨터 기술은 협력하여, 컴퓨터의 제한적 창조성을 극복할

■ **글 개요 분석 및 특징**

· 서론 : 컴퓨터가 인간의 창조성에 도전하기 시작함
· 본론 : 컴퓨터의 창조성을 인정하는 여러 근거들
· 결론 : 컴퓨터의 제한적 창조성은 인정받아야 함

수 있다. 상호 협력 체계를 통해 기발한 작품을 창조한다는 점에서, 컴퓨터의 창조성은 인정받아야 한다.

수정 답안 지도

이지선 선생님

총평

수정 답안에서도 최초 답안의 문제점을 개선하지 못했습니다. 첫인상이 중요합니다. 서론을 구성하는 문장들이 완결성을 지니지 못하고 겉돌게 되면 실제 논리적 사고력에 비해 낮게 평가될 수 있습니다. 무엇보다도 이 학생은 본론의 완성도에 비해 서론의 완성도가 크게 떨어지는 현상을 극복해야 할 것입니다.

글쓰기 습관은 한순간에 바꿀 수 없습니다. 논술 답안지는 '많은 것을 알고 있다는 사실을 보여 주는 공간'이 아니라 학생의 '논리를 보여 주는 무대'라는 사실을 명심하기 바랍니다.

세부사항

컴퓨터 프로그램은 예술가들의 창조성에 도전하기 시작했다. ①실례로 컴퓨터 로봇 아론은 걸작품을 만들었다. ②로봇이 생성한 그림을 두고 사람들은 컴퓨터의 창조성 여부를 논의한다. 컴퓨터는 인간의 마음을 가질 수 없다. 하지만 컴퓨터는 인간의 명령을 그대로 따르는 수동적 기계가 아니다. ③화법(그림을 그리는 것)에 대한 지식을 통해, 컴퓨터는 인간의 사고를 주체적, 선별적으로 수용할 수 있다.

☞ ①번과 ②번 문장이 유기적으로 연결되지 못하고 있습니다. 그냥 하나의 문장으로 기술하는 것이 좋겠습니다. 마찬가지로 서론의 모든 문장들이 서로 겉돌고 있습니다. 문장과 문장은 긴밀하게 연결되어 있어야 서론이라는 하나의 텍스트가 완결된 구조를 갖추게 됩니다.

서론의 후반부는 본론으로 들어가기 위한 쟁점을 정리해야 합니다. 하지만 이 학생의 서론은 이미 제시문에서 언급한 사실적 정보를 나열하면서 서론이 끝나고 있습니다. 앞으로 서론은 너무 욕심을 부리지 말고 논제의 중요성과 쟁점을 완성도 높은 문장으로 언급하는 선에서 끝낸다고 생각하시기 바랍니다.

③번 화법은 話法과 畵法이 있기 때문에 한자를 병기할 자신이 없으면 그냥 '그림을 그리는 것'으로 쉽게 풀어 쓰는 것이 좋습니다. 이 학생의 서론을 되도록 살리는 선에서 전반적으로 재구성한 서론은 다음과 같습니다.

컴퓨터가 예술의 영역에 도전하기 시작했다. 컴퓨터 프로그램이 만들어 놓은 그림을 두고 사람들은 컴퓨터의 창조성에 대해 이야기한다. 그림을 그리는 것에 대한 전략과 입력된 정보를 활용해,

컴퓨터는 인간의 사고와 유사한 예술적 행위를 하는 것처럼 보이기 시작한 것이다. 컴퓨터가 인간의 마음을 완전하게 구현할 수 있는 것은 아니지만 그렇다고 해서 인간이 주입한 명령만을 실행하는 수동적 기계도 아니기 때문에 이에 대한 논란은 그리 간단한 문제가 아니다.

컴퓨터는 화법에 관한 지식과 활용법을 이용해서 예술 작품을 창조한다. 컴퓨터는 직관, 영감 등을 이용해서 예술 작품을 창조하지 못한다. 예술가들은 영감, 직관을 이용해서 불후의 명작을 남겼다. 인간과 비교했을 때, 심적 작용이 없는 컴퓨터는 창조성이 없다고 비판받기도 한다.

☞ '예술가들은 영감, 직관을 이용해서 불후의 명작을 남겼다'는 문장이 글의 통일성을 저해하고 있습니다. 문장 단위로는 논지가 명확하더라도 문장 사이의 연결이 매끄럽지 못하면 글의 통일성이 떨어진다는 점을 명심해야 합니다. 통일성이란 글 속에서 말하고자 하는 내용이 하나여야 한다는 것입니다. 통일성 있는 글은 하나의 주제를 중심으로 단락의 각 문장이 단락의 중심 생각과 긴밀하게 연결되어야 합니다. 통일성 있는 글을 쓰기 위해서는 주제에서 벗어난 부분을 불필요하게 언급하지 않도록 주의하고, 내용을 중심으로 문단을 구성하는 연습을 해야 합니다.

학생 답안과 첨삭 지도의 실제(3)

최초 답안

최호영(마포고)

고대의 노예제부터 현재의 컴퓨터에 이르기까지 ①인간의 편리를 위한 노력은 계속되어 왔다. 인간은 자신들의 역할을 분담해 줄 무언가를 끊임없이 발전시켜 왔으며, 이제는 인간의 가장 고등하고 절대적인 영역이라고 여겨 왔던 예술영역에까지 컴퓨터의 영향력이 끼치기 시작했다.

예술영역에서 컴퓨터의 등장은 '아론'이라는 프로그램에서부터 본격적으로 나타나기 시작했다. '아론'은 인간이 미리 입력해 둔 여러 가지 외부 상황에 대한 지식과, 그 지식을 바탕으로 그림을 그려 낸다. 프로그램이 작동하면

■ **글 개요 분석 및 특징**

1. 이제는 예술영역에까지 컴퓨터의 영향력이 미침
2. 컴퓨터의 창조적 능력에 대한 예
3. 컴퓨터의 창조적 능력에 대한 부정적 견해와 이에 대한 반박
4. 컴퓨터는 '예술가'

'아론'은 색이나 구도를 독자적으로 결정하여 작품을 만들어 낸다. 인간의 예술적 능력과 컴퓨터 기술의 결합체인 것이다. 또 다른 컴퓨터 예술가로는 '뮤테이터'가 있다. '뮤테이터'는 입력된 그림을 여러 가지 모양으로 변형시켜 기묘한 그림으로 재창조해 낸다. 이 프로그램들은 예술가로서의 창조적 능력을 가지고 있다고 간주되고 있다.

반면 일부에서는 컴퓨터에게는 예술품을 창작해 내는 창조력이 없다는 의견이 있다. 그들은, 컴퓨터 프로그램은 사람이 입력한 일정한 규칙에 따라 작동하는 것이기 때문에 사실상 창조성을 가지고 있는 것이 아니라고 주장한다.

그러나 ②컴퓨터가 인간에 의해 짜여진 틀에 의해 움직인다고 해서 창조성이 없다고 말할 수는 없다. ③예술품을 창작하는 것은 완전한 무에서 유를 만들어 내는 과정이 아니기 때문이다. 예술 창작은 어느 정도의 형식을 밑바탕에 두고 있을 때 이루어질 수 있다.

맨발의 무용수로 유명한 '이사도라 던컨'은 발레에 대한 모든 형식들을 완벽하게 익힌 후, 그 틀을 바탕으로 맨발로 하는 발레를 창작해 낼 수 있었다. '아론'이나 '뮤테이터'도 비록 인간이 그림을 그리는 형식을 입력하여 주었지만 인간의 상상력을 초월할 정도의 작품을 만들어 낼 수 있는 뛰어난 창조성을 지닌 엄연한 '예술가'인 것이다.

첨삭 지도

이지선 선생님

평가항목	등급	총평
이해 · 분석력	B	출제 의도를 정확히 파악하지 못했습니다.
논증력	B	구체적인 논거를 활용해야 합니다.
창의력	B	제시문의 내용을 반복하는 곳이 많습니다.
표현력	B$^+$	평범한 서술형 문장을 사용하고 있어 무난합니다.

장점

예술품을 창작하는 것은 완전한 무에서 유를 만들어 내는 과정이 아니라는 논거를 뒷받침하기 위하여 맨발의 무용수로 유명한 '이사도라 던컨'을 예로 든 점이 매우 좋았습니다.

단점

컴퓨터 창조성에 대한 상반된 견해를 정리하는 데 두 문단을 할애하고 본론 세 번째 단락에 가서야 본인의 주장이 나오고 있습니다. 이러한 방식은 그동안 서울대학교에서 실시해 왔던 2,500자 정도의 장문 논술을 요구할 때 구성하는 방식입니다. 문제의 성격과 분량에 맞게 구성을 다양하게 하는 연습을 해야 합니다.

구성의 특징

이 학생의 답안은 컴퓨터 창조성을 바라보는 긍정적 입장과 부정적 입장을 소개하고 컴퓨터가 인간에 의해 짜인 틀에 의해 움직인다고 해서 창조성이 없다고 말할 수는 없다는 견해를 밝히는 구조로 이루어져 있습니다. 예술품을 창작하는 것은 완전한 무에서 유를 만들어 내는 과정이 아니라는 점을 논거로 들었으며 그 사례로 맨발의 무용수로 유명한 '이사도라 던컨'을 들었습니다.

표현

①번 문장 '인간의 편리를 위한 노력은 계속되어 왔다'와 같은 서술은 어색합니다. '인간의 편리를 도모하기 위한 노력이 계속되어 왔다'고 기술해야 합니다. ②번과 ③번 문장은 외형상으로는 '주장 +논거'의 관계이지만 내용은 그렇다고 볼 수 없습니다. ②번과 ③번 문장 사이에 들어갈 내용이 가장 중요한 핵심이기 때문에 그 내용을 생략해 버리면 결국 논리적 비약을 피할 수 없습니다. '무에서 유를 창조하는 것은 불가능하다'는 논리와 '컴퓨터 창조성을 인정해야 한다'는 논리 사이에는 논리적인 인과관계가 성립하지 않습니다.

제언

서론의 첫 문장을 '고대의 노예제부터 현재의 컴퓨터에 이르기까지'로 시작하는 것은 무리입니다. 너무 크게 시작하면 논의를 좁혀 가는 과정에서 논리적 비약을 피할 수 없기 때문입니다. 본론의 3분의 2도 제시문을 그대로 반복하는 내용입니다. '이사도라 던컨'의 사례와 같은 독창적인 논리를 집중적으로 다루는 방식으로 본문을 재구성해 보십시오.

수정 답안 | 최호영

■ 글 개요 분석 및 특징

· 서론 : 예술영역에까지 컴퓨터의 영향력이
　미침
· 본론 : 컴퓨터의 예술적 창조력에 대한 근
　거와 그 예
· 결론 : 컴퓨터의 예술적 창조력을 수용해
　야 함

근래에 들어 인간이 가장 고등하고 절대적인 영역이라고 여겨 왔던 예술영역에까지 컴퓨터의 영향력이 미치기 시작했다.

예술영역에서 컴퓨터의 등장은 '아론'과 '뮤테이터'라는 프로그램에서부터 본격적으로 나타나기 시작했다. '아론'과 '뮤테이터'는 색이나 구도를 독자적으로 결정하여 작품을 만들어 내는 인간의 예술적 능력과 컴퓨터 기술의 결합체이다. 현재 이 프로그램들은 예술가로서의 창조적 능력을 가지고 있다고 간주되고 있다.

반면 일부에서는 컴퓨터에게는 예술품을 창작해 내는 창조력이 없다는 의견이 있다. 그들은, 컴퓨터 프로그램은 사람이 입력한 일정한 규칙에 따라 작동하는 것이기 때문에 사실상 창조성을 가지고 있는 것이 아니라고 주장한다.

그러나 컴퓨터가 인간에 의해 만들어진 틀에 의해 움직인다고 해서 창조성이 없다고 말할 수는 없다. 예술품을 창작하는 것은 완전한 무에서 유를 만들어 내는 과정이 아니기 때문이다. 예술 창작은 어느 정도의 형식을 밑바탕에 두고 있을 때 이루어질 수 있다. 지금까지의 예술가들도 자신들 나름의 작품 세계와 철학이라는 형식을 바탕으로 창조성을 발휘해 왔다.

맨발의 무용수로 유명한 '이사도라 던컨'은 발레에 대한 모든 형식들을 완벽하게 익힌 후, 그 틀을 바탕으로 맨발로 하는 발레를 창작해 낼 수 있었다. '아론'이나 '뮤테이터'도 비록 인간이 그림을 그리는 형식을 입력하여 주었지만 그것을 바탕으로 작품을 만들고 변형하여 인간의 상상력을 초월할 정도의 작품을 만들어 낼 수 있는 뛰어난 창조성을 지닌 엄연한 '예술가'인 것이다.

그리고 현재 각 분야에서 컴퓨터의 역할이 계속해서 수용되고 있기 때문에 컴퓨터 프로그램이 만들어 낸 예술을 시대의 한 패러다임으로 인식하고 수용할 필요가 있다.

수정 답안 지도

이지선 선생님

총평

첨삭 지도 내용을 반영하여 자신의 견해를 강화한 답안으로 거듭났습니다. 예술적 창조가 결국은 이미 규칙화된 형식을 바탕으로 이루어진다는 점을 강조하여 이를 자연스럽게 이사도라 던컨의 사례로 연결지은 점이 돋보입니다. 앞으로 출제 의도를 충족한 선에서 자신의 과학적 사고력을 드러낼 수 있는 내용을 생성해 내는 연습을 계속한다면 좋은 논술 답안을 작성할 수 있을 것입니다.

세부사항

'아론'과 '뮤테이터'는 색이나 구도를 독자적으로 결정하여 작품을 만들어 내는 인간의 예술적 능력과 컴퓨터 기술의 결합체이다. 현재 이 프로그램들은 예술가로서의 창조적 능력을 가지고 있다고 간주되고 있다.

☞ 주어와 서술어의 호응이 자연스럽지 않습니다. '일부에서는 이 프로그램들이 예술가로서의 창조적 능력을 가지고 있다고 간주하고 있다'로 바꾸어 주는 것이 좋겠습니다.

그러나 컴퓨터가 인간에 의해 만들어진 틀에 의해 움직인다고 해서 창조성이 없다고 말할 수는 없다. 예술품을 창작하는 것은 완전한 무에서 유를 만들어 내는 과정이 아니기 때문이다. 예술 창작은 어느 정도의 형식을 밑바탕에 두고 있을 때 이루어질 수 있다. 지금까지의 예술가들도 자신들 나름의 작품세계와 철학이라는 형식을 바탕으로 창조성을 발휘해 왔다.

☞ 뒷받침 문장과 자연스럽게 연결되지 않습니다. '예술 작품의 창작은 작가 나름대로 갖추어진 어느 정도의 기본적인 형식을 토대로 발전하는 일련의 과정을 거치게 된다' 정도로 구체적으로 기술해야 합니다.

그리고 현재 각 분야에서 컴퓨터의 역할이 계속해서 수용되고 있기 때문에 컴퓨터 프로그램이 만들어 낸 예술을 시대의 한 패러다임으로 인식하고 수용할 필요가 있다.

☞ 너무 짧은 문장에 큰 내용을 담고 있어서 논리적인 비약이 되었습니다. 각 분야에서 컴퓨터의 역할이 계속해서 수용되고 있다는 사실이 컴퓨터 프로그램이 만들어 낸 예술을 수용해야만 하는 까닭이 되는 것이 아닙니다. '이미 다양한 분야에서 컴퓨터를 활용해서 새로운 영감을 얻으려는 시도가 활성화되고 있으니 이를 새로운 패러다임으로 인정하는 열린 시각도 필요한 시점이다' 정도로 표현하는 것이 좋습니다.

좀더 자세히

1. 전문가 시스템(Expert System)

제시문에서 아론은 코언이 화가로서 얻은 경험에서 도출된 규칙으로 구성된 일종의 '전문가 시스템'이라고 규정했다. 여기서 '전문가 시스템'이란 전문가의 행동과 전략을 표준화하여 프로그램화한 것을 말한다. 다시 말하면 전문가 시스템이란 특정 분야에 관한 전문가의 지식을 지식 데이터베이스의 형태로 저장하고 추론 기관을 이용하여 사용자의 질의에 적당한 응답을 제공하는 시스템이다.

해당 분야의 전문가들은 조직이나 문제 해결을 위해 가치 있는 지식을 사용하고, 창조적인 아이디어를 제시할 수 있으며 어려운 문제를 풀수 있다. 또한 전문가들은 조직의 생산성과 경쟁력을 향상시키는 데 공헌할 수 있다. 전문가 시스템은 어떠한 컴퓨터 프로그램과 마찬가지로 쉽게 프로그램을 복사할 수 있으며 전문가들이 부족한 곳에 배부할 수 있다. 제시문에 소개된 아론은 무한 복제할 수 있으며 원하는 곳 어디에나 파견할 수 있는 '컴퓨터 화가'인 셈이다.

결국 전문가 시스템은 인공지능(artificial intelligence)의 응용 분야중 하나로서 전문가의 문제 해결능력을 모델로 설계된 컴퓨터 프로그램이라고 할 수 있다. 하지만 전문가 시스템은 특정 분야에서 그 분야의 전문가의 지식을 베이스로 사용하기 때문에 스스로 추론할 수 있는 메커니즘을 만들어 내지 못하는 한계를 지니고 있다.

● 자료 출처 : 마포고등학교, 「기술-미술-음악 통합교과논술 지도 자료」

2. 사이버 작곡가 'EMI'

에미(EMI)는 '음악적 지능의 실험(Experiments in Musical Intelligence)'을 뜻하는 영어 약자이다. 에미를 개발한 미국의 데이비드 코프(David Cope)는 작곡가이자 음악교수이다. 41세 되던 1982년 작곡가로서 한계를 느끼고 자신의 창작 활동에 도움을 줄 수 있는 컴퓨터 개발에 매달렸다. 15년간 10만 줄의 컴퓨터 부호를 작성하는

노력 끝에 에미를 완성했다. 퍼스널 컴퓨터에 사용되는 프로그램이 바흐, 베토벤, 모차르트, 쇼팽의 교향곡과 같은 음악을 작곡할 수 있다는 사실은 음악계를 경악시켰다. 가령 에미는 모차르트가 작곡한 교향곡 41개를 분석하여 42번째 교향곡을 작곡해 냈다. 모차르트 사후 200여 년이 지나서 그가 부활하여 신곡을 발표한 듯한 착각을 불러일으킬 정도였다.

● 자료 출처 : 이인식, 『아주 특별한 과학 에세이』 중 「모차르트의 42번 교향곡」

3. 생각하고 유추하는 컴퓨터 카피캣

미국의 더글러스 호프스태터(Douglas Hofstadter) 교수는 마음의 창조적 과정에서 일어나는 연합과정을 컴퓨터 프로그램으로 본뜨는 데 성공했다. 이것이 이른바 '흉내쟁이'를 의미하는 '카피캣(Copycat)'이다. 카피캣은 유추능력을 가진 컴퓨터 프로그램이다. 유사한 점을 찾아내 다른 사물을 미루어 추측하는 것을 유추라 한다. 호프스태터가 유추능력에 관심을 가진 까닭은 유추가 예술과 과학에서 창조능력의 가장 공통적인 원천이기 때문이다. 많은 과학적 통찰력은 강력한 유추의 형태로 나타나며, 예술가들에게 유추는 상상력의 한계를 뛰어넘는 수단이 된다.

물론 카피캣의 유추능력은 제한되어 있다. 알파벳 연속체 사이의 유추에 국한되어 있는 것이다. 카피캣에게 "abc가 abd로 바뀌면 pqr는 무엇으로 바뀌는가"라고 물으면 "pqs"라고 답한다. "xyz는 무엇으로 바뀌는가"라고 물으면 놀랍게도 "wyz"라고 답한다. 보통 사람들은 대개 "xyd"라고 대답하기 때문에 카피캣의 유추능력은 놀라운 수준이 아닐 수 없다. 카피캣의 추리과정은 다음과 같다. abc와 xyz는 알파벳의 시작과 끝이다. d는 c의 다음이지만 z의 다음 글자는 없다. 정상적으로는 정답이 없다. 따라서 카피캣은 c와 d의 관계에 주목한다. d는 알파벳의 첫 글자에서 앞으로 나아가는 순서(ab)에서 c 다음에 온다. 그렇다면 알파벳의 끝 글자에서 뒤로 가는 순서(yz)에서 x 다음에 오는 글자는 무엇인가. w이다.

카피캣이 알파벳 연속체를 판단하는 기능은 그림이나 음악을 평가하는 것과는 거리가 멀다. 그러나 카피캣은 wyz라는 답을 내놓은 것처럼 창조성에 필수적인 사고의 유동성을 보여 주었다. 카피캣은 컴퓨터 프로그램이 유추에 의해 미적 판단을 할 가능성이 있음을 암시한 셈이다.

호프스태터의 주장처럼 사람의 창의적 사고방식을 컴퓨터 프로그램으로 모방할 수 있을지 두고 볼 일이다. 그러나 한 가지 분명한 사실은 설령 컴퓨터가 그리거나 작곡한 것들이 예술가의 작품처럼 인간의 용기, 사랑, 지혜 또는 고통을 표현하지 못한다고 해서 무시하면 안 된다는 것이다. 컴퓨터가 창조한 작품이 예술가의 작품 못지않게 우리의 삶을 풍요롭게 해주지 말란 법은 없을 테니까.

● 자료 출처 : 이인식, 『미래교양사전』 중 「인공창의성」

아우라 과학논술

초판인쇄 | 2006년 12월 11일
초판발행 | 2006년 12월 15일

지 은 이 | 김평원 오세진 이지선
책임편집 | 노일환 한아름 김춘길
펴 낸 이 | 지수현
펴 낸 곳 | 해나무
출판등록 | 2001년 4월 7일 제406-2003-058호

주　　소 | 413-756 경기도 파주시 교하읍 문발리 파주출판도시 513-8
전자우편 | editor@henamu.com
진화빈호 | 031) 955-8896
팩　　스 | 031) 955-8855

ISBN 89-89799-66-x 53710

과학논술의 대비는 좋은 과학 원전을 읽는 데서 출발한다.

과학 지식이 향상되는 해나무의 책들

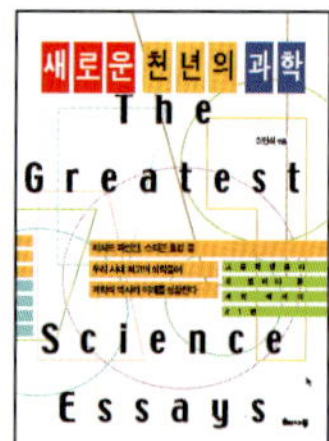

새로운 천년의 과학 이인식 엮음

국내의 유명 대학들의 국어교재인 『대학국어』에 실려 그 명징함과 유려함이 입증된 글들을 중심으로 과학의 정수만을 담은 이 책에는 스티븐 호킹, 리처드 파인먼, 김용운, 복거일, 윤정로, 이봉재, 임경순, 장회익, 최재천 등 20세기 과학 연구의 보급에 크게 이바지한 우리 시대의 위대한 석학 21명의 최고의 과학 에세이들이 담겨 있다. 이 책은 인류의 현재와 미래를 보여주는 과학의 빛나는 청사진이 될 것이다. 과학도들은 물론 과학자를 꿈꾸는 고등학생들이 한번은 반드시 읽어야 할 책이다.

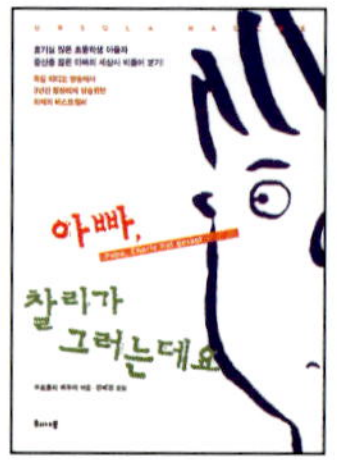

아빠, 찰리가 그러는데요 1, 2 우르줄라 하우케 지음 | 강혜경 옮김

여덟 살짜리 호기심 많은 소년과 국세청 공무원으로 일하는 중산층 아빠 사이에 오가는 대화로 이루어진 책이다. 때로는 터무니없고 맹랑하게만 들리는 아들의 질문에 무릎을 치며 웃음을 터뜨리게 되지만 우리 일상에 도사린 소시민적 이기주의를 날카롭게 지적하는 아들과 아빠의 대화를 읽어나가면서 우리는 진정한 가족애, 이웃애, 그리고 생활 속의 민주주의가 어떤 것인지 배울 수 있을 것이다. NDR(북독일 라디오)에서 연재되던 방송극으로 청취자들로부터 엄청난 인기와 호응을 얻어 책으로 정식 출판되었다.

'한우리독서운동본부' 가 뽑은 좋은책 | 일교시닷컴 논술 교재 수록

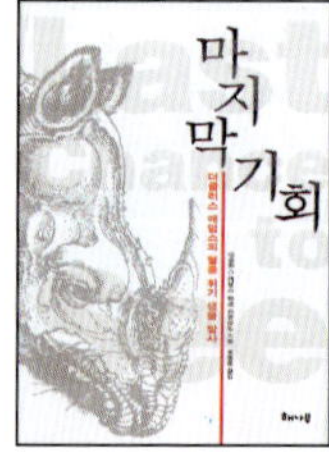

마지막 기회 더글러스 애덤스 · 마크 카워다인 지음 | 최용준 옮김

세계적인 SF작가 더글러스 애덤스와 세계야생생물기금에서 일하고 있던 동물학자 마크 카워다인이 멸종 위기에 처한 동물들을 찾아 탐사 여행에 나선다. 이들은 아프리카 서남단 마다가스카르 섬에서부터 중국의 양쯔강, 인도네시아의 코모도 섬 등 전 세계의 위험천만한 오지 중의 오지들을 찾아다니며 멸종동물들을 탐사한다. 한치 앞을 내다보지 못하는 인간의 우둔함과 이로 인한 절멸 위기에 처한 종들의 아픔이 더글러스 애덤스 특유의 기지와 유머를 통해 의미 있게 서술되고 있다.

과학기술부 인증 우수과학도서

공생, 그 아름다운 공존 톰 웨이크 퍼드 지음 | 전방욱 옮김

자연을 표현할 때 우리는 흔히 '적자생존과 약육강식의 세계' 라는 말을 사용한다. 그러나 저자는 우리 눈에는 보이지 않는 미생물을 주인공으로 삼아서 두 가지의 다른 세계를 가진 생명체가 오랜 기간에 걸쳐 긴밀한 협력관계를 가지는 '공생'의 개념과 역사를 알려준다. 이 책은 생명체들이 공존을 통한 깊은 상호의존성을 통해 진화해왔다고 주장한다. 톰 웨이크퍼드는 오랫동안 생물사에서 잊힌 존재로 있었던 미생물의 존재를 통해, 다른 생물체들 사이의 공생관계와 마찬가지로 우리의 미래도 커다란 생물학적 전체의 미래와 유기적이고 생태학적으로 연결되어 있음을 깨닫게 해준다.

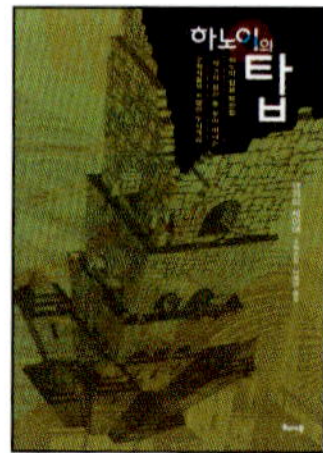

하노이의 탑 네가미 세이야 지음 | 서혜영 옮김

하노이의 탑 퍼즐과 거기에 얽힌 전설을 모티프로 삼아 써내려간 '수학소설'이다. 전세계인이 남녀노소 할 것 없이 오랫동안 즐겨온 유명한 수학 퍼즐인 '하노이의 탑'을 소재로 한 이 책은 무너진 하노이의 탑을 복원하기 위한 '제3의 원리'를 찾아 떠나는 수학자들의 치열한 두뇌게임을 흥미진진하게 서술하고 있다. 수학소설이라는 새로운 장르의 탄생을 알리는 이 작품은 두뇌 개발과 소설적 재미를 동시에 만끽할 수 있는 매우 특별한 책이다.

살아 있는 것들의 아름다움 나탈리 앤지어 지음 | 햇살과나무꾼 옮김

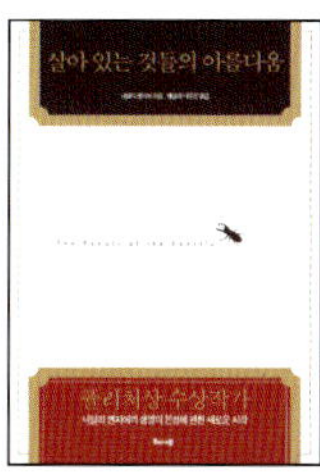

'자연의 아름다움은 사소한 것들 속에 있다!' 유려하고 시적인 문체와 최신 과학지식을 담은 풍부한 글쓰기로 퓰리처상을 수상한 작가인 나탈리 앤지어의 자연에 대한 애정 어린 시선이 담긴 책이다. 이 책에서 저자는 다른 사람들은 관심을 가지지 않는 거미, 전갈, 기생충, 벌레, 방울뱀, 쇠똥구리, 하이에나와 같은 동물들을 친근하고 드라마틱하게 그려낸다. 우리가 몰랐던 자연의 숨겨진 이야기를 읽어나갈 때마다 생명을 갖고 있는 것들의 다양성과 기발함, 거미줄처럼 얽히고설킨 무한한 가능성에 대해서 감탄하게 될 것이다.

대한출판문화협회 선정 청소년도서

한국 과학기술 인물 12인 김근배 외 지음

우리는 찬란한 과학기술문화의 전통을 자랑하지만 잘 알려진 것은 많지 않다. 이것은 구체적인 관심과 연구가 적었던 때문일 것이다. 이 책은 우리 과학기술문화의 전통에 대한 최신의 연구를 최무선, 장영실 등 12인의 대표적인 과학기술자의 일화와 사례를 곁들여 소개하고 있다. 따라서 전문가뿐만 아니라 우리 과학기술사에 관심이 있는 독자들 역시 흥미롭게 읽을 수 있다. 특히 전기류의 단순한 사실 나열이 아니라 현재적 관점에서 업적과 과학기술자들을 평가하고, 잘못 알려진 사실들을 바로잡아 우리 과학사에 대한 올바른 이해를 도모하고 있다.

문화관광부 선정 우수과학도서

수학의 언어 케이 데블린 지음 | 전대호 옮김

이 책은 수학이 단지 수에 대한 연구가 아니며, 우리 삶 속에 숨겨져 있는 '패턴'을 깨닫고 발견하는 일이라고 이야기하고 있다. 물리학적, 생물학적, 사회적 패턴들은 물론 정신과 사유의 패턴들을 인식하고 설명함으로써 수학은 보이지 않는 것을 볼 수 있게 해주는 유용한 자연의 언어라는 사실을 알려준다. 수학을 골치 아픈 학문이라고 생각했던 독자들이나 수학에 대한 전문적인 지식이 없는 독자들도 이 책을 통해 수학에 대한 어려움과 두려움을 날려버릴 수 있을 것이다.

대한민국학술원 선정 우수학술도서 | 서울시교육청 선정 교과연계도서

돌연변이 아먼드 마리 르로이 지음 | 조성숙 옮김

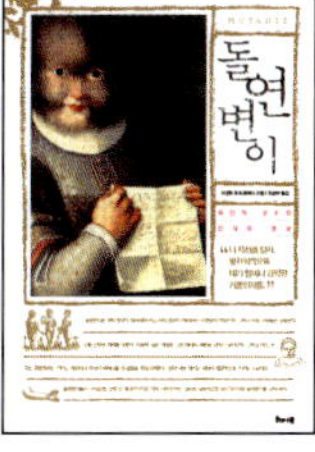

영화에서는 돌연변이 하면 괴물이나 초능력자를 그리지만 이것은 현실과 다르다. 이 책에서 저자는 돌연변이의 역사적 사건과 인물들을 최신 발생생물학이나 유전공학과 결합하여 과학적으로 파헤친다. 돌연변이는 '정상'을 이해하기 위한 한 방편이며, 성장과 발생의 미묘함과 경이로움에 대한 정보를 드러내준다.

거울 속의 원숭이 이언 태터솔 지음 | 정은영 옮김

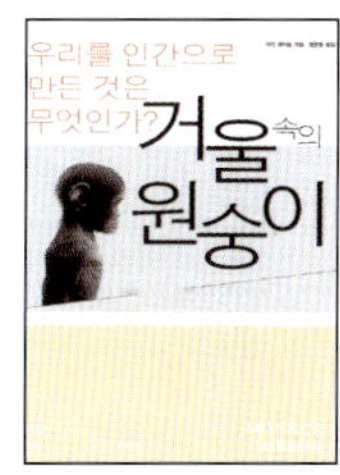

'진화'라는 말을 곧 다위니즘으로 생각하는 사람들이 있는데 그게 전부일까? 저자는 인간을 포함해서 살아 있는 생명체들이 기능에 맞게 구성 요소들이 적응한 매우 잘 고안된 기관이 아니라는 점을 강조한다. 적응에 의해 인간이 탄생한 것만큼, 인간은 우연에 의해 임시적으로, 급작스럽게 만들어진 존재이기도 하다. 인간의 기원과 진화적 미래에 대한 근본적인 질문들은 흥미로운 이야기, 방대한 과학적 지식, 참신한 시각이 가득차 있다.